图书在版编目(CIP)数据

经济布局与区域经济/陈栋生著.—北京：中国社会科学出版社，2013.1

(中国社会科学院学部委员专题文集)

ISBN 978-7-5161-1840-5

Ⅰ.①经… Ⅱ.①陈… Ⅲ.①区域经济发展—研究—中国 Ⅳ.①F127

中国版本图书馆CIP数据核字(2012)第297219号

出 版 人 赵剑英
出版策划 曹宏举
责任编辑 刘晓红
责任校对 林福国
责任印制 戴 宽

出 版 中国社会科学出版社
社 址 北京鼓楼西大街甲158号(邮编100720)
网 址 http://www.csspw.cn
中文域名:中国社科网 010-64070619
发 行 部 010-84083685
门 市 部 010-84029450
经 销 新华书店及其他书店

印刷装订 环球印刷(北京)有限公司
版 次 2013年1月第1版
印 次 2013年1月第1次印刷

开 本 710×1000 1/16
印 张 29.25
插 页 2
字 数 465千字
定 价 88.00元

《中国社会科学院学部委员专题文集》编辑委员会

前 言

哲学社会科学是人们认识世界、改造世界的重要工具，是推动历史发展和社会进步的重要力量。哲学社会科学的研究能力和成果是综合国力的重要组成部分。在全面建设小康社会、开创中国特色社会主义事业新局面、实现中华民族伟大复兴的历史进程中，哲学社会科学具有不可替代的作用。繁荣发展哲学社会科学事关党和国家事业发展的全局，对建设和形成有中国特色、中国风格、中国气派的哲学社会科学事业，具有重大的现实意义和深远的历史意义。

中国社会科学院在贯彻落实党中央《关于进一步繁荣发展哲学社会科学的意见》的进程中，根据党中央关于把中国社会科学院建设成为马克思主义的坚强阵地、中国哲学社会科学最高殿堂、党中央和国务院重要的思想库和智囊团的职能定位，努力推进学术研究制度、科研管理体制的改革和创新，2006 年建立的中国社会科学院学部即是践行“三个定位”、改革创新的产物。

中国社会科学院学部是一项学术制度，是在中国社会科学院党组领导下依据《中国社会科学院学部章程》运行的高端学术组织，常设领导机构为学部主席团，设立文哲、历史、经济、国际研究、社会政法、马克思主义研究学部。学部委员是中国社会科学院的最高学术称号，为终生荣誉。2010 年中国社会科学院学部主席团主持进行了学部委员增选、荣誉学部委员增补，现有学部委员 57 名（含已故）、荣誉学部委员 133 名（含已故），均为中国社会科学院学养深厚、贡献突出、成就卓著的学者。编辑出版《中国社会科学院学部委员专题文集》，即是从一个侧面展示这些学者治学之道的重要举措。

《中国社会科学院学部委员专题文集》（下称《专题文集》），是中国社会科学院学部主席团主持编辑的学术论著汇集，作者均为中国社会科学院学部委员、荣誉学部委员，内容集中反映学部委员、荣誉学部委员在相关学科、专业方向中的专题性研究成果。《专题文集》体现了著作者在科学研究实践中长期关注的某一专业方向或研究主题，历时动态地展现了著作者在这一专题中不断深化的研究路径和学术心得，从中不难体味治学道路之铢积寸累、循序渐进、与时俱进、未有穷期的孜孜以求，感知学问有道之修养理论、注重实证、坚持真理、服务社会的学者责任。

2011年，中国社会科学院启动了哲学社会科学创新工程，中国社会科学院学部作为实施创新工程的重要学术平台，需要在聚集高端人才、发挥精英才智、推出优质成果、引领学术风尚等方面起到强化创新意识、激发创新动力、推进创新实践的作用。因此，中国社会科学院学部主席团编辑出版这套《专题文集》，不仅在于展示“过去”，更重要的是面对现实和展望未来。

这套《专题文集》列为中国社会科学院创新工程学术出版资助项目，体现了中国社会科学院对学部工作的高度重视和对这套《专题文集》给予的学术评价。在这套《专题文集》付梓之际，我们感谢各位学部委员、荣誉学部委员对《专题文集》征集给予的支持，感谢学部工作局及相关同志为此所做的组织协调工作，特别要感谢中国社会科学出版社为这套《专题文集》的面世做出的努力。

《中国社会科学院学部委员专题文集》编辑委员会

2012年8月

目 录

第三编 西部地区经济

第四编 中部地区经济

第五编　东部地区经济

第六编　城镇化、城市经济、县域经济

序

从1955年进入经济学研究领域以来，大多数时间都在和空间经济问题打交道——从经济布局到区域经济、城市经济、县域经济等。收入《经济布局与区域经济》这部文集的43篇文稿，多数属问题导向性的对策研究，简言之，就是回应不同时期区域、城乡发展失衡的消解之道。其中，24篇写于2000年以后，19篇成文于20世纪八九十年代，距今已二三十年，借学部组织出版学部委员专题文集之机，汇集过去的科研成果，以接受时间的考验、实践的检验。对己，促使晚年就一些问题继续深思、反思；对研究相同问题的同行们，如能从正或反面有所裨益，更感荣幸。文稿全部写于作者在工业经济研究所工作期间，借此机会，对工业经济研究所历届领导和同志们的鞭策与帮助，表示衷心感谢；卢小生同志对文稿悉心审阅、编订在此一并致谢！

陈栋生

2012年6月30日

第一编

理论方法与历史演进

我的空间经济观

引 言

生产力布局与区域经济学是对国民经济空间侧面发展与运行规律进行专门研究的经济理论。生产力布局从俯视的角度，分析资源与要素分布、流动与空间聚合；区域经济学从平视的角度，研究区域的结构、差异、发展、耦合与区际关联等。两者如同一枚硬币，不同视角下显现不同的画面，而实体为一。

生产力布局是一多层次、经纬交织的多维网络系统。按布局客体的繁简，有总体布局与个体布局之别；从空间单元看，包括点、线、面、网；从构成看，包括产业布局与区域布局；从空间范围看，分为宏观布局、中观布局与微观布局三个层次。全国生产力布局蓝图，正是通过众多布局主体与要素主体的区位选择，在多层次的经纬交织中形成。整个运作过程，既需要充分发挥市场机制的作用，又需要运用政策调节。

区域经济是国民经济的子系统。国民经济是由不同类型的区域经济耦合而成，而不是同类型区域经济的简单聚合。马列主义劳动地域分工理论，是区域经济发展与制定区域政策的指南。处于不同发展阶段、资源禀赋与区位条件不一的地区，应遵循区域成长与产业结构演进的客观规律，审时度势，正确制定地区经济发展战略。

进一步完善生产力布局、实现地区经济协调发展，是20世纪90年代中国经济发展的重要任务之一，也是实现第二步战略目标的重要保证。在指导方针和总体布局框架上，宜取“适度倾斜、协调发展，合理分工、各展所长，横向联合、优势互补，结构递进、动态耦合，以点带面、联点成带，产业走廊、纵横交错”。在对策与措施上，需进一步深化改革，重构生产力布局形成与运作机制；催化要素市场发育，制止封关设卡分割统一市场，保证要素流动畅通；通过产业政策区域化和区域布局政策产业化，使两者有机结合，形成“双坐标定位”的调控体系，更好发挥政策导向作用。按照补偿原则，建立完善区域政策体系，兼顾效率与公平；政府职能分解，专司管理职责，建立多级调控，实现双向选择。

一　生产力布局与区域经济研究的演变

（一）基本概念

“一切存在的基本形式是空间和时间”①。社会生产力在时空中运动、发展，一国经济的发展最终总要落实到一定的地域空间，各地域之经济（区域经济）有机耦合构成国民经济整体。对国民经济空间侧面发展与运作规律进行专门研究的经济学，即谓空间经济学，或谓生产力布局与区域经济学。生产力布局学（也可称布局经济学）从俯视的角度，分析资源与生产要素分布、流动与空间聚合；区域经济学从平视的角度，研究区域的结构、差异、耦合和区际关联等。两者如同一枚硬币，不同视角下显现不同的画面，而实体为一。生产力布局与区域经济研究的要旨，简要地说，有下述几方面：

（1）社会生产力和要素空间配置规律的研究。空间经济问题，无论是表现为投资主体在原料、市场等既定条件下的区位选择，还是表现为区域条件与环境既定前提下，发展模式、发展方向直至资金具体投向之选择，实质上都受着资源禀赋差异（绝对优势、比较优势）、规模经济与聚集经济、转移成本三者的支配。在同一生产力水平下，不同产业（行业、产品）中三者有不等的影响；三者在社会生产力发展不同阶段中各自的变化、地位以及相对关系的演变等，形成和决定了生产力空间配置规律。只有揭示经济空间的配置规律，才能打开资源空间优化配置的大门。

（2）体制架构与运行机制的研究。直观考察，生产力布局与区域经济

① 恩格斯：《反杜林论》，《马克思恩格斯选集》第三卷，人民出版社 1972 年版，第 91 页。

表现为资源与生产要素在不同区域的空间聚合，而在其背后决定、制约要素流向和聚合形态的，是各有关利益主体的利益驱动，不同利益主体之间权益的协调（不同制度、不同体制下，协调的准则是不同的）。体制架构与运作的研究，从分析各利益主体决策动机、决策根据对现实布局之影响出发，设计调动各利益主体出于自身权益的决策方向，使其接近而不是背离资源空间优化配置的要求。

（3）布局战略和区域政策的研究。如果说上述（1）、（2）两项属基本理论研究，本项则属对策性研究。布局战略研究，旨在根据一国既有生产力布局和区域经济的态势，以及国际环境，预测未来经济空间格局的演变趋势，勾勒现实可行的布局蓝图；而区域政策的研究，旨在并用计划与市场两种调节手段，为实现既定布局目标，架设“桥梁”。

（4）地区诊断分析、不同类型区域发展模式研究、区域规划理论、方法与技术研究。此项可看做为生产力布局与区域经济学的“开发应用研究”，它开拓了学科的服务范围，既为推进社会发展作出直接贡献，又为深化学科理论研究汲取与积累丰富的素材。

（二）生产力布局与区域经济研究的历史回顾

对经济现象空间分布的记述与分析，早已有之，在中国，春秋战国时代成书的《山海经》、《禹贡》就有这方面的记载，特别是《禹贡》，把当时黄河流域和长江流域分为九州，记述了各地区的自然条件、自然资源和土地利用与贡赋的状况；之后，在《史记·货殖列传》、《汉书·地理志》中对地区经济的记载与分析就更加详尽；东汉以后按照《汉书·地理志》的体例编纂的地方志，历代连绵不断，累计达九万余卷。明末清初著名学者顾炎武利用这些方志材料和自己的实地调查，写成了《天下郡国利病书》，这个书名用现代语言表达，就是分析各地区经济发展的优势与劣势。在西方，公元前古希腊、古罗马也出现过地理志的巨著，到 15 世纪地理大发现以后，记载各国、各地区的自然、经济和物产状况的著作大量涌现，有的称作商业地理学，有的称为国势学。上述著作，总的看，还停留在对经济现象或经济活动地理分布的描述上。

对经济现象、经济活动地理分布差异的理论探讨，大体始于 18 世纪末。开始流行的是“地理环境决定论”、“人地相关论”。确实，不同的地理环境对经济发展是有影响的，生产力水平越是低下，这种影响就越明显。

马克思在分析人类社会早期在地区生产差异基础上发展起来的社会分工时曾指出，“不同的公社在各自的自然环境中，找到不同的生产资料和不同的生活资料。因此，它们的生产方式、生活方式和产品，也就各不相同”①，“不是土壤的绝对肥力，而是它的差异性和它的自然产品的多样性，形成社会分工的自然基础”②。而随着生产力的发展，科学技术的进步，单以地理环境解释经济分布和地区经济差异的形成，就会越来越背离客观实际。

19世纪20年代，西方开始出现运用经济因素分析这种差异的“区位论”。最初是杜能的“农业区位论”，他分析了围绕一个城市（农产品市场）的农业地区，视其与城市的不同距离，应布局不同的农业结构，配置不同的农作物。他从利润 = 销售价格 -（农业生产成本 + 农产品从产地到市场的运费）的公式出发，指出距离城市最近的第一圈，应该配置蔬菜、牛奶等农业部门，因为这些产品是每天都要消费的，量大易腐败，运费与产品价值相比，运费比率高；第二圈则应配置薪炭林，以就近供应城市燃料；以后各圈则相应配置集约性谷物业、休耕制谷物业、三圃式农业、畜牧业；第六圈以远，发展任何农产品运到城市都无利可图，则势必荒芜。

1909年和1914年，德国经济学家阿尔弗雷德·韦柏发表了《工业区位理论·区位的纯粹理论》和《工业区位理论·区位的一般理论和资本主义的理论》，首次提出了比较系统的工业区位理论。韦柏探寻的是保证制成品最低成本的工厂区位的所在，他把影响成本的区位因素归结为三个：运费（运输成本）、劳动费（工资成本）和集聚与分散；提出了寻求最低成本区位的三个步骤。第一步，首先寻求运输成本最低点，在假定运输方式和运费率单一的情况下，即寻求原料和制成品运输的总吨公里的最少点。他把原料重量与制成品重量的比例定义为原料指数，指出原料指数大于一，工厂厂址应建在原料产地；原料指数小于一，则建在产品消费区。第二步分析各地工资成本的差异。第三步分析工业集聚与分散对制成品成本升降的

① 马克思：《资本论》第一卷，《马克思恩格斯全集》第23卷，人民出版社1972年版，第390页。

② 同上书，第561页。

影响。然后采用“等差费用曲线分析法”，确定建厂地点是否从运费最低点向工资成本最低点和集聚与分散效益点转移，以实现制成品成本最低。很明显，韦柏的学说是一种静态的局部均衡下的微观布局的抽象研究，与资本主义工业布局的现实还有较大的距离。

后来的西方区位论学者，从不同侧面对区位理论作了补充、修正与发展。1944 年，德国学者廖施出版的《经济的区位》，被认为是 20 世纪前半期西方最重要的区位理论著作。他认为，工业区位的趋向是寻求最大的利润，而不是最低成本；总利润的多寡，取决于产品的需求和价格，而需求和价格之间又呈函数关系。如果工厂设置在可以吸引足够数量消费者的地点，它就能够获得利润；反之，就不能获得利润，也就不适宜作为建厂地点。廖施兼顾了一般均衡和局部均衡分析，既重视价格和多个市场之间的竞争对工业区位的影响，又重视工厂建设地点与产品可能的销售量、赢利水平的关系，因而比较接近资本主义工业布局的现实。以后，费特尔提出了“贸易区位论”、高兹提出了“港口区位论”、克里斯塔勒提出了“中心地理论”、奥林提出了国际（区际）分工和国际（区际）贸易理论。

瑞典经济学家伯尔蒂尔·奥林在《地区间贸易和国际贸易》（1933 年）等著作中提出了“生产要素禀赋学说”，他认为，各国（地区）生产要素禀赋不同，不同商品需要不同的生产要素搭配比例，每个国家（地区）出口本国（区）具有丰裕而价廉的生产要素的商品，进口本国（区）稀缺而价昂的生产要素的商品，就可以获得经济利益。李嘉图用比较成本解释国际贸易，奥林进一步用生产要素禀赋差异揭示了比较成本的差异，并且把李嘉图的个量分析扩大为总量分析，不局限比较两种产品的劳动耗费差异，而是全面比较两国（地区）生产要素总供给的差异。和韦柏局限于工业区位因素的技术经济分析不同，奥林把区位问题和贸易、价格问题联系起来，从而使区位理论由单个工厂的建厂地点选择扩大到一个国家（地区）产业发展的总体选择。

第二次世界大战后，区位理论的发展有以下三个特点：

（1）在微观经济分析中，对区位因素的探讨更加全面，在原有的运输、劳动费、市场等以外，补充了技术、资金、信息、环境和其他“不确定因素”，把区位的研究和规模经济、风险问题、区域经济政策相结合，由纯理论的探讨向区域政策和区域规划方法等应用领域深入。

（2）更加重视区位问题的宏观经济分析，使之与增长经济学、发展经济学的研究相结合，着重分析各国（地区）经济增长率的差异同各该国家（地区）区位形成的关系；研究投资率、失业率、通货膨胀率等经济因素与区位的关系；研究资本、劳动力、技术等各种生产要素的供给、需求和流动，对新工业区的形成、老工业区振兴（或衰退）的作用。

（3）引入行为科学的理论和方法，分析影响区位的非经济因素，探讨制度、军事防务、文化、社会心理、人际关系、决策行为等对区位选择的影响，运用经济因素与社会因素综合分析的方法研究区位的形成与演变。

十月革命后，苏联的经济学家和经济地理学家，开始以马列主义关于劳动地域分工的理论为指导，研究社会主义的生产布局理论。由于各人学术素养和源流的不同，先后出现过“部门统计学派”、“区域学派”、“经济学派”和“地域综合体学派”。中国对布局经济的理论研究，开始于新中国成立以后，初期主要是翻译、介绍苏联“区域学派”和“经济学派”的论著。以后配合国家经济建设，研究工作者先后参加了许多地区和流域的考察与规划工作，作出了一定的贡献。但在1978年以前的20多年，由于理论上否定商品经济，实践上是大一统的高度集中的指令经济，采用行政性方式实施资源与要素的空间配置，政府特别是中央政府几乎是布局的唯一决策主体，使当时的生产力布局与区域经济研究，长期局限于“社会主义生产力布局原则与应用”等几个狭小的领域，而且在布局原则的论述中，长期把“均衡布局”简单化地作为社会主义的首要原则。党的十一届三中全会以来，特别是社会主义市场经济提出以后，伴随指令性计划减少，纵向约束弱化，地区经济的自组织能力相应增强。长期以来，中央政府一笔独绘布局蓝图的局面，正向多元化布局主体在各自利益驱动下寻找自己的最优区位的方向转化。20世纪80年代，中国地区经济呈现出历史上从未有过的活力，取得了很大的发展；与此同时，各种新、老方面的问题也充分显露——如大量重复建设，造成地区间产业结构不合理的趋同；区际摩擦加剧，从经济过热时争夺稀缺资源的种种贸易“大战”，到市场疲软时，地区间构筑“进出壁垒”；国内地区间，不仅东西部而且南北间的发展差距迅速拉大……在经济实践中，无论是新的成就与经验，还是新的矛盾与问题，都给生产力布局与区域经济研究者以全新的感觉，推动研究领域的拓展。尽管现在作出很高评价还为时过早，但改革开放以来十余年，中国生产力布局与区域经济研究的展拓与成果，远远超过前29年，则是有充分事实根据的论断。

四十多年来，中国生产力布局与区域经济学发展的历程表明：只有坚持从实践出发，而不是先入为主的“原则”出发，在“求实”的基础上，才有可能“求是”。对于“舶来品”，既不能“一边倒”，全盘接受或全盘移植，也不能不加分析地“一概否定”，必须根植于中国的实践与国情加以验证消融，取舍扬弃。中国疆域广袤，各地区自然、经济与社会人文条件差异大，地区发展很不平衡，实践对生产力布局与区域经济学既提出了紧迫的需求，又为其发展提供了深厚的土壤与丰富营养。建立能圆满回答中国“四化”建设中种种区域经济问题，在理论方法上达到与发达国家区域经济和区域科学并驾齐驱水平的、具有中国特色的区域经济学，我以为这是全国生产力布局与区域经济理论工作者和实际工作者应为之奋斗的目标。

四十多年来，中国生产力布局与区域经济实践的曲折历程表明：生产力布局与区域经济是大国经济发展中具有战略意义的重大课题，是保证中国社会主义现代化“三步”宏伟目标完满实现的重要支撑点。逐步实现生产力布局合理化和区域经济协调、有效发展，具有下述多方面的意义：

第一，有利于充分有效地利用全国各地区的自然资源、经济资源和劳动力资源，发挥中国疆域辽阔、人口众多、资源丰富的优势，调动地方和广大群众建设社会主义的积极性，加快社会主义现代化建设的步伐。

第二，有利于科学地组织原燃料基地、生产基地和消费市场的联系，高效率地组织生产、流通、分配和消费，提高社会劳动生产率和生产建设的经济效益。

第三，有利于保护环境和生态平衡，充分利用自然生产力，为保障生活环境和国民经济当前与长远发展需要的自然物质基础作出贡献。

第四，有利于少数民族和其他经济落后地区的发展，为巩固、加强各民族的大团结，逐步缩小、消除历史遗留下来的各民族经济和文化事实上的不平等作出贡献。

第五，有利于国防安全的巩固，有效地抵御敌对势力对中国发动的突然袭击，支持反侵略战争胜利地进行。

二 生产力布局原理

如果把整个国民经济看做一个巨系统，生产力布局就是这个巨系统的空间侧面。而生产力布局又是一个多层次、经纬交织的多维网络结构。按布局客体的繁简不同，可分为总体布局和个体布局，前者指整个国民经济的空间配置，后者指一个企业、一个单位的选点定址。从空间单元构成看，包括：点（经济基点）、线（产业带、城镇带）、面（幅员、水平不等与类型不同的经济区域）、网（联结点、线、面的各种网络，是要素流动的通道、经济能量转移的载体）。从构成看，包括产业布局与区域布局两方面，前者为经，后者为纬。产业布局着重分析各产业、各行业布局的特点与配置要求，研究同类产品通过竞争与联合形成产业配置格局的机制，以及对资源供给区和市场区的划分；区域布局着重分析在特定地域空间，各部门集聚形成规模不等、类型不同的地域经济综合体，以及区域间的竞争与联合。从空间范围与层次上看，包括宏观布局、中观布局和微观布局三层次。上一层次把下一层次作为一个集合体包含其内，对下一层次起控制、约束作用，成为下一层次发展的“外环境”；下一层次作为上一层次的子系统既受控于又再反馈到上一层次，形成赓续相连的空间系统。全国生产力布局蓝图，正是通过众多布局主体与要素主体的区位选择，在多层次的经纬交织中形成。其整个运作过程，既需要充分发挥市场机制的作用，又需要运用规划调节。没有充分发育的商品与要素市场，就不可能有客观准确的“区位成本”。失却了生产力布局这个最基本的经济参数，所有关于资源空间配置的规划，就缺乏起码的根据与前提，势必陷入主观与盲动；而市场机制的某些内在缺陷又要求有规划调节手段和区域政策的干预。但这种计划、规划，从总体上看，应是导向性、诱导性的，因为只有这种“柔性”而非“刚性”的规划，才有可能与市场兼容。

1. *宏观布局*

宏观布局是生产力布局的战略环节，它要对全国生产力总体布局的走势与框架，进行分析、预测。主要内容包括生产力布局展开的方式与重点方向——一定时期建设的重点或热点区域、产业带，以及不同阶段重点建设区域的转移与衔接、各经济地带和大经济区相对地位与耦合方式的变化，等等。

支配宏观布局有哪些制约因素，宏观布局变化有哪些客观规律？根据对中国和国外生产力布局演变历程和经验教训的分析，可以看到一个疆域辽阔、原有地区经济基础很不平衡的大国，在宏观布局上具有以下一些规律：

（1）一个国家生产力布局的均衡度和该国工业及国民经济的总水平存在正相关关系。均衡配置只可能在经济发展水平不断提高的过程中逐步地相对实现，生产力布局向新地区展开的速度需与经济发展的速度相适应，新基地建设的总规模要与一定时期国家的财力、物力相适应，超越国民经济发展水平提供的可能性，企求更高的布局均衡度，往往会降低社会宏观效益（见图1）。对众多国家工业化进程中经济总量（国内生产总值等）与地区经济发展均衡度（地区之间人均国内生产总值的比值）进行相关分析，大致可以绘出近似“U”形的曲线。即经济起飞阶段，通常伴随地区均衡度下降，即地区之间发展水平差距的扩大；而越过起飞阶段，均衡度相应走出谷底（O_1）而逐步提高。如美国19世纪末20世纪初人均收入的地区差异数最高达1:3.2（均衡度1/3.2），而到20世纪70年代已下降到1:1.54；中国人均国民收入最高的地区为上海，最低的为贵州，两者差距达1:8.56（均衡度1/8.56）[①]。一般来说，疆域越辽阔的国家，O_1'点的位置越偏右，即曲线转折点的出现要求更高额的国内生产总值。

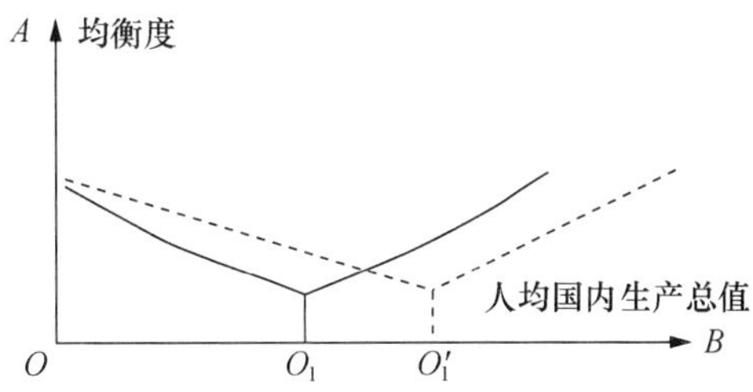

图1

① 《中国统计年鉴》(1988)。

（2）提高原有经济重心区和开发新地区相结合。均衡布局不是通过“抑高拔低”实现的，而必须以提高已有经济重心区，作为布局向新地区展开的出发点和依托。新地区的开发，无论从供给推动还是从需求拉动看，主要来自现有开发区，特别是经济重心区。为了增强开发新地区的推力和拉力，都要求不断提高原有经济重心区。而原有经济重心区随着产业集聚程度的提高，要素丰缺和区位成本的变异，也要求工业向新地区扩散，要求开发新地区以增加资源供给和市场空间。

（3）新基地的建设要有序展开。从总体上看要循序渐进，按照依托老基地—开辟一批新基地—继续发展、提高老基地，巩固充实已建新基地—再开辟另一批新基地……的方式有序展开，而不是径直地、不间断地搞战略布局的新展开。

（4）重点建设地区的形成和转移取决于关键产业、关键资源和关键要素的变动。每个时期制约国民经济发展的“瓶颈”和推进经济发展的引擎各不相同，各个地区在承担解决瓶颈、引擎等方面的条件、能力和效率方面，也是各有不同的。所以在每一时期的生产力布局总是有重点的、不平衡的。除必要的国防考虑以外，每一时期重点建设地区的形成，主要取决于哪些地区在解决关系国民经济全局发展的关键产业、关键资源、关键要素等方面具有综合优势，效益高、见效快。从动态发展看，制约与带动国民经济发展的关键产业（资源、要素）不断变化，各地区不同要素的区位成本和相对优势也处于变动之中，从而导致不同时期重点建设地区的相应转移。在市场机制作用下，处于创新阶段的产业多发轫于经济技术水平处于高梯度的地区，随着该产业向发展、成熟、衰退阶段推移，布局上相应呈现向中梯度、低梯度地区转移的趋势。

2. 中观布局

中观布局包括地区经济发展模式和地区内部产业结构与空间结构——经济基地的规模与布局、城镇体系的组成与布局和工厂、企业建设地点的选择等。为行文之便，前者留待在本文第三部分“区域经济原理”中分析，这里先从经济基地的规模与布局问题说起。

对生产力分布，特别是对第二、第三次产业分布的直观考察可以看到，它和生物群落有类似之处，也是以工厂或产业群落的形式出现。为什么会如此，不同类型、规模的产业群落为什么会在一定的地点形成，这些都需要从构成群落的个体——企业、工厂的定点说起。

工厂建设地点的选定，从经济上看，就是要保证企业单位产品花费的完全换算费用最低；只有这样才能保证企业在市场竞争，首先是价格竞争中取胜。由于不同行业、不同产品完全换算费用的构成不一，产品及其原料的自然、经济特性和加工工艺不一，能够保证完全换算费用最低点的所在很不一致。例如多数农产品、矿产品的初步加工工业，如轧花厂、榨油厂、制糖厂、洗煤厂、选矿厂等一般都趋向接近原料地，因为这些产品在生产过程中，原料失重程度（原料重量与成品重量的比值）大，单位产品的原料消耗量数倍甚至几十倍于成品的重量；有些农产原料在运输、贮藏过程中损耗较大，靠近原料产地建厂，外运成品比工厂建在消费地要大量运输原料更合算。相反，原料失重程度小甚至增高，成品不便运输或运输周转过程损耗大，不便利用管道等廉价运输方式的工厂，一般多靠近消费地建设，如硫酸厂、玻璃厂、家具工厂。大多数花色、品种、款式多样，变化频繁或与地方消费习惯有关的日用消费品，也宜靠近消费地建厂，其主要目的在于及时适应市场变化，改进产品设计，调整产品结构。大耗电工业的工厂，建厂地点一般选择在靠近动力基地特别是能提供廉价电能的大型水电站或坑口电站附近，如铝、镁、钛的冶炼厂、铁合金厂、电石厂、人造纤维厂等。这是因为这些产品主要采用电解或电热工艺，单位产品的电能消耗大，电费占产品成本少则百分之二三十，有的高达一半以上。这类工厂靠近电站，取得廉价电能和减少电能输送损失所获得的利益，通常可以绰绰有余地补偿原料、半成品调运中的劳动耗费。至于劳动密集型行业的工厂，资金有机构成低，工资开支占成本的绝大部分，选厂定点主要考虑劳动力供应充裕、待业人员多的地方。以上可分别简称为工厂布点的“原料指向”、“市场指向”、“能源指向”和“劳动力指向”。指向原理是生产力布局理论的一项重要内容。

新技术革命中出现了一系列高技术的新兴产业，其布局与传统工业有许多差别。以微电子工业为例，根据美国的“硅谷”、“硅原”，日本的“硅岛”、“硅路”这四个世界最著名的微电子工业基地的情况看，新兴产业布局地点的选择着重考虑四方面的条件：

第一，智力密集地区。具有与科研机构、高等院校相结合的人才条件，拥有雄厚的技术开发能力和覆盖面广、传递迅速的信息网络。

第二，完备的辅助工业和发达的第三产业。新兴产业对供水、供电和材料、气体、化学试剂与元器件的供应，设备的研制与维修，都有特殊要求。如用水要求高净洁度的软水，供电要求电压、频率稳定。日本把集成电路基地选在九州，重要原因之一，就在于那里有丰裕的优质地下水和电力充裕，供电稳定。

第三，环境质量好，无传统工业污染。高技术产业的生产技术过程要求四季温差变化小，温度湿度适中，空气清新。

第四，四通八达、迅速方便的运输条件。人才、信息高频率的交流和广泛的生产技术协作，是高技术产业发展的重要条件。因其产品体积小、重量轻，故以采用空运等高速运输方式为宜，可以说属于“临（航）空（港）型”布局的产业，其所在地应拥有大型机场和发达的公路网。

在对企业区位指向“个体”考察的基础上，进一步分析作为企业“群体”集聚的经济基地和城镇规模问题。如从主观偏好看，有人倾向集聚程度高，多发展大城市；另一些人则恰好相反，主张产业分散，多发展中小城镇。就观点论长短，始终莫衷一是，不如深入剖析制约产业集聚与分散的经济社会因素。

工业企业的布点必须适当集中、互相配合。首先，是因为现代工业是一个复杂的分工协作体系，只有相关企业集中布置，才便于加深专业化分工和协作，形成综合生产能力，对资源和其生产要素进行综合利用，提高经济效益。其次，现代工业需要有相应的生产性和社会性基础结构设施相配合，其能力和效率才能充分发挥。企业布点适当集中，才有可能统一建设起比较齐备的基础结构设施，节约基础结构设施的投资，提高这些设施的使用效果。在科学技术迅速发展的现代商品经济，工业的发展有赖于发达的商业与金融网络、科技开发和信息咨询等，而上述第三产业的发展规模和水平，又以人口与经济的集聚为前提。最后，企业布点的适当集中，才能为不同类型的劳动力提供多种就业门路，并有利于职工婚姻等社会问题的解决。布局实践中正反两方面的经验告诉我们：产业布点的适当集中和“集聚利益”，是客观存在的趋势和事实。各种产品生产需要就地协作的技术经济联系和城市公用设施经济规模的起点，是决定产业布点最低集中限度的重要因素，达不到这个最低限度，就是过于分散。

但是，产业布点的集中程度，并非越高越好。当产业布点超越客观条件过度集中时，也会带来许多弊病，其主要有：（1）各种原料、燃料需要量大增，原料、燃料和产品的运输距离拉长，流通过程中的劳动耗费增加。（2）城市人口的相应集中，形成对各种农副产品的大量需求，而工业集聚又需大量占用耕地，缩小城郊农业用地的数量。目前，在中国农业劳动生产率和商品率比较低的情况下，工业城镇规模过大，势必增加城市农副食品供应困难。(3) 生产和生活用水量大增，在本地水源不足时，开辟新水源、远距离引水，一项引水工程往往就耗资数亿元，在中国北方水资源紧缺地区，这个问题更为突出。(4) 大量生产和生活排泄物的集中排放，势必造成环境污染和生态平衡的破坏，利用自然界自净能力净化"三废"的可能性相对下降，为保持环境质量，不得不耗费巨资兴建各种人工净化处理设施，增加环境保护费用。当产业集聚带来的上述"外部不经济性"（又称社会不经济性）的总和超过生产集聚带来的利益时，综合经济效果反而下降，这就表明集聚程度已超过经济合理的界限。

综上所述，就每个经济基点和城镇而言，合理的规模和集聚程度，一方面取决于各组成企业的规模、生产技术协作的要求和它在全国及所在地区中的地位；另一方面又取决于当地土地资源、水资源和环境容量与城郊农业的发展水平。就经济基点的总体考察，它又是循着集中—分散—再集中—再分散……的规律不断发展的历史过程。一个国家或地区的工业，最初总是从少数几个经济基点起步。一个经济基点一旦建立，它对其他拟建企业就具有强大的吸引力，因为到现有工业基点建厂，既可以现有的基础结构设施为依托，加快建设进度，节约配套投资；又可以利用现成的生产技术协作关系，提高专业化水平，降低生产费用。随着许多后续项目为了利用"集聚利益"而不断进入现有经济基点，城镇规模不断扩大，过度集中的弊病将逐渐显露，在生产要素全盘商品化的市场经济下，它通过地价、水电等公用设施费用、排污费上涨，生活费指数上升，工资成本提高等反映出来，"集聚利益"也随之越来越多地为过度集中造成的"外部不经济性"所抵消，最终导致"区位成本"提高。这时，生产建设向新的基点扩散的需要开始提出，而随着从现有经济基点出发的运输和电力输送等网络向外扩展，也就为新经济基点的建立提供了物质基础。新经济基点建立后，也会经历老经济基点大体类似的发展过程，导致又一批更新的经济基点的出现。

以上分析，主要就大机器工业时代而言。如果把考察的时间跨度向后、向前同时延展，则可看到经济基地（基点、城镇）的布局在历史上经历了分散—集中—再分散的历程。在工场手工业及其以前的时代，在手工劳动，依靠畜力和河流天然落差的水力作动力，凭借人力、畜力和风力进行运输的时代，经济基点呈现小规模的星散分布。第一、第二次产业革命时期，蒸汽机、电力、铁道、高速公路和大机器工业相继出现后，产业布局集聚趋势加剧。经济基地呈大规模集中配置。在以电子计算机等为代表的新技术革命时期，由于运输和信息网络的高度发达、广泛分布、速率大增，经济的空间距离相对缩小，以及企业规模的小型化，产业地点布局再次呈现分散化，这在美国、日本和德国等工业发达国家已初现端倪。

3. 微观布局

微观布局是生产力布局的最基层一环，主要分析城镇内部各项经济社会活动设施的布局规律和要求，以及如何实现这些要求。它包括功能区的划分与组成，直至企事业建设地址的选择。

以工厂的厂址选择为例，其起码的要求有两条：一是满足拟建厂生产建设和职工生活的要求；二是不能“以邻为壑”，影响危害四邻和所在城镇、流域的环境与景观，而且有利于所在城镇和工业小区总体规划的实现。从满足拟建厂生产建设需要看，所选厂址应达到以下基本要求：

（1）厂区土地面积与外形，能满足厂房与各种构筑物的需要，并适合于按科学的工艺流程布置厂房与构筑物。

（2）厂区地形力求平坦或略有坡度（一般以不超过5‰—10‰为宜），以减少土地平整的土方工程，又便于地面排水。

（3）厂址尽量选在工程地质、水文地质条件较好的地段。土壤耐压力应满足拟建厂的要求，严防选在断层、岩溶、流沙层与有用矿床上和洪水淹没区、已采矿坑塌陷区以及滑坡下。厂址的地下水位应尽可能低于地下建筑物的基准面。

（4）厂址尽可能接近水源地，并便于污水的排放与处理。

（5）需铺设铁路专用线的工厂，厂址的位置应尽量接近铁路线，并便于与距离最近的车站接轨。

（6）厂址选择应便于供电、供热和其他协作条件的取得。

由于工业企业只是城镇各项物质要素之一，它只有和城镇其他物质要素——城市交通运输、给排水、动力供应、生活居住、商业服务等系统密切配合，才能正常运转。所以厂址选择以至整个城镇工业企业的布置，不仅限于满足本企业生产建设的需要，更重要的是通过全盘规划，妥善处理工业与城镇其他要素的联系和矛盾，求得城镇整体协同的最佳效果，为建设具有高度物质文明、精神文明和环境优美的社会主义新型城市作出贡献。为此，需按“性质分类、功能分区、成组布局、优选区位、各得其所、总体最优”的内容与目标，进行城镇总体规划。

所谓“性质分类、功能分区”，是指按照城镇内部工业生产和其他方面的需要，分别计算对于土地的需求，统筹平衡城镇的工业用地与生活居住、公共建筑、对外交通、园林绿化各方面的用地。然后，按照功能的不同，分别组成各类工业小区和市中心区、居住区、文教区等，并妥善安排各功能区之间的联系。

“成组布局”，是指将相关企业尽可能集中配置，形成特定的工业小区，其主要类型有：①对某种主要原料进行连续加工的各个企业，如将烧结厂、焦化厂、炼铁厂、炼钢厂和轧钢厂等采取成组布局，可以大大缩短半成品的运输距离，实行连续热装，节约能源消耗。②产品、零部件和工艺有密切联系的各专业厂，如将冶金机械厂、矿山机械厂、重型机床厂、金属结构厂等采取成组布局，建立重型机械制造工业区，就可以统一建立铸锻中心、设备维修中心等技术后方，提高企业专业化的水平，节约建设投资，降低产品成本。属于这种类型的，还有某种产品的总装厂和各种零部件的供应厂，生产某种成套设备的专业厂，如由锅炉厂、汽轮机厂、发电机厂等组成的动力设备工业区。③对原料、燃料、动力、副产品和“三废”进行综合利用的各企业，例如，火力发电厂与建筑材料厂、铝氧厂与水泥厂、金属冶炼厂（以各种硫化矿为原料的）与硫酸厂、炼油厂与石油化工厂、木材加工厂与林产化工厂等。对这些企业采取成组布局，便于经济有效地充分利用各种资源，做到“化害为利，变废为宝”。将上述各种类型的企业成组布局，还可以为统一建设、使用各项公用工程（运力、运输、供排水、生活服务等设施）提供条件。

“优选区位、各得其所”，是指根据企业性质和规模的不同，特别是占地和运输量的多寡、污染的程度分类，选择不同的位置。第一种类型的企业是规模小、运输量小（不需修建铁路专用线）、无污染或少污染的企业，如食品、服装、印刷、精密仪表等，可靠近市区或在市区内的独立工业地段布置，也可采取“工业大厦”立体布局的形式，与城市其他要素统一安排。对于用地紧张的特大城市，这是值得重视的一种新的格局。第二种类型的企业是中等规模的机械制造广、纺织厂等，可布置在与市区邻近的专门工业区，如北京、郑州、西安等市的纺织工业小区和西安的“电工城”，均取此种方式。第三种类型是占地广、运输量大、污染重的企业，如大型冶金厂、石油化工厂、重型机械厂等，则宜于布置在离市区较远的专门工业区或卫星城，如北京市的房山石油化工区、武汉市的青山钢铁区都是这样布置的。

“总体最优”，是指上述各方面的安排从总体上看来最优。在社会主义社会里，不应以某一企业的局部利益为出发点，而应以城镇整体协同的总效益最优作为出发点和归宿。以城镇用地的划分为例，最接近水陆交通干线和便于工厂专用线接轨的地段，应优先安排各种运输量大的企业；最接近水源和便于供水的地段，应优先安排各种用水量大的企业；最接近热电站和便于供气的地段，应优先安排各种大量用气的企业。污染环境的工业区和工厂，则应布置在城市盛行风向的下风向和河流的下游。

由上可见，城镇欲达到经济繁荣、生活方便、环境优美等多重目标，不凭借（区域和城市）“规划”手段是难以想象的；但是，“规划”的制定，必须以市场信息为前提，规划的实施，除必要的行政手段外，更大量的是运用经济手段——如对不同产业、不同位置、区段的地价标准、水价标准等的调控。

三　区域经济原理

（一）区域经济的特点和地位

1. 区域经济的特点及其研究的必要性。如果说整个国家经济是一个大系统，那么，区域经济（此处既指经济区，又指行政区，仅就其共同点而论；两者的差异需另文专门分析）就是其中的子系统。同样，如果说整个国际经济是一个大系统；那么，每个国家的经济，即其子系统。但两类系统的特性有质的差别。后者，各子系统具有独立的国家利益，有国界、海关，在社会制度、经济体制、经济运行规则和币制等方面都有重大差别；要素在国际间的转移通常受到许多条件的严格限制。而前者，各子系统尽管也有行政区划的界限，其他方面则几乎是一致的（“一国两制”下的特殊情况另作别论）。要素在国内区际间的流动，原则上是不受限制的，各子系统之间是“全贯通”的，也只有达到这一境界，全国统一市场才算真正形成。

区域经济在某种意义上可以说是国家经济的缩影，它也有第一、第二、第三次产业，也由工、农、建、贸、运等业组成。在这种情况下，为什么还需要对“区域经济”进行独立研究、分析呢？我想有以下几点原因：

第一，要素分布的不均衡性。就每一区域而言，要素的种类往往是“不充分”的；某些具体要素或是“不充足”的，或是相对过剩的；各种要素的匹配比例通常是失衡的。从而决定了区域产业结构的“非均衡发展”。

第二，要素空间转移的特性。从空间转移特性看，要素大体可分为三类：第一类是区际间无法转移的要素，如土地和相应的自然条件；第二类是不易转移的要素，如水资源，某种情况下的人口与劳动力；第三类是区际间可转移的要素，但转移成本高低不等。

第三，基于地理区位和通过社会公共资本投入等创立的“区域环境”利益利用上的某种排他性。

第四，区域长期历史发展中社会文化积淀形成的区域特征。

以上四方面综合作用的结果，决定了对区域经济进行独立研究的必要性。

2. 区域经济在国民经济中的地位。区域经济是客观存在，但在不同的经济管理体制下，又显现出巨大的差别。如 1978 年以前，在高度集中的指令经济下，产品统购统销、统一调拨，财政上统收统支，在一切经济运行都统得很死的旧体制下，区域经济作为独立的利益主体基本不存在，地区缺乏自增长能力，成为单纯被指挥的“受体”。地方经济管理部门，基本上是“上令下传、下情上达”的“传达室”，缺乏对地区经济的自组织能力，和当时的企业一样是被拨动的“算盘珠”。党的十一届三中全会以后，经过十多年的改革，情况已发生很大变化。

从建立有计划商品经济的目标模式看，今后区域经济将处于何种地位呢？我认为，作为客体考察，它具有中观经济的性质。如果说企业是国民经济的“细胞”，是微观基础；那么，区域经济就是“器官”、“系统”，如同人体由不同的器官和系统组成，整个国民经济也是由不同类型的区域经济有机耦合而成。

从经济管理调控上看，地区经济管理部门具有第二层次调控的职能。全国宏观调控是第一级。在一个几万平方公里，几百万人口的国家，有这样一级调控就足够了，而在我们这样疆域广袤、人口众多、地区自然地理与人文地理条件差异很大的国家，还必须有二级或三级调控。这如同小国家有一个电视、广播发射中心就行了，而我们的中央电视台和中央人民广播电台，必须靠许多差转台、卫星地面接收站才能覆盖全国一样。

（二）区域经济发展的两种对立模式

所有区域经济的结合成为整个国民经济。在如何“结合”上，有两种类型：

一类是区域经济简单聚合型。即每个地区按统一模式建立行行俱全的、独立完整的地区经济体系。这就如同一袋马铃薯，是由结构、质地相同，仅有大小差别的马铃薯聚合而成。采用这种形式，即使能实现国民经济总体发展目标，其效率和效益肯定也是低下的。

另一类是区域经济有机耦合型。即各地区从实现国民经济总体发展目标出发，根据各地不同的条件与特点，建立各具特色的地区产业结构，通过劳动地域分工和区际贸易，形成各具特色、相互耦合、互相促进的地区结构。这就如同一个京剧团，演员只有各扮生、旦、净、丑，才能协同合作演出一台好戏。

马克思列宁主义关于劳动地域分工的学说是地区经济发展的理论基石，其核心是扬长避短，发挥优势。马克思说：“一个民族的生产力发展的水平，最明显地表现在该民族分工的发展程度上。”① “这既包括部门、企业间和企业内部的分工，也包括把一定生产部门固定在国家一定地区的地域分工。”② 即“各个地区专门生产某种产品，有时是某一类产品甚至是产品的某一部分。”③ 实行劳动地域分工，建立各具特色的地区产业结构，其客观依据有以下几方面：（1）地区自然条件的差异和自然资源分布的不均衡性；（2）原有经济发展水平、特点，和各种社会经济、文化因素的地区差异；（3）充分利用生产专业化、集中化、集聚化、联合化效益的需要；（4）各地区自然地理、经济地理、运输地理和国防地理位置的差异。

在上述四个方面中，第一项构成劳动地域分工的自然基础；后三项构成

① 《马克思恩格斯选集》第一卷，人民出版社1972年版，第25页。

② 《资本论》第一卷，人民出版社1972年版，第389页。

③ 《列宁全集》第3卷，人民出版社1959年版，第389页。

劳动地域分工的经济基础和社会基础。按照劳动地域分工的理论，各个地区都应重点发展能更多更好地利用本地区供应充裕、价格低廉的生产要素的产品（行业、部门），扬其所长、避其所短，并通过地区间的商品交换，以己之长、补人之短，以人之长、补己之短，这就可以大大提高整个国民经济的效益。

现在大家都承认“扬长避短、发挥优势”是制定地区发展战略的重要原则，为了真正贯彻这一原则，我以为在思想认识和理论方法上还须明确以下几个问题：（1）了解“扬长避短，发挥优势”方针的理论依据——劳动地域分工学说；（2）正确理解“经济优势”、“扬长避短”、“扬长克短”等概念；（3）了解地区产业结构的一般模式和有关方法。

（三）劳动地域分工的一般原理

一种产业（行业）的建立与发展，一种产品的生产，有赖于劳动力、设备、原材料、资源、能源、市场、资金、技术、经营管理、信息等生产要素和条件。由于各个地区自然条件、地理位置、社会经济和文化发展诸方面的差异，不同地区同一生产要素和同一地区诸种生产要素的丰缺情况不一，导致各地区诸生产要素供给价格水平的不一，最终反映为同种产品不同地区生产费用的区间差异。换一个角度看，也造成同一地区不同产业（产品）经济效益水平的差异。一般地说，一个地区对各类产品的需求是全面的，如何满足这种需求呢？一种做法是，本地区需要何类产品，需要多少，就建立相应种类和规模的产业，这就是封闭型自给自足的地区经济模式。另一种是开放型地区经济模式，即商品经济所要求的结构模式，按这种模式进行劳动地域分工，通常，可以用节省得多的人力、物力满足同样的社会需求。下面以一组简化的案例加以说明。假设有甲、乙两个地区，每个地区都需要也有条件生产A、B两种产品，但是由于自然条件和经济条件的不同，A产品的单位投入量（包括劳动耗费和资金占用）甲地区低于乙地区；B产品的单位投入量乙地区低于甲地区。如果甲、乙两地都采取自给自足的办法，为满足A、B两种产品的需求，总共需投入相当于800元的劳动耗费；而采取地区分工协作时，由于充分地利用了地区分工效益，满足同样需求，只需投入600元。节约的200元称为地区分工的毛效益。假设地区之间产品流通过程中的劳动耗费为50元，那么，地区分工的净效益即为150元（200－50）（见表1）。总之，一些地区在某些产业或某类产品的生产效益上占优势（劳动耗费和资金占用量比其他地区低）；另一些地区在另外一些产业和产品上占有优势，不同地区各自着重发展自己具有优势的产业和产品，相互交换，此即所谓绝对利益。

表1　　　　“绝对利益”示意

<table>
<tr><td colspan="2">产品</td><td colspan="3">A产品</td><td colspan="3">B产品</td><td rowspan="2">投入总量（元）</td></tr>
<tr><td colspan="2">指标
地区
方式</td><td>需要量（吨）</td><td>生产量（吨）</td><td>单位产品投入量（元/吨）</td><td>需要量（吨）</td><td>生产量（吨）</td><td>单位产品投入量（元/吨）</td></tr>
<tr><td rowspan="3">地区自给自足时</td><td>甲地区</td><td>50</td><td>50</td><td>2</td><td>100</td><td>100</td><td>3</td><td>100＋300＝400</td></tr>
<tr><td>乙地区</td><td>100</td><td>100</td><td>3</td><td>50</td><td>50</td><td>2</td><td>300＋100＝400</td></tr>
<tr><td colspan="7">甲、乙两地区总投入量</td><td>800</td></tr>
<tr><td rowspan="4">地区分工协作时</td><td>甲地区</td><td>50</td><td>150</td><td>2</td><td>100</td><td>—</td><td>—</td><td>300</td></tr>
<tr><td>乙地区</td><td>100</td><td>—</td><td>—</td><td>50</td><td>150</td><td>2</td><td>300</td></tr>
<tr><td colspan="7">甲、乙两地区总投入量</td><td>600</td></tr>
<tr><td colspan="7">甲、乙两地区区际商品交换中的投入量</td><td>50</td></tr>
<tr><td colspan="8">地区分工毛效益（800－600）</td><td>200</td></tr>
<tr><td colspan="8">地区分工净效益（800－600－50）</td><td>150</td></tr>
</table>

在现实生活中，经常可以看到，有的地区一系列产品（或行业）产生的经济效益都高于其他地区，如目前上海等大城市的许多日用轻工产品和机械工业产品的经济效益都高于其他地区；有的地区一系列产品（或行业）生产的经济效益都低于其他地区，如目前西北干旱、半干旱地区的许多农作物的单产都低于长江三角洲和珠江三角洲等地区，工业品亦大致如此。能否据此认为，所有的工农业产品生产都应由上海等大城市和其他经济效益较高的地区来代替呢？显然不能这样认识。因为生产的布局还要受到生产要素的“有限性”、“不可转移性”（如土地）或“不易转移性”（如水资源）的制约。如上海等大城市的工业用地和水源等都是有限的，不可能容纳所有轻工业和机械行业的超限度发展，这时就需要按照“两利相权取其大”的“优中选优”原则确定这些地区经济优势的利用。反之，西北地区

的土地、人口等生产要素由于“不可转移”或“不易转移”，当地仍需发展农作物栽培，这时就需要按照“两弊相衡取其轻”的“劣中选优”原则，确定这个地区农作物发展的种类与方向。照此进行地区分工，同样可以获得效益。总之，各地区不是根据绝对成本（利益），而是根据相对成本（利益），经济发展水平高的地区，选取与其他地区比较成本（利益）优势差幅大的产业作为优势产业，经济发展水平低的地区，选取与其他地区比较成本（利益）劣势差幅小的产业作为优势产业，此即所谓比较利益（见表2）。

表2　“比较利益”示意

<table>
<tr><td colspan="2">产品</td><td colspan="3">A 产品</td><td colspan="3">B 产品</td><td rowspan="2">投入总量（元）</td></tr>
<tr><td colspan="2">指标 / 地区 / 方式</td><td>需要量（吨）</td><td>生产量（吨）</td><td>单位产品投入量（元/吨）</td><td>需要量（吨）</td><td>生产量（吨）</td><td>单位产品投入量（元/吨）</td></tr>
<tr><td rowspan="3">地区自给自足时</td><td>甲地区</td><td>50</td><td>50</td><td>2</td><td>100</td><td>100</td><td>3</td><td>100 + 300 = 400</td></tr>
<tr><td>乙地区</td><td>100</td><td>100</td><td>4</td><td>50</td><td>50</td><td>4. 5</td><td>400 + 225 = 625</td></tr>
<tr><td colspan="7">甲、乙两地区总投入量</td><td>1025</td></tr>
<tr><td rowspan="4">地区分工协作时</td><td>甲地区</td><td>50</td><td>150</td><td>2</td><td>100</td><td>50</td><td>3</td><td>300 + 150 = 450</td></tr>
<tr><td>乙地区</td><td>100</td><td>—</td><td>4</td><td>50</td><td>100</td><td>4. 5</td><td>450</td></tr>
<tr><td colspan="7">甲、乙分地区总投入量</td><td>900</td></tr>
<tr><td colspan="7">甲、乙分地区区际商品交换中的投入量</td><td>50</td></tr>
<tr><td colspan="8">地区分工毛效益（1025 - 900）</td><td>125</td></tr>
<tr><td colspan="8">地区分工净效益（1025 - 900 - 50）</td><td>75</td></tr>
</table>

细心的读者会发现以上论述中的一个“内在矛盾”，即经济发展水平低或发展条件差的地区，从全国劳动地域分工看，可以而且应该选择不具绝对优势，但具比较优势的产业（产品）作为发展方向。但在市场交易中，通行的是绝对比较，买方在同质产品中总是择低廉者而购，而绝不会考虑什么“劳动地域分工”、“不发达地区的发展”的。这一“内在矛盾”，单靠市场机制是无论如何解决不了的，必须借助政府干预——如中央政府对此类地区实行投资补贴、信贷和税收优惠；地方政府对区内实行低地价和地方税收优惠等——否则这类地区具有“比较优势”而无“绝对优势”的

产业是难以发展起来的①。

由上可见，为了实现全国劳动地域分工，为了兼顾全国国民经济的整体利益和地区利益，为了兼顾发展水平和条件不同的各类地区的利益，为了兼顾效率与公平，都需要“计划”与“市场”两种调节并用。这说明计划与市场的结合，并非源于某一特定社会制度和国家特色，而是社会化大生产下，一个国家为实现经济社会稳定、高效、协调发展的共同内在要求。

（四）正确理解“经济优势”、“扬长避短”和“扬长克短”

20 世纪 80 年代，中国许多地区先后开展了有关地区经济发展战略、国土规划等的研究和制定。有些地区经济发展战略的材料，开宗明义就写着“本省（市、区）已有探明储量的矿藏 × × 种，× 种矿藏储量居全国之冠，× × 种矿藏储量居全国前三名……”在以上叙述中，实际把“有利条件”和“经济优势”画了等号。有利与不利和优势与劣势这两对概念，有一个共同点，就是都属于相对的和相比较的概念，除了这个共同点外，还有许多区别。这些区别，在日常生活用语中，没有必要加以严格区分，而在把“经济优势”作为经济学的一个概念、一个范畴来加以解释或应用时，则应和“有利条件”加以区别。首先，“经济优势”是个综合概念。众所周知，一个地区发展某种产品和产业，需要有多种条件，多种有利条件的综合，或者某些有利条件能克服或消除不利条件，才能形成优势。俗话说“万事俱备，只欠东风”。你这个地区在发展某种产业上有一万条有利条件，如果缺一条关键的“东风”，仍然不会成为现实的优势。把有利（不利）条件和优（劣）势区分开来，我们就能把注意力放到“转化”工作上，即只有发挥已有的有利条件的作用，创造新的有利条件，克服或消除不利条件，才能取得优势地位。其次“经济优势”是商品经济、市场竞争中的概念。一个地区某种产业取得优势地位，表明它的产品运到消费市场，其完全换算费用低于全国平均水平和其他地区，在价格和质量上有竞争能力。商品

① 由于资源总量的自然约束，产品的生产价格由劣等资源（如土地）生产条件下的劳动耗费所决定。马克思在《资本论》、《剩余价值学说史》中已有透彻分析，本文不再重复。文内探讨的是资源总量超过需求总量，因而存在“比较”和“地域分工”的问题。

的赛场即市场。一个地区说自己某种产业有优势，不是根据该产业的产品在“家门口”的自我感觉，而是根据它在统一的国内市场和国际市场上竞争的结局来判定的，集中表现为本地区产品在市场上的占有率的高低。

现在一些地区的经济发展战略，往往把“自然资源”作为分析的起点。从摸清家底的角度看，也不失为一种方法，但根据当代经济发展的特点看，似乎尚未跳出小商品经济的圈子。小商品经济的特征是：资源→产品→市场（商品），即本地有什么资源，就开采、加工什么产品，然后寻找市场，使一部分产品转化为商品。而现代商品经济的特征，要求我们的战略思想要以市场为出发点，即市场→资源→商品。也就是说，首先分析国内外市场的需求，选择近期、远期市场需求势头看涨的产品，然后分析本地区发展该种产品的诸种“资源”条件（包括技术、信息等软资源的广义资源概念），看这些条件具备与否，不具备的条件有无可能克服或转化，进而明确本地区的主攻方向。它一开始就以占领市场（当地和外地的）为目标。

与此相关的，还有一个“扬长避短”和“扬长克短”问题。“扬长避短”是就地区产业、产品结构安排而言的，即一个地区无必要搞行行俱全，而应着重发展能充分发挥本地区充裕生产要素作用的那些产业，尽可能避开那些大量需要本地区短缺生产要素的产业。而“扬长克短”是就生产要素本身而言的。比如说，一个地区发展某种产业（产品）的原料、市场条件都有利，唯独缺乏营销艺术和市场信息，对后者就不是“避短”的问题，而必须“克短”，不克服掉这个短或不足，在原料、市场方面的有利条件就无法转化为现实的经济优势。这里不妨分析一下温州和日本这两个国内外的实例。从矿产资源看，日本是个“资源小国”，但由于它利用对外投资参股，采用大型海轮以廉价运费取得了矿石与能源的供应，克服了矿产资源贫乏的不利条件，成了“经济大国”。浙江省温州地区，近几年来已发展成为全国性的若干日用小商品基地，它一不就原料，二不近市场，但是它们通过“腿长”（数万名遍布全国城乡的农民推销员）、“信多”（每年发出千万封推销商品的信函）等营销艺术与手段，克服了前述不利条件，使若干日用小商品占据了广阔市场。而一些矿产资源丰富的地区，经济发展反而相形见绌，其重要原因之一，我以为就在于没有从市场出发，围绕几项拳头产品和优势产业的形成，有针对性地狠抓“克短”这个重要环节。

（五）地区产业结构的一般模式

发挥优势，并不是每个地区只孤立地发展一两个优势部门，而是围绕优势部门建立一个结构紧凑、相互协调又具有较高经济效益的地区经济有机体。这种地区经济有机体大致由以下几部分构成：

第一类是作为地区经济支柱的主导产业（或称地区专业化部门），它是整个地区经济发展的核心。不同地区的主导产业是不同的。如山西、豫西、贵州等煤炭资源丰富、开采条件优越的地区，煤炭、能源是主导产业；辽宁等省铁矿、煤炭资源兼备，黑色冶金则为主导产业；南方湘、赣、云、贵等省称为“有色之乡”，有色冶金则为主导产业；江苏、浙江等省农产品资源丰富，棉纺、丝绸历史悠久，技术基础雄厚，则该地区应以轻纺和机电工业为主导产业。作为地区主导产业，需同时具备两个条件：一是具有比较优势；二是产业关联度较高。一个地区某种产业的相对优势越大，该种产品的市场占有率和区际调运率（包括调往国内其他地区和出口国外）也就越高，产品的市场范围也就越广阔。

第二类是围绕主导产业发展的关联部门（或称地区辅助产业部门），它又可细分三个亚类：（1）为主导产业提供产前服务的上游产业（或称支撑产业），如：山西、豫西的优势产业是煤炭，那么矿山机械制造与维修等就属于此类产业；江西、浙江等省支撑轻纺工业发展的染料、油漆等行业亦属此类。（2）对主导产业的产品或利用其“三废”进行加工、再加工以及其他由主导产业衍生而出的诸下游产业。仍以山西、豫西为例，利用煤炭发展的火力发电，利用煤炭伴生的石灰石资源和粉煤灰发展的建材工业，利用煤炭发展的煤炭化工以及对煤化工产品的深度加工产业，均属此类。在江西、浙江等纺织工业发达的省、市，发展服装、针织等产业亦属此类。（3）为当地居民提供一般消费品的产业。

第三类是基础结构部门。它包括交通运输、公用动力、供水等生产性基础结构部门，以及科研、技术开发、劳动力培训等社会性基础结构部门。因其“产品”多以劳务形式出现的，难以或根本不可能进行区际调剂，也不能以产品形式进行储备，故其规模应能满足前述两类产业和居民生活的需要，并留有相当的余力。

我把上述地区结构模式，简称为地区经济的三环同心圆结构，它和地区经济发展的三重任务，恰相对应。这三重任务：一是完成国民经济和全国劳动地域分工对本地区的要求；二是保证地区经济繁荣，人民生活水平不断提高，地区财力逐年增长，经营环境、投资环境日益改善；三是保持环境生态的动态平衡与良性循环。三重任务兼顾了全局与局部、长远与近期的效益，是地区经济健全发展的完整目标体系。

（六）地区经济结构的动态分析

以上对地区经济结构进行了静态分析。从动态分析看，地区经济发展所处的阶段对地区经济结构有重大影响。如同人的一生有少年、青年、中年和老年等成长阶段一样，地区经济发展也有待开发（不发育）、成长、成熟、衰退等发展阶段之分。除了特殊情况外，一般都是循序渐进的。在同一地区，不同发育阶段的地区经济结构都有所变化，这种结构变化和经济总量的增长一起，反映地区经济从一个发展阶段进入另一个更高的发展阶段。从动态分析的目的出发，地区经济结构则可以分为领航或先行产业、主导产业、衰退产业和基础设施等。领航产业，尽管当时在地区经济中不占显著地位，但由于它符合经济和科技进步的趋势，或有较大的衍生带动作用，经过一段时间，将成长为地区经济未来的主导产业。当前地区经济中某些主导产业，尽管在地区经济中占有重要地位，随着岁月的流逝，或由于技术（产品）的老化和市场萎缩，或由于所依托资源的枯竭，会逐步沦为衰退产业。未雨绸缪，有预见地安排领航产业，及时更新衰退产业是长久保持地区经济活力的关键一招。

在疆域广袤、发展不平衡的大国，按时序区分为待开发（不发育）、成长、成熟、衰退赓续相连的诸发展阶段，从同一时点上看，则表现为并存的处于不同发展阶段的若干区域。各地区由于位居发展程度不等的“梯级”，起点不一，地区经济发展战略的选择也应有所不同。

1. 待开发地区（或处于不发育阶段的区域）。这类地区的一般特征是经济发展水平低下，第一产业在产业结构中占极高的比例，长期停留在自给自足甚至自给不能自足的自然经济中，自身资金积累能力低下，甚至长期依靠上级财政补贴和救济。中国边远西部的一些地区和 18 个贫困地区，大体属这种类型。这类地区要想成功地走出不发育阶段，跨入工业化的“门槛”，往往需要借助外部资金、人才、技术输入的“第一推动力”。这类地区经济发展战略的核心问题是把外部输入和区内条件结合起来，启动地区经济发展，逐步培植自增长能力。为此需注意以下各点：（1）资金投入的产业方向要立足本地自然资源，技术层次要适合区内劳动力素质的条件，选择能发挥本地有利条件，同时仍有相当市场潜力的发达地区对外扩散的产业。（2）资金投入的空间方向要集中于培养区内“增长极”（“生长点”），以带动整个区域经济的发展。切忌将有限的资金“撒胡椒面”式地平均分散使用。（3）重视人口素质的提高和观念转换，“治贫”先“治愚”。打破封闭状况，促进市场发育。在起步阶段要把劳务输出作为一项战略措施，发挥其积累初始资金，减轻区内就业压力，冲破传统观念束缚，提高劳动力的技术和经营素质等多方面的功能。（4）善于运用外部输入的资金、人才和技术，充分发挥其“催化剂”的作用，推动区内克服阻碍发展的因素，使自然资源和劳动力丰富的有利条件与外部输入要素相结合，转化成现实的经济优势。

2. 处于成长阶段的区域。这类地区的一般特征是已经跨过工业化的起点，第二产业在产业结构中已占主导地位，地区优势产业已经形成或正在形成中，区内已形成具有较好投资环境或投资环境正在建立中的若干“增长极”，整个区域经济呈现较强的增长势头。这类地区经济发展战略的核心问题是：（1）进一步巩固、扩大优势产业部门，充分利用“规模经济”，降低产品成本，增强价格竞争能力，同时注重非价格竞争（如提高服务质量、重视售后服务等），不断拓展市场，扩大本区优势产业产品在国内外市场的占有率。（2）围绕优势产业发展前向、后向、侧向的关联产业，形成结构效益良好的产业系列。对于以资源导向为优势产业的地区，更应重视后向加工环节的发展，以提高资源的综合利用水平，提高产品的附加价值。同时要注意防止无关联产业的盲目集聚，造成产业结构无序化。（3）分析发达地区要素价格和产业结构变化的趋势，对其效益递减或即将“外溢”扩散的产业，抢先建立或移入，引进技术加以改进创新，培植区内新的产业，以增加地区经济发展新的推动力和区内“部门储备”，提高地区经济的结构弹性，避免支柱产业过分单一，在市场条件突变的冲击下，造成区域经济大的波动。(4) 重视第三产业的发展，特别是“增长极”第三产业的发展。如果说工业是“增长极”的实力基础，“增长极”对区域经济的，带动功能、扩展效应则主要依靠贸易、金融、信息、咨询、科技、教育等第三产业，通过上述网络发展生产要素的聚集、转化和扩散作用。在重视发展已有“增长极”第三产业的同时，要培植新的或次级的“增长极”，以促进区域经济的纵深发展。此项和前项建立“部门储备”的用意都旨在增强区域经济发展的后劲，使处于成长阶段的区域经济能顺利地进入发达或成熟阶段。

3. 处于成熟或发达阶段的区域。这类地区的一般特征是工业化有较久的历史，达到了较高水平，第三产业也较发达，基础设施齐备，交通运输与信息已经基本形成网络；在极化效应和乘数效应的作用下，生产部门相当齐全，协作配套条件优越，区内资金积累能力强，人才素质高。这类地区通常是国家经济重心区的所在，区域经济发展状况与整个国民经济发展的关联度相当高。但在发达、繁荣的掩盖下，许多矛盾随着岁月积累，形成潜在的衰退因素，比较突出的是“空间不可转移”和“不易转移”要素的价格上涨——如地价、水费、排污费、工资上涨，生活费指数高（在中国价格信号不全、不灵的情况下，表现为用地紧张、水源匮乏、环境污染严重、运输阻塞、职工积极性下降）。许多一度曾是领先甚至独占的技术，随着它的逐步普及而丧失其“独占利益”；由于设备刚性，许多企业的“硬件”已经陈旧、老化，综合表现为越来越多的产业和产品的比较优势逐步丧失。这类地区经济发展战略研究的核心是如何进行全面的“结构改组”，吐故纳新，保持发展势头，防止隐蔽的、潜在的衰退危险变成现实。为此：(1) 在产业结构上，要果断地淘汰（移出）比较优势已经丧失的产品和产业，着力发展新兴产业——引进和运用引进新技术，嫁接式地改造传统产业，使传统产业新技术化，不断开发出高档的新、尖产品，实现产业结构高度化，形成推进产业结构动态递进的正常机制。为此，要特别重视科学技术，开辟技术市场，保持科学研究与经济建设的密切联系，实现科研、开发、生产一体化，技工贸一体化，鼓励创办风险企业，从多方面予以政策优惠。(2) 在市场结构上，要大力发展外向型经济，挤入国际分工与交换的行列，承受国际市场的压力与锻炼，促进区域经济素质的全面提高。

实现进口替代和出口导向相结合，互相促进与转化的市场战略；对国内市场，应由过去以商品输出为主，逐步扩大智力、技术和资金的输出。（3）在空间结构上，以城市中心区为圆心，加快向外围地区的产业扩散，组成城乡一体化的大城市经济圈。市中心区工业向外扩散，以金融、贸易、保险、房地产、咨询、信息等第三产业替代，使之成为众多企业集团（股份公司）总部的驻地，逐步转向以技术开发、营销为主，使周围腹地的工厂成为主要生产基地。

（原载《当代中国百名经济学家自述：我的经济观》，江苏人民出版社 1991 年版）

区际经济分工的理论与实践

——扭转地区结构不合理趋同的深层思考

现代社会，一个国家的国民经济通常是由异质结构的各区域经济耦合而成，而不是由同质结构的众多区域简单聚合而成。区际分工表现为各区域经济的产业结构、行业结构和产品结构等的分异与关联，各区域经济间相互分异与依存构成一国区际经济分工耦合的总格局。如同分工与交换互为因果一样，区际经济的分异和分工，既是区际贸易与区际经济技术合作的基础，又通过区际贸易与经济技术合作而得以实现和发展。区际经济分工与生产要素的区际流动，更有千丝万缕的交互影响。那么，为什么会有区际经济分工，其客观依据为何？区际分工有何意义？如何进行区际分工？我国区际经济分工的现状如何，存在哪些问题，今后如何推进我国区际经济分工进一步发展。这些就是本文要探讨的问题。

一　区际经济分工的客观基础

区际经济分工，即一国内部的劳动地域分工。劳动地域分工是社会分工体系中的重要组成部分，马克思说："一个民族的生产力发展水平，最明显地表现在该民族分工的发展程度上"[①] "这既包括部门、企业间和企业内部的分工，也包括把一定生产部门固定在国家一定地区的地域分工"[②]。随着商品经济的发展，劳动地域分工和部门分工、企业间和企业内部分工同时不断深化并交互影响；从不同侧面，反映了生产社会化程度的提高。劳

① 《马克思恩格斯选集》第一卷，第25页。

② 《资本论》第一卷，第392页。

动地域分工，简要地说就是“各个地区专门生产某种产品；有时是某一类产品，甚至是产品的某一部分”[①]。从历史角度考察，劳动地域分工初始的发展，源于各地区自然条件与自然资源的差异，马克思曾指出：“不是土壤的绝对肥力而是它的差异性，和它的自然产品的多样性，形成社会分工的自然基础”[②]。在此起点的基础上，随着社会生产力水平的提高，科学技术进步，特别是近代工厂制度、现代跨国公司和交通运输与通信等传输媒介的发展，使劳动地域分工，无论从规模、范围和深度上，都进入了更新、更高的阶段。从逻辑上分析，决定区际经济分工，即一国内部劳动地域分工直接的客观依据是：①各地区自然条件与自然资源禀赋的差异；②各地区自然地理、人文地理位置的差异；③各地区原有经济发展水平、特点和各种社会经济与文化因素的地区差异；④充分利用生产专业化、集中化、集聚化、联合化效益的需要；⑤需求结构的地区差异。

（一）各地区自然条件与自然资源禀赋的差异

农业生产是经济再生产过程和与自然再生产过程的统一，地区自然条件，对本地农业的部门结构与作物种类，具有重要制约作用。工业生产的原料归根结底来自采掘业和农业两大部门。采掘业的布局直接受矿产资源的制约，而矿产资源的分布，无论从数量和质量上看都是不均衡的。以我国而言，全国496亿吨铁矿储量中，52%集中在辽宁、四川和河北三省，储量不足三四亿吨和无铁矿的省（市、自治区）共9个。以铜矿而言，全国探明储量的48%集中在江西、云南和西藏三省（区），有9个省（市、区）储量极少或根本无铜矿。钨矿和铝土矿的分布更集中，85%的钨矿储量集中在湘、赣、粤、桂、闽五省（区），10个省（市、区）的储量均不足1.2万吨，9个省（市，区）根本无钨矿；铝土矿的86%集中在晋、豫、黔、桂、鲁五省（区），9个省（市、区）的储量不足1000万吨，11个省（市、区）根本没有铝土矿。有的矿种，尽管资源分布比较普遍，但数量多寡、质量优劣、开发利用的难易也大相径庭。如我国煤炭资源绝大部分在北方，特别是华北和西北，这些地区的煤炭蕴藏不仅储量丰富（占全国总储量的

① 《列宁全集》第3卷，第389页。

② 《马克思恩格斯全集》第23卷，第561页。

76%)，而且煤质优良、赋存情况好，多数煤田埋藏浅，倾角平缓，工程地质和水文地质条件简单，这些有利条件使华北和西北地区按形成1吨原煤生产能力计算的投资比其他地区低一半左右；如果考虑煤炭质量的地区差异，折算为标准煤，按每吨标准煤计算的吨媒生产能力投资的区际差异幅度还远高于上述数据。以水电站建设投资而言，西北、西南和中南地区则优于其他地区。从表1和表2可以详细看到开发煤炭、石油与水力发电建设投资与开采（运营）费用的地区差异。马克思曾经指出："撇开自然物质不说，各种不费分文的自然力，也可以作为要素，以或大或小的效能并入生产过程，它们发挥效能的程度，取决于各种方法和科学的进步"。按照自然规律，科学安排区际经济分工，合理布局工农业正是使"各种不费分文的自然力"并入经济过程，提高国民经济效益的重要途径。

表1　　煤炭、石油、水电开发建设投资的地区差异

	单位生产能力投资额			区域投资比较		
	1吨原煤 元/吨	1吨原油 元/吨	1千瓦电力 元/吨千瓦	原煤	原油	水力发电
华北地区	80	130	1300	设为1	设为1	1.85
东北地区	120	149	1289	1.5	1.15	1.83
华东地区	120	130	1093	1.5	1	1.55
中南地区	120	294	707	1.5	2.26	1.01
西南地区	122	294	867	1.53	2.26	1.23
西北地区	100	294	703	1.25	2.26	设为1

表2　　煤炭、石油开采费用的地区差异

	开采费用（元/吨）		开采费用的区际比较	
	原煤	原油	原煤	原油
华北地区	12.01	50.17	设为1	1.77
东北地区	15.13	28.41	1.26	设为1
华东地区	15.13	山东38.60	1.26	1.36
中南地区	18.04	110.22	1.50	3.88
西南地区	18.94	110.22	1.50	3.88
西北地区	16.68	95.72	1.39	3.37

资料来源：引自陈栋生《经济布局的理论与实践》，辽宁大学出版社1989年版，第62—64页。

（二）各地区地理位置的差异

各个地区不同的自然地理位置、经济地理位置、交通运输地理位置和国防地理位置，对地区产业结构、行业结构以至产品结构的特征，都具有重要影响。例如我国东部沿海地区，特别是广东、福建和海南三省，毗邻港澳或与台湾隔海相望，具有对外经济联系的优越区位条件、交通条件和人文条件，地区产业结构中面向国际市场，“两头在外”、“一头在外”的外向型经济的比重就显著高于内陆各省、区。再如有国家重要交通干线通过特别是拥有国家级交通枢纽的地区，和远离交通干线的地区，即使要素禀赋类似，由于短缺要素弥补的难易不一，在地区产业结构上也有明显差别。

（三）原有经济发展水平、特点和多种社会经济因素的地区差异

如果说自然条件与自然资源禀赋的差异属“先天性”差异，那么在长期历史发展进程中，会形成和积累一系列“获得性”差异，这包括经济发展水平、积累水平、产业结构的特征、人才的素质与结构、经营管理的水平与经验等等。以上海和江苏南部的轻纺工业为例，它们的厂房和设备条件不比内地好，甚至还差一些，但其经济效益显著高于内地，如上海轻工系统每一职工一年为国家提供的锐利，比全国平均水平高 3 倍多，比内地一些省高十几倍。重要原因之一，是这些地区百余年来轻纺工业在生产技术和经营管理方面积累了丰富经验，拥有一大批经验丰富的技术人才和管理人才。所以各地区产业结构的形成，既受自然资源和自然条件的影响，又受长期历史发展中形成的经济资源和技术资源的影响。

（四）充分发挥生产专业化和集中化的效益

列宁说：要把制造整个产品的某一部分的人类劳动的生产率提高，就必须使这部分的生产专业化，使它成为一种制造大量产品因而可以（而且需要）使用机器等等的特种生产①。而生产的专业化、集中化的发展和劳

---

① 《论所谓市场问题》，《列宁全集》第 1 卷，第 84 页。

动地域分工又紧密相连。譬如说，两个地区资源禀赋类似，都具备建设年产 15 万吨乙烯和 15 万辆轿车厂的条件，由于规模经济的作用，其经济效益显然不如一个地区建设 30 万吨乙烯工厂，另一个地区建设 30 万辆轿车厂。

（五）需求结构和地区差异

以上从生产要素的“供应”与利用角度，考虑了区际经济分工，事实上，严格地说，区际分工与区际贸易，是决定于生产要素的供应与需求之间的关系。需求结构的地区差异主要来自两方面，首先是人均收入水平的地区差异，人均收入不同，导致消费结构的差异，从需求拉动方面对地区产业结构产生影响；其次，地区人口的构成，特别是民族构成的特点，例如在我国多民族自治地方（自治区、自治州、自治县）民族特需用品生产在当地产业结构中多占有显著地位。

二　区际经济分工原理

上一节分析了为什么会有区际经济分工，本节将进一步分析如何进行区际分工。对上节论及的各种地区差异，按性质可以归纳为以下几种情况：

（一）“有无”或“可否”

以矿业和采伐业而论，在没有煤矿、铁矿资源的地区，就无从发展煤炭、铁矿开采业；而煤炭资源丰富的地区，则有可能发展大规模的煤炭开采，不仅满足区内需求还大量供应区外。以农业发展而论，各种作物都对自然条件有特定的要求，有一定的“适生区域”，特别是有些作物对自然条件有严格的要求，如橡胶树要求高温高湿，所以我国天然橡胶的生产绝大部分集中在海南、广东、云南等省北纬 24°以南的地区。

（二）绝对差异

假设甲、乙两个地区，每个地区都需要也有条件生产 A、B 两种产品，但是由于自然条件和经济条件的不同，A 产品的单位投入量（包括劳动耗费和资金占用）甲地区低于乙地区；B 产品的单位投入量乙地区低于甲地区。如果甲、乙两地都采取自给自足的办法，为满足 A、B 两种产品的需求，总共需投入相当于 800 元的劳动耗费；而采取区际分工协作时，由于充分地利用了地区分工效益，满足同样需求、只需投入 600 元，节约的 200 元称为地区分工的毛效益。假设地区之间产品流通过程中的劳动耗费为 50 元，那么地区分工的净效益即为 150 元（200 - 50）（见表 3）。总之，一些地区在某些产业或某类产品的生产效益上占优势，（劳动耗费和资金占用量比其他地区低）另一些地区在另外一些产业和产品上占有优势，不同地区各自着重发展自己具有优势的产业和产品，相互交换，此即所谓绝对利益。

表 3　　“绝对利益”示意

		A 产品			B 产品			投入总量(元)
		需要量（吨）	生产量（吨）	单位产品投入量	需要量（吨）	生产量（吨）	单位产品投入量	
地区自给自足时	甲地区	50	50	2 元/吨	100	100	3 元/吨	100 + 300 = 400
	乙地区	100	100	3 元/吨	50	50	2 元/吨	300 + 100 = 400
	甲、乙两地区总投入量							800
地区分工协作时	甲地区	50	150	2 元/吨	100	—	—	300
	乙地区	100	—	—	50	150	2 元/吨	300
	甲、乙两地区总投入量							600
	甲、乙两地区区际商品交换中的投入量							50
地区分工毛效益（800 - 600）								200
地区分工净效益（800 - 600 - 50）								150

（三）相对差异

在现实生活中，经常可以看到，有的地区一系列产品（或行业）生产的经济效益都高于其他地区，如目前上海等大城市的许多日用轻工产品的经济效益都高于其他地区；有的地区一系列产品（或行业）生产的经济效益都低于其他地区，如目前西北干旱、半干旱地区的许多农作物的单产都低于长江三角洲和珠江三角洲等地区，工业品亦大致如此。能否据此认为，所有的工农业产品生产都应由上海等大城市和其他经济效益较高的地区来代替呢？显然不能这样认识。因为生产力的布局还要受到生产要素的“有限性”、“不可转移性”（如土地）或“不易转移性”（如水资源）的制约。如上海等大城市的工业用地和水源等都是有限的，不可能容纳所有轻纺工业和机械行业的超限度发展，这时就需要按照“两利相权取其大”的“优中选优”原则确定这些地区经济优势的利用。反之，西北地区的土地、人口等生产要素由于“不可转移”或“不易转移”，当地仍需发展农作物栽培，这时就需要按照“两弊相衡取其轻”的“劣中选优”原则，确定这个地区农作物发展的种类与方向。照此进行地区分工，同样可以获得效益。总之，各地区不是根据绝对成本（利益），而是根据相对成本（利益），经济发展水平高的地区，选取与其他地区比较，成本（利益）优势差幅大的产业作为优势产业；经济发展水平低的地区，选取与其他地区相对成本（利益）劣势差幅小的产业作为优势产业，此即所谓相对利益（见表4）。

表 4　“相对利益”示意

		A 产品			B 产品			投入总量（元）
			需要量（吨）	生产量（吨）	单位产品投入量	需要量（吨）	生产量（吨）	单位产品投入量
地区自给自足时	甲地区	50	50	2 元/吨	100	100	3 元/吨	100 + 300 = 400
	乙地区	100	100	4 元/吨	50	50	4.5 元/吨	400 + 225 = 625
	甲、乙两地区总投入量							1025
地区分工协作时	甲地区	50	150	2 元/吨	100	50	3 元/吨	300 + 150 = 450
	乙地区	100	—	4 元/吨	50	100	4.5 元/吨	450
	甲、乙分地区总投入量							900
	甲、乙分地区区际商品交换中的投入量							50
地区分工毛效益（1025 - 900）								125
地区分工净效益（1025 - 900 - 50）								75

为了从理论上准确把握绝对利益和相对利益，还应明确以下几点：

1. 同一产业（行业、产品）在不同地区之所以耗费不一，不单纯取决于各地区资源禀赋和要素供应的不同，而是由于各地区诸要素供给比例的差异和不同产业（产品）对诸要素需求比例的不同共同作用的结果。例如一个劳动力资源丰富，工资成本相对较低的地区，其劳动密集型产业（产品）的耗费水平显然将低于其他地区；同理，在资源富集地区，突出发展资源密集型产业（产品）；在资本积累水平高、融资代价（利率）低的地区，发展资本密集型产业（产品）；在人才富集的地区，着重发展技术密集型产业（产品）；都能取得区际分工效益。除了按劳动、资源、资本和技术密集型划分外，从技术经济角度，还可以划分为大耗水型（如造纸工业，特别是其前部环节——纸浆生产）、高耗能型（如有色金属工业，特别是其电解环节）、广占地型，等等。在水源丰沛、水价低廉，能源充裕、能源供应与输送费用低廉，在土地广阔、地租低廉的地区，分别发展大耗水型、高耗能型和广占地型产业，显然优于其他地区。所以生产要素禀赋学说的奠基人、诺贝尔经济学奖的得主奥林简要地指出："每一个地区最适于生产那些生产要素在该地区比较丰富的产品，而最不适于生产需要某些生产要素占很大比例的产品——这些要素在该地区存在量很少，甚至没有。"①

2. 从表3、表4中可知，区际经济分工毛效益在扣除区际交换的交易费用后，才是区际分工的净效益。在案例中我们设定交易费用为50，故净效益分别为150（见表3）和75（见表4）；如果交易费用不是50而是100，净效益则分别为100（见表3）和－25（见表4）。由此可以得到两个结论：其一，区际经济分工程度，并非无条件的越高越好，只有当区际经济分工创造的效益，超过由此而来的区际变换的费用时，分工的程度才是适当和有利的；其二，区际分工的直接客观基础是各地区要素供需比例及要素价格的地区差异，而影响区际经济分工规模、深度的因素则广泛得多，其中最突出的是交通运输、通信、物流等网络的发达程度和劳动生产率水平；完整地说，一切影响区际交换交易费用水平的因素，都对区际经济分工具有程度不等的影响。一个国家，如果交通运输、通信、物流体系越发达、劳动生产率高，区际分工的范围就越广、分工深度高；反之，区际经济分工就只能停留在较低水平。

① 伯·奥林：《地区间贸易和国际贸易》，商务印书馆1986年版，第9页。

3. 区际经济分工的实现机制。简要地说，它是在“市场”与“计划”（广义地说，即政府干预）结合中实现的。区际分工与区际交换互为因果、形影相随，只有具备健全运作的全国统一市场，区际交换可以无障碍地实现，区际分工才能得以充分发展；只有通过市场竞争，各地区生产诸要素供需比例差异对要素价格的形成才能发挥作用，各地区在不同产业（产品）上绝对利益或相对利益才能得以体现与实现；所以市场发育是区际经济分工实现的基础。那么，为什么还需要“计划”和政府干预呢？让我们回到表4有关“相对差异”的分析。细心的读者会发现这部分论述中的一个内在矛盾，即经济发展水平低或发展条件差的地区，从全国劳动地域分工看，可以而且应该选择不具绝对优势，但具相对优势的产业（产品）作为发展方向。但在市场交易中，通行的是绝对比较，买方在同质产品中总是择低廉者而购，而绝不会考虑什么“劳动地域分工”、“不发达地区的发展”，等等。这一“内在矛盾”，单靠市场机制是无论如何解决不了的，必须借助政府干预——如中央政府对此类地区实行投资补贴、信贷和税收优惠；地方政府对区内实行低地价和地方税收优惠等——否则这类地区具有“相对优势”而无“绝对优势”的产业是难以发展起来的。①

由上可见，为了实现全国劳动地域分工，为了兼顾全国国民经济的整体利益和地区利益，为了兼顾发展水平和条件不同的各类地区的利益；为了兼顾效率与公平，都需要“计划”与“市场”两种调节并用。这说明计划与市场的结合，并非源于某一特定社会制度与国家特点，而是社会化大生产下，一国为实现社会经济稳定、协调、高效发展的内在要求。

（四）动态差异

为了论述之便，以上的分析暂时舍弃了“时间维”，先假定各地区要素禀赋是不变的，要素的生产效率是一致的等，现实与假定刚好相反。当静态分析转向动态分析以后，区际经济将如何分工呢？把美国学者弗农教授提出的“产品生命周期学说”和区域经济学的梯度理论结合起来，可作如

---

① 由于资源总量的自然约束，产品的生产价格由劣等资源（如土地）生产条件下的劳动耗费所决定。《资本论》、《剩余价值学说史》中已有透彻分析，本文不再重复。文内探讨的是资源总量超过需求总量，因而存在“比较”和“地域分工”的问题。

下的解释。一般地说，一种新技术、新产品的开发，多源于经济与科技发达的高梯度地区，开初其产品销售市场，主要在高梯度地区（或国家）；当此产品由创新阶段进入发展阶段，由于生产规模的扩大，市场已不能局限于区（国）内市场时，该产品将转向开拓区（国）外市场；当产品进一步迈入成熟阶段，创新时的垄断价格与利润已消失，高梯度地区许多要素的价格因供需比例变化而上涨，该产品继续在原地扩大生产规模输出产品，渐渐无利可图，转而输出资金、技术在区（国）外设厂；当该产品进入衰退阶段，生产更多地向中梯度，以至向低梯度地区转移，该产品的发明国甚至转为该产品的净进口国，而自己转向开发更新的技术和产品。弗农的“产品生命周期说”，尽管是立足发达国家，为发达国家的利益而服务的，但从总体上看，符合产业革命以后若干主要产业在处于不同发展梯度国家间转移的事实。例如产业革命初期，处于创新阶段的近代纺织、钢铁、造船等行业集中在当时经济发展水平最高的英国，随后这些产业陆续向西欧大陆国家、美国和日本转移；到20世纪60年代，纺织、钢铁、造船在上述发达国家已处于“衰退”阶段，成为“夕阳工业”，增长基本终止，其发展地区转向亚洲“四小龙”和巴西等国；而进入80年代，纺织、服装、制鞋、玩具等劳动密集型产业，在韩国、中国香港、中国台湾已呈收缩之势，正朝我国沿海地区和泰国等地转移。我国区际经济分工中这种循着产品生命周期在不同发展梯度地区间的转移同样存在，只是由于体制与机制方面的原因，不够明显突出而已。

表5　“产品生命周期”与“梯度转移”示意

产品生命周期	创新阶段——→发展阶段——→成熟阶段——→衰退阶段			
	新技术、新产品开发	区（国）内市场开拓	区（国）内市场趋于饱和，开拓区（国）外市场	生产向区（国）外扩散。高梯度区生产增长停止，甚至收缩
梯度转移	新技术、新产品发轫于高梯度区	生产与市场均在高梯度区	生产在高梯度区，市场开始转向区（国）外市场	生产转向低梯度区，高梯区转向开发更新的产品与技术

包括区际经济分工在内的劳动地域分工，从一个时间断面，对其“结局”进行考察，大体可分为两种类型。

一是垂直式分工。即按农、矿产原料—原料的初步加工—原料的精加工和最终产品等不同生产阶段进行区际分工。这种分工大体与不同地区经济技术发展水平相对应。

二是水平式分工。即不同地区一产业的发展中，按行业亚类，以至不同系列与型号或零部件、元器件等进行区际分工。如我国多数省、市、自治区机械工业的产值都占到工业总产值的1/4，但有的地区侧重动力机械制造，有的则侧重矿山设备或运输设备制造等。再如汽车制造，按型号与系列的不同，轿车生产基地在上海、长春和武汉；轻型车在天津、北京和广州；5—8吨载重车主要在湖北、吉林；重型车和矿山专用车在济南、包头和四川。

水平式分工的形成，从机制上分析，有两种不尽相同的情况，一种是通过市场竞争即可形成。以机械工业中的矿山设备与动力设备制造两个亚类相对而言，前者可以说属“资源密集型”，后者可以说属“技术密集型”，如果甲地区有发达的冶金工业，乙地区有雄厚的技术力量，通过市场竞争，甲地区在矿山设备制造，乙地区在动力设备制造上的优势，就可充分显现与实现，从而实现相应的区际分工。但在另外的情况下，例如前曾提及的在经济技术水平相近、资源禀赋类似的两个地区，均具有发展乙烯与轿车生产条件，一种方案是按各自的需求，在两个地区分别建立年产15万吨乙烯、15万辆轿车的企业，另一种方案是在甲区建立30万吨乙烯的企业，在乙区建立30万辆的轿车厂；显然后一方案的经济效益优于前者，但其实现难以单纯通过市场机制，而必须借助国家干预或区际协商，所以日本学者小岛清把这类分工称为“协议性分工”①。由此可见，我们应重视市场和市场机制的发挥，但绝不可以为“市场万能”，而迷信“市场”；同样，我们要重视“计划”，但也绝不可以为计划可以包揽一切，解决一切。

① 小岛清：《对外贸易论》，南开大学出版社，第220页。

三　中国的区际经济分工

一　我国各地区资源禀赋与区际分工概貌

我国疆域广袤，各地区经济社会发展很不平衡，资源禀赋的区际差异大。粗线条地说，就现有固定资产、基础设施状况、资金积累能力和人才、技术、经营管理与信息等软资源看，大体是东高西低，由东而西依次递减；就多数矿藏和水能、土地等自然资源看，大体是西丰东贫。从纵向看，北部地区的能源特别是煤炭资源丰富，而水资源紧缺；长江以南地区则相反，水资源丰沛，而煤炭资源短缺（见表6、表7、表8、表9）。

表6　　　　中国六大地理区主要自然资源人均占有量

项目	全国	东北区	华北内蒙区	西北西藏区	长江中下游区	华南区	西南区
土地面积（亩）	13.78	12.76	10.09	85.93	4.52	6.68	10.19
耕地面积（亩）①	1.41	2.66	1.69	2.45	1.01	0.82	1.02
耕地面积（亩）②	2.05	3.27	2.66	2.82	1.57	1.31	1.89
森林面积（亩）	1.65	4.04	1.03	2.82	1.06	1.82	1.66
森林蓄积量（立方米）	8.64	23.60	3.46	27.42	2.06	5.61	13.72
可利用草地（亩）	3.77	0.95	3.54	31.32	0.45	0.71	2.00
水资源总量（立方米）	2603	1580	614	3087	1983	4085	3729
可开发水能（千瓦）	1840	413	126	7010	767	934	5887
矿产工业储量潜在值（元）	5481	5512	8626	6866	1532	896	10642
附列指标							
人口密度（人/平方公里）	109	118	149	17	332	225	147
耕地复种指数（%）	146	99	133	103	203	183	167
粮食单位面积产量（公斤/亩）	232	181	207	154	298	248	240
森林覆盖率（%）	12.0	31.7	10.2	3.3	23.5	27.3	16.3

注：①耕地按全国14.7亿亩计算。②耕地按全国20.5亿亩计算。矿产工业储量潜在值、复种指数、粮食产量按1985年数字计算，其他资料皆按最近年份资料计算。③水资源：3087立方米为西北五省区数，不包括西藏。

资料来源：引自程鸿主编《中国自然资源手册》第4册。

表 7　　　　　　中国东、中、西部三大地区的矿产资源分布

单位:%

矿　产	东部及沿海地区	中部地区	西部地区	矿产	东部及沿海地区	中部地区	西部地区
煤	13.6	78.8	7.6	硫铁矿	29.1	70.4	0.5
石油	79.6	10.7	9.7	磷	8.2	91.2	0.6
天然气	20.7	76.2	3.1	钾　盐		2.0	98.0
铁	47.6	48.0	4.2	岩　盐		43.9	56.1
锰	11.6	86.1	2.3	硼　矿	65.6	1.4	33.0
铜	13.4	61.8	24.8	天然碱		99.2	0.8
铅锌	25.3	44.8	29.9	水泥灰岩	36.2	53.7	10.1
铝土矿	8.1	91.9		玻璃原料	56.2	26.4	17.4
钨	20.1	78.4	1.5	沸　石	100.0		
锡	7.9	91.1	1.0	膨润土	93.2	6.8	
钼	38.7	56.5	4.8	滑石	60.8	39.1	0.1
汞	0.9	96.5	10.7	重晶石	13.5	36.2	50.3
锑	1.4	87.9	3.3	石膏	25.0	38.2	36.8
金	72.5	24.2	3.3	石棉	3.2	51.5	45.3
镍	5.5	25.5	69.0	金刚石	97.4	2.6	

注：东部及沿海地区：辽宁、吉林、黑龙江、河北、天津、北京、山东、上海、江苏、浙江、福建、广东及内蒙古东四盟、台湾；中部地区：山西、陕西、湖南、湖北、江西、贵州、安徽、广西中部和北部、四川东部和南部、云南中部及东部；本部地区：甘肃、宁夏、西藏、青海、新疆、川西、滇西、桂西北、内蒙古西北部。

资料来源：陈琪：《我国自然资源的发展战略及其开发利用对策》，《地质系统管理研究》1987 年第 2 期。

表 8　　　　　　中国能源资源的地区分布

地区	能源资源占全国比重（%）				地区	能源资源构成（%）			能源丰度（吨标煤/人）
	能源合计	其中				煤炭	水力	石油、天然气、油页岩	
华北	43.9	64.0	1.8	14.4	华北	98.2	1.3	0.5	2680
东北	3.8	3.1	1.8	48.3	东北	54.6	14.2	31.2	293

续表

地区	能源资源占全国比重（%）				地区	能源资源构成（%）			能源丰度（吨标煤/人）
	能源合计	其中				煤炭	水力	石油、天然气、油页岩	
华东	6.0	6.5	4.4	18.2	华东	72.9	22.5	4.6	141
中南	5.6	3.7	9.5	2.5	中南	44.5	51.8	3.7	142
西南	28.6	10.7	70.0	2.5	西南	25.2	74.4	0.1	1218
西北	12.1	12.0	12.5	14.1	西北	66.7	31.3	2.0	1216

原注：1. 煤炭、油页岩用1980年底探明保有储量，石油、天然气用1980年底原始地质储量，水力用1979—1980年普查理论蕴藏量，乘以100年；2. 煤当量折算比率：煤炭0.714吨/吨，石油1.43吨/吨，天然气1.33吨/1000立方米，油页岩0.143吨/吨，水力按火电煤耗350克/千瓦小时计；3. 人口用1990年统计数。

资料来源：李文彦、陈航：《中国能源经济区划的初步研究》，《地理学报》第38卷，1983年第4期。

表9　　资金赋存条件的地区比较

工业	主要集中地区（前10位）	人均指数高于全国平均水平的地区
固定资产净值	辽宁、山东、江苏、黑龙江、四川、上海、湖北、河北、河南、广东	青海、宁夏、甘肃、新疆、上海、山东、云南、北京、海南、贵州
国民收入积累款	江苏、山东、广东、浙江、上海、辽宁、四川、河南、北京、湖北	上海、北京、天津、青海、辽宁、新疆、黑龙江、浙江、宁夏、吉林、山西、广东、山东、福建
银行贷款余额	广东、山东、辽宁、江苏、上海、四川、湖北、黑龙江、河南、河北	上海、北京、天津、辽宁、黑龙江、广东、吉林、海南、青海、新疆、宁夏、湖北、内蒙古
财政支出	广东、四川、辽宁、山东、江苏、河南、黑龙江、湖北、河北、湖南	西藏、北京、上海、天津、青海、宁夏、新疆、内蒙古、吉林、黑龙江、广东、福建、云南、山西、甘肃、海南
利用外资额	广东、北京、上海、福建、辽宁、天津、四川、江苏、吉林、浙江	北京、广东、上海、天津、海南、福建、辽宁

注：引自郭万清等《中国各省区工业比较优势和重点产业选择研究》（油印本），1990年7月。

我国区际经济分工、各产业主要集聚的地区，总的来讲，与地区资源禀赋的特征，与各类资源与生产要素的分布是相一致的。例如煤炭开采主要集中在山西、河南、黑龙江、河北等煤炭资源富集地区，今后煤炭新井建设的重点，正大规模向内蒙古、陕西、宁夏等西部煤炭资源富集区转移。石油开采主要集中在黑龙江和沿海地区的山东、辽宁、河北、天津等省、市，与我国石油探明资源的分布正相吻合，今后石油勘探与新区建设的重点，正朝远景储量最集中的新疆地区转移。以钢铁工业而言，主产区集中在辽宁、湖北、河北、四川和上海等省（市），除上海依靠进口矿石外，其他省市均为我国特大型铁矿所在地。从纱、布等纺织品来看，主产区是江苏、山东、上海、湖北、河北、河南等省（市），除上海外，其他省市分别为我国棉花南、北方的主产区。从食糖看，主产区为广东、广西、云南、福建、海南和黑龙江、内蒙古，分别为我国甘蔗与甜菜的主产地。以机械工业而言，五个产值超百亿元的省（市）按顺序为江苏、上海、辽宁、山东和四川，均为我国技术力量密集的地区（见表10）。

表10　　若干工业部门集中分布状况（1989年）

产品（行业）	单位	全国总产量	主产区		
			产量	占全国比重（%）	省、市、自治区（按产量由多而少顺序排列）
原煤	万吨	105414	68109	64.6	山西、河南、黑龙江、四川、河北、山东、辽宁
原油	万吨	13764	12881	93.6	黑龙江、山东、辽宁、河南、新疆、河北、天津
生铁	万吨	5820	3736	64.2	辽宁、上海、湖北、河北、山西、四川、北京
钢	万吨	6159	3829	62.2	辽宁、上海、湖北、四川、北京、河北
纱	万吨	476.7	275.9	57.9	江苏、山东、上海、湖北、河北、河南
布	百万米	1892.3	1185.6	62.6	江苏、山东、上海、湖北、河北、浙江、河南
糖	万吨	500.9	423.9	84.6	广东、广西、黑龙江、云南、福建、海南、内蒙古
机械工业产业	亿元	1726	799	46.3	江苏、上海、辽宁、山东、四川

我国区际经济分工的类型，从历史上的垂直型分工，正朝着垂直分工

与水平型分工并存的格局转化。这可从东部、中部、西部三大地带，区位商大于1的产品构成中得到佐证（见表10）。区位商是度量地区专业化方向的指标，其数值为某地区×部门在该区工业总产值（或国民生产总值）中的比重，和×部门在全国工业总产值中的比重的比值，区位商大于1，表明该部门为某地区的专业化部门。根据对32种工业品1987年区位商的分析，东部区位商大于1的产品主要是：化纤、毛呢制品、缝纫机、自行车、手表和机床等工业制成品；中部区位商大于1的产品，一类是原煤、原油、木材等初级产品，二是钢铁、硫酸等原材料和电力，以及棉纺织品；西部区位商大于1的产品，大体与中部地带类似。由此可以看出垂直型分工在我国区际经济分工中仍占主导地位。但从表11中也可看到：中部地带的发电设备（1.24）、汽车（1.67）、大中型拖拉机（1.5）、小型拖拉机（1.34），西部地带的发电设备（1.56）的区位商值都超过东部地带的同类产品（发电设备：0.78，汽车：0.81，大中型拖拉机：0.98，小型拖拉机：0.83），这些数据表明水平型分工在我国区域经济分工中已有所发展。例如，我国三大动力设备制造基地，东部、中部、西部就各居其一；三大轿车基地，两个在中部地带，一个在东部地带，等等。

表11　　三大经济地带区位商大于1的产品构成

东部		中部		西部	
化纤(1.26)、	毛线(1.19)、	原煤(2.13)、	平板玻璃(1.23)、	原煤(1.62)、	丝(2.2)、
呢绒(1.14)、	丝(1.16)、	原油(1.92)、	硫酸(1.18)、	木材(1.36)、	棉布(1.24)、
丝织品(1.34)、	缝纫机(1.35)、	木材(2.27)、	化肥(1.35)、	发电量(1.37)、	发电设备(1.56)、
自行车(1.2)、	手表(1.42)、	发电量(1.32)、	棉纱(1.13)、	硫酸(1.55)、	化肥(1.7)、
卷烟(1.55)、	纯碱(1.22)、	钢(1.11)、	棉布(1.09)、	水泥(1.33)、	原盐(2.07)、
烧碱(1.27)、	机床(1.16)	铁(1.25)、	纸(1.31)、	糖(1.39)、	卷烟(2.04)、
		原盐(1.02)、	糖(1.1)、	钢材(1.17)、	卷烟(1.54)
		水泥(1.16)、	发电设备(1.24)、		
		汽车(1.67)、	大中型拖拉机(1.5)、		
		小型拖拉机(1.34)			

二 区际经济分工中存在问题与改善的途径

新中国成立40多年来，在社会主义经济建设展开的进程中，一方面逐步推进区际经济分工与协作，促进了经济建设效益的提高；与此同时，由于从思想认识、指导方针到管理体制等多方面的原因，又使各地区追求“大而全”、“小而全”等逆分工行为始终存在，导致各地区之间大量不合理的重复建设与结构趋同，既浪费了宝贵的建设资金，又丧失了对区际分工效益、规模效益和集聚效益的利用。从其形成原因看大体可分为两个阶段。

第一阶段，1958—1978年。1978年以前我国实施的高度集中的计划经济体制，这种体制对于区际经济分工的发展，客观地说是利弊参半。从它否定地方、企业的利益主体地位，抑制市场机制的作用等方面看，是不利于区际经济分工发展的；从它可以集中使用财力，从“全国一盘棋”出发、统筹规划看，又是有利于区际分工发展的；实践中利弊谁居主导地位，关键在指导方针。

第一个五年计划，以156项为中心的694个大型工业项目的地区布局，充分考虑了各地区资源禀赋的差异。例如，当时以改建、扩建鞍钢为中心，以新建武钢、包钢为中心，在辽宁、湖北中部和内蒙古发展我国三大钢铁工业基地；在太原、吉林、兰州建立化工基地；在长春、洛阳分别建立汽车和拖拉机生产基地；等等。都在充分利用当地要素禀赋的基础上，形成了明确的区际经济分工，取得了好的经济效益。

从1958年起，指导方针明显变化。首先，在“大跃进”中提出了“地方应该想办法建立独立的工业体系和经济体系”，地区经济建设一律“以钢为纲”、“以粮为纲”；继而具体地要求“钢铁、燃料和一般机械产品各大区全部或大部自给”、“一般日用轻工业品省（区）自给”，许多专区和县也盲目追求建立“小而全”的“五小”工业体系。1958—1978年的20年间，几次刮起“地区体系风”，一些煤、铁资源和运输条件不具备的地区，为了以钢为纲，盲目发展钢铁工业；不少林区、牧区和湖区，为了“以粮为纲”，不惜毁林、破坏草原、围湖造田开荒；江南地区为了“扭转北煤南运”掀起了“批判江南无煤论”、“大打煤炭翻身仗”的运动。由于无视自然规律，违背经济规律和技术发展规律，打乱了区际经济的合理分工，使经济建设遭受了严重的挫折。

第二阶段，1978年以来。十一届三中全会的召开，使党的路线重新回到马列主义的正确轨道，“扬长避短、发挥优势”方针的提出，标志着生产力布局与区域经济发展指导方针上的拨乱反正。按照“扬长避短、发挥优势”的方针，20世纪70年代末和80年代初的几年内，各省（市、区）根据国民经济发展的总体要求和当地资源禀赋的特点，不同程度地调整了地区经济结构，推进了区际经济分工，使各省（市、区）结构雷同的现象有所改变。按40个工业行业产值结构计算的各地区结构的平均相似系数，由1980年的0.93，下降到1985年的0.8。区际经济分工的恢复与发展，因地制宜根据当地资源禀赋特点调整产业结构，促进了经济效益的大幅度提高。以云南省为例，省内具有发展烤烟、甘蔗、茶叶、药材、香料等多种经济作物的有利条件，1978年以前，由于“以粮为纲”、“以钢为纲”，经济作物在农作物总播种面积中仅占10.9%，轻工业在工业总产值中仅占1/3。1973年后，工、农业内部结构逐步予以调整，经济作物在总播种面积中的比例提高到17.2%，轻工业在工业总产值中的比例提高到50%，以烟、糖、茶等拳头产品为主干的食品工业迅速发展，卷烟从1978年的63.3万箱增加到1987年的300万箱，云烟成为国内市场的抢手货，茶叶从年产17万公斤增加到34万公斤，食糖由年产13.5万吨增加到54万吨。全省工业资金利税率由1970年的11.2%，提高到23.6%（1985年）和35.4%（1989年），同期省财政收入由7.93亿元增加到27.41亿元（1985年）和63.27亿元（1989年）。类似的情况在浙江、山西、内蒙古和贵州等省（区），也可看到（见表12）。

表12　　浙、晋、蒙、贵诸省（区）工业资金利税率　　单位：%

地区	1978年	1983年	1984年	1985年
全　国	24.16	23.2	24.24	24.02
浙　江	29.77	31.9	32.61	32.59
山　西	11.93	16.8	16.27	13.22
内蒙古	5.88	11.0	10.99	10.64
贵　州	7.69	12.0	13.9	15.01

但是，从80年代中期起，在经济过热的大背景下，各地兴起了大量低水平的重复建设、重复引进，竞相发展价高利大的下游产品，各省（市、区）结构的平均相似系数重新上升，1987—1988年达到0.81（见表13），不仅再次打乱了合理的区际经济分工，而且造成全国性的结构失衡，从产业结构看，加工制造业的生产能力远远超过原材料工业和能源、交通运输业的承受能力；从许多行业内部结构看，也呈“倒宝塔形”，如全国铜的采矿、冶炼加工、轧制三个环节生产能力的比例为1∶1.35∶4.2；铝的电解能力与加工轧制能力之比为1∶2.6，在棉纺、塑料等行业也都存在后部加工能力远超过原料供应能力的情况。

表13　　1981年、1986年各地区的工业部门结构相似系数

	相似系数Ⅰ		相似系数Ⅱ	
	1981年	1986年	1981年	1986年
北京	0.928	0.950	0.942	0.985
天津	0.973	0.977	0.978	0.979
河北	0.968	0.970	0.974	0.971
山西	0.748	0.773	0.971	0.941
内蒙古	0.882	0.876	0.917	0.902
辽宁	0.914	0.945	0.929	0.954
吉林	0.935	0.950	0.944	0.952
黑龙江	0.705	0.795	0.933	0.955
上海	0.942	0.962	0.952	0.908
江苏	0.944	0.964	0.951	0.969
浙江	0.967	0.957	0.977	0.963
安徽	0.933	0.927	0.935	0.927
福建	0.861	0.931	0.881	0.940
江西	0.964	0.965	0.979	0.967
山东	0.972	0.961	0.978	0.969
河南	0.959	0.979	0.968	0.982
湖北	0.979	0.953	0.977	0.984
广东	0.951	0.976	0.953	0.977
广西	0.887	0.933	0.900	0.941

续表

	相似系数Ⅰ		相似系数Ⅱ	
	1981 年	1986 年	1981 年	1986 年
四川	0.946	0.968	0.951	0.971
贵州	0.895	0.914	0.909	0.928
云南	0.824	0.834	0.833	0.840
西藏	0.811	0.801	0.889	0.872
陕西	0.939	0.954	0.950	0.960
甘肃	0.844	0.863	0.897	0.892
青海	0.968	0.964	0.967	0.964
宁夏	0.827	0.903	0.932	0.960
新疆	0.752	0.753	0.869	0.864

注：①以全国工业部门结构作为标准样本（即设为 1）。

②数据Ⅰ系按全部工业计算的，Ⅱ系剔除采掘业以后的数据，

相似系数（SIJ）是度量地区结构趋同的指标，

$$SIJ = \left(\sum_{n=1}^{m} xinxjn\right) / \sum_{n=1}^{m} xin^2 \cdot \sum_{n=1}^{m} xjn^2)1/2,$$

式中，xin 和 xjn 分别为部门 n 在 i 地区和 j 地区工业结构中所占的比重。

资料来源：数据引自《浙江经济》1989 年第 10 期。

为什么在指导方针端正以后，再次出现地区结构严重趋同。追求地区自成完整体系的思想，继续盘踞在有关决策者脑海，固然是原因之一，但更根本的原因笔者以为在于经济管理体制和运行机制。

1. 相对价格严重扭曲与双轨制

相对价格的严重扭曲，造成各行业、同一行业各环节间资金利润率的畸高畸低。能源、原材料等品种单一的大宗产品，以“计划轨”为主，下游产品品种规格繁多，“市场轨”占很高比例，进一步加剧了各行业、各生产环节的利益不均。许多在能源、原材料和上游产品拥有禀赋优势的地区，在现实经济中往往越发挥“优势”，得利越少，甚至蒙受经济损失；而趋同程度最高的化纤、机械制造、电气、电子等都是价高利大的行业。扭曲的价格信号诱使上述地区纷纷采取原料“就地加工增值”的对策；原加工制造业密集区，在原料缺乏保证的情况下，不得不“补缺门”，兴办上游产

业，因果转化的累积作用，造成两类地区的经济结构，从不同起点出发，朝着逆分工的方向蜕变。

2. “分灶吃饭”的财政体制

相对价格扭曲，在我国并非始于80年代中期，为什么在此期间对区际经济结构的趋同能产生错误导向的作用。这需要联系财政体制进行分析。在原有财政体制下，价格扭曲造成的各地区（行业、环节）资金利润率的畸高畸低，通过“统收统支”，在一定程度上“平均化”而在实行“分灶吃饭”的财政体制以后。比价扭曲造成的苦乐不均仅仅在确定财政承包基数时有所考虑，所以追逐价高利大和增加税收，就成了引导资金投向的决定性因素。大量的小毛纺厂、小棉纺厂、小卷烟厂一度如雨后春笋（据调查1980—1986年，全国计划外的小毛纺厂的生产能力增加了13倍），有的地方政府为了增加税收，对无利甚至亏本的企业，也千方百计扶植保护，原因盖出于此。

3. 政企不分、市场体系发育不健全

自主经营的企业，是推动区际经济分工的动力，在区际分工的大环境中，企业可以不囿于行政区划与行业、部门界限，冲破种种樊篱获得所需的生产要素、推销自己的产品。十多年来的改革，尽管下放企业，“放权让利”，而对绝大多数国营企业而言，至今“自主经营”这个最根本的问题并未解决，政企不分仍然严重存在；企业仅仅从过去某纵向部门的附属物，转换为某级地方政府的附属物。在起伏波动的宏观经济环境下，地方政府从维护自身利益出发，经济过热时，运用行政手段，限制能源、原材料等短缺要素的流出；市场疲软时，又运用行政手段，对外地产品的进入和当地资金的流出进行干预；对企业间跨地区的横向经济技术合作，进行行政干预，更是屡见不鲜。条、块各方面，运用行政权力，构筑的种种“进出壁垒”，肢解、分割了全国统一市场，严重妨碍商品和要素的流动，是发展区际经济分工的最大障碍。

对经济运行有害的行政干预，之所以屡禁不止，症结又在于政府社会管理与经营职能的混同。运动场上，裁判员与运动员是不能一身二任的，同样，在“经济的竞技场”上，作为维护社会经济运行秩序的管理者，如若同时兼有经营者的职能，经济运行秩序首先就会被这些一身二任者破坏。

改革以来，我国投资主体发生了重大变化。在全社会固定资产投资总额中，中央政府直接掌握安排的已由改革前的76%，下降到目前的25%，也就是说3/4的固定资产投资是由地方政府。有关主管部门和企业等掌握支配的。投资主体多元化，对调动各方面“生财”的积极性，无疑有推动作用。但与此同时，缺乏相应的“聚财”机制，促进合理有效地“用财”，在资金市场，特别是长期资金市场与融资体系发育不充分，运用行政办法控制建设规模的情况下，各投资主体只能根据自有资金和规模额度选择建设项目，这就使重复建设不仅带有“地区趋同”的特点，而且是“低水平、小规模的重复”，如全国2088户棉纺厂中，规模不足1万纱锭的就多达1259户，平均规模仅3800锭，而棉纺厂的合理规模起点为3万—5万锭；全国147家洗衣机厂中，低于经济规模起点的就有133家；冰箱厂的经济规模起点是年产40万台，而我国冰箱厂的平均规模仅5.9万台。

由上可见，各地区资源禀赋和要素供需比例的差异，为合理配置资源，利用区际经济分工效益提供了客观可能性。这种可能性能在多大程度变为现实，或者说，区际分工效益能在多大程度上被发掘、利用，主要取决于下两方面。一是有赖于物质技术基础，即交通运输通信和物流网络的发达程度与劳动生产率水平。区际分工的发展程度与物流、信息流的发达程度成正比，同步发展；而为获得区际分工效益而支付的区际交换“成本”，则与物流、信息流的劳动生产率水平成反比。二是经济管理体制与运行机制。只有创建能保证商品与生产要素循着经济规律顺畅流通的、能保证地区间相互开放与平等交换的统一的社会主义市场体系，才能促进区际经济分工持续、健康地发展。

（原载《区域经济学》第6章，河南人民出版社1993年版）

对区域经济发展的几点思考

区域经济是经济发展中的空间单元，一国的国民经济正是由多种类型的区域经济耦合而成。区域经济按其形成的直接缘由可粗分为两类：一类是跨行政区域的经济区域，如长江三角洲、珠江三角洲和环渤海地区等；另一类是“行政区域经济”，如省域、市域、县域，省、市、县既是行政管理层次，而其行政辖区内的经济活动，又构成省域经济、市域经济、县域经济。

改革开放以来，尽管区际间发展差距有所扩大，但纵向比较均呈千帆竞发，百舸争流之势，包括兰溪在内的许多市、县在区域经济发展方面创造、积累了宝贵的经验。现在“十一五”规划已进入酝酿阶段，各地围绕全面建设小康社会的宏伟目标，正在探寻富民兴市之策，谋划区域持续发展大计。从理顺地区发展思路的层面，笔者将一些市、县的经验归纳为“顶天立地，三个循环、一个中心，四个文明”，下面就这 4 句话，依序谈点体会和认识。

一　以全球眼光，综观国内外经济、科技发展走势，深察市（县）情，在两者结合中找准本市（县）的定位

如果说，以全球眼光综观国内外经济、科技走势是“顶天”，“立地”就是立足本地，深察本市（县）的市（县）情，“天、地”相接，看清自身的优、劣势，从发挥比较优势出发，以培育竞争优势为目标。

党的十六大报告中，有一个重要判断，即“21 世纪头 20 年，对我国来说，是一个必须紧紧抓住并且可以大有作为的重要战略机遇期”。对我国各市、县区域经济发展而言，这是普遍适用的全覆盖判断。进入 21 世纪，经济全球化趋势深入发展，新科技革命推动着新一轮全球产业结构的大调整

和国际产业的大转移；我国社会稳定，人力资源成本低，市场特别是潜在市场广阔，产业的配套能力较强，近年投资软硬环境明显改善，自然成为许多跨国公司的首选地。2003 年 9 月 8 日世界银行发表了《2003 年全球工商企业运营报告》，世行在这份对全球 145 个国家和地区的运营环境综合评估后指出："中国的企业运营环境近年来得到较大改善，在企业运营环境指标的排名属于最好的 30% 之列。"

再看国内，近年新一轮增长周期有力启动，除国际产业转移因素外，就内部增长动力考察，主要原因是随着收入提高、中等收入者比重提高导致消费结构升级，城市化快速推进和城乡大规模的基础设施建设等等。这轮经济增长，有如下明显特征：

（1）工业打头阵。就全国近年工业增长在 GDP 增长中的贡献率达 2/3（2002 年兰溪市同类指标值为 59.6%），规模以上工业增加值的同比增长率 2003 年为 17%，2004 年上半年为 17.7%，据有关方面预测今后几年仍可维持 15% 左右。

（2）工业快速增长中，具有明显的重化工化特征。重工业增幅高于轻工业增幅，2002 年高 1 个百分点，2003 年和 2004 年上半年分别高 4 个百分点；涌现了一批高增长行业，如电子通信设备制造、电气机械及器材制造、交通运输设备制造、冶金、化工等，这批主导产业在工业增长中的贡献度大约占一半。

（3）规模以上工业增幅高于全部工业的增幅等指标表明，资源正在向优强企业、技术密集型企业、高加工度的加工业集聚，规模经济效益显著的行业，产业集中度正在提升。

（4）"入世"以后，特别是即将进入后过渡期，国内市场竞争国际化，竞争压力加剧。为了应对挑战，抓住机遇，不仅企业层面上出现兼并、重组、企业战略联盟；城市层面亦出现了联合、整合，如大都市圈等；区域层面的联合亦涌现出新一轮的高潮。

抬头看天，低头看地，下面就兰溪市情说几句。

（1）从经济总量和人均 GDP 等指标看，2002 年兰溪市国内生产总值 80 亿元，人均 GDP 12403 元，折合美元为 1326 美元，如全面小康按 3000 美元计，就是说现在已走了一小半，还剩一多半的路程。同年兰溪人均 GDP 比全国平均值高 52.7%，城镇居民收入、农民人均纯收入分别为 8406 元、3803 元，分别比全国平均值高 9% 和 54%，但比浙江省的平均值则分别低 28% 和 23%。这表明兰溪经济已具有相当实力，但离经济强市还有一段距离。全国经济百强县（含县级市）1/4 在浙江，不少就是兰溪的近邻，这为兰溪学习他市之长，化外力为内力，提供了有利的地缘条件。

（2）按转移——分享法看兰溪的产业结构。区域经济研究表明，一个地区的主导产业如果和某一时段国家高增长行业的吻合度高，该地区的“比例转移”就为正值，经济增长就有可能取得较高速度。兰溪的医药、建材、有色冶金、化工等都属于高增长行业。纺织印染行业，随着 2005 年初后配额时代的开始，会有一个更广阔的发展空间。更可喜的是在这些行业，兰溪已经和正在出现一批优强企业，打造了一批名牌产品，在市场上享有盛誉。

地区经济的活力，除了产业结构、行业结构外，所有制结构、企业组织结构、技术结构以及运营方式等都至关重要。历史原因使兰溪过去国有经济比重较高，经过 20 世纪 90 年代的阵痛与改制，现在已是双翼展翅，一翼是国有资本和各种非国有资本参股的混合所有制的股份公司；一翼是个体、私营非公有制经济。市场经济理应是民本经济，非公有制经济是市场的活力之源，而浙江又是全国非公有制经济发展经验最丰富多彩的省。

2003 年 8 月温总理在浙江考察时提出的五点意见，对促进非公有制经济健康发展，具有重要的指导意义。一是国家依法保护非公有制企业的权益；非公有制企业要依法经营，照章纳税，保障职工合法权益。二是国家制定鼓励、支持和引导非公有经济发展的政策；非公有制企业要认真执行国家的产业政策。三是国家为非公有制企业创造公平的市场环境，进一步放宽市场准入；非公有制企业要自觉遵守市场规则。四是国家为非公有制企业发展创造比较宽松的融资环境，非公有制企业要按照国家规定，规范财务和资金管理，守法诚信，自觉维护金融秩序。五是社会营造支持非公有制经济发展的舆论环境，非公有制企业要通过改革创新，提高自身素质，以优质产品和优质服务赢得社会的信任。

（3）空间地缘看兰溪。

大尺度看：前面提到城市联盟（大都市圈等）和区域联盟与整合。从我国沿海地带看，现已涌现如下几个大都市圈，即京畿圈、长三角、珠三角、辽中南、山东半岛、海峡西岸和环北部湾。以前三个都市圈为核心的跨省市的区域联合与整合，必然出现。现在已打出旗号的有“泛珠三角（9+2）”；有没有“泛长三角”、“泛环渤海”，肯定地说：有，因为它是客观存在。泛长三角有近圈、中圈和远圈之分；包括兰溪在内的浙中、浙南都在近圈，皖赣等省则属中圈。去年7月，我应邀到江西讲学，据介绍江西省经济发展的定位是：建成“三个基地、一个后花园，全面融入两洲一区”，江西和兰溪尽管行政层次和地域面积差别很大，但发展定位上有近似之处，正因同处于泛长三角的范围之内。

中尺度看：兰溪过去对金华市区而言，可能算郊区；今后的发展，特别是交通的便捷与市区扩大，很可能会成为大金华市区的一部分。再者，对浙江经济有了解的人，都知道浙中地区有一个由义乌、永康、东阳构成，分别由小商品市场、五金制品和建筑业起家的民企“金三角”，兰溪完全可以靠自己的特色产业与产品，使之扩展为“金四角”。小尺度分析，即市域1330平方公里内的空间布局和城乡统筹发展问题，放在下面一起讲。

二　“三个循环”

如果把一个市（县）域经济看作一个系统，它不是孤立运转的，首先它是镶嵌在该区域的自然系统之上；同时它又以该区域社会人文系统为依托；更是国内外大市场系统中的一个小系统。

俗话说：一方水土养一方人，现在应补充两句，一方人更要养一方水土，这方水土才会持久养一方人。这就是科学发展观所要求的人与自然的和谐相处。

区域经济系统同时以该地区历史传承的社会人文系统为依托，这就要求坚持经济与社会的协调发展。

在统筹人与自然和谐发展、统筹城乡发展，统筹经济社会发展方面，城市规划与市域国土规划，处于龙头地位，在城市化加速发展阶段，作用更为凸显；规划要紧扣的两个重点，一是引导产业合理布局、科学集聚，形成特色鲜明的集群块状经济，实现集群内部网络分工、资源综合利用和闭路循环，即循环经济；二是强化生态用地等生态资源的控制与保护。

市（县）域经济作为国内外大市场系统中的小系统，要能有立足之地，就需要有竞争力，而为了培育竞争力，既要培育内力，亦要巧用外力。在经济全球化的大背景下，为了提升竞争力，本地企业有时要“融进”到国内优强企业或外国跨国公司的价值链中，同时又要“出得来”逐步从低端到中高端环节，培植自己的研发力量，开发拥有自主知识产权的产品。在这中间竞争与合作是相辅相成，而非绝对排斥的。

三　一个中心，四个文明

推动区域经济发展的主体是人，是民众，富民才能兴区，这是从发展的动力看；从发展的目的看，就是要满足人们的物质文化等多方面的需求，促进人的全面发展。人们在建设繁荣的物质文明，崇高的精神文明和先进的制度文明与生态文明的同时，也就重塑了自我，使人们的思想道德素质，科学文化素养和身体与心理素质提升到新的高度。

围绕全面建设小康社会的宏伟目标，财富兰溪一定能更加物阜民康、钵满盆溢；山水兰溪一定能碧水蓝天绿地常在。

（原载《技术经济与管理研究》2006 年第 1 期）

中国大陆区域经济的走势

几天来，考察团的先生们会见了几个部和全国性专业公司的官员与企业家，对大陆的电力、煤炭……诸多部门与行业的发展有所了解。作为一名区域经济学学者，我想换一个视角，从区域空间，对大陆区域经济的发展与走势作些介绍。企望配合有关部和总公司介绍的内容，对大陆的投资环境与机遇，在考察团先生们的脑海中，形成一幅经纬交织的网络画面。

先从东部沿海地带说起，这是大陆经济发展水平最高的地区，它包括北京、上海、天津三市和辽宁、河北、山东、江苏、浙江、福建、广东、广西和海南9省（自治区），人口占大陆总人口的41%，土地占13.4%，而工业总产值（1992年工业增加值）占大陆的60%。20世纪80年代东部沿海地带吸收的外资（含港澳台资）占大陆同期吸收外资总额的93%。再经过20年的努力，沿海地带中的广东等省市，有望成为大陆率先基本实现现代化的地区。

在东部沿海地带中，最为耀眼的是19颗明珠，即深圳、珠海、汕头、厦门和海南5个经济特区；大连、秦皇岛、天津、烟台、青岛、连云港、南通、上海、宁波、温州、福州、广州，湛江和北海14个沿海开放城市，它们的土地只占大陆国土面积的2%，人口1亿多人，而国民生产总值则占大陆的18%。从20世纪70年代末起，经济特区和沿海开放城市一直走在大陆改革开放和经济发展的前列，发挥了对外开放的基地和引进境外先进技术、先进经营管理方式与新知识，展示大陆对外、对港澳台政策的“窗口”作用。进入90年代，随着特区和开放城市许多优惠政策逐步“普惠”，这些地区和城市正在围绕产业结构、技术结构的转型升级，围绕率先构建与国际市场对接的市场经济体制，再创新优势；朝着国际性城市或国际经济贸易金融中心的目标，重塑城市形象。

除经济特区和沿海开放城市外，东部沿海地带引人注目的还有长江三角洲、珠江三角洲、闽东南地区和环渤海 4 个经济开放区。前三个地区，分别围绕上海、广州、厦门三个大城市，是大陆城市化程度最高、乡镇企业发展水平和乡镇企业外向型经济水平最高的地区。在这几个地区，企业资产和年销售额超亿元，年出口创汇百万美元、千万美元的乡镇企业，已非罕见。环渤海湾包括北起大连、中经天津、南迄山东烟台、威海的京津冀鲁 4 省（市），是大陆沿海北段最大的开放带，区内经济基础与科技力量雄厚，矿产与农产资源丰富——区内铁矿资源约占大陆总储量的 40%、石油资源约占 45%、棉花产量约占 40% 多，向外，与朝鲜半岛、日本隔海相望；对内，有山西、内蒙古和陕北强大的能源基地作后盾。

与东部沿海产业带垂直相交的是长江经济带，大陆的区域经济学家，习惯把它们称为大陆产业布局“T”字形一级轴线和主骨骼系统。万里长江流域面积达 180 万平方公里，耕地 3.6 亿亩，从西而东分布有成都平原、江汉平原、洞庭湖区、鄱阳湖区、巢湖区、太湖区和长江三角洲等粮、棉、油、麻、丝大型商品农业基地，大陆一半以上的铜、铝、钨、锑和可开发的水能资源在长江流域，流域地区的农业总产值约占大陆的 1/3，工业总产值约占 40%，沿长江干流和主要支流有大中城镇 110 多座，上海、南京、武汉、重庆，早在本世纪初已是蜚声中外的工商城市，90 年代浦东开发，成为带动长江流域经济腾飞的龙头，跨世纪的特大型工程——三峡水利枢纽的兴建，将极大地促进长江流域经济的发展；从拉动作用看，三峡工程投资多达 570 亿元（按 1990 年价格计算的静态投资）；从推动作用看，工程竣工投产后，年平均可提供发电量 840 亿千瓦时，长江干流单向的年通过能力将从目前的 1000 万吨增加到 5000 万吨，长江横贯东西，联结西南、华中、华东三大经济区域黄金水道的作用将显著增强。适应发展与改革开放的需要，除上海以外，长江中、下游已开放了武汉、芜湖、南京等 5 个沿江城市，今后上、中游沿江城市，随着条件的成熟，也将逐步对外开放。

长江产业带以北是以陇海铁路和黄河干流为轴线的产业带，它以能源富集为特色，其东段有胜利油田、华北油田和中原油田，其中段有山西煤炭基地、神府——东胜煤炭基地和宁夏煤炭基地，其西段为黄河上游水电富集带；这些地区也是许多金属矿藏和化工矿藏的富集区，围绕煤炭、石油和水能的开发，围绕煤炭向电能的转化、石油的深度加工、发展大耗电工业等关联产业，是这一产业带的突出特色。

陇海线西延即兰新铁路现已与中亚铁路相接，形成东起连云港西达中亚、东欧、西欧的第二大陆桥。兰新铁路复线正在加紧施工，完工后通过能力可以提高一倍多，陕西、甘肃、青海、宁夏和新疆西北五省（区）凭借陇海——兰新大动脉，可以便捷地“东进西出”，重展丝绸之路的新姿。

长江以南，有一条正在修建的东西向干线，这就是横跨云南、贵州、广西三省区的南（宁）昆（明）线，它北与西南现有铁路网相接，南经南宁——北海铁路直达北部湾的北海港，为大西南走向国际市场，提供了便捷的通道，从根本上改善了大西南的投资环境。

从南北走向看，已有或即将形成的产业带有 5 条，除大家熟知的京沪—沪杭和京广（州）以外，还有焦（作）—枝（城）、枝柳（州）沿线和中（卫）宝（鸡）与宝成、成昆沿线产业带。再一条就是沿正在兴建的北京—九江—九（龙）线的产业带。过去在京广与京沪两线之间，受交通等条件制约形成一经济低谷区，随着纵贯 7 省（市）的京九线建成，将给沿线地区提供发展的新契机，就中，由南昌到九江的昌九工业走廊已经起步，其他如河北的衡水地区、山东的济宁、兖州地区、豫东的商丘、安徽的阜阳地区、湖北的麻城地区和江西赣南地区都颇具发展前景。

山海关以北，辽宁、吉林、黑龙江东北三省与内蒙古东部地区，产业发展主要沿着哈（尔滨）大（连）线和牡丹江—哈尔滨—满洲里线组成的“T”字形主轴线以及上述主轴线的延伸线与平行线展开。

除了沿海、沿江和沿路地区的发展，近几年因应国际形势的变化，即时推出了沿边发展战略，使沿边 2 万多公里陆地边境线的陆地边境地区经贸活动异常活跃，1992 年先后开放了 13 个沿边城市，它们是处于中俄朝三国交界的吉林省珲春市，和黑龙江的黑河市、绥芬河市、内蒙古自治区的满洲里市和二连市，这几个沿边城市是进入俄罗斯特别是俄远东和西伯利亚地区的门户。在新疆开放了伊宁、博乐、塔城三个沿边城市，它们是进入中亚各国的门户；广西的凭祥、东兴和云南河口三市开放后，成为中越贸易的重要通道；云南的畹町和瑞丽两市开放后，成为中缅贸易的通道。

为了支持沿边开放城市和陆地边境地区的发展，对这些城市所在的省（自治区）的省会城市和内陆省的省会城市都对外开放，使国家全方位、多层次的对外开放格局更臻完善。

（1993 年 6 月 10 日在《两岸科技经济交流与合作研讨会》上的演讲）

中国区域经济

——改革开放30年回顾与前瞻

党的十一届三中全会开启了中国社会主义现代化建设的历史新时期，改革开放解放了旧体制下长期压抑的巨大潜力，推动经济建设快速发展，2008年中国国内生产总值突破30万亿元，按可比价格计算比1978年增长了17倍，经济总量跃居世界第三位。伴随着经济规模的扩大，经济布局相应大跨度拓展，区域经济结构和产业结构、技术结构等一起，不断优化，成为支撑国民经济以年均9.8%的速度快速增长的强劲动力。30年来，在中国特色社会主义伟大旗帜引领下，中国区域经济发展按照“两个大局”的战略构想，从东部沿海地区率先突破，赢得了前两步战略目标的提前实现，随即相继推出了“西部大开发”、“振兴东北等老工业基地”和“促进中部地区崛起”系列战略举措，逐步形成了完整的区域发展总体战略，勾勒了广袤大国走向地区普遍繁荣、共同富裕的科学路径。回望走过的路径，它不是径情直遂的一条直线，而是从当时的国情和国际环境出发，走着一条曲线形的“捷径”。

一　“两个大局”先富帮带后富

十一届三中全会以后，全党全国工作重点转移到社会主义现代化建设，早在按照“调整、改革、整顿、提高”方针，医治“文化大革命”十年遗留创伤之时，改革开放的总设计师邓小平同志，就提出了一个“新办法”、

“一个能够影响和带动整个国民经济的大政策”，[1] 这就是：“让一部分人、一部分地区先富起来，大原则是共同富裕。一部分地区发展快一点，带动大部分地区，这是加速发展、达到共同富裕的捷径”。[2] 随后小平同志将先富帮带后富的理念，发展为“两个大局”的完整构想。在20世纪80年代中后期，他指出：“沿海地区要加快对外开放，使这个拥有两亿人口的广大地带较快地先发展起来，从而带动内地更好地发展，这是一个事关大局的问题。内地要顾全这个大局。反过来发展到一定的时候，又要求沿海地区拿出更多力量来帮助内地发展，这也是个大局。那时沿海地区也要服从这个大局”[3]。如果说“三步走”的战略部署，是从时间维角度对中国社会主义现代化征程的时序安排；那么，“两个大局”，就是从空间维角度，对疆域广袤的中国如何实现社会主义现代化，就宏观经济布局和区域经济关联的战略部署。

按照“两个大局”，加快沿海地区对外开放，以开放促发展、促改革的战略构想，从20世纪80年初开始，先从深圳、珠海、汕头和厦门设立经济特区起步；继而，进一步开放了大连、天津、上海、宁波、广州直至北海市的14个港口城市，在对外开放方面，比照执行经济特区的某些政策；随后又陆续将珠江三角洲、长江三角洲、厦（门）泉（州）漳（州）闽东南地区、辽东半岛和山东半岛辟为沿海经济开放区，海南设省建经济特区，直至90年代初加快浦东新区的开发与开放，并首先在这些城市/地区，建立国家级经济技术开发区、高新技术开发区、出口加工区和保税区等，随后逐步推向中、西部地区，上述经济功能区，既是改革的先行“试验田”，又是承接国际产业转移的平台，更是高新技术产业化的基地，用较短的时间，在投资环境、体制机制和人才诸方面，形成优势，在“点”上构建起产业集聚的高地，新技术的战略支点，对“面”（区域）上发挥了示范、辐射和带动效应。这样，通过点—线—面的结合，在东部沿海地区，构筑起对外开放的前沿地带，依托区位和侨乡等优势，加快引进国外的资金、技术、人才和管理经验，有效地发挥了对外开放的门户与窗口作用；率先改

① 《邓小平文选》第二卷，第152页。
② 《邓小平文选》第三卷，第165页。
③ 同上书，第277页。

革、率先开放，尽快融入国际经济的大循环，抢先抓住了第二次世界大战后世界第三次产业转移的历史机遇，通过多途径、多方式的承接，使东莞、昆山、慈溪等一大批昔日的农村，用十余年时间，迅速成长为工业基地、经济重镇，吸纳了数以千万计的内地农村富裕劳动力就业，逐步扩大出口，从轻纺消费品起步，到机电产品直至成套设备，换回当时国家紧缺的外汇，引进先进技术与装备。珠三角、长三角和环渤海湾地区，成为拉动整个国民经济快速前行的“三驾马车”，带动了广大中西部地区的发展和沿（长）江、沿（陆地）边（境）与内陆省会城市的对外开放，使全方位、多层次、宽领域的对外开放格局在梯次推进中逐步形成。对内对外开放，结束了地区经济社会生活长期的封闭沉闷；改革，使地区、各级地方政府在国家统一政策下，拥有自主发展的职权与职责，一改以往像算盘珠一举一动都等待上级指令的拨动，地区经济活力迸发而出，神州大地呈现一派百舸争流、千帆竞发之势。

20 世纪 80 年代，内地经济亦有较快发展，特别是中、西部众多的能源、原材料基地，对支持东部沿海地区加快发展和整个国民经济的运转发挥了重要作用。但终因区位、自然和历史基础条件与沿海地区的差距，通过经济体制转轨和差别政策的双重放大，到 90 年代初期，东、中、西部地区的发展差距、城乡居民收入差距都有所扩大。面对寻求加快缩小我国与发达国家差距捷径伴生的国内社会成本显现之时，邓小平同志在 1992 年的南方谈话中，着重论述了“什么时候”、“在什么基础上”由第一个大局过渡到第二个大局，对前一个问题他明确指出：“太早这样办也不行，现在不能削弱发达地区的活力”、“可以设想，在本世纪末达到小康水平的时候就要突出地提出和解决这个问题”①；对后一个问题的回答是：“到（第二大局）那个时候，发达地区要继续发展，并通过多交利税和技术转让等方式大力支持不发达地区”②。熟悉我国经济布局演变史的都知道，在 20 世纪 60 年代中期到 70 年代中期“三线”建设时，由于占用老工业基地积累过多，甚至将企业的基本折旧误作“财政收入”投入新区建设，曾给沿海地区和东北老工业基地以致整个国民经济带来严重的负面影响，邓小平同志的叮

① 《邓小平文选》第三卷，第 374 页。

② 同上。

嘱，正是提醒以后两个大局转换时要充分吸取的历史教益。

根据邓小平同志上述深邃思想，十四届五中全会（1995 年 9 月）在《“九五”计划和 2010 年远景目标的建议》中，将“坚持区域经济协调发展，逐步缩小地区发展差距”作为国民经济和社会发展的重要指导方针之一，并制定了相应举措①。到世纪之交，当第一步、第二步战略目标相继提前实现，以江泽民同志为核心的第三代中央领导集体，及时地提出了实施西部大开发战略，作为迈向第三步战略目标的第一个重大战略决策，为 21 世纪我国经济继续快速发展从多方面拓展了新的空间。西部大开发从 2000 年起全面启动，标志着“第二个大局”拉开了帷幕。

二　区域发展总体战略:走向协调发展之路

继实施西部大开发战略后，党的十六大作出了“支持东北地区等老工业基地加快调整和改造”的决策，2003 年 10 月，中共中央、国务院颁发了《关于实施东北地区等老工业基地振兴战略的若干意见》，随后还编制、公布了包括东北三省和内蒙古等三市二盟② 145 万平方公里广袤地域的《东北地区振兴规划》。2006 年 4 月中共中央、国务院颁发了《关于促进中部地区崛起的若干意见》。党的十六届五中全会，在全面总结我国经济布局与区域经济发展的经验，特别是整合世纪之交以来，促进区域协调发展陆续推出的重大战略举措的基础上，提出了全面系统的区域发展总体战略，成为在经济布局与区域经济领域贯彻落实科学发展观的根本指针。党的十七大除重申“推动区域协调发展、优化国土开发格局”外，还将“城乡、区域协调互动发展机制和主体功能区布局基本形成”纳入实现全面建设小康社会奋斗目标新要求的重要内容。扼要地说，可以“14484”方式对区域发展总体战略的内涵和主要要求概述如下：

一个目标。区域协调发展的根本要求与标志，首先是各地区基本公共服务的均等化。在义务教育、卫生防疫和社会保障等基本公共服务方面实现均等化，既反映了公民生存权、发展权的普惠度，又从根子上割断了贫

① 《中国共产党第十四届中央委员会第五次全体会议文件》，人民出版社 1995 年版。

② 三市二盟为呼伦贝尔市、通辽市、赤峰市，兴安盟和锡林郭勒盟。

困、愚昧的代际传递，从源头上培育了地区内生增长和可持续发展的能力，是不发达地区缩小与发达地区多方面差距中需优先着力缩小的根源性差距，是“全面小康”的应有之义。

四大广域政策覆盖区。从“七五”计划开始，我国经济区域划分就采用东、中、西三大经济地带，“三分法”一直沿用到“十五”计划，从“十一五”规划开始，改按四大广域政策覆盖区，即西部地区12省（市，区）（重庆、四川、云南、贵州、广西、西藏、陕西、甘肃、宁夏、青海、新疆和内蒙古），东北3省（辽宁、吉林、黑龙江），中部地区6省（山西、河南、湖北、湖南、安徽、江西），东部地区10省（市）（北京、天津、河北、山东、江苏、浙江、上海、福建、广东、海南）。依托“四大板块”的空间架构，党的十六届五中全会提出了：“坚持实施推进西部大开发，振兴东北地区等老工业基地，促进中部地区崛起，鼓励东部地区率先发展，健全区域协调互动机制的区域发展总体战略。”从国家全局需要和不同区情，出发，提出不同区域各自的定位与发展重点，实施有针对性的区域政策。

四类主体功能区。从人与自然和谐相处，实现可持续发展出发，根据资源环境承载能力、现有开发密度和发展潜力，将不同国土空间，划分为优化开发、重点开发、限制开发和禁止开发4类不同主体功能的区域，分别承担经济开发、集聚人口或生态维护等不同功能；后两类主体功能区承担生态功能，将得到规范的经济补偿。

八类重点支持区域。新中国成立以来，人民政府就对革命老区、民族地区、边疆地区和贫困地区，从财政政策等方面予以支持；从“十一五”规划期开始，将三峡库区、资源枯竭型城市、限制开发区和禁止开发区也纳入重点支持地区。为落实十七大报告关于“帮助资源枯竭地区实现经济转型”的决策，将设立针对资源枯竭型城市的财力性转移支付，调整资源的税负水平，增加资源开采地区的财政收入；建立规范的资源开发补偿和衰退产业援助机制。

四大机制。区域协调发展有赖于市场机制、合作机制、互助机制和扶持机制等共同作用构建的区际良性互动机制。生产要素与产业在区域间的自由流动和转移，是推进区域协调发展的载体和重要途径。着力消除地区封锁与行政区域囿限，充分发挥市场机制对要素流动的导向作用，有利于经济发达、高开发密度地区的资本、技术和产业向欠发达、低密度地区转移，充分发挥市场机制在优化人口、资源和产业配置上的基础性作用。同时健全合作机制、互动机制和扶持机制，以弥补市场机制对自然条件、历史基础等“起跑点不一”的作用局限。合作机制是基于互惠互利原则的区际经济技术协作和人才交流等，凭借地方政府联手搭建的合作平台，企业等各类市场主体广泛参与，按照政府引导、企业对接、市场运作的方式，通过要素聚合、集成优势，实现互利共赢、联动发展。互助机制是在上级政府的指导协调下，发达地区（城市）、中央单位和国有大型企业对中西部欠发达地区实行的对口帮扶，本质上属道义性援助，更适合人才培训、社会事业和公共服务领域的各类公益性项目。扶持机制是上级政府对欠发达地区和承担重要生态功能地区的下级政府，通过财政转移支付等方式，使其财政支出，足以支撑当地居民逐步享有均等化的基本公共服务。

为了在地区发展和国土开发中更全面落实科学发展观，国家相关主管部门，将以编制、贯彻区域规划作为重要抓手；业已编就或颁布的有《京津冀都市圈区域规划》、《长江三角洲地区区域规划》、《广西北部湾经济区发展规划》和《珠江三角洲地区改革发展规划纲要》；正在编制或陆续启动的有《成渝经济区发展规划》、《江苏沿海地区发展规划》、《辽宁沿海经济带发展规划》、《丹江口库区及上游地区发展规划》和《淮海经济区区域规划》等①。

三　区域经济新格局

深入贯彻科学发展观，全面落实区域发展总体战略，对不同区域提出差别化的发展要求，实施针对性的政策投入，取得了明显的政策效应。地区发展协调性逐步增进，全国31个省（市、区）中，地区生产总值超万亿元的，2001年仅广东1个省，2005年增加到6个，2007年增加到9个，2008年增加到13个省（市）②；2008年规模以上工业增加值的同比增幅，近

① 参见《我国明年将编制出台一批区域发展规划》，《经济日报》2008年11月19日。

② 2005年GDP超万亿元的6个省是广东、山东、江苏、浙江、河南、河北；2007年增加了上海、辽宁、四川；2008年增加了福建、湖北、湖南和北京。

二十多年来，中部、西部地区（15.8%、15%）首次超过东部（11.6%）。

（一）西部大开发深入推进

西部大开发战略实施已9年，9年来新开工的重点工程有102项，总投资规模达17361亿元，在重点工程和中央预算内建设资金、长期建设国债资金的带动下，社会资本和区外、境外资金的进入，使西部地区近些年固定资产投资平均增长幅度超过26%（2003—2006年年均增长26.8%，2007年、2008年分别比上年增长28.2%、26.7%），基础设施建设和环境生态治理取得实质性进展，青藏铁路、西气东输、西电东送等举世瞩目的重大工程和四川紫坪铺、宁夏沙坡头、广西百色和内蒙古尼尔基等大型水利枢纽工程相继建成投入运营；2008年，西气东输二线和成都、重庆、西安等机场扩建与支线机场建设等重点工程先后开工。全长9102公里的西气东输二线管道与拟建的中亚天然气管道相连，可将从土库曼斯坦进口的300亿立方米/年的天然气和西北地区的天然气输往新疆、甘肃、宁夏、陕西、河南、湖北、江西、湖南、广东、广西、浙江、上海、江苏和安徽14个省区市；与此同时，以川东北普光气田为依托，全长1700多公里的川气东送工程亦已动工，两项重大工程对优化能源结构、维护国家能源安全都将发挥战略作用。在投资等拉动下，实施大开发战略以来，西部地区生产总值年增长率明显高于大开发战略实施以前，与全国和东部地区增长幅度之间的差距亦呈收敛态势；2007年西部地区生产总值达到4.7万亿元，占全国国内生产总值的17.3%，较前有所提高；原煤、原油产量和发电量占全国比重分别达到39.7%、27.8%和26.5%，表明西部已成为国家重要的能源生产和输出基地①。在经济建设取得进展的同时，各项社会事业亦取得了长足进步，以实现基本普及九年义务教育和基本扫除青壮年文盲而言，截至2002年年底西部地区"两基"人口覆盖率仅77%，近年贯彻落实《国家西部地区"两基"攻坚计划（2004—2007）》，"两基"人口覆盖率超过98%，西部各省、区、市初中毛入学率超过90%，4年累计扫除600多万文盲，青壮年文盲率降到5%以下。在新的起点上，西部大开发正深入推进。

---

① 引自《中国统计摘要》（2008），中国统计出版社2008年版。

（1）进一步完善综合交通运输网络。以铁路为例，按照2008年10月《中长期铁路网调整规划》（参见《人民铁道》2008年11月28日）。在今后10余年，西部地区在扩大铁路网规模中，将建设一批开发性新线，拓展路网覆盖面，新建和完善西部各省（区）际间、西部和其他大经济区以及邻国的铁路通道。一是新（改）建西南、西北进出境的国际通道，如中越（南）通道昆明—河口段、中老（挝）通道昆明—景洪—磨憨段、中缅（甸）通道大理—瑞丽段、中吉（尔吉斯坦斯坦）乌（兹别克斯坦）铁路喀什—吐尔朵特段；二是新建西部与华南、华北、华中、华东沟通的新通道，包括贵阳至广州、南宁至广州、中卫（银川）至太原的铁路，兰州—郑州—徐州、昆明—贵阳—长沙—南昌—杭州、成都—重庆—武汉—南京三条客运专线，以及内蒙古中西部、新疆煤炭外运通道的建设；三是新建沟通西南、西北以及西部，各省（市）之间与省（市）内部的铁路通道，如重庆至贵阳、重庆至兰州和成都—哈达铺—天水的客运专线，临河至哈密、库尔勒—格尔木、龙冈—敦煌—格尔木、喀什—和田、拉萨至日喀则和林芝新线等。同时，加强重点水利设施和农村中小型水利设施建设，推进信息基础设施建设，抓好生态建设和环境保护，依托投资环境的改善，大力推进资源优势向产业优势、经济优势的转化，培育包括煤炭、电力、石油和天然气开采与加工、煤化工、可再生能源（风能、太阳能、生物质能等）、有色金属、稀土与钢铁的开采和加工，钾、磷开采和钾肥、磷肥和磷化工，以及一系列特色农、畜、果产品加工的特色优势产业；进一步振兴和提升西部大中城市的装备制造业（如重庆、成都、德阳、西安的电力装备，柳州、天水、宝鸡、包头的重型工程机械装备等）和高技术产业。充分利用西部的自然景观、多彩的民族风情、深厚的文化积淀，大力发展旅游产业，培育旅游品牌。

（2）在开发的空间布局上，支持成渝经济区、关中—天水经济区、广西北部湾经济区、呼（和浩特）包（头）鄂（尔多斯）银（川）兰（州）产业带和各省会（自治区首府）城市、地区中心城市及其周边，重要资源富集区与大型水能开发区、重点口岸城镇优先开发。2008年1月，国务院批准《广西北部湾经济区[①]发展规划》，标志着广西北部湾经济区的开放、开发提升到国家战略层面；基于该经济区地处华南、西南和东盟三大经济圈的结合部，既是西部地区唯一的沿海区域，亦是我国与东盟国家唯一既有海上通道，又有陆地接壤的区域，其发展方向将定位于“服务三南”（西南、华南、中南）、面向东南亚的重要国际区域经济合作区，建成中国—东盟开放合作的物流基地、商贸基地、加工制造基地和信息交流中心，成为带动、支撑西部大开发的战略高地。目前，除围绕海、陆、空立体大通道，大力推进港口、高速公路网、铁路和机场扩能改造等基础设施与环境生态建设，力争广西北部湾诸港口总和吞吐能力在2010年达到1亿吨，2020年达到3亿吨；千万吨级的炼油厂、千万吨级现代钢铁基地、年产值可达400多亿元的林浆纸基地和电子基地将分别落户钦州、防城港和北海市，目前钦州港已被批准为西部第一个保税港区。关中—天水经济区，是跨越陕甘两省的重点开发区，以西安—咸阳一体化为核心，涵盖天水、宝鸡、铜川、渭南4市和杨凌国家农业高新技术产业示范区，现有人口、经济规模都占大西北的1/4左右，既是西北历史古韵积淀醇厚之地，亦是科技人文智力资源的高密集区，在高新技术产业、先进制造业、现代服务业和现代农业发展上，都具有很大的潜力。2007年6月，重庆、成都两市获批设立全国统筹城乡综合配套改革试验区，探寻填平城乡长期二元发展形成的鸿沟，扭转同一区域、城乡两副面孔的根本路径，通过统筹城乡规划、基础设施建设、土地管理、公共财政、金融服务和社会服务体制，拆除横亘在城乡间的诸多“高墙”，构建以工促农、以城带乡的长效机制，形成城乡经济社会发展一体化的新格局；普遍提升县域经济，为社会主义新农村建设，提供就近的支撑；推进基本口粮田建设和商品粮基地建设，提高粮食综合生产能力，利用西部特有的自然条件，在棉花、糖料、茶叶、烟草、花卉、果蔬、天然橡胶、林纸和各种畜禽领域，壮大重点区域，培育特色品牌，延长产业链，提高附加值，通过市场化、产业化、规模化、集约化推进西部传统农业向现代农业的转化。继续抓紧天然林保护、防沙治沙、沙漠化

---

① 广西北部湾经济区位于北部湾顶端的中心位置，涵盖南宁、北海、钦州和防城港4市，陆地国土面积4.25万平方公里，海岸线1595公里，海域面积12.93万平方公里，2006年年末人口1255万，占广西全区人口的1/4，4个市GDP占广西全区的近30%。

治理，落实退耕还林后续政策。

(3) 大开发以来，尽管西部经济社会发展、人民生活改善取得显著进展，但因历史基础和自然生态环境严峻，截至目前，按城镇居民人均可支配收入和农村居民人均纯收入衡量，西部地区比全国平均值分别低 17.3% 和 26.8%；西部 12 个省（市、区）中，除内蒙古、宁夏和重庆 3 个市（区）已进入工业化中期，其余 9 个省（区）尚未走出工业化初级阶段；[①] 截至 2007 年底，西部地区城市化率比全国平均值低 8 个百分点（36.96%）；全面小康实现程度仅为 64.6%，比全国平均值低 8.3 个百分点，比东部地区低 16.7 个百分点[②]。构建东中西联动机制，承接东部产业转移，是今后加快西部地区工业化、城镇化和全面小康步伐的战略举措。进入21 世纪以来，东部地区到西部投资经营的企业新增了20 万家，投资总额接近 15000 亿元；西南、西北还分别利用中国—东盟自由贸易区的建设及上海合作组织的架构与机遇，扩大对外开放，吸引东中部的优强企业，共同建设边境口岸城镇，推进与毗邻国家的商贸往来和经济技术合作。

(4) 按照巩固、发展平等团结互助和谐的社会主义民族关系，实现各民族共同繁荣发展的方针。内蒙古、宁夏、新疆、广西、西藏 5 个自治区，和云南、贵州、青海 3 个多民族省份，是国家政策扶持的重点，近 8 年（2000—2007 年）来中央财政对上述民族地区的财政转移支付，总额达 8785 亿元，年均转移支付超过千亿元，既用于提高民族地区基本公共服务的供给能力，又帮助民族地区培育内生自增长能力，加快经济发展。2000—2006 年，民族地区生产总值年均增长率达 13.2%。2008 年，宁夏、广西先后迎来了自治区成立 50 周年，半个世纪以来两个自治区发生了历史性巨变。2007 年，宁夏的地区生产总值、城镇居民人均可支配收入和农民人均纯收入，按可比价格计算，比 1958 年分别增长了 59 倍、30 倍和 26 倍[③]；广西 2007 年的地区生产总值，按可比价格计算，比 1958 年翻了 5.4 番，改革开放 30 年城镇居民人均可支配收入、农民人均纯收入平均增幅分

---

① 参见陈佳贵、黄群慧等《中国工业化进程报告》，社会科学文献出版社 2007 年版。

② 国家统计局：《2007 年中国全面建设小康社会统计监测报告》，《人民日报》2008 年 12 月 20 日。

③ 《人民日报》2008 年 9 月 24 日。

别达到了7.7%和7.2%[①]在历史的新起点上，广西将进一步壮大以制糖为主的食品工业、以铝为主的有色金属工业、以钢铁为主的冶金工业、以炼油为主的石化产业、以电源建设为主的电力产业、以工程机械为主的机械工业、以中型轿车系列为重点的汽车工业，争取到2012年，这七大产业的规模都超千亿元，同时推进基础设施建设，在南疆打造国际区域合作的新高地和中国沿海经济发展的新一极[②]。宁夏将着力开发优势资源和保护改善生态环境相结合，围绕宁东能源化工[③]和新材料两大基地建设，全面推进工业化、城镇化、信息化和新农村建设，开创民族地区跨越发展的新局面[④]。2009年，西藏迎来民主改革50周年，50年前的3月，随着西藏少数上层反动分子武装叛乱被粉碎，民主改革启动，彻底埋葬了西藏的封建农奴制，开创了西藏历史的新纪元，经过半个世纪的改革、发展，已实现了总体小康，被藏胞喻为带给雪域高原安康幸福天路的青藏铁路，早已于2006年7月建成通车，现正继续向日喀则、林芝延伸，2008年西藏地区生产总值比上年增长10.1%，达到392亿元，农牧民人均纯收入增长13.7%，达到3170元。

（二）东北老工业基地走向全面振兴

东北是20世纪五六十年代我国工业建设的重点，是新中国工业的摇篮，为国家的发展及安全作出过历史性重大贡献，同时亦是计划经济历史积淀最深的地区。路径依赖的消极影响，体制和结构双重老化导致的国有经济比重偏高、经济市场化程度低、企业设备与技术老化，结构调整缓慢，企业办社会等历史包袱沉重，矿竭城衰问题突出，下岗职工多，就业和社会保障压力大，使东北地区经济在改革开放不断深化、市场经济蓬勃发展的大势中一度相形见绌。为及时扭转相对衰退的“东北现象”，2003年10

---

① 《经济日报》2008年12月9日、10日。

② 同上。

③ 宁东能源化工基地位于银川市东南40多公里，依托该地蕴藏丰富的优质动力煤、化工原料用煤（探明储量270多亿吨），规划建设煤炭、电力、煤化工和新材料四大产业，2020年煤炭生产能力规划达到1.3亿吨，火力发电总装机1600万千瓦，煤化工产品200多万吨和大批和配套项目。

④ 中共宁夏回族自治区委员会、人民政府：《中国特色社会主义在民族地区的光辉实践——庆祝宁夏回族自治区成立五十周年》，《求是》2008年第18期。

月5日中共中央、国务院颁发了《关于实施东北地区等老工业基地振兴战略的若干意见》，从政策、资金和项目上，给予了有针对性的支持。2007年8月公布的《东北地区振兴规划》，更具体地勾勒了包括东北三省和内蒙古东部三市二盟（呼伦贝尔市、通辽市、赤峰市，兴安盟、锡林郭勒盟）145万平方公里的广袤地域通过加快改革开放走向全面振兴之路。

（1）经济转型、体制转轨两篇文章一起做，将工业结构优化升级和国企改革、改组、改造、改址（布局调整）相结合，和营造非公有制经济良好发展环境、招商引资、改善国企股本结构相结合；装备制造业引领老工业基地振兴雄风，在辽宁，装备制造业已成为全省第一支柱产业，沈阳机床、大连机床两大集团公司双双进入世界机床行业十强之列；哈尔滨电站设备集团提供给三峡右岸的70万千瓦水电机组并网发电之时，又攻克了100万千瓦超临界火电机组；当你为乘坐时速200公里的和谐号动车组感到快捷舒适之时，它的制造者——长春轨道客车有限公司正忙于赶制时速300公里以上的动车组；中国第一重型机械集团公司（齐齐哈尔）、大连重工·起重集团、沈阳鼓风机集团等都在各自领域拿出了自主创新的装备产品，2007年东北三省机械工业增加值同比增速达40.3%，高于东部（31.06%），为扭转我国机械工业产品贸易长期逆差，提高重大装备国产化率作出了贡献。冶金、化工等东北原有基础雄厚的原材料工业，着力结构升级，在做强的基础上做大；鞍山钢铁工业公司综合生产能力已攀升到1600万吨/年，为突破老厂区空间与环境承载力的囿限，近年在渤海之滨的鲅鱼圈港区，按照循环经济的理念兴建的钢铁精品基地，2008年已竣工投产。能源工业、消费品工业特别是高新技术产业都有了较快的发展；辽宁红沿河核电站和一批风能发电站的兴建，将对东北未来能源结构与供应产生积极影响。

（2）黑龙江、吉林两省耕地面积占全国耕地总面积近1/7，粮食商品率和调出量长期位居各省（区）前列，近年分别通过推进农业规模化、标准化、机械化和产业化经营，推广高产优质品种和中低产田改造，粮食产量连创新高，吉林省2007年的粮食总产量比2000年增产160多亿斤，黑龙江省的粮食总产量2007年比2000年增产180多亿斤，两者的粮食增产量占同期全国粮食增产量的44%；在粮食快速增产的同时，调整粮畜比例，借助畜禽“过腹增值”和发展农产品加工工业，延长产业链，提高附加值，2007年两省农民人均纯收入双双突破4000元（吉林4191元，黑龙江4132元）。按照国务院常务会议审议并原则通过的《吉林省增产百亿斤商品粮能力建设总体规划》，今后5年，将通过改造盐碱滩地，新增耕地255万亩，将2000万亩中低产田改造为高产标准农田等举措，使吉林省的粮食生产能力2012年跃升到600亿斤/年，成为粮食大省、牧业大省、林业大省、北方特产大省、农产品加工大省，进而成为农村经济强省；黑龙江省也制定了千亿斤粮食产能战略工程，计划到2012年，全省粮食产能跃升到1000亿斤/年，商品粮达到800亿斤/年。

（3）重大基础设施有序展开。哈（尔滨）—大（连）、哈—齐（齐哈尔）、哈—牡（丹江）、长（春）—吉（林）、沈（阳）—丹（东）等客运专线、东北东部铁路[①]等内外运输大通道正着手兴建；构建陆海联运的煤炭、石油、矿石、粮食、重型装备和集装箱几大运输系统，充分发挥大连作为东北亚国际航运中心的作用[②]，以及营口、丹东、锦州、盘锦、葫芦岛等组成的港口群作用，扩大东北地区的对外开放，特别是与东北亚各国的经贸往来。现代物流、金融服务、信息服务和商务服务等生产性服务业，过去是东北地区经济中的“短板”，近年有了长足发展，传统商贸等服务业在规范中得到提升，利用冰雪、森林、草原等特有自然景观，开发特色旅游产品，使旅游业得到壮大。

（4）根据自然地理、经济地理条件，和不同区域的资源环境承载力与交通网络体系，松辽平原、松嫩平原和辽宁沿海地区定为重点开发、优化开发地区，区内北有哈（尔滨）大（庆）齐（齐哈尔）工业走廊，中为长（春）吉（林）图（门）经济区，南有辽中经济区[③]和“五点一线”[④]、哈

---

① 东北部铁路通道，北起牡丹江市、南迄大连市，全长1380余公里，为沿中俄、中朝边境和辽东半岛海岸线南北走向的铁路通道，正在分段建设，2010年前后将全线贯通。

② 大连港2007年完成货物吞吐量2.2亿吨，是2002年的2倍，集装箱吞吐量381万标箱，是2002年的2.8倍，由以往单一装卸发展为集港口航运、航运商务、综合物流和临港工业的国际航运中心，并拥有东北地区唯一的保税港区。

③ 辽中经济区包括沈阳、抚顺、鞍山、本溪、辽阳、营口和铁岭7个市。

④ “五点一线”的五点指：大连长兴岛临港工业区、营口沿海产业基地、辽西锦州湾、丹东临港产业园区、庄河花园口工业园区；“一线”指东起丹东、西迄绥中县，全长1443人·公里的滨海公路。

（尔滨）—大（连）和丹（东大东港）—锦（州湾）两条大通道与主轴线，将上述区域串联一体；同时培育若干二级轴线，形成“三纵五横”①，以线串点、以点带面统筹区域城乡协调发展的新格局；东部、西部和西北部长白山与大、小兴安岭地区，在坚持生态优先、维护生态环境的前提下，科学开发。

东北有煤都、油都、林城等资源型城市30座，其中一部分资源已近枯竭，近年通过阜新、大庆、伊春、辽源、白山和盘锦6个经济转型城市的试点，根据各自不同的情况，因地制宜，在培育发展接续替代产业、实现可持续发展上已经破题；2007年底，大庆石化公司120万吨/年乙烯改扩建工程开工，与主体工程配套的还有聚丙烯、聚乙烯等系列石化产品，从上述产品中又将衍生出一大批相关产品，支持大庆的可持续发展②。

（5）2007年，东北三省地区生产总值超过2.3万亿元，辽宁成为东北第一个地区生产总值超万亿元的省（11021.7亿），经济振兴提供了新的就业岗位，2003—2007年的5年间三省累计新增城镇就业1108万人，缓解了就业压力。可以相信，再经过十余年的努力，一个具有研发、创新能力和国际竞争力的装备制造业基地、新型原材料基地和能源基地、商品粮与大宗农产品基地，和强大的生态屏障将巍然屹立于东北大地。

（三）中部地区奋力崛起

中部六省面积占全国的10.7%，人口占全国的28%，地区生产总值占全国的近19%，人均地区生产总值相当于全国平均值的70%，不足东部发达地区的45%。中部六省在区位、资源、产业和人才方面均具相当优势，晋豫皖三省是国家的重要煤炭基地，提供了全国煤产量的40%，特别是山西省煤炭产量占全国的1/4，省际间煤炭调出量占全国的3/4，其余5省都属农业大省，粮食、棉花占全国总产量的30%左右，油料产量占全国的44%，是重要的粮棉油基地；矿产资源丰富，是国家原材料、水能的重要生产与输出基地；地处全国水陆运输网的中枢，具有承东启西、连南接北、吸引四面、辐射八方的区位优势；人口多、人口密度高、经济总量达到相

① “三纵”指哈大经济带、东部通道沿线和齐齐哈尔至赤峰沿线，“五横”指沿海经济带、绥芬河到满洲里沿线、珲春到阿尔山沿线，丹东到霍林河沿线和锦州到锡林浩特沿线。

② 倪伟龄：《石化成为大庆油田优势接续产业》，《经济日报》2008年1月10日。

当规模，但人均水平低，6 省城镇居民和农民的人均收入都低于全国平均值。中部 6 省地处腹心地带，国脉汇聚的战略地位，其经济社会又好又快地发展，有利于提高国家粮食和能源的保障能力，缓解资源约束；有利于扩大内需，保持经济持续增长，事关国家发展的全局和全面建设小康社会的大局；2006 年 4 月颁发的《中共中央　国务院关于促进中部地区崛起的若干意见》（简称《意见》），提出了中部崛起的总体要求和战略定位，即努力把中部地区建设成为全国重要的粮食生产基地、能源原材料基地、现代装备制造及高新技术产业基地和连接东西、纵贯南北的综合交通运输枢纽。随着《意见》的贯彻，中部崛起之势已端倪初显；地区生产总值，河南省早在 2005 年就破万亿元，2008 年湖北、湖南地区生产总值同比增幅都在 13% 左右，两省地区生产总值双双突破万亿元。

作为工业有相当基础、结构升级任务繁重的农业大省、人口大省，正按照“三基地、一枢纽”的定位，全面落实科学发展观，朝农业强省、工业强省和经济强省的目标前进。

（1）全面落实党中央、国务院各项强农惠农政策，加大对农业、农村政策和资金的投入力度，改善农村生产生活条件，加强农业科技推广、农村劳动力培训，完善农业支撑体系，实施优质良种、畜禽良种和动植物保护、防疫等工程，推进农业产业化经营，发展农畜土特产品的加工基地，构建重农抓粮的长效机制，提高粮食等大宗农产品的综合生产能力和农畜产品加工转化增值能力，形成农业增效、农民增收并进的新格局。用好 243 个欠发达县（市、区）比照执行西部大开发的有关政策，大力提升县域经济，培育这些县（市、区）的自我发展能力。河南省 2006—2008 年粮食总产量连续三年突破千亿斤，近几年，河南省粮食的年增产量都占全国同期粮食增产量的四成左右。在抓紧粮食增产的同时，狠抓粮、畜、禽产品的加工转化，依托“公司 + 基地 + 农户”等产销一体化模式，延伸、扩展产业链，现在河南省以农产品为原料的食品加工业的年销售收入已达到 2800 多亿元，成为省内销售收入最大的产业。

（2）坚持立足现有基础，注重增量和提升存量相结合，特别要重视依靠科技与体制、机制创新激活存量资产；用好国家给予中部地区 26 个地级以上城市比照执行东北老工业基地的政策，深化国有企业、厂办大集体企业的改革和企业技术改造。工业结构的调整，既坚持产业升级，提高增长质量，又充分考虑新增就业岗位，实行从高技术、重化工、装备制造业、农产品加工和其他劳动密集型产业、各类服务业和文化创意产业的“广谱式”发展；在此基础上，重点培育优强产业，2007 年以前湖南省产值超千亿元的仅机械制造一个行业，到 2008 年石化、食品和有色金属行业，相继进入千亿元产业的行列，现正着力培育新材料、光伏等向千亿元产业迈进。在企业结构上，即重视培育大型企业集团，包括跨省（区）、跨国（境）经营的大企业集团；2008 年河南省将 7 个大型企业重组整合为平煤神马能源化工集团和河南煤业化工集团，每个集团注册资本金均超百亿元，提高了产业集中度，拉长了产业链，优化了资源配置，为“十一五”期末每个集团年营业收入达千亿元奠定了基础。与此同时，支持中、小企业广泛发展，形成群众性的良好创业氛围。在资金筹措上，既充分利用本地社会资本，又重视从省（市）外、境外、国外引资，河南省 2006 年引入省外资金 1004 亿元，占同年全省城镇固定资产投资总额的 21%。充分发挥地缘优势，承接珠三角、长三角加工贸易的转移，发展相关配套产业[①]。从 2006 年开始至 2008 年的三届中国中部投资贸易博览会，共签订外商直接投资项目千余个，合同外资 384 亿美元，引进内资 5000 多亿元；2007 年、2008 年中部地区固定资产投资增幅连续两年超过 30%（33.3%、33.5%），远高于东部（19.9%、21.3%）和全国平均值（24.8%、26.1%）[②]。

（3）中部 6 省的城市化率都低于全国平均值（44.94%），豫、皖、赣 3 省还不足 40%[③]，通过城市联盟，构建城市群（带、圈），壮大核心区，是提升引领、带动全省发展龙头能级的重要途径。湖北省构建以武汉市为中心的城市圈（1+8）[④]，湖南省早在 20 世纪 90 年代就着手长（沙）株（洲）（湘）潭城市群的建设；2007 年 12 月，这两个城市群（圈），同时获

① 商务部已确定武汉、南昌、赣州、合肥、芜湖、新乡、焦作、太原和郴州中部 9 城市作为加工贸易梯度转移重点承接地。

② 国家统计局：《中华人民共和国 2007 年国民经济和社会发展统计公报》，《经济日报》2008 年 2 月 29 日。

③ 截至 2007 年，豫、皖、赣、湘、晋、鄂的城市化率分别是 34.34%、38.7%、39.8%、40.45%、44.03% 和 44.3%。（引自《领导决策信息》2008 年第 27 期）

④ 武汉城市圈包括武汉、黄石、鄂州、孝感、黄冈、咸宁、仙桃、潜江和天门 9 市。

批成为全国资源节约型和环境友好型社会建设综合配套改革试验区，实质上，两个试验区肩负着为中部崛起，以致为国家全面小康和基本现代化目标的实现，探寻中国特色新型工业化、农业现代化和中国特色城镇化之路的重任。在长株潭的基础上，湖南还将邻近长株潭的岳阳、益阳、常德、娄底和衡阳5市纳入，组成“3+5”的城市群，实现“以三带五、以五促湘”的发展战略。早在2003年河南省就从郑（州）汴（开封）一体化破题，着手构建“1+8”的中原城市群[①]。安徽省“九五”时期，为利用长江黄金水道等交通和区位优势，尽快融入长江三角洲经济区，承接长三角产业转移，就提出了建设皖江城市带[②]，随后又陆续推出了以合肥为中心的省会经济圈和依托淮南、淮北、蚌埠等地丰富矿藏资源，建设沿淮产业密集带；江西从20世纪八九十年代起，曾先后着力建设（南）昌九（江）工业走廊、山江湖工程等，在以往基础上，新近提出构建以南昌为中心，包括鄱阳湖周边的九江、鹰潭、景德镇、上饶和抚州“1+5”组成的环鄱阳湖生态经济区，既为带动全省构建战略高地，更将经济发展、环境生态保护融为一体，力图实现“既要金山银山、更要绿水青山”的双重目标。山西省亦提出了构建太原经济圈[③]。城市群（带、圈）的构建，通过体制机制创新，不同程度地做到以特大城市为依托，以大带小、以城带乡，促进大中小城市、小城镇和社会主义新农村的协同发展；各城市和城乡间规划同谋、交通/通信同网、市场同体、生态共建、环境同治、产业链接，既发挥了聚合叠加效应，快速扩大增长极的规模与带动能量，更通过战略协同、联动互融，深化了城市间的分工协作，功能互补；既推进了省会等特大城市向服务经济主导的转型，提升了中心城市的带动、辐射功能，又通过产业向周边扩散，和“总部、营销在省会、生产基地在周边”、“总装在核心区，零部件、元器件制造在周边”等模式，加快了周边中小城市工业化的步伐，提高了区域整体竞争力。

---

① 中原城市群包括郑州、洛阳、开封、新乡、焦作、许昌、平顶山、漯河和济源9市。

② 长江安徽段俗称皖江，皖江城市带包括沿江的马鞍山、芜湖、铜陵、池州、安庆、巢湖、宣城和滁州8市。

③ 以太原市为中心，涵盖晋中、吕梁、阳泉、忻州4市10余个县（区）。

（四）东部率先发展带动广大中西部

东部十省、市的工业化、现代化进程一直走在全国前列，其中7个省（市）已进入工业化后期和后工业化阶段，[①] 城市化率比全国平均值高10个多百分点（55.35%），到2008年GDP超过万亿元的已有粤、鲁、苏、浙、冀、沪、闽7省（市），其中广东省GDP已超过3.5万亿元；10个省（市）面积不足全国1/10，人口占全国1/3，却提供了一半以上的国内生产总值（占55.2%）。多年来的快速发展和高投入、高消耗、重污染使东部地区一些城市与地区的土地、水等资源和环境容量已难负其重，近年受人民币升值、退税率降低、要素成本上扬等综合作用，东部一些代工/贴牌生产的劳动密集型企业已举步维艰，在国际金融危机影响继续蔓延下，东部10省（市）正结合各自的省（市）情，按照率先发展必须以率先提高自主创新能力、率先结构优化升级和率先完善市场经济体制为前提和动力，迎接挑战，全面落实科学发展观加快发展方式和外贸增长方式的转变。

1. 着力结构优

由过去主要依靠工业数量扩张带动，向三次产业协调发展，提高产业层次转变，优先发展先进制造业、高技术产业和现代服务业，着力发展精加工和高端产品。北京市2008年第三产业在地区生产总值中比率超过七成（73.2%），服务业从业人员占全市从业人员的比率达到70%，表明北京以服务经济主导的产业结构已经形成；金融业在北京第三产业增加值中占17.53%，在GDP中的份额亦超过10%（12.5%），国家金融监管机构、四大银行总部和2/3央企的总部都设在北京，驻京法人金融机构超过500多家，居国内各城市之首，据此，年内公布的《关于促进首都金融业发展的意见》明确提出将北京建设成有国际影响力的金融中心城市，特别是在金融决策、管理、信息和服务方面，发挥中枢作用[②]。上海市2006年GDP突破万亿元，2008年克服国际金融危机的冲击，地区生产总值同比增长9.7%，达13698亿元，人均GDP达到73124元，折合美元为10529美元，成为首个人均GDP破万美元的省（直辖市），今后将继续围绕建成国际经

① 参见陈佳贵、黄群慧等《中国工业化进程》，社会科学文献出版社2007年版。

② 参见黄明明《借势发力：北京打造金融中心》，《科学时报》2008年6月23日。

济、金融、贸易、航运中心的现代化国际大都市的战略定位，重点发展金融业[①]，积极发展国际服务外包，形成服务经济为主的产业格局，继续推进电子信息、汽车、石油化工、精品钢铁和装备制造业等优势产业发展，培育壮大造船、航空航天和海洋产业等战略产业，积极发展生物医药、新能源、新材料等高新技术产业。在扩内需、保增长、调结构的重大举措中，福建福清、浙江方家山和广东阳江总装机规模达1000万千瓦的三座核电站，已先后动工，投产后既可增加东部能源供应，更有利于能源结构的优化。东部各省/市结构优化中的亮点之一是，把文化产业的发展摆在提升城市/区域软实力、满足民众文化权益的重要位置；浙江省近年在推进公益性文化事业的同时，大力培育经营性文化产业，目前已有民营文化企业4万多家，从业人员50多万，2007年文化产业总产值2152亿元，增加值611亿元，占全省GDP的3.2%，杭州市正努力打造“全国文化创意产业中心”，力图从动漫游戏、设计服务等行业首先突破[②]。

2. 着力增强自主创新能力推动发展

由过去主要依靠资金、物质的高投入支持发展，转向依靠科技进步，提升人力资本，提高资源利用效率，保持持续快速发展。

北京市以中关村科技园区为核心，打造中国知识创新高地，技术创新源泉和连接全球创新网络的重要节点。广东以广州、深圳两个创新城市为龙头，构建重点产业为支撑、骨干企业引领、名牌产品带动的区域创新格局；支撑广东工业从过去以加工装配为主，向上游研发设计与下游品牌营销延伸，从贴牌代工向拥有自主知识产权、核心技术和自主品牌转变；“深圳产业结构升级抓得早、自主创新抓得早”[③]，超前应对危机的冲击，2008年全市生产总值比上年增长12.1%，达到7806.54亿元；高新技术产业、总部经济、金融、现代物流等高端服务业和文化产业对全市经济增长的贡献率进一步提升，显示了经济特区作为实践科学发展观排头兵的示范作用。

---

① 截至2007年年末，上海拥有各类金融机构604家，成为中国金融市场发展最快、外资金融机构数量最多、金融人才最为集中的超大城市。2008年，上海港集装箱吞吐量预计达2850万标准箱，居世界第二位，随着洋山深水港的扩建，上海国际航运中心已雏形初显。

② 参见黄平《浙江：推进文化创新促进经济发展》，《经济日报》2008年6月28日。

③ 温家宝总理2008年11月14日在深圳调研时的评语，参见《深圳商报》2008年11月16日、11月19日和2009年1月24日。

3. 着力统筹协调与竞合推动发展

（1）扭转改革开放以来东部沿海地区“南快北慢”不协调的局面，实现沿海各地区的协调发展；推进天津滨海新区[①]的开发、开放，使其成为继深圳经济特区、浦东新区以后又一带动区域发展的新增长极，2007 年滨海新区依托电子通信、石油开采、汽车制造、现代冶金等既有支柱产业，完成地区生产总值2364 亿元（占天津市 GDP 的47%）；利用滨海新区丰富的土地与自然资源和相当完善的服务功能，年产 1250 万吨的炼油厂、100 万吨的乙烯、2×100 万千瓦火力发电、空客 A320 总装线、新一代运载火箭基本型工程研制基地和中联芯片等重大项目先后落户滨海新区；2007 年天津港货物吞吐量突破3 亿吨，集装箱吞吐量突破700 万标箱，作为我国北方第一大港，将更好地为华北、西北等 14 个省、自治区的对外开放服务。河北省以首都钢铁公司（生产环节）外迁曹妃甸港区为契机，推进沿海大型重化工基地和现代物流体系的发展，曹妃甸地区将逐步形成包括矿石、原油和杂货、远景年吞吐量达 5 亿吨的货运大港，1500 万吨/年的精品钢材、1000 万吨/年炼油厂、100 万吨/年乙烯等的现代重化工基地，一座以港口航运物流、钢铁、石化和装备制造四大产业为主导的现代城市将巍然屹立于渤海唐山湾畔，并将与天津滨海新区、山东半岛一起，成为环渤海地区经济的新增长极；钢铁、煤炭是河北省具有优势的两大支柱产业，2007 年钢产量 1.1 亿吨，位居各省（市、区）之首，煤炭年产量也达 8000 万吨，但集中度低，还包含一些亟待淘汰的落后产能，在以往调整的基础上，今年联合重组跨出了大步，在原唐钢、邯钢和金能、峰峰两集团的基础上，分别组建了河北钢铁集团有限公司和冀中能源集团公司，实现由分散发展到集约发展、低端产品向高端产品、由追求数量向提高增长质量、效益与竞争力转变。在两岸经济技术交流合作规模与日俱增的推动下，以福建为主体，连同周边地区的海峡西岸经济区，正在过去长三角与珠三角之间的“凹地”上迅速崛起；2008 年福建省 GDP 突破万亿元；从发挥海峡两岸交流前沿的区位优势出发，打造服务统一大业的前沿平台，除进一步提升电子、机械和石化既有支柱产业的优势，还将充分利用海岸线长（3324 公

---

① 天津滨海新区包括塘沽区、汉沽区、大港区和东丽区、津南区的部分区域，以及天津经济技术开发区、天津港保税区和天津港区，总面积 2270 平方公里。

里）、天然良港多的优势，依托六大港湾，构建以钢铁、石化、煤化工、造船和重型机械为主的临港工业布局；宁德环三都澳区域依托港口和大型核电、火电、水电、风力发电，潮汐发电的能源优势，正吸引着大钢铁、大石化、船舶修造和大型装备企业纷纷落户，一个新兴产业基地正迅速崛起于闽东北。厦门—深圳、向塘—莆田、福（州）—温（州）和温（州）—甬（宁波）等铁路的兴建，将使福建省和珠三角、长三角及内陆各省（区）的联系更加便捷，为福建省与两岸的合作拓展了更广阔的空间。海南省在东部各省、市的人口数量和经济体量都是最小的，但从 1988 年建省办经济特区后，发展较快，20 年来 GDP、城镇居民人均可支配收入、农民人均纯收入分别增长 7.6 倍、10.6 倍和 6.6 倍，今后将继续秉持生态立省，发挥区位、资源和侨乡等优势，充分利用博鳌亚洲论坛这一平台，提升开放型经济水平，以洋浦开发区为龙头，发挥海口作为全国加工贸易梯度转移重点承接城市的优势，打造面向东南亚的航运枢纽、物流中心和出口加工基地，把发展捕捞养殖、滨海旅游、海洋运输油气开发与加工在内的海洋产业放在突出位置，构建具有海南特色的现代产业体系①和国际旅游岛。北起丹东（大东港）的辽宁“五点一线”、河北沿海隆起带、山东环渤海经济带和苏北连云港的崛起，大丰港的兴建，南迄环北部湾南（宁）、北（海）、钦（州）、防（城港）、湛（江）的大开发，标志着连绵万余公里的产业带、城镇带将如巨龙涌现于太平洋西岸。

（2）通过东部与中西部的多种联动机制，使东部的产业升级与“万商西进、万企西移”紧密结合，实现东部率先发展和东部带动中西部发展相结合。东部各省（市），特别是三大城市群，在谋划自身发展的同时，充分考虑与相关地区的联合、协作，提升带动、辐射功能。珠江三角洲城市群，最初由 9 市组成②，随着 CEPA③ 的签署、实施，形成了包括 9 市和香港、澳门两个特别行政区的“大珠三角”；2004 年在广东省委和政府的倡议下，

---

① 海南省在油气开发的基础上，现已建成年产 60 万吨甲醇、800 万吨炼油、20 万吨聚丙烯、8 万吨苯乙烯等石化项目和环岛天然气管网，并将着手海盐、滨海砂矿的开发加工和海洋生物制药业的发展。

② 广州、深圳、珠海、佛山、江门、中山、东莞、惠州和肇庆。

③ 即《内地与香港关于建立更紧密经贸关系的安排》、《内地与澳门关于建立更紧密经贸关系的安排》。

横跨东、中、西三大地带和港、澳的（9+2）[①] 泛珠江三角洲区域合作架构推出。2008 年 12 月 17 日国务院常务会议通过了《珠江三角洲地区改革发展规划纲要》，为改革开放 30 年来一直敢为人先的这一地区，确定了在新时期的五大战略定位，即“探索科学发展模式试验区”、“深化改革先行区”、“扩大开放的重要国际门户，与港澳共同打造亚太地区最具活力与国际竞争力的城市群”、“世界先进制造业和现代服务业基地”、“带动环珠三角、泛珠三角地区和全国发展的强大引擎”的发展定位；2012 年率先建成全面小康社会，人均地区生产总值达到 80000 元，2020 年率先基本实现现代化，人均地区生产总值达到 135000 元[②]。长三角城市联盟，由初始的“1+15”[③]，拓展为“一市两省”[④]，成为我国综合实力最强的区域，按照国务院常务会议新近审议原则通过的《进一步推进长江三角洲地区改革开放和经济社会发展的指导意见》[⑤]，今后将加快区域一体化进程，率先形成以服务业为主的经济结构，做大做强高技术产业和优势支柱产业，朝着亚太地区重要国际门户、全球重要的先进制造业基地和具有较强国际竞争力的世界级城市群目标前进，强化、提升对全国的服务和辐射功能。早在 20 世纪 80 年代中期，天津、河北、山东、山西和辽宁 5 省（市）的 15 个市（地）就组建了“环渤海地区市长（专员）联席会”，2004 年 6 月，北京、内蒙古和上述 5 省（市）的地方政府，联合召开了“环渤海经济圈合作与发展论坛”，达成了《环渤海区域合作框架协议》，多种原因使这个地区区域合作的实际进展，与各方面的期望相去甚远，国家有关部门力图通过先对其核心区域——京津冀都市圈[⑥]编制统一的区域发展规划，推动整个环渤海区域合作的进展。

（3）重视省、市内部的协调发展。东部各省、市经济较发达，但每个省内部都有欠发达地区。以经济总量居各省（区、市）之冠的广东而言，3

---

① “9”指广东、广西、四川、贵州、云南、湖南、江西、福建和海南；“2”指香港、澳门两个特别行政区。

② 参见《经济日报》2008 年 12 月 19 日，2009 年 1 月 9 日。

③ “1”指上海市，“15”指南京、镇江、无锡、常州、苏州、南通、扬州、泰州、杭州、宁波、嘉兴、湖州、绍兴、舟山和台州。

④ “一市”为上海，“两省”指江苏和浙江。

⑤ 参见《经济日报》2008 年 8 月 7 日。

⑥ 京津冀都市圈包括北京、天津和河北的石家庄、廊坊、保定、唐山、秦皇岛、沧州、张家口和承德 8 市，2007 年经济总量达到 2.47 万亿元，接近全国 GDP 的 1/10。

万多亿元 GDP 大部分集中在珠江三角洲地区，粤西、粤东、粤北的人均 CDP 仅相当于珠三角地区的 1/4，省内地区发展差异系数高达 0.77；① 在总结既往经验的基础上，今年省委、省政府作出《关于推进产业转移和劳动力转移的决定》，按照“政府引导、市场运作、优势互补、互利共赢”的原则，通过兴办“产业转移园区”、完善基础设施等引导珠三角地区产业向东西两翼和粤北山区转移，同时通过对农村劳动力的免费技能培训等举措，争取 5 年内使 600 万农村劳动力向第二、三产业转移，为支持“双转移”，近 5 年内省级政府将提供 500 亿元的资金支持②。山东省经济总量和人口数量在各省（市、区）中居第 2 位，而发达地区主要集中在胶东半岛和胶济铁路沿线，鲁南、鲁北特别是鲁西菏泽与之发展差距甚大，通过“东企西进”、“（劳动力）西输东接”以及青岛、济南等对口帮扶菏泽 8 县，近年菏泽一系列经济指标的增幅已超过全省平均值，使“西部突破菏泽”初见成效。同样，江苏省的苏南、苏中和欠发达的苏北地区，浙江、福建两省发达地区与浙西南、闽西山区亦都通过“牵手结对”、“山（区）呼（沿）海（地区）应”等途径，在政府的引导、支持下，依靠社会广泛参与，顺应市场机制，使省内地区的差距逐步呈收敛态势。

我国区域经济发展的失衡，既与地区自然、社会条件差异有关，又是历史发展长期积淀的结果，扭转失衡，实现协调发展，也将经历一个不短的过程；不断加深对区域发展规律的认知与把握，贯彻落实好区域发展总体战略，并以实践中积累的新经验、理论研究的新成果，不断充实完善区域发展总体战略，地区普遍繁荣、共同富裕的新格局终将实现。

2008 年 12 月 11 日初稿

2009 年 2 月 4 日修改

（原载《中国社会科学院经济学部学部委员与荣誉学部委员文集——纪念改革开放 30 周年》，经济管理出版社 2009 年版）

---

① 参见汪洋《继续解放思想　坚持改革　努力争当实践科学发展观的排头兵》，《深圳商报》2007 年 12 月 28 日。

② 参见《深圳商报》2008 年 5 月 3 日 A 版，6 月 7 日 A4 版。

中国区域经济的演进与前瞻

区域经济是大国经济社会发展中的重大问题，区域协调发展是国民经济平稳高效运行的前提，对于自然和社会人文条件地区差异大的多民族大国，区域协调发展既是重大的经济问题，也是重大的政治问题、社会问题；故此，促进区域协调发展，成为“五个统筹”的重要内容，是落实科学发展观、构建和谐社会的必然要求。

一　艰难地探索

1949年10月1日：中华人民共和国成立，开启了国家发展的历史新纪元。

改变地区经济发展严重不平衡的这份旧中国留下的沉重遗产，按照社会主义原则调整区域经济，从三年恢复时期（1950—1952年）就已开始。在50年代初中期、上海就有270多家轻工、纺织厂和一批服务行业内迁中、西部省（区）。第一个五年计划时期（1953—1957年）按照“沿海的工业基地必须充分利用，新的工业大部分应当摆在内地，使工业布局逐步平衡，并且利于备战”的原则，5年基本建设投资总额中沿海与内地分别占46.7%和53.3%，5年内动工的694大型工业项目中，222个摆在沿海地区，472个建在内地。当时重工业建设的重点在东北，特别是辽宁的鞍山、沈阳、阜新等地，围绕冶金、机械制造、煤炭工业等的大规模改扩建与新建，较快地形成了支撑全国经济建设的装备、钢铁与有色金属、能源的供应基地。内地建设中，80%以上的投资集中在湖北、内蒙古、四川、甘肃、山西、陕西、河南、黑龙江和吉林9省（区），集中建设了武汉、包头、成都、兰州、西安、太原、郑州、洛阳、哈尔滨、长春和吉林市等工业基地。

第二个五年计划（1958—1962年），原定的部署是：继续加强东北工业基地；充分利用、适当加强华北、华东、中南沿海城市的工业；内地除继续进行武钢、包钢等新基地的建设，同时在西南、西北和三门峡周围地区进行以钢铁、有色金属和大型水电站为中心的新基地建设；继续建设新疆的石油和有色金属工业，加强西藏的地质工作。起于1958年夏秋的高指标、瞎指挥和浮夸风的泛滥，“小土群”星罗棋布，新铺工业基点数以万计，打乱了原有的正确部署，使国民经济陷入严重困难，不得不从1961年起对国民经济实行“调整、巩固、充实、提高”，并在“二五”计划期届满，继续“三年调整”（1963—1965年）。1958—1965年这8年，尽管经历了相当大的曲折，但是在全国人民共同努力下终究建起了鞍山、本溪、武汉、包头、上海、北京（首钢）、太原等10个钢铁基地，钢产量达到了1223万吨（1965年，下同），建成了抚顺、阜新、开滦等几十个大型煤炭和煤电基地，原煤产量达到2.32亿吨，特别是60年代初期在松辽盆地建起了大庆油田，连同原有的玉门、延长等油田，1965年原油产量达到了1100多万吨，实现了国内需求全部自给。

早在1965年4月，根据毛泽东对当时国际形势的估计，中央发出了《关于加强备战工作的指示》，第三个和第四个五年计划（1966—1970年和1971—1975年）都以备战为中心，突出国防建设，在工业和整个经济布局上突出大三线①建设。“三五”时期在全国基本建设投资总额中，内地占66.8%，其中大三线地区占52.7%，重点在西南地区，除修建连接西南三省和西南与区外联系的川黔、成昆、贵昆、襄渝、湘黔等铁路外，重大项目有攀枝花钢铁基地、黔西六盘水煤炭基地、黔中铝基地、德阳—绵阳机械电子工业基地、重庆常规武器基地等；西北地区建设了酒泉钢铁基地、西北铜加工和关中、汉中、天水、银川、西宁的机械工业以及阳（平关）—安（康）铁路等。“四五”时期，除继续西南、西北的建设外，在豫西、鄂西、湘西和晋南又开辟了一系列新基地，相应在中西部腹地建设了贯通南北的焦（作）—枝（城）—柳（州）铁路。这一时期，随着新油田的发现，在东部地区先后建设了胜利、大港、辽河、冀中等油田和石化

① 大三线地区指长城以南、韶关以北、乌鞘岭以东、京广线以西的地区，具体包括四川、贵州和云南、陕西、甘肃三省的大部分地区，豫西、鄂西、湘西、晋南、冀西、粤北、桂西北和青海东部，其中投资和项目最集中的为前8个地区。

基地；所以内地和大三线地区投资在全国基建投资总额中的占比，较“三五”有所下降，分别为53.5%和41.1%。“四五”中后期，随着国家外交政策的调整、中美关系的逐步正常化，从西方国家进口了一批成套设备（包括13套大化肥、4套大化纤、3套石油化工等）和关键设备（如安装在武汉钢铁公司的一米七轧机）。就47项成套设备的建设布局看，24项放在辽宁、山东、京津冀和江浙沪的沿海地区，12项摆在湘、鄂、皖长江沿岸地区，这些项目布局合理、建设周期较短，绝大多数在“五五”（1976—1980年）期间建成投产，对缓解当时国家物资供应严重短缺发挥了积极作用，亦标志着从新中国成立，特别是1965年以后，大幅度西倾的布局战略开始调整。这29年国家经济战略布局和区域经济结构起伏曲折大，但终究建立起了独立和比较完整的工业体系和国民经济体系，在东部利用原有基础，通过改、扩建与新建，形成了辽（宁）中南、以上海为中心的沪宁杭沿线和京津冀三大工业区；在东北腹地和中部建成了长春、吉林、哈尔滨、齐齐哈尔、武汉、十堰、湘中（长沙、株洲）豫中（郑州、洛阳）等一批综合性或专业性工业基地；在西部形成了重庆、成都、绵阳—德阳、西昌、宜宾—泸州、昆明、贵阳—遵义、六盘水、西安—宝鸡—天水、兰州—白银和酒泉、金川等系列新工业基地；在西部民族地区，新建了包头工业基地，新疆克拉玛依油田、宁夏贺兰山煤田和广西壮乡的制糖、食品与麻纺工业，西部地区工业总产值在全国的占比1978年达到15.7%，比1952年提高了5.3个百分点。

二 “两个大局”

1978年党的十一届三中全会，开启了中国改革开放和社会主义现代化建设的历史新时期。作为改革开放总设计师的邓小平同志，早在按照“调整、改革、整顿、提高”方针，医治“文化大革命”十年创伤之时，就提出了“让一部分人、一部分地区先富起来，大原则是共同富裕。一部分地区发展快一点，带动大部分地区，这是加速发展，达到共同富裕的捷径”。随后在20世纪80年代中后期将先富帮带后富的“大政策”发展为“两个大局”的战略构思，提出：“沿海地区要加快对外开放，使这个拥有2亿人口的广大地带较快地先发展起来，从而带动内地更好地发展，这是一个事关大局的问题；内地要顾全这个大局。反过来发展到一定的时候，又要求沿海地区拿出更多力量来帮助内地发展，这也是个大局；那时沿海地区也要服从这个大局”。如果说“三步走”的战略部署，是从时间维角度对中国社会主义现代化征程的时序安排，那么，“两个大局”，就是从空间维角度，对疆域广袤的中国如何实现社会主义现代化，就宏观经济布局和区域经济关联的战略进行部署。

从“六五”计划起，国家计划（规划）中开始专门列出有关区域经济发展的篇章，《六五计划》（1981—1985 年）按沿海、内陆和少数民族地区 3 类，分别指出其发展的方向与重点，《七五计划》（1986—1990 年）改按东、中、西三大经济地带的“三分法”，一直沿用到“十五”计划（2001—2005 年）。

按照“两个大局”，加快沿海地区对外开放，以开放促发展、促改革的战略构想，从 20 世纪 80 年初开始，先从深圳、珠海、汕头和厦门设立经济特区起步；继而，进一步开放了大连、天津、上海、宁波、广州直至北海市等 14 个港口城市，在对外开放方面，比照执行经济特区的某些政策；随后又陆续将珠江三角洲、长江三角洲、厦（门）泉（州）漳（州）闽东南地区、辽东半岛和山东半岛辟为沿海经济开放区，海南设省建经济特区，直至 90 年代初加快浦东新区的开发与开放，并首先在这些城市/地区，建立国家级经济技术开发区、高新技术开发区、出口加工区和保税区等，随后逐步推向中、西部地区；上述功能区，既是改革的先行先试的“试验田”，又是承接国际产业转移的平台，更是高新技术产业化的基地，用较短的时间，在投资环境、体制机制和人才诸方面，形成优势，在“点”上构建起产业集聚的高地，新技术的战略支点，对“面”（区域）上发挥示范、辐射和带动效应。这样，通过点—线—面的结合，在东部沿海地区，构筑起对外开放的前沿地带，依托区位和侨乡等优势，加快引进国外的资金、技术、人才和管理经验，有效地发挥了对外开放的门户与窗口作用；率先改革、率先开放，尽快融入国际经济的大循环，抢先抓住了第二次世界大战后世界第三次产业转移的历史机遇，通过多途径、多方式的承接，使东莞、昆山、江阴等一大批昔日的农村，用十余年时间，迅速成长为工业基地、经济重镇，吸纳了数以千万计的内地农村富裕劳动力就业，逐步扩大出口，从轻纺消费品起步，到机电产品直至成套设备，换回当时国家紧缺的外汇，引进先进技术与装备。珠三角、长三角和环渤海湾地区，成为拉动整个国民经济快速前行的“三驾马车”，带动了广大中西部地区的发展和沿（长）江、沿（陆地）边（境）与内陆省会城市的对外开放，使全方位、多层次、宽领域的对外开放格局在梯次推进中于“八五”期间（1991—1995 年）形成。对内对外开放，结束了地区经济社会生活长期的封闭沉闷，“敢为人先”，“时间就是金钱，效率就是生命”只争朝夕的竞争意识，从深圳蛇口等开放窗口，吹向神州大地；改革，使地区、使各级地方政府在国家统一政策下，拥有自主发展的职权与职责，一改以往像算盘珠一举一动都等待上级指令的拨动，地区经济活力迸发而出，中华大地呈现一派百舸争流、千帆竞发之势。

20 世纪 80 年代，内地经济亦有较快发展，特别是中、西部众多能源、原材料基地，对支持东部沿海地区加快发展和整个国民经济的运转发挥了重要作用。但终因区位、自然和历史基础条件与沿海地区的差距，通过经济体制转轨和差别政策的双重放大，到 90 年代初期、东、中、西部地区的发展差距、城乡居民收入差距都有所扩大。面对寻求加快缩小我国与发达国家差距捷径伴生的国内社会成本显现之时，邓小平在 1992 年的南方谈话中，着重论述了“什么时候”、“在什么基础上”由第一个大局过渡到第二个大局，对前一个问题他明确指出：“太早这样办也不行，现在不能削弱发达地区的活力”、“可以设想，在本世纪末达到小康水平的时候就要突出地提出和解决这个问题”；对后一个问题的回答是：“到（第二大局）那个时候，发达地区要继续发展，并通过多交利税和技术转让等方式大力支持不发达地区”。

根据邓小平同志上述深邃思想，十四届五中全会（1995 年 9 月）在《“九五”计划和 2010 年远景目标的建议》中，将“坚持区域经济协调发展，逐步缩小地区发展差距”作为国民经济和社会发展的重要指导方针之一，并制定了相应举措。“八五”、“九五”期间（1991—2000 年），国家投入巨资改善中西部地区基础设施条件，贯通 9 省（市）的南北大通道京九铁路、连接桂滇黔三省的西南出海通道南昆铁路等相继建成运营。到世纪之交，当第一步、第二步战略目标相继提前实现，国家经济实力上到新台阶（2000 年国内生产总值接近 10 万亿，达到 99214 亿元），以江泽民同志为核心的第三代中央领导集体，及时地提出了实施西部大开发战略，作为迈向第三步战略目标的第一个重大战略决策，为 21 世纪我国经济继续快速发展从多方面拓展了新的空间。西部大开发从 2000 年起全面启动，标志着“第二个大局”拉开了帷幕。

三　走向区域经济协调、可持续发展之路

继启动西部大开发战略后，党的十六大作出了“支持东北地区等老工业基地加快调整和改造”的决策，2003 年 10 月，中共中央、国务院颁发了《关于实施东北地区等老工业基地振兴战略的若干意见》，随后还编制、公布了包括东北三省和内蒙古三市二盟[①] 145 万平方公里广袤地域的《东北地区振兴规划》。2006 年 4 月中共中央、国务院颁发了《关于促进中部地区崛起的若干意见》。党的十六届五中全会，在全面总结我国经济布局与区域经济发展的经验，特别是整合世纪之交以来，促进区域协调发展陆续推出的重大战略举措的基础上，提出了：“坚持实施推进西部大开发，振兴东北地区等老工业基地，促进中部地区崛起，鼓励东部地区率先发展，振兴东北地区等老工业基地，健全区域协调互动机制的区域发展总体战略。”从国家全局需要和不同区情出发，提出不同区域各自的定位与发展重点，实施有针对性的区域政策。从“十一五”规划开始，以四大广域政策覆盖区，取代“三分法”，即西部地区 12 省（市，区）（重庆、四川、云南、贵州、广西、西藏、陕西、甘肃、宁夏、青海、新疆和内蒙古），东北 3 省（辽宁、吉林、黑龙江），中部地区 6 省（山西、河南、湖北、湖南、安徽、江西），东部地区 10 省（市）（北京、天津、河北、山东、江苏、浙江、上海、福建、广东、海南）。在进入“十二五”规划期的前夕，国务院颁发了《全国主体功能区规划》（2010 年 12 月 21 日），主体功能区规划根据不同地理空间的资源环境承载能力，现有开发强度与发展潜力，确定相应的主体功能

① 三市二盟为呼伦贝尔市、通辽市、赤峰市，兴安盟和锡林郭勒盟。

与开发方向、规范开发秩序、控制开发强度。《规划》分国家级和省级两个层面，国家级主体功能区，按开发方式分为4类：对现有经济规模较大、人口密集、开发强度偏高、资源环境负荷过重，需通过更新再配置的城市化地区，划为优化开发区域；对资源环境承载力较强，集聚人口和大型工业条件较好、具备大规模开发的地区，划入重点开发安全区；对拥有大面积连片基本农田有较好的农业发展条件，从国家保障农产品供应安全出发以提供农产品为主体功能的农产品主产区和关系全局生态安全的重点生态功能区，划入限制高强度工业化、城镇化开发的地区；为保护自然与文化资源、珍稀动植物基因资源而设立的国家级自然保护区、风景名胜区、森林公园、地质公园和世界文化自然遗产等，划入禁止进行工业化、城镇化开发的功能区。从开发内容的视角看，优化开发和重点开发区，属于以提供工业产品和服务产品为主的城市化和工商业集聚区；限制开发区中以提供各种农产品为主的地区，属于农产品主产区；限制开发区中的其余部分和禁止开发区，则属于维护自然文化遗产，提供生态产品的重点生态功能区。

根据主体功能区的划分，结合国家交通运输网络、国家能源基地开发与输送通道布局，以及森林资源分布等，勾勒出了国家城市化、农业与作物布局和生态安全的空间战略格局。

城市化战略格局以“两横三纵”为主轴线，陇海—兰新陆桥通道和沿长江通道为“两横”；“三纵”即沿海大通道，京哈与京广、京九通道和包（头）昆（明）通道。全国21个主要城市群通过5条城市化主轴线和相应的交通运输、信息设施等实现网络连接。

农业战略布局，以“七区二十三带”为主体。东北平原、黄淮海平原、长江流域、汾渭平原、河套灌区、华南和甘肃新疆是保证国家农产品安全的7个主要农业区；与此同时，推进粮食、棉花、油料、糖料等大宗农产品，分别向最适生的区域集中，形成23个或更多的某类农产品的优势产业带，通过种养区域专业化、标准化、规模化、集约化，实现传统农业向现代农业的转型。

根据我国三级阶梯地势等自然本底，构建以“两屏”（青藏高原生态屏障、黄土高原—川滇生态屏障）“三带”（东北森林带、北方防沙带和南方丘陵山地带）以及大江大河重要水系为骨架，连同各类生态功能区组成的生态安全战略格局。

两大战略相配合，使区域经济的协调发展与国土的合理利用，人口的适当分布，经济的科学布局紧密结合；既解决区际发展的协调分工，又重视区内的协调和可持续发展。最终实现不同区域定位清晰，相互优势互补，协调联动，国土空间高效可持续利用，人与自然和谐相处，不同区域基本公共服务逐步均等化的目标。

（一）推进新一轮西部大开发

西部大开发战略实施的第一个 10 年（2000—2009 年），在中央预算内建设资金、长期建设国债资金的带动下，社会资本和区外、境外资金的进入，全社会固定资产投资年均增幅超到 20%，基础设施建设，环境生态治理取得实质性进展，青藏铁路、西气东输一线、二线、西电东送等举世瞩目的重大工程相继建成投入运营；西部地区生产总值年增长率超过 10%，特别是从 2007 年起，年增长率连续 4 年超过东部，2010 年西部地区生产总值在全国国内生产总值中的占比达到 18. 7%，比大开发前提高一个多百分点；西部人均 CDP 相当于东部地区的 45. 2%，比大开发前夕提高了两个多百分点。

进入第二个 10 年，将坚持把深入实施西部大开发战略放在区域发展总体战略优先位置，给予特殊政策支持。围绕“两个加强”（基础设施建设，生态修复和环境保护），有效利用对口帮扶与政策支持，增强自我发展能力和自主创新能力，加快资源优势向产业优势转化的步伐，建设国家能源、战略资源接续地和资源深加工基地，有序承接国内外产业转移，形成一批有竞争力的产业集聚区。将特色农业、旅游业培育成地区优势产业；强化新疆优质棉花产业带、渭河流域、河套灌区和河西走廊的优质专用小麦产业带等。

“十一五”期间，集中力量培育了成渝、关中—天水和广西北部湾 3 个核心经济区，今后在继续提升上述 3 区的同时，还将重点建设呼（和浩特）包（头）鄂（尔多斯）榆（林）、宁夏沿黄经济区（银川市和吴忠、石嘴山、中卫等）、兰州—西宁（含白银、格尔木）、天山北坡（以乌鲁木齐—

昌吉为中心，含石河子、奎屯、克拉玛依、乌苏和伊犁河谷地区）、黔中（贵阳和遵义、安顺、都匀、凯里）滇中（昆明和曲靖、玉溪、楚雄等）和藏中南地区（以拉萨为中心的藏南河谷地区）等重点开发区。同时针对青藏高原、黔滇桂喀斯特地区、黄土高原和新疆、内蒙古沙漠戈壁不同的生态问题，构建水源涵养、水土保持或防风固沙的生态功能区。

（二）全面振兴东北老工业基地

东北地区是20世纪五六十年代我国工业建设的重点，是新中国工业的摇篮，为国家发展与国家安全作出过历史性重大贡献，同时也是计划经济历史积淀最深的地区。路径依赖的消极影响，体制与结构双重老化导致国有经济比重偏高、经济市场化程度低，企业设备与技术老化，结构调整缓慢，历史包袱沉重，矿竭城衰问题突出，下岗职工多，就业和社会保障压力大，使东北地区在经济与改革开放不断深化，市场经济蓬勃发展的大势中相形见绌。为及时扭转相对衰退的“东北现象”，2003年10月5日中共中央、国务院颁发了《关于实施东北地区等老工业基地振兴战略的若干意见》。从政策、资金和项目上，给予了有针对性的支持。振兴战略从深化改革开放入手，激活了地区经济发展活力，2004年以后，东北地区经济年增长率连续多年超过10%，2009年辽吉黑三省地区生产总值已超过3万亿元，在全国国内生产总值中的占比已回升到8.4%，2009年9月国务院颁发了《关于进一步实施东北地区等老工业振兴战略的若干意见》，突出了东北地区的全面振兴。

首先，通过装备制造、原材料、汽车和农产品深加工等既有优势产业的升级，大力发展金融、物流、旅游等现代服务业，培育战略新兴产业，发展现代农业，构建稳固的国家粮食战略基地，完善东北地区的现代产业体系。在经济布局上，重点推进沈阳经济区①、辽宁沿海经济带②、长

① 沈阳经济区包括沈阳、抚顺、鞍山、本溪、辽阳、营口、阜新和铁岭8个市；2009年地区生产总值近1万亿元，约占辽宁省的2/3。

② 辽宁沿海经济带，简称“五点一线”。五点指：大连长兴岛临港工业区、营口沿海产业基地、辽西锦州湾、丹东临港产业园区、河花园口工业园区；“一线”指东起丹东、西迄绥中县，全长1443公里的滨海公路。

（春）吉（林）图（们江）经济区、哈（尔滨）齐（齐哈尔）工业走廊和牡（丹江）绥（芬河）对外开放地区的发展，深化东北亚区域合作和沿边境地区开放开发；支持资源枯竭城市与地区转型发展；抓紧大小兴安岭、长白山森林生态区和三江平原湿地生态功能区的建设，以保证可持续发展。

（三）大力促进中部地区崛起

中部6省陆地面积占全国的10.7%，人口占全国的28%，地区生产总值占全国19%左右，无论在区位、资源、产业基础和人才方面均具有一定优势，矿产资源丰富，是国家煤炭、水能和原材料的主要生产与输出基地，亦是重要的粮、棉、油生产基地，地处全国水陆交通运输网的中枢，具有承东启西、连南接北、吸引四面、辐射八方的区位优势；人口众多，人口密度高，经济总量达到相当规模，但人均水平低。2006年4月中共中央、国务院颁发了《关于促进中部地区崛起的若干意见》，提出了中部崛起的总体要求与战略定位，即努力把中部地区建设成为全国重要的粮食生产基地、能源原材料基地、现代装备制造及高新技术产为基地和综合交通运输枢纽。随着《意见》的贯彻落实，中部崛起之势已显端倪，中部6省2010年地区生产总值已超过8.5万亿元，在全国的占比达到19.7%，比“十一五”初提高于1个百分点。今后将有序承接东部地区和国际产业转移与自主创新有效结合，围绕“三基地、一枢纽”，加快中部地区现代产业体系的建设。坚持工业化、城镇化进程中，同步推进农业现代化，依托黄淮平原、长江中游、汾河平原等农业主产区，发展优质专用小麦、优质水稻、专用玉米、优质棉花、畜产品和水产品产业带。以“两横”（陇海铁路沿线、长江中游沿线）、“两纵”（京广、京九铁路沿线）为主轴线，以郑州、武汉、长沙、合肥、南昌和太原为核心，重点推进中原城市群、武汉城市圈、环长株潭城市群、合肥经济圈与皖江产业带、鄱阳湖生态经济区和太原城市群①的建

① 中原城市群以郑州为中心、洛阳为副中心，包括开封、新乡、焦作、许昌、漯河、平顶山和洛源。武汉城市圈包括武汉、黄石、鄂州、孝感、黄冈、咸宁、仙桃、潜江和天门。环长株潭城市群以长沙、株洲、湘潭为中心，包括衡阳、岳阳、益阳、常德和娄底。合肥经济圈与皖江城市带包括合肥、淮南、六安、芜湖、马鞍山、安庆、铜陵、池州、滁州和宣城。鄱阳湖生态经济区以南昌为中心，包括九江、景德镇、鹰潭、新余和抚州。太原城市群，包括太原、晋中、汾阳、临汾、忻州和长治。

设，促进人口和产业向其集聚，带动周边县域经济发展，同时推进大别山、三峡库区水土保持生态功能区和武陵山区生物多样性及水土保持生态功能区建设，遏制水土流失与生态环境恶化。

（四）积极支持东部地区率先发展

东部10省市的工业化、现代化进程，一直走在全国的前列，其面积不足全国的1/10、人口约占全国的1/3，提供了一半以上的国内生产总值（53%），在全国进出口贸易总额中占87.6%（均为2010年数据）。多年来快速发展和高投入、高消耗、重污染使东部的一些城市与地区土地、水等资源与环境容量已难负其重，近些年来受人民币升值，要素成本上扬等诸多影响，东部一些代工/贴牌生产的劳动密集型企业，举步维艰，在国际金融危机影响继续蔓延、外部环境不确定性增加的背景下，10省（市）正结合各自的省（市）情，通过提高自主创新能力，转变经济发展方式，转变外贸发展方式全面提高国际竞争力，实现率先发展，继续发挥对国民经济的引领与支撑作用，在改革开放中起到先行先试的示范作用。

京津冀、山东半岛、长江三角洲和珠江三角洲地区，作为国家层面的优化开发区，通过优化空间结构、产业结构、城镇布局和人口分布，推进区域经济一体化，构建引领全国、有全球影响力的创新区域，同时有序地向中西部和省内欠发达地区产业转移、“腾笼换鸟”。北京、上海、天津、广州等特大城市，将突出创新驱动、科技引领、突出现代服务业和高端产业发展。北京从打造“五都”（国际活动聚集之都、世界高端企业总部聚集之都、世界高端人才聚集之都、中国特色社会主义先进文化之都、和谐宜居之都）入手，朝着建成中国特色世界城市的目标前进。上海市的目标是建成具有全球资源配置能力的国际经济、金融、贸易与航运四大中心的现代化国际大都市。

河北省沿海经济隆起带、冀中南、东陇海和海峡西岸经济区[①]作为重点

① 河北省经济隆起带包括秦皇岛、唐山和沧州3市，海岸线487公里，黄骅港等三大港口为主体的港口群年吞吐量已突破5亿吨。冀中南地区以石家庄为中心，包括保定、邯郸等京广沿线地区。东陇海地区以连云港、徐州、日照为中心包括江苏省东北部和山东省东南部。海峡西岸经济区，包括福建以及浙江南部、广东东部沿海地区。

开发区，将成为东部地区的新增长极，分别建成为国家精品钢铁、高分子材料基地和现代物流中心，国家新能源、装备制造、高新技术产业基地，新亚欧大陆桥东方桥头堡和海峡西岸交流合作先行先试区与对外开放新通道。沿海各省（市）按照陆海统筹原则，发展海洋油气、海洋运输、海洋渔业和滨海旅游，培育壮大海洋生物医药、海水综合利用和海洋工程装备制造等新兴产业。同时抓紧南岭山地森林及生物多样化等生态功能区建设与江河湖泊的治理，增强可持续发展能力。

区域协调可持续发展，是建设更高水平小康社会、基本实现现代化的重要标志与任务，亦将在朝着两个宏伟目标迈进的征程中逐步实现。

（原载《工业技术经济研究》2011 年第 12 期）

第二编

经济布局和区域经济战略与政策

“七五”和后十年经济布局与区域经济*

一 生产力合理布局的意义

我国是一个人口众多、幅员辽阔的大国，各地区自然资源、自然条件、社会文化条件与现有经济发展水平等方面的差异都很大，生产力布局合理与否，是一个具有多方面影响的重大问题。

合理布局生产力，有利于充分有效地利用全国各地的自然资源、经济资源和劳动力资源，发挥我国疆域辽阔、人口众多、资源比较丰富的优势，调动各级地方和广大群众建设社会主义的积极性，加快社会主义现代化建设的步伐；合理布局生产力，通过使工业生产部门同时或分别接近原料、燃料动力产地，消费市场和交通枢纽，以尽量减少原燃料运输、产品加工直至成品到达市场的各个阶段的劳动耗费；通过使农业布局更好地适应当地自然条件与市场需要，通过国民经济各部门最佳的地域组合，能有力地促进社会劳动生产率和生产建设经济效益的提高，更好地满足全国各地人民的消费需求；合理布局生产力，有利于保护环境和生态的动态平衡，为保障城乡居民生活环境的质量，为保护国民经济当前与长远发展的自然物质基础作出贡献；合理布局生产力，有利于少数民族地区和其他经济落后地区经济和文化、教育、科技事业的发展，逐步缩小和最终消除历史上遗留下来的各民族经济、文化事实上的不平等，为巩固、加强全国各民族的大团结作出贡献；合理布局生产力，有利于战略防御体系的建立和国防安全的巩固，减少帝国主义等敌对势力对我国发动突然袭击时的损失，支持

* 报告原名为《“七五”和后十年中国生产力布局研究》，写作背景请参见《区域经济研究30年》。

反侵略自卫战争胜利的进行。所以，合理的生产力布局涉及经济、政治、国防、社会和环境生态等多方面，是具有长远意义和全局性质的战略问题。

经过30多年的实践，对于布局合理百年受益、布局不当百年受害的道理，已为越来越多的人们所认识；同时，我们也深切体会到，一个国家疆域越大，各地区自然、经济、社会文化条件差异越大，生产力布局问题的复杂程度也越高，对于从本国国情出发，从理论与实际相结合的角度研究生产力布局问题的需求也越迫切，重要性也越大。

二　生产力布局的原则

认清我国生产力布局的态势和特点，分析制约生产力布局的客观因素，掌握生产力布局的客观规律，正确确定生产力布局的原则，是研究生产力布局战略的前提。

经过30多年的建设与调整，旧中国遗留下来的生产力畸形布局有了极大改变，生产力的战略布局已经展开，但地区经济发展不平衡的状况仍显著存在。经济发达的省（市）和经济不发达的省（自治区），按人均工业产值、人均工农业产值等指标计算，相差少则几倍，多则三五十倍。现有生产力布局总的态势，从地区经济技术发展水平看，客观上存在着东、中、西三大经济地带；按人均工农业产值计算，三个地带的比率大约是1∶0.52∶0.50；按人均工业产值计算，比率大约为1∶0.45∶0.25；生产建设的经济效益水平也呈现地带性差异。从生产力发展的条件和要素分析，就现有固定资产、基础设施和智力、技术、经营管理与信息等软资源看，大体是东高西低，由东而西依次递减；就矿藏、水力、土地等自然资源看，大体是西丰东贫，由东而西依次递增；呈现两个反向梯度。从点、面关系看，320多个城市拥有全国工业固定资产的2/3提供了3/4以上的工业总产值和4/5的财政收入；以每一城市为圆心，周围地区的经济发展水平，大体与交通运输地理距离的远近成比例地递减；城市分布的密度，与三个地带的客观分布相对应，亦是由东而西，渐次递减；城市和城市周围地区经济发展水平的差幅，北方大于南方，西部甚于东部。基于上述基础，围绕在提高经济效益的前提下本世纪末工农业年总产值翻两番，人民生活达到小康水平，下世纪中叶达到世界发达国家水平的总战略目标的实现。在今后生产力布局中应考虑下述原则：

（一）承认和自觉运用地区经济发展不平衡的客观规律

均衡配置大工业，缩小各地区经济发展水平的差距，在多民族的社会主义国家，大力扶持少数民族发展经济文化建设，消除历史遗留下来的各民族经济、文化事实上的不平等，都是社会主义阶段的历史任务。问题是，在我们这个人口众多、疆域辽阔、各地区原有基础很不平衡而家底又薄的大国，如何完成上述历史任务和实现上述目标。一种做法是，不考虑国家财力、物力的可能和各地区原有基础和自然、经济条件的差别，从现在起就将工业均衡配置，企望各地区经济一样快地搞上去，同一个时候一起富起来，在措施上平均使用财力、物力，不采取重点推进，其结果必将事与愿违，弄得谁也上不去，谁也上不快，到头来延误了整个国民经济的发展。另一种做法是，每个时期从影响国民经济发展的关键资源、关键产业和关键因素出发，将国家有限的财力、物力优先放在对解决全局发展的关键资源、关键产业和关键因素见效最快、效益最高的地区，保证这些重点地区先走一步，同时把重点地区的发展和其他地区的开发有效地结合起来，充分利用三个地带和点、面之间两个梯度差的经济势能，使"效益和平等"两方面得以兼顾。

30多年来，我国生产力布局正反两方面的经验都证明，通过每个时期有重点的、不平衡的发展，从短时间看，可能扩大地区间经济发展水平的差距；从长时期看，它既可以保证整个国民经济较快的发展，又能切实有效地逐步缩小地区之间经济发展水平的差距。纵观其他国家生产力布局演变的历程，实际上也是走着这种由不平衡到逐步平衡的相辅相成的道路。如美国最早的制造业产生集中于东北部的新英格兰六州，以后扩展到中部大西洋沿岸地区，到19世纪中叶，滨湖地区才由于苏必利尔铁矿、阿巴拉契亚煤矿、宾州油田和伊利运河等水运系统的建设而逐渐崛起，而西部太平洋沿岸地带和南部地区的经济大开发，则直到第二次世界大战期间和战后才大规模展开；美国生产力布局在整个国土展开，前后经历了百年之久。日本也是先发展了一个基础雄厚的京滨地区，尔后扩展成太平洋沿岸工业带，才带动了其他地区的经济发展。苏联十月革命后，首先加强和改造了欧洲部分的莫斯科、列宁格勒和乌克兰等老工业基地，然后才逐步转向开发乌拉尔、哈萨克斯坦北部和西西伯利亚，东西伯利亚和远东地区的大规模开发直到战后60年代才真正开始。所有这些经验表明，一个国家生产力布局的均衡度和国民经济的总水平存在着正相关关系，均衡配置只可能在国民经济总水平不断提高的过程中逐步地相对实现。“均衡配置”和“合理配置”并非两个等同的概念，超越国民经济发展水平提供的可能性，企求更高的布局均衡度，往往会降低社会宏观效益。国内外的经验还表明：均衡配置的实现，必须以提高原有经济重心区作为布局向新地区展开的出发点和依托，始终把提高原有经济重心区和开发新地区两者紧密结合起来，而不是径情直遂地、不间断地搞战略布局的新展开。

（二）遵循社会劳动地域分工的客观规律，广泛开展地区分工协作，建立各具特色，发挥优势的地区工业结构和经济结构

各地区自然资源与自然条件的不同，同类资源自然丰度的地区差异，构成劳动地域分工的自然基础；各地区现有经济发展水平与特点和经济地理位置的不同、生产集中化、专业化的效益以及各地区生产诸要素的不同需求比例与价格比例，构成劳动地域分工的经济基础，最终反映为不同地区同种产品生产费用的区间差异。充分利用地区分工的绝对利益和比较利益，趋利避害、扬长避短，在各地区不同的经济优势基础之上，建立各地区的支柱产业（或称地区专业化部门），作为地区工业和经济发展的核心与重点，围绕支柱产业的产前服务、协作配套和产后深度加工、资源综合利用等发展关联产业，组成各具特色、相互依存、相互促进的高效率的地区经济综合体，破除不顾具体条件各地自成封闭体系的老框框，杜绝不必要的重复布点、重复建设，是提高整个国民经济效益的必由之路。

（三）遵循提高社会劳动生产率规律，根据各类企业、各种产品生产、流通与消费的不同特点，使工业分别或同时接近原料、能源产地、消费市场或交通枢纽

一个产品的完全劳动消耗和生产费用，除了直接生产过程中的消耗与费用外，还包括原燃料动力及其输送费用，产品到达市场和消费者的流通费用。为了提高社会劳动生产率，工业企业的布点，应保证上述三部分的总和，即完全生产费用最小。根据各种产品完全生产费用的不同构成，产品及其原料的不同自然、经济特征和工艺特点，使各种产业"按照最适合于它自己发展"的要求，优选区位，各得其所。加工过程中原料失重程度大的农产品、矿产品的初步加工企业，应尽可能就原料产地布点；原料失重度小、成品不便运输或成品规格、品种繁多、市场需求变化频繁的产品，宜就消费市场配置；大耗能工业则宜就大型水、火电站等廉价电源中心安排；技术密集型产业则以摆在工业和科技力量雄厚、协作配套条件完备的城市为宜。切忌不顾各产业、产品的差别，按照统一标准，强求一律。

（四）遵循社会主义基本经济规律和生态规律的要求，按照有利生产、方便生活、保护环境的要求，确定工业基地与城镇的适当规模

在工业布点上，防止过度集中与过于分散。社会主义生产的目的是满足人民日益增长的物质与文化需要，这就要求安排工农业项目布局时，既考虑"最适合于它自己的发展"，取得就每个项目本身考察最优的经济效果；又考虑有利于"其他生产要素的保持或发展"，计算全局的、长远的宏观经济效益。同时安排好第三产业和各种社会性基础设施与生产性基础设施的建设，适应现有城镇的合理发展方向与规模，有利于新建城镇向合理方向与规模发展，求得城镇整体协同的最佳效果。从总体看，要有利于促进全国性、地区性大、中、小经济中心的形成，通过多种运输和通信方式组成综合运输网络、信息系统和流通系统，将这些经济中心以及它们和广大农村紧密联系起来，形成渠道畅通，运转灵活的国民经济整体，以促进工农业和城乡间的相互支援和城乡差别的逐步缩小。

（五）充分考虑政治和国防安全的要求

社会主义国家生产力的布局，既要求在和平时期有利于加快国民经济的发展与人民物质文化生活水平的提高，也要求在战争时期能经受住战火的考验，有效地抵御帝国主义等敌对势力对我国发动的突然袭击，支持反侵略战争胜利地进行。这就要求生产力布局必须和国民经济战备动员计划相结合，在地区布局上处理好国防前沿地区与战略腹地的关系，重要工业与产品的生产能力要有纵深配置，要有若干个地区分散布置的同型企业；在地点布局上，防止过度集中，避免在一个工业区集中过多的重要工厂；对于多数常规武器和一般军品的生产，根据平时需要量少、战时需要量激增的特点，宜打破军民界限，做到“寓军于民”，和平时期，国防工业完成军品任务后的剩余能力，统一纳入当地民品生产系列；战时，民用工业按照战备动员计划能有条不紊地转产军品，和当地国防工业组成有机的军品生产系列。讲生产力布局要考虑国防安全，不是否定经济合理的原则，不进行经济效益的计算。首先，对不同部门、产业和企业应有不同的安全标准要求，不能一律要求“万无一失”，而不顾建设时投资和投产后运营费用增加的数额；其次，对安全标准要求高的项目，为了满足同样的安全标准，也有多种途径与可能方案，仍需进行经济效益的比较选择。

在我们这样疆域辽阔的大国，搞好生产布局需要研究、解决的问题很多，而关键在于抓住三个层次，解决好每一层次的几个中心问题。

第一个层次是安排好国民经济的宏观布局，其主要任务是：（1）正确划分经济地带和大经济区，正确选择每个时期的重点建设地区，处理好重点建设地区与非重点建设地区的关系，安排好不同时期重点建设地区的转移与衔接。（2）确定各产业部门在全国的总体布局与轮廓方向。（3）确定全国运输网络、电网系统的框架，大产业带的走向与发展。

第二个层次是安排好中观布局，其主要任务是：（1）根据不同经济地带和经济区域的现有生产力水平，针对各自的条件与特点，围绕全国经济建设总目标的实现，制定区域性的经济发展战略，确定能发挥各个地区不同优势的地区经济结构。（2）确定地区内部不同规模、不同类型的产业基地和城镇体系的布局。

第三个层次是搞好微观布局，其主要任务是：（1）安排好城镇和农村内部各项生产、生活设施和自然保护设施的布局。（2）合理选择工厂厂址，确定农村土地等资源的利用方向与作物配置。

三　正确处理三大经济地带的关系

要进行生产力布局，首先需要根据各地的自然条件、资源状况、现有生产力的水平和地区经济的内在联系，进行多层次的经济区域划分。

从“一五”计划开始，长期沿用的是将全国划分为沿海与内地两大地带。60年代初，从战备需要出发，根据各地区战略位置的不同，将全国划分为一线、二线、三线。“六五”期间在地区经济发展上，则采用沿海、内陆和少数民族三个地区。这些划分方法在当时的生产力布局中都曾起过一定作用，随着情况的变化，上述划分已不适应今后生产力地区布局的要求。为了正确反映全国各地区经济、社会和科学技术的发展，适应已经变化了的情况和发展的要求，按照地区经济发展的水平、交通运输条件、经济地理位置等方面的差别，全国可划分为东部、中部、西部三大经济地带。

东部地带：包括辽宁、河北、天津、北京、山东、江苏、上海、浙江、福建、广东、广西等11个省、市、自治区①，土地面积占全国的14.2%，人口4.2亿，占全国的41.3%，1983年工农业总产值占全国的55.1%。这一地带，除广西、福建以外，经济技术基础比较雄厚，内外交通比较发达，其他基础设施条件较好，信息比较灵通，商品经济比较发达，经营管理水平较高，经济效益较好，拥有一大批港口城市，历史上就与国外有着广泛的联系。最近几年，这个地带在对外开放方面，进展较快，为进一步发展对外经济技术交流奠定了良好的基础。但是这一地带中，有相当一部分地区资源短缺，原料燃料大部分靠外地调入，现有运输设施通过能力已经饱和，许多大中城市基础设施很不适应经济发展的要求。

中部地带：包括黑龙江、吉林、内蒙古、山西、安徽、江西、湖南、湖北、河南、陕西10个省区和四川省的川中、川东地区。土地面积占全国的34.3%，人口4.89亿，占全国的47.9%，1983年工农业总产值占全国的38.5%。这一地带能源和各种金属、非金属矿产资源相当丰富。据1983年底统计，在全国40种主要矿产资源中，这个地带的储量占全国一半以上的有煤、天然气、金、银、铜、铝土矿、铅、锌、镍、钨、硫铁矿、磷矿、铁矿等30种。目前，它是我国煤、电、化工、钢铁、有色金属等工业基地，也是能源、交通建设的重点地区。工农业、交通运输业和科学技术都有一定的基础。这个地带的发展，对于实现2000年的战略目标，有着举足

① 暂未包括台湾省。

轻重的地位。但是，这个地带的优势还没有充分发挥出来，工业布局还有不少欠合理的地方，尤其是原三线地区在布局上还有不少遗留问题，商品经济还不发达。

西部地带：包括新疆、西藏、宁夏、甘肃、青海、贵州、云南和四川西部地区，土地面积占全国的51.5%，人口占全国的10.8%，1983年工农业总产值只占全国的6.4%。这个地带部分自然资源如煤、石油、铬铁矿、镍、铝、铅、锌、钾盐、磷、汞等比较丰富，但地处青藏高原、黄土高原，生态环境欠佳，工农业基础都比较薄弱，商品经济和文化科技还不发达，人才缺乏，尤其是交通运输困难，妨碍了地区经济的开发。

从总体上着，三个地带的经济发展水平，东部沿海地带最高，中部内陆地带次之，西部边远地带再次之。相对而言，东部属发达地带，中部属发展中地带，西部则为欠发达地带。当然，这种划分也是相对的，并非东部各省都比中部各省发达，东部发达地带中也有不发达地区（如广西和浙江、福建的山区），在西部欠发达的地带中，也有较发达地区（如昆明、贵阳、兰州、乌鲁木齐等城市周围），这表明三个地带内部发展也是不平衡的。

从前述生产力布局现状出发，今后生产力的宏观布局，从战略上有两种可能的选择。

一是“地区等速发展战略或落后地区跳跃发展战略”。持这种意见的同志认为，既然我国地区经济发展很不平衡，今后在生产力布局上，就要求将建设重点更早、更多地放在内地和边疆，以保证经济不发达地区能以高于经济发达地区的速度，起码是相等的速度向前发展。

二是“地区不平衡发展的战略”。在认识、承认三大地带之间存在经济发展水平“梯度差”的基础上，因势利导，充分利用梯度差的经济势能，首先加强、改造沿海老工业基地，带动内地工业发展和边疆地区的开发，采取“东靠西移”的战略。

全面权衡上述两种宏观布局战略，可以明显看到：采取前一种战略，尽管可以较快地缩小国内发达地区与不发达地区之间的差距，但是它要求在现已展开的布局、现有生产基地的潜力和效益远未充分发挥的情况下，在生产力布局上再作一次新的展拓，它不利于“在不断提高经济效益的前提下，力争使全国工农业的年总产值翻两番”的总目标的实现；过早地将建设重点转向内地和西部地区，由于开拓性投资大，建设周期长、见效慢，不仅影响“量”的增长，而且受原有工业协作条件和科技水平诸多因素的制约，在新技术的采用和新兴产业的发展上不能不受到许多限制，这就会使我国在世界新技术革命挑战中，丧失时机，拉大与工业发达国家的差距，因而是不可取的。

所以，从国民经济全局出发，按照20年分两步走的战略步骤，在“七五”和“八五”期间，国家建设的重点宜放在下述两类地区：一是东部沿海地带；二是中部地带山西、内蒙古、豫西等大型能源基地建设地区。用十几年时间，集中力量首先把上述两类地区的工业搞上去，对加速解决制约国民经济全局发展的能源、资金和技术三大要素至关重要，是保证整个国民经济在90年代顺利进入新的经济振兴时期的关键一着。在90年代中期，中部地带将逐渐成为建设重点，除继续上述能源基地建设外，武汉—宜昌—重庆的沿江产业带（围绕三峡大电站的建设）和郑州—西安—兰州西陇海沿线产业带，将得到充实壮大，成为今后支援西部地带大规模开发的桥头堡。在进入21世纪后，建设的重点将转向西南和西北，实现党中央关于把川、云、贵和新疆、青海等西部地区建设成为我国重要工业基地和经济基地的宏伟设想。

上述国家建设布局的设想，是就国民经济总体而言，各产业部门和行业，由于情况不同，必然有所差异。如大耗能工业，从现在起建设重点就应该逐步向中部和西部能源丰裕地区转移。

国家在集中预算内财力进行重点建设的同时，在控制固定资产投资规模的前提下，放手让各地区依靠自己的财力或通过吸引区外、国外的资金，进行力所能及的建设，将有利于处理好重点建设地区与非重点建设地区的关系，也有利于不同时期重点建设地区的转移与衔接。

四 三大地带区域性的经济发展战略

我国幅员辽阔，各地情况千差万别，“这就要求我们把研究全局、通晓全局和研究局部、通晓局部密切结合起来”。在国家统一计划指导下，根据各类地区，首先是前述三大经济地带；其次是各级经济区域和行政区域的不同情况，围绕全国经济建设总目标的实现，分别制定适合各自条件与特点的区域性发展战略，是提高国民经济效益，加速四化进程的重要一环。

对于三大经济地带的发展战略，我们的意见是：

（一）改造、振兴老工业基地，加快东部沿海地带的发展

东部沿海地带是我国工业基础最雄厚，科学技术、文化教育水平较高，商品经济比较发达，历史上就与国外有广泛联系的地区。30 多年来经济有很大的发展，为国家做出了重大贡献，总的讲已经达到或接近“成熟型”经济。由于国际国内多种因素的影响，经济建设中沿海与内地的关系在过去较长期间里，都摆得不够合理，特别是忽视了运用新技术及时改造、提高老工业基地，以致在产业结构、产品结构、技术结构等多方面出现“老化”。创造条件，改造、振兴上海、辽宁等老工业基地，使其在四化中发挥更大作用，已成为关系经济建设全局的首要问题。

在改革和对外开放的新形势下，不失时机地加强东部沿海地带的经济建设，从各方面促进其迅速发展，特别是加快 4 个经济特区、14 个进一步开放的港口城市和海南岛，珠江三角洲、长江三角洲、闽南“金三角”三个经济开放区和辽东半岛、胶东半岛的发展，逐步形成北起大连港，南迄北海市的沿海产业带和对外开发的经济地带，以充分发挥其经济技术和对外经济技术合作的优势，并以此为阵地，带动中部和西部地区的开发，将对加速我国四化进程，加快缩小我国与发达国家经济技术水平的差距发挥关键作用。

沿海经济地带的发展，要按照“外引内联”的方针，走引进、改造、振兴的新路子。通过引进，采用先进技术，改造传统工业，开拓新兴产业，使老工业基地重新焕发青春。

为了与封闭的内向型经济朝内向、外向结合型经济转变相适应，沿海地带的产业结构、产品结构和原材料来源结构均需逐步进行调整，把重点放在发展技术密集型和知识密集型产业上；围绕提高产品出口竞争能力，适应国际市场需要，大力发展高、精、尖、新产品和信息，咨询等第三产业，逐步实现产业结构、产品结构的高度合理化。为了克服或避开沿海地带能源和矿产资源紧缺等不利条件，今后除特有资源和利用国外资源外，不宜再在那里摆耗能高、用料多、运量大的建设项目；对现有高耗能的企业和产品，有条件的要逐步向中部、西部能源丰裕地区转移；在部分水源不足的老工业城市，要控制高耗水型企业的发展。总之，这类地区只有在高能耗、高资源消耗、用水多和普通技术的一般产业上“有所不为”，才能在技术密集和知识密集型的新产业上“有所为”，不能片面追求产值翻番，驾轻就熟地凭借增加一般产品的数量，与内地工业相竞争，而应面向国际市场，面向新兴产业等新领域开拓前进，才能既使沿海地带的工业提高到一个新水平，又给内地工业发展腾出原料和市场，提供技术，使全国三大经济地带之间技术和经济的转移长流不断、生生不已，在螺旋形的上升和衔接中，使三大经济地带的工业发展各得其所、共同前进。

这样，沿海经济地带不仅可以在完成翻两番的宏伟任务中发挥“主攻手”的作用，在全国最先成为内外结合、工农结合、城乡渗透、开放式的、现代化的文明富庶地区；同时也能发挥“二传手”的作用，担负起引进、消化和向内地转移国外和沿海自身先进技术的任务；担负起筛选、吸收国外先进管理经验，向内地移植的任务，充分发挥沿海地带的门户与桥梁作用；成为发展各种新兴产业（微型电子计算机、大规模集成电路、遗传工程、光导纤维、精细化工等）和传统产业采用新技术进行产品更新换代的基地；成为培养和向全国输送高级技术和经营管理人才的基地；成为向全国提供咨询服务，提供先进技术、高档消费品和出口创汇的主要基地。

为了使东部沿海地带建设的效益更好，与国力相适应，要区别情况，有重点有步骤地进行，不宜同时全面铺开。

首先是重点建设 4 个经济特区和 14 个沿海开放城市与海南岛。它们大体可分为两类：

第一类是原来经济就比较发达的老工业城市。要处理好老区与开发区的关系，有的开放城市不一定搞开发区，有的开放城市即使建立开发区，也要以改造老区的现有企业，充分发挥传统产业的作用为主；“新区为老区服务，外资为内资服务”，鼓励外商到老区投资进行技术改造。至于上海、天津、广州、大连这样一些大城市，它们的发展应当考虑以它们为中心的区域性生产力布局的要求，发挥各自的优势。如上海除了成为全国和长江三角洲最大的经济中心外，还有条件在开放中逐步形成我国知识密集型工业的中心。它的发展要联系整个长江三角洲的发展来规划。其工业布局要实现“三个转移”：有的产品生产要向内地转移；协作配套产品生产向中小城市转移；占地广、能耗高、运量大、用水多的工业从铁路沿线向沿江滨海地区转移。天津要进一步发挥作为华北经济中心的作用，充分利用其对外贸易口岸的特点，进一步提高纺织、电子、机械和化工的水平，加速发展技术密集、知识密集的新兴产业，并以天津为重点逐步建立起包括冀东钢铁基地、大港石油化工基地在内的渤海湾工业区（或渤海湾经济圈）的优势产业。广州要进一步发挥我国“南大门”的作用，发展供出口的中、高档消费品和旅游事业，并随着南海油田的开发，发展石油工业，成为南方经济中心。大连的发展要以东北全区为腹地，以改造、振兴东北老工业基地为目标，以消化、吸收国外先进技术、提高出口创汇能力为宗旨，以发展造船业、运输机械、起重设备、石油化工和轻纺工业为重点，发挥地理位置和港口的优势，建成为东北对外经济联系的“窗口”。

第二类属于原有工业基础较差的开放城市。首先，建立开发区要着重做好规划工作和建设前期的准备工作，先搞好基础设施的建设，创造出良好的投资环境，由小到大，面向出口，“外引内联”，逐步形成，不宜急于求成，也不能齐头并进。

其次，要有步骤地建设好沿海开放区，即长江、珠江两个三角洲和闽南厦漳泉三角地区。“七五”和后10年这些开发区要进一步“外引内联”，发挥两个扇面的作用，一个扇面是向国际市场辐射，按出口需要发展加工工业，按加工工业需要发展农业和其他原材料生产，调整产业结构、产品结构和企业组织结构，大力发展出口，增加外汇收入。一个扇面向国内辐射，就是把国外的先进技术、设备和先进的经营管理方式，加以吸收、消化、创新，并向内地转移。工业生产着重搞好轻纺、服装、食品、机械、电子产品的更新换代和新产品开发。积极发展旅游业，改善旅游设施，开辟新的旅游线路和旅游点。适应贸—工—农发展的要求，合理调整农业生产结构，搞好农业的产前、产中、产后服务。特别是珠江三角洲和厦漳泉三角区要大力发展鲜活畜产品、水产品、水果、蔬菜、花卉以及其他名优特新热带经济作物的生产，把它们建成为重要的农产品出口基地，积极打入港澳市场，并逐步进入东南亚，进一步开拓国际市场。

在建设好上述三个经济开放区的同时，要为辽东半岛、胶东半岛的开放积极创造条件。

再次，沿海广大地区，尤其是人口密集、企业众多的地区，要从全局出发，结合本地区、本城市的特点，逐级做好规划，在布局上要互相衔接和配合，比如江苏省生产力的布局就要从上海经济区的要求出发，以上海为中心，发挥经济区的综合优势，配合上海赶超世界先进水平，用集体力量与国际对手竞争。同时，在为上海服务的过程中，发展江苏。在江苏内部，建设好长江下游的“黄金水道”，使之成为上海通往腹地，腹地出海走向世界的通道。沿着“黄金水道”两岸逐步建立起港口群带、产业群体，作为振兴并联系沿江各省经济的纽带。通过开发和建设好南通港、连云港和张家港带动苏北、苏南四个省内经济区的发展。这就可以促成大经济区—省内经济区—城市与港口三个层次相互衔接的布局。

最后，要进一步开发利用资源，特别是海岸带和海洋资源。

沿海地带虽然开发历史较早，也还有些资源尚未充分利用（如冀东铁矿、鲁南苏北煤田等），它们接近消费市场，开发利用的有利条件多、效益高、见效快，要在合理限度内适当加大开发强度。

我国大陆海岸线 18400 公里，岛屿岸线 14000 余公里，海涂面积约 3100 万亩，大陆架渔场面积 150 多万平方公里。开发海洋矿物资源和生物资源具有广阔的前景。2000 年以前，先重点开发海岸带和近海资源，在保持传统产业（如打捞、海水养殖、海水制盐、滨海旅游等）持续发展的同时，初步建立海上油气、海水综合利用等新兴产业；再进一步扩大海岸带和近海开发利用的深度和广度，有计划地围垦滩涂，整治已利用滩涂，开发海岛，发展海岸新兴产业，形成科学的开发布局，适当开辟大洋渔场、发展外海捕捞和大洋海底矿藏的试验性开发。

（二）利用资源优势，抓紧能源和原材料基地建设，调整改造现有企业，发挥中部地带“承东启西”的作用

中部地带处于全国腹地的地理位置，是三线建设期间建设资金主要投放的地区，从现有生产力水平看，经济发展处于“成长型”阶段。区内拥有丰富的能源（北煤南水）、有色金属、黑色金属和化工矿产资源。这些有利条件决定了这一地区在全国生产力布局“东靠西移”中处于“承东启西”的战略地位。在今后十几年内，宜围绕以下几个中心，进行重大的战略展开。

一是能源的开发和建设：中部地带的北部是全国煤炭资源最丰富、最集中的地区。煤炭开发的重点地区首先是以山西为中心的煤炭重化工基地；其次是黑龙江、内蒙古东部、渭北煤田和两淮煤田。

在煤炭重点开发区，要围绕煤炭的开发，使火力发电、冶金、现代煤化工等也获得较大发展。像山西这样的集中产煤区，要进一步调整工业布局和产品结构，由单纯挖煤，逐步转到煤电、化工、冶金、建材、矿山机械以及轻工产品的协调发展上来。要扩大洗精煤、成型煤和各种能源密集的载能体产品的输出比重。改变目前山西采掘工业等初级产品比重过大，原煤直接输出比重过大的不经济的现象。同时要提高山西煤炭外运能力，加快对现有铁路干线的改造和新铁路线的建设。

中部地带的南部是全国水能蕴藏最丰富、最集中的地区。今后要重点选择交通比较方便、接近电力消费地、投资较少、综合利用效益高的长江中上游支流的水电站先行建设。如湖南沅水的五强溪水电站，四川雅砻江的二滩电站（装机 300 万千瓦），四川乌江彭水电站（装机 120 万千瓦）等。在完成葛洲坝工程的同时，着手准备和开始建设三峡水利枢纽。三峡水利枢纽是长江综合开发利用的主体工程，具有显著的防洪、发电、航运等综合效益。但工程复杂，淹没损失大，投资多，工期长，是一项具有战略意义的工程。如果“七五”期间上马，预计到 90 年代中期第一台机组才能投入运转。如果三峡工程进展顺利，到 90 年代，要考虑利用三峡大量廉价季节性电能的耗电多工业的布局。如果把三峡大量季节性电能纳入电网，则还要考虑建设相当数量的火电装机容量，以适应统一电力系统的负荷需要，并在本世纪末以前形成华东、华中、西南统一电网，以充分利用三峡电能，提高水火电配合的经济效益。

二是大力开发利用本区的金属矿产与非金属矿产。重点包括江西的铜矿、钨矿，湖北的磷矿、汞和湖南的锑矿，以及山西、陕西、河南等地的铝土矿等。这些金属资源、化工资源的开发，结合利用本区大量廉价水电，将形成规模较大的几个电冶金和电化工基地。

三是发展新兴产业和改造传统产业。中部地带就整体来说技术水平不如东部沿海地带，但在某些方面则处于全国领先地位，比起西部地带更高一筹。特别是在一些中心城市拥有较强的科学技术力量，新兴产业已有一定基础。如武汉、西安、合肥、重庆、成都、哈尔滨、长春等大城市，工业基础比较雄厚，科技力量比较集中，对国外先进科学技术的吸收、消化、创新的能力较强。如武汉市拥有自然科技人员12万多人，在东湖地区40平方公里的范围内就有19所高等院校，50多个科研单位，平均每4个劳动力中就有一名大专毕业生，是国内重要的智力密集区。本世纪以内，这些城市有可能建立起新兴产业的技术经济密集小区，发展电子工业、光纤通信、计算机软件和信息处理产业，发展激光、新型材料、核工业以及生物工程等新兴产业。与此同时，要用新技术改造本区的传统产业，提高经济效益。中部地带的企业绝大多数是新中国成立后建立起来的，其中一部分是50年代重点建设时期发展的，这一部分设备已经陈旧，技术比较落后，加上经营管理水平较低，经济效益较差。为了适应新情况，中部地带除了重点发展能源、原材料工业和新兴产业，要进行新建以外，经济发展上要有一个新的战略思路，即用先进的科学技术改造现有的传统产业，搞好技术改造，组织好横向经济联系，有步骤地建立起合理的产业结构、技术结构和产品结构，发挥中部地带的经济潜力。

四是开发农牧渔业资源，建成以下几个具有全国意义的农牧渔业基地：(1) 三江平原。这是全国的商品粮基地，人均耕地多，粮豆商品率高，机械化农场多，土地后备资源集中，开发潜力大，今后要进一步建成为粮、豆、奶、肉为主，生产比较稳定的现代化综合农业基地。(2) 内蒙古北部草原。草场面积大，但产草率年变率大，畜群多但发展速度有下降趋势，要控制草场超载，改良草场，发展饲草料基地，调整畜群结构。(3) 两湖平原。地势低、水域广、光热足、农产品自给率高、潜力大，但洪涝灾害较多，本世纪末要建成高产稳定的商品粮、棉和淡水产基地。

为了迎接90年代中期建设重点向中部地区的逐步转移，当前一要充分利用本地区现有的庞大工业基础，按照“调整、改造、发挥作用”的方针，通过工业改组、联合和必要的布点调整，提高地区综合生产能力和经济效益；二要发挥本地区国防军工和科研力量集中的优势，通过军民结合和加速军用技术向民用工业的转移作为提高本区工业技术水平和经济效益的重要途径；三应鼓励区内大型军工和民用企业，把“触角”伸到沿海，在那里开设窗口取得信息，洽商业务，这既有利于充分利用这些企业的生产能力，又有利于企业的技术改造与经营管理水平的提高；四要在内地积极安排好沿海地区移出的企业和产品的生产任务，这样既可以支持沿海工业“更上一层楼”，又可以使本区工业生产能力得到充分发挥，为满足内地广大市场和支援西部地区服务。

（三）发挥现有产业优势，重点开发国家急需资源，作好大规模开发西部的前期准备

西部地带疆域广袤，资源远景可观。有很好的开发前景，但现有经济和科技文化基础薄弱，交通不便，总的讲还属于欠开发地区。本世纪末下世纪初，西部地区将进入大发展时期。80年代后期和90年代，这个地带要作好大规模开发的前期准备工作，为今后的大发展打下基础。这并不是说当前就不发展、不建设了，而是要把现阶段的必要建设同将来大发展的准备工作结合起来。从现有基础出发，重点开发国家急需的资源，发挥西部地带现有产业的优势，重点抓好以下几方面的工作：

1. 加强资源的普查和勘探工作。西部地区的资源勘探程度相当低，应该用5—10年的时间加强能源、铜、镍、铅、锌以及稀有金属和贵金属的地质勘查工作。做好区域地质调查、矿产资源普查和成矿预测，在此基础上，提供可供开发建设的矿产资源基地和大型工程建设所需的水文地质和工程地质资料。重点勘查的地区是准噶尔盆地东部和塔里木盆地北缘、阿尔泰地区和滇西。

2. 立足本地资源，重点开发国家急需而又为本地所富有的资源，例如青海的钾盐、甘肃金川镍矿及相应建设金川有色冶炼化工综合性基地；甘肃厂坝、青海锡铁山的铅锌矿，适度开发川西、滇西森林资源，建设综合性木材加工厂；扩建宁夏石咀山、石碳井等煤田，开发宁夏灵武煤田，开发利用龙羊峡、李家峡、黑山峡等黄河上游水电资源的“富矿带”；开发青海、甘肃的铝土矿资源，发展电解铝工业，建设白银铝厂、青海铝厂和宁夏青铜峡铝厂，逐步形成黄河上游能源、矿产资源开发加工区等。

3. 注重改善交通运输条件。目前西部地带交通运输条件很差，是进行大规模开发建设的重要障碍。为把全国经济发展的重点逐步向西部转移，必须加快交通运输建设的步伐。特别是要注意发展与区外联系的区际干线的建设。要考虑修建兰州至张掖间和兰州至中卫间的电化铁路，以提高兰新线东段和包兰线南段高坡地带的运输能力。建设宝鸡至中卫的铁路。着手准备将兰新线继续西进至阿拉山口，为建设新的"丝绸之路"，开发北疆创造条件。南疆铁路自库尔勒修至喀什。视新疆油田开发情况铺设乌鲁木齐至兰州的原油管道。新疆、西藏、青海等境内地广人稀，适宜发展民航运输。

4. 发挥农牧业资源的优势，发展农畜产品的生产和深加工。建设甘肃河西走廊和宁夏黄河灌区的粮食基地，在新疆地区逐步扩大长绒棉、葡萄、哈密瓜、甜菜的种植面积，相应地建设一批中小型加工企业。在青藏高原地区，大力发展高原牲畜——牦牛、羊，改良草场和牲畜品种。在西部地带建成若干细毛羊、肉羊和良种马的生产基地。输出有地方特色、重量较轻、价值较高、质量较优的农畜产品和轻工产品。

5. 重视保护环境，防止生态恶化。西部地带要大力植树种草，沙漠边缘地区，要禁止不合理的垦荒，保护好塔里木盆地的"绿色走廊"，建设好北疆防护林带，防治沙漠化。规划和建设好川西滇西的自然保护区，保护古"丝绸之路"上的古迹，发展新疆、西藏、滇西等地的旅游业。

6. 积极扩大边境贸易。逐步开放对苏联、尼泊尔、印度、缅甸、巴基斯坦等国的边境贸易，以打开国际市场，促进经济发展。

五　组织横向的基本经济区，促进"东西对话"，推进生产力的横向运动

我国呈南北走向的三大经济地带，不仅经济发展水平和经济效益有明显的差异，而且各地带的发展条件优劣互异。这些基本特点决定了在经济发展中加强"东西对话"，组织生产力横向运动，使沿海的技术优势、资金优势和内地与不发达地区的资源优势有机结合，相互取长补短的重要性。

党的十一届三中全会以来，广泛开展的跨省（市、区）经济技术协作取得的成果，国务院上海经济区、东北经济区、山西能源基地和三线建设调整改造四个规划办公室近几年在突破行政区划和部门界限，推动横向经济联系，进行地区统一规划等方面的成就，就是很好的证明。为了从生产力的形成和部署上，更加有计划地促进"东西对话"和"横向运动"，有必要在全国生产力布局总体规划中，以东西横向联系为主划分大经济区。1985年曾将全国划分为7大经济协作区（1961年华中、华南区合并后，即现在通常所说的中南、华东、东北、华北、西南和西北6个大区），20多年来的发展变化，有必要适应新的形势和任务加以调整。近期，利用已有基础形成上海、东北、山西、京津唐和西南（川、云、贵、桂和重庆）5个大经济区；远景，可以设想组成下述几个以横向为主的基本经济区：

1. 东北经济区，包括黑龙江、吉林、辽宁和内蒙古东部三盟一市（呼伦贝尔、兴安、哲里木盟和赤峰市）以沈阳为中心，以哈（尔滨）—大（连）线和（哈尔）滨—（满）洲（里）线为中轴，以大连、营口、丹东等为海岸窗口，以满洲里等为陆地窗口形成以重工业为主，以冶金、机械制造、石油、化工、木材采伐与加工等面向全国的专业化部门为核心的地区经济综合体。

2. 黄河流域经济区，包括青海、甘肃、宁夏、山西，山东、河北、北京、天津和豫北以及陕西的关中和陕北地区，内蒙古的中部和西部地区。以天津为中心，以天津、青岛、秦皇岛、石臼所、连云港等为海岸窗口，以二连浩特为陆地窗口。目前这片地区作为一个统一经济区，还有不成熟之处，开始可先按4块进行考虑：一是京津冀地区，以钢铁、石油、石油化工与海洋化工和某些高档耐用消费品为核心；二是山东地区，以能源、石油化工、纺织和棉、烟、花生、水果等经济作物为中心；三是山西、豫北和内蒙古中部地区，以能源重化工为中心；四是陕、甘、宁、青和内蒙古西部（阿拉善）地区，以能源、有色冶金、盐湖化工、畜产品加工为中心。随着交通运输网络的进一步发展，华北与西北电力网的连接和跨省（市、区）经济技术协作的加强，上述四个地区将融合成一个统一的综合经济区。

3. 长江流域经济区：包括四川、湖北、安徽、江苏、浙江、上海和陕南、豫南、赣北、赣中以及湘北、湘中、黔北。以上海为中心，以长江为纽带，以上海等长江口诸港和北仑港等杭州湾诸港为“窗口”。上述地区为形成一成熟的统一经济区，还有待进一步挖掘长江干、支流的航运潜力，加强铁路、公路、航空等交通设施的建设，和华东、华中、西南电力网的连接。开始可先按上、中、下游3块进行考虑。上游为四川和黔北地区，以军工、机械、高耗能工业为主体；中游包括湖北、豫南、陕南、赣北、赣中、湘北、湘中，以能源、钢铁、有色冶金、机械制造为中心；下游包括上海、江苏、浙江、安徽，以技术密集型特别是新兴产业和出口导向型产业为中心。

4. 南方经济区：包括云南、广西、广东、福建和湘南、赣南、黔南地区。以广州为中心，以广州、湛江、厦门等（远期还包括湄州湾）为“窗口”。上述地区要发展成为统一的经济区，有待南（宁）—昆（明）线、粤闽线的修通，和西江与南、北盘江梯级开发等条件的创立。

新疆、西藏两个民族自治区，面积广阔、条件特殊、战略地位重要。宜分别单独作为两大经济区。

上述6大经济区划分的设想，除了考虑国内外生产布局学关于经济区划的一般原则外，从我国实际出发着重注意了以下几点：

1. 经济区划和行政区划不同，一不需要也不可能严格的分疆划界，只是就当前和今后的基本经济联系，进行大体的划分；二不需要在中央和省（市、自治区）之间再增设一层行政管理机构，而是采取由参加联合、协作的各地区组成双边或多边的经济区协调委员会，按照自愿互利、平等协商的原则，协调跨省（市、区）的经济技术协作，达到突破行政区划的框架，按经济合理原则统一配置生产力。随着跨省（市、区）的经济联合体越来越多的建立。将进一步促进经济体制改革的发展，促使政企分职、各司其职的实现。届时这种协调委员会有可能发展成为准政府机构，既是参加协作的各种经济联合体选派代表组成的地区协调组织，又接受国家计划部门的委托，承担经济区范围内的综合平衡与协调任务。

2. 大经济区的地区组合，既注意到经济发展水平的差别，又注意到现有产业结构和发展条件的差异，特别是区际经济的内在联系。除新疆、西藏以外的4大经济区，每一经济区内部都包括较发达、次发达和不发达的地区，4大经济区有如4条巨龙。“龙头”在东部发达地区，“龙身”、“龙尾”在次发达和不发达地区，“龙头”将引进的先进技术、先进经营管理经验和市场、技术信息以及自产和进口的“洋货”，由东而西传递，“龙身”、“龙尾”则源源不断地向“龙头”提供丰富的能源和其他资源、初级产品等，经过“龙头”的加工增值后，进入国际市场，这样既可利用“水不平则流”的经济势能，又可发挥优势条件不一、长短正可互补的作用，使区际经济联合具有内聚力，为区际经济技术协作奠定客观基础，使改造、提高东部老工业基地和开发内地与边疆两者圆满地结合。

3. 每个大经济区的综合发展程度较高，除新疆、西藏以外的4个大经济区，都各自具有比较坚实的能源、基本原材料和农业的基础，但又不是行行俱全的封闭体，而是各具特色、互有分工，在统一的国内市场中承担各自的任务，既有广袤的腹地，又有对外贸易与经济技术交流的窗口，以与国际市场保持密切联系。如东北经济区以钢铁、石油、森工等基本原材料和机械工业为特色；黄河流域经济区以能源、重化工和大耗能工业为重点；长江流域经济区则以机械、电子、轻纺工业和各种新兴产业见长；南方经济区则侧重轻工和有色冶金等。各经济区都具有的同一行业，在产品结构上，也互有分工、各具特色。如同是冶金工业，东北经济区以大型钢材、重轨和商品矿石调出为特点；黄河流域经济区以特殊钢、重轨为特色，并以稀土金属供应全国；长江流域经济区则以薄板、特厚板、管材和各种异型材为特色，并向全国提供钒钛。

4. 每个大经济区都有一个以大城市为依托的主要经济中心和一批层次不等的次级经济中心，围绕大中经济中心，形成规模和范围不等的、由一批城镇群组成的“极核”地区，成为带动整个地区经济发展的据点。如东北经济区，有以沈阳为中心，包括、鞍山、抚顺、本溪、辽阳、大连在内的主要极核区和以哈尔滨为中心，包括齐齐哈尔、大庆，以长春为中心包括吉林市在内的次级极核地区；黄河流域经济区有以天津为中心，包括京、津、唐、秦（皇岛）在内的主要极核地区和以青岛、太原、郑州、西安、兰州为中心包括周围地区在内的次级极核地区；长江流域经济区，有以上海为中心，包括苏州、无锡、常州、杭州等在内的主要极核地区和以南京、武汉、重庆、成都、长沙为中心包括周围地区在内的次级极核地区；南方经济区，有以广州为中心包括珠江三角洲在内的主要极核地区和以厦门、南宁、贵阳、昆明及其周围地区的次级极核地区。在地区经济发展的战略步骤上，第一要抓住经济中心和极核地区，通过经济中心的辐射和“墨渍”作用，带动整个地区。对于现有经济发展程度较高的极核地区（如长江三角洲地区，京、津、唐地区，辽中辽南地区）重点在于突破行政区划的框架和条块分割、城乡分割，按照产业结构高度化的方向进行工业调整、改组，改变“大而全”、“小而全”的企业组织结构，克服低水平上的重复研制、重复建设、重复生产，充分发挥城镇群集合力的优势；对于现有经济发展程度还不高的经济中心和极核地区（如珠江三角洲、厦门市等等），重点则在逐步充实内容，提高经济实力，以提高其对地区经济发展的带动作用。

5. 大经济区的划分，充分考虑自然地理和生态系单元，使生产力布局和国土开发、整治相结合。如前述四大经济区，大体分别为黑龙江和辽河、黄河、长江及珠江流域；新疆与西藏两个经济区，也各为一自然地理单元。这样，便于对同一流域的上、中、下游的开发、利用、保护与整治，通盘考虑，统一规划，使经济效益、环境效益和社会效益三者更好地结合。

六　安排好各产业部门的布局

如果说经济地带、经济区域布局为纬，各部门、各行业布局则为经，全国生产力布局的蓝图，正是在多层次的经纬交织中编制而成。根据各部门（行业）资源、市场和现有生产基地的分布及其远景变化的预测，各部门（行业）布局调整的轮廓方向如下：

能源工业布局：能源是国民经济和人民生活的重要物质基础，安排好能源工业布局是整个经济布局的基础环节。针对我国煤炭资源分布面广，但储量主要集中在北方，石油资源主要在东北和沿海，水力资源主要在西部，现有工业和人口集中分布在东部的不平衡态势，能源工业必须兼顾资源和市场，综合考虑生产建设和运输的效益，发挥多能互补的作用。煤炭工业方面，要适当加大东部煤炭调入区（京广线以东的17个省市）的开发强度，力求就近增加煤炭供应，减少调入量；中部煤炭调出区要保持相当的开发强度，增加煤炭调出量，按照合理运输的原则，分别承担对东北、华东、京津、和湘鄂4个缺煤区的煤炭供应任务；西部新疆、甘肃、青海3省（区）作为煤炭后备开发区，主要根据本省（区）与临近省（区）的需要安排开发规模，同时为今后大规模开发作好准备。具体地说，第一，要把山西、内蒙古南部、豫西、渭北和陕西神府煤田，作为全国最大的煤炭基地来建设，以满足华东、华北和东北各缺煤省的需要；第二，继续开发鲁西南、苏北和皖北煤炭基地，就近满足华东地区的需要；第三，开发内蒙古东部煤田，增加对东北3省煤炭的供应；第四，逐步扩大黔西、滇东煤炭的开发，以补四川和两广的不足；第五，在不破坏煤矿资源的前提下，依靠群众自办或集资兴办小煤窑，就近满足地方工业和群众生产、生活的需要。在时序安排上，近期以老基地为重点，优先在新老矿区及其外围建新井，同时有计划地开发新区，作好新老矿区的衔接，为本世纪末下世纪初煤炭工业布局西移作好准备；“七五”期间以山西、内蒙古、河南、河北、黑龙江、辽宁、苏北、皖北、鲁西南以及贵州、四川11个省（区）为重点；“八五”、“九五”期间，在继续重点开发上述省（区）炭煤资源的同时，要逐步向陕西、宁夏、甘肃、云南等省区推进。这样，到20世纪末，全国可以形成27个大型煤炭基地。

电力工业布局方面：宜水火并举，逐步提高水电比重，因地制宜，各有侧重。东北、华北、华东以煤电为主；西南、西北、华中以水电为主；华东、华南和辽宁适当发展核电。电源布点上，火电方面，以矿区电站为主，重点建设山西、蒙东、关中、陕北，宁夏、两淮、兖滕、豫西、六盘水等煤电基地，同时在来煤方便的负荷中心和水陆交通枢纽建设大中型电站，前者如上海、苏南、苏北，北仑港、丹东、营口、大连、北塘、沙角；后者如沙岭子、蓟县、德州、高岭、徐州、嘉祥、鸭河口等。水电方面，重点开发黄河上游、红水河、长江上中游干支流等电站群，澜沧江中下游的梯级开发，稍后也宜提上议事日程。电力网络，除扩大现有华北、东北、华东、华中、西北、西南6个跨省电网外，新建华南电网；连接华北—西北电网，以收水、火调节之利；连接华北—东北电网，以补东北电力之不足；争取本世纪末形成全国统一电网。

近期内我国新增电量主要靠煤电，运煤发电运距长、运量大，因此很有必要围绕电力发展，通盘考虑能源交通建设，对煤井、交通运输和发电厂的建设进行统一规划，使它们在建设规模、空间布局和时间衔接上密切配合。

石油和天然气的勘探、开发以东部和东北地区为重点，加强对大庆、胜利、辽河、大港、华北等油田深部与外围的勘探。全国石油现有地质储量的90%，探明和基本控制的含油面积的60%集中在这个地区，开发基础好，临近市场，投资省、见效快。中部地区重点加强中原油田的勘探；西部地区以新疆风成城，夏子街、百口泉为重点。继续开展海上石油的对外合作勘探与开发。天然气的勘探，重点放在四川、中原、华北，陕甘宁和江苏等地区。

原材料工业布局：

钢铁工业布局：首先是改造现有10大钢铁基地（鞍山、本溪、北京、包头、武汉、上海、马鞍山、太原、天津、攀枝花）；抓紧宝钢建设；从京津唐地区钢铁工业统筹规划和全国商品矿石调度出发，制定冀东铁矿资源的合理开发利用方案；结合西南现有钢铁企业，规划攀西第二钢铁基地的建设。有选择地改造、扩大一批条件优越的中、小型钢铁企业，包括利用废钢作原料的专业炼钢厂，运用市场机制，淘汰一批无发展前途的小钢铁厂。结合改造和新建，要逐步解决一些大型企业铁—钢—坯—材能力不配套，造成的半成品长途往返运输和能源浪费问题；注意钢材品种的地区产需平衡，减少不必要的长途调运；在积极开发国内铁矿资源的同时，在沿海和沿长江地区还要充分利用进口矿石和废钢。

有色冶金工业布局：有色金属工业既是矿石资源大耗用户，又是高耗能型，有色金属材料规格品种繁多，故宜采取分散建采、选厂，大矿大开、小矿放开；集中建设冶炼厂和加工厂。冶炼基地应尽可能配置在廉价能源和资源丰富的地区，逐步向西部能源丰裕地区转移，充分利用我国水能资源和有色矿藏空间分布相吻合的优势；加工厂采取冶炼厂向前延伸搞初级产品加工和就消费市场建立精加工厂相结合的方针。“七五”和后10年重点建设山西、黄河中上游、广西平果、西南4个铝基地，西北、西南两个铅锌基地和江西、湖南、安徽铜基地、甘肃金川镍基地等。

化学工业布局：化学工业耗能大、用水多，资源综合利用的要求高。

今后应充分发挥老基地的作用，在现有基础上选择能源、水源条件好的地区搞化工企业群，重点是以下8个主要基地：（1）上海经济区，着重引进先进技术，发展精细化工，开发新型化工材料。（2）京津冀地区。（3）以大连为中心的辽宁地区。这两个地区，今后宜着重发挥海洋化工与制碱工业的优势。（4）以吉林化学工业公司为中心的吉林地区，以各种合成材料、有机化工原料和中间体为主。（5）山西、蒙南、陕西、豫西重化工基地，重点利用热电优势，发展煤炭化工，主要项目有：晋城化肥基地，乌海电石、烧碱、聚氯乙烯大型联合企业、焦油综合加工厂、30万吨甲醇装置，陕西合成氨厂、山西原平25万吨混合醇装置等。（6）四川天然气化工基地。（7）云、贵和湖北的磷矿开发与磷化工基地。（8）西北盐化工基地，包括青海钾盐资源和新疆芒硝等资源的开发利用以及山东寿光、江苏连云港、河北南堡、内蒙古兰泰4个纯碱基地。

炼油厂的布局：以改建、扩建现有企业为主，根据原油资源增加和油品市场的需要，适当增加浙江、河南、广东等地的原油加工量；适当扩大东北地区的二次加工能力，以缓解大量成品油进关对运输的压力。石油化工方面，除尽快建成在建的4套30万吨乙烯装置外，争取再分别在华南、中原、京津唐和西南新建4个石油化工基地。

建筑材料工业布局：水泥、玻璃等建材无论原料和市场分布都属“遍在型”，配置均衡度要求高一些为宜，以便产需尽可能就地平衡。我国现有建材工业布局总的看已基本展开，除宁夏、西藏外，全国各省、市、自治区都建成了大中型水泥厂，多数省、市、自治区也都拥有6机以上的玻璃厂。基于上述两方面的情况，今后在建材布局上，宜取改造、提高东部，开发中部，扶植西部，由东向西推移的战略。水泥工业近期除改造扩建一批现有企业外，新建企业主要应放在华北、西北、华东、广东等产需平衡有缺口的地区，具体包括北京、鲁南、顺昌、云浮、珠江、望都、枝城、铜陵、佳木斯、七里岗、中州、焦作等水泥厂；后10年，东部地区主要是改造、扩建老企业，增加新品种，中部地区主要是配合山西能源重化工基地和长江中、下游电力建设的需要，安排水泥厂的建设，逐步使中部地区水泥工业在全国的比重超过东部；西部地区主要是配合煤炭、石油、有色金属工业等的建设，安排水泥厂的建设，在今后十几年内，使西部地区水泥工业在全国的比重有较大的提高。玻璃工业目前多集中在沿海和中部的大城市，西北和四川的能力不足。今后东部老企业重点在提高技术、增加新品种，逐步把上海、广州、秦皇岛和沈阳建成为4个玻璃深加工和新品种的生产基地。中部在洛阳和四川建设两个玻璃深加工基地，同时积极扶植西部地区玻璃工业的发展。

机械制造工业布局：现在我国已有10万个机械工业企业，分布普遍，无论东部、中部、西部都有了不小的摊子，今后主要任务是提高技术水平和专业化协作程度，增加产品品种，提高产品质量。在布局上，要根据地区经济特点和机械工业的现有基础，以大、中城市和骨干厂为中心，突破部门、地区和军民界限，形成各具特色的机械工业系列，拿出各自的拳头产品。如以上海、无锡、南京、济南、北京、沈阳、武汉、长沙、汉中、重庆、成都、银川等为中心，形成大型机床、精密机床和数控机床制造系列；以上海、杭州、天津、大连、沈阳、石家庄、开封、武汉、长沙、兰州等为中心，形成石油化工设备和通用机械制造系列；以齐齐哈尔、沈阳、上海、天津、北京、大连、德阳、洛阳、太原、长沙等为中心，形成冶金设备和矿山设备制造系列；以哈尔滨、上海、德阳、北京等为中心，形成发电设备制造系列；以沈阳、西安为中心，形成高压输变电设备制造系列等等。

电子工业布局：要克服以往布局过散，彼此在低水平上重复研制的弊端，向企业集团化和基地化发展。集中力量首先发挥沿海地区的经济技术优势，分别在无锡—上海和北京形成南北两大集成电路的生产科研基地，同时利用现有基础，在西北安排一个生产点。在上海—南京、北京、广州形成3大电子计算机（主要是微型机）的生产科研基地；以天津、北京、上海、南京为中心，建成数字程控交换、数字微波通信、光纤通信生产线，形成通信设备生产基地；彩色电视机、收录机等民用电子产品，实行重点扶植名牌产品的发展，东部地区着重发展高档产品，打入国际市场，通过市场机制淘劣存优，使目前“遍地开花”的民用电子产品布局渐趋合理。中部和西部地带，地处深山的电子企业和研究机构一要适当向附近大、中城市调整，如四川省内的可向重庆—成都—绵阳—广元一线靠拢；贵州、山西和西北的可分别向都匀、凯里、太原和关中靠拢，以集中力量，在某类产品或元器件上形成局部优势；二要积极到沿海地区开设“窗口”，和东部、中部开展多种形式的联合、协作，发挥三线地区元器件生产能力较强的优势和一线地区近几年引进的电子产品装配生产线相结合，既可为加快实现元器件国产化作出贡献，也有利于三线企业生产能力的发挥和技术、经营管理水平的提高。

纺织工业布局：我国纺织工业的布局已充分展开，29 个省（市、区），都有了毛纺工业；除西藏以外，其他各省（市、区）也都有了棉纺工业。今后的重点是适合人民消费水平的提高，更加讲究衣着的需求，着重提高质量，增加花色、品种和扩大出口。在布局上，总的宜取大分散、小集中的格局，即在全国不要太集中，在省、市要小集中，以提高配套能力，形成能发挥地区优势的各具特色的纺织工业基地或中心。东部地区和湖北、河南、陕西等省的纺织工业老基地，主要是对老企业进行技术改造，提高水平，更好地适应国际市场的需求，提高外销比例。主要产棉的地区，在保证外调量之后有余的，可适当发展；在调入纺织品较多的川、云、贵、黑龙江、吉林、广西、福建等地，也可适当发展；少数民族和边远省、区纺织工业的发展，宜着重生产民族特需产品，不要一般化。毛纺工业布局的重点在两头，一是以进口毛为原料的沿海地区，主要面向出口，一是以国产毛为原料的毛纺厂，主要在牧区发展。新建厂要重视规模经济，棉纺厂不宜少于 3 万锭，化纤厂和印染厂规模也不宜过少，才便于提高技术、解决污染治理；织布厂和针织厂、丝绸厂规模可小点，以利于及时调整产品花色品种。

轻工业布局：轻工业门类多、行业广，布局上宜根据产品生产、消费和原料的不同特点，区别对待。加工过程中，原料失重程度大，原料不便运输的，宜就原料产地，如制糖厂、乳品厂等；产品不便运输或花色品种繁多、变化频繁的行业宜摆在消费区，如日用玻璃制品、家具、服装等；产品生产要求专业化程度高，大批量生产才经济的，主要应考虑原有生产技术基础和协作配套条件，如自行车、洗衣机、电冰箱等耐用消费品工业；为全行业配套服务，生产技术要求高的产品，如家用电器所需的关键零部件、元器件，日用化工所需的基础原料，要统一规划、集中布点；新开发的行业，多为技术密集产品，宜优先放在技术力量强、协作条件好的老工业区，取得经验后，再视情况扩大布点。东部地区和中部地区大城市的轻工业，都应着力于开发新技术、开辟新行业、研制新产品，扩大出口，提高产品的出口竞争能力；已有的成熟技术和一般日用消费品应加速向中、西部和城市周围地区转移。西部地区要利用本地的农牧产品和山货土特产，发展皮革，皮毛、地毯、制糖、水果加工、香精香料等等。

农业布局：十一届三中全会以后，农业连年全面增产，人均粮食产量1984年达到790斤，长期以来粮食紧缺的局面得到缓解，为农业和农村商品经济的发展，为农业布局和地区农业结构朝地带专业化、商品化、现代化方向调整提供了物质基础和有利条件。可以有根据地预测，在不放松粮食生产的前提下，今后农业布局变化的大趋势是：首先，在沿海的珠江三角洲、长江三角洲、闽南“金三角”、辽东半岛、胶东半岛等地区，以进入国际市场为目标，按照“贸—工—农”的方针，根据国际市场和外贸的需求，调整、安排这些地区的农业结构，建立相应的农产品加工工业，逐步形成与当地自然地理、经济地理条件相适应，各具特色的外向型农业专业化地带，向国际市场出口各种高、精、尖，稀、优、偏的鲜活农副产品。其次，各大、中城市和工矿区周围的农村，可以朝“郊区型”方向发展，既更好地为城市服务、为旅游服务，又使郊区农村先富裕起来。再次，自然条件不适宜种粮食的地区和沙地、盐地、陡坡地，有条件的要加快退耕还林、还牧的速度，逐步发展成各种林、果山货土特产和畜牧业基地；适宜不同经济作物种植的地区，将朝着专业化程度更高的经济作物专业基地的方向发展。最后，与上述地区邻近，又适于种植粮食的地区（如靠近珠江三角洲的湖南，邻近长江三角洲的苏北、江西和安徽），粮食生产进一步集中，粮食商品率将逐步提高，形成就近供应上述地区的商品粮基地。这样，在洞庭湖平原、成都平原、江汉平原、江淮平原、鄱阳湖平原、松嫩平原、三江平原将形成大型商品粮基地；在长江滨海沿河平原、江汉平原、冀中南、鲁西北、豫北平原、黄淮平原、南疆以及关中、晋西南形成大型棉花基地；在胶东、鲁中南形成花生生产基地，在洪、汝河流域及南襄盆地形成芝麻生产基地；在阴山丘陵区形成胡麻生产基地，在辽西北形成向日葵生产基地；在松嫩平原西部、吉林西部、内蒙古河套地区、新疆玛纳斯地区形成甜菜基地；在闽南、粤中沿海和琼雷地区、桂南、滇南和四川盆地南部形成甘蔗基地；在长江下游、四川盆地中部、珠江三角洲形成桑蚕基地；在辽东、胶东半岛和豫西山地形成柞蚕基地；在浙江、云南、福建、安徽等传统产地发展龙井、普洱和各种红、绿茶，形成多种名特优茶基地；继续加强西双版纳和两广、闽南的橡胶基地；继续发挥豫、鲁、滇、黔烟叶主产区的优势；根据自然条件和市场条件因地制宜发展各种果品和花卉基地。在大兴安岭两侧建立肉乳牛和细毛羊生产基地；在北疆建立细毛羊、肉用牛、羊和养马基地；在华北、西北半农半牧区和青藏高原东南部建立牛、羊肉乳生产基地；在长江流域各平原与盆地、珠江三角洲和山东、河南建立以猪禽为主的肉蛋生产基地；在大、中城市和工矿区周围广泛兴办奶牛、禽蛋蔬菜生产基地，在江河湖塘广泛发展淡水养殖基地；在沿海建立对虾、海鱼、贝珍等水养殖基地，发展海洋捕捞，在沿海港口建立相应的海洋捕捞加工基地。

交通运输网布局：在发挥铁路主干作用的同时，要充分发挥海运、内河航运、公路、民航和管道运输的作用，搞好多种运输方式相互配合，干、支线衔接的综合运输网络的布局。经过改造、新建和引水工程（南水北调），将逐步形成“十纵十横”的运网格局，保证大、小循环畅通。大循环指各经济地带、大经济区、和省（市、区）之间的运输；小循环指省（市、区）内部的运输联系了内、外循环相衔接。

纵跨南北的10条干线是：(1) 满洲里—沈阳—北京。(2) 齐齐哈尔—通辽—北京。(3) 北起鸭绿江南迄北仑河口的万里海运航线。(4) 京杭大运河。(5) 北京—天津—上海。(6) 北京—商丘—阜阳—九江—南昌—广州。(7) 北京—武汉—广州。(8) 大同—太原—洛阳—枝城—柳州—湛江。(9) 包头—西安—安康—重庆—贵阳—柳州。(10) 宝鸡—成都—昆明—睦南关。

横贯东西的10条干线是：(1) 通辽—集宁—包头。(2) 秦皇岛—北京—大同—包头—兰州。(3) 青岛—济南—德州—石家庄—朔县—中卫。(4) 石臼所—兖州—新乡—侯马—西安。(5) 连云港—郑州—宝鸡—兰州—乌鲁木齐。(6) 长江航道。(7) 南京—襄樊—安康—阳平关—兰州。(8) 上海—杭州—株洲—贵阳—昆明。(9) 厦门—龙岩—赣州—韶关—柳州—南宁—昆明。(10) 珠江、西江航道。

综合运输网的建设，重点是围绕畅通以下7个关键性运输通道，同时为本世纪末下世纪初战略布局的展开作好准备。7条关键性通道是：（1）山西能源基地外运通道，保证本世纪末能经北、中、南和东南四路外运煤炭3亿—4亿吨。（2）进出关通道，保证能满足几千万吨出关煤炭和进出关其他货运与客运的需要。（3）东部和中部地区的南北通道。（4）沿海南北通道。（5）长江及其他主要江河东西水运通道。（6）西北运输通道。（7）西南运输通道。

除以上20条纵横交错的运输干线外，在沿海地带要积极发展经济特区、14个进一步对外开放的港口城市与邻近腹地间的高速公路网，以适应对外贸易对运输时效的更高要求，也有力配合旅游事业的发展。在大西北、内蒙古、西藏等人口密度低、货源零星分散的辽阔草原地区，要大力发展地方航空事业，以加速这些地区的畜牧业等向现代化、商品化转移的步伐。

七 发展纵横交错的产业带、城镇带（网），形成生产力布局的骨骼系统

经济的发展特别是工业的发展，在空间上通常是集聚成"点"，经过"墨渍扩散"作用，由"点"到"面"；经过辐射扩散作用，连"点"成"带"结"网"；工业走廊、产业带和城镇带的出现，是社会主义生产力发展到较高水平时，空间布局的必然趋势。从保证翻两番任务的完成和更长远的发展来看，建立纵横交错的产业带，发挥它作为生产力布局骨骼系统的作用，是安排好国民经济布局的关键环节。

在建设步骤上，首先是结合沿海对外开放前沿地带的建立，发展沿海产业带，使之成为我国经济实力最雄厚、技术水平最先进，对外、对内辐射相结合的产业密集地带。我国大陆海岸线总长1.8万多公里，不同区段情况各异，根据各区段及其腹地的差异和对外进出口国别的不同，大致可分为三大区段。一是大连至连云港的北部海岸带，二是南通到宁波的东部海岸带，三是温州到北海市的东南海岸带，三者应有所分工、各具特色，在建设步骤上，也要区分轻重缓急，不宜齐头并进、一拥而上。其次是充

实、加强哈大、津浦、京广沿线产业带。再次是北同蒲—太（原）、焦（作）—枝（城）沿线产业带。

以上是就纵向产业带而言，与此同时，还应注意横向产业的发展。首先是长江沿岸产业带和珠江—西江沿岸产业带，这两条产业带分别在长江三角洲、珠江三角洲与沿海产业带交汇，既是支持沿海产业带面对太平洋，通向全世界的坚强后盾，也是沿海现有的和引进的先进技术与管理经验向内地转移的主要通道，同时也是今后支援西南和广西大规模开发的桥头堡。其次是陇海沿线和京包、包兰沿线产业带，它们分别在连云港和天津与沿海产业带交汇，是沟通北部沿海地区与大西北和内蒙古的主要通路，也是支持今后大西北开发的桥头堡。

除上述连贯数省（市、区）的全国性产业带以外，对地区级的产业带也应注意充实与加强，如山东省的胶济沿线产业带，四川省的成渝沿线和宝成线成都—广元沿线产业带等。

城镇的发展，既要防止大城市过度膨胀，又要防止中小城市过于分散，应该以水陆交通运输干线为纽带，与产业带的发展相适应，形成城镇带（网）。

东部沿海地带，以现有的四片城市密集区（辽中南、京津唐、沪宁杭和珠江三角洲）为节点，在现有或拟建的大东港、连云港、北仑港、湄州湾港、防城港，以及徐州、枣庄、商丘、清江、阜阳、蚌埠等现有城镇基础上，分别发展为大、中城市。

中部地带，一是围绕山西能源基地和红水河、黄河上游与三峡水能的开发利用，发展一批新城市；二是沿长江干流和京广线（中段）、枝柳线、陇海线、成渝线、浙赣线上的交通枢纽（如宜昌、马鞍山、当涂、芜湖、荻港、铜陵、贵池、襄樊、衡阳、怀化、洛阳、安康、鹰潭），发展壮大一批沿江城市群。

西部地带，主要是充实现有城市，同时根据资源开发和交通运输条件，相对集中地发展少量新城市。新疆重点发展乌鲁木齐、奎屯、伊宁等；青海重点发展西宁、格尔木；西藏重点发展拉萨、昌都、日喀则；边境口岸地带的城市，应加强自身建设，提高城市设施水平。

八　以城市为中心，组织开放式、网络型经济区，开展区域规划，搞好生产力的战役布局

城市化和工业化、现代化形影相伴，是近代和现代经济发展史早已证明了的客观趋势，社会主义也不例外。列宁说："城市是经济、政治和人民的精神生活的中心，是前进的主要动力。"①

过去在"左"的思想支配下，把城乡差别的消失，曲解为限制、削弱城市的发展，"城乡穷拉平"，加上按行政区划和行政建制组织经济生活，人为地限制了城市经济中心作用的发挥，造成城市分割，建设重复、流通阻塞，既影响了城市有规律地向外扩散，又使有的城市过分膨胀、臃肿，阻碍了农村商品经济的发展和小城市、小城镇的成长。

为了改变上述情况，就要以经济比较发达的城市为中心，带动周围农村，逐步形成以城市为依托的各种规模和类型的二级、三级经济区，通过区域规划，统筹安排城市大工业、街道工业和农村乡镇工业的布局，在地区经济网络中实现工业和其他经济事业的合理布局，使过去每个工厂单棋孤立布点改变为整个"棋局"的全面统筹安排。

如果说经济地带和基本经济区的划分，是为全国生产力总体的战略布局服务的，重点在安排好各大经济地带和大经济区之间的关系；那么区域规划就是前者的继续和深化，主要服务于战役布局环节。简要地说，它的任务和作用有二：一是要明确大经济区内下一层次的经济区域的经济发展方向；二是要具体解决在这个区域范围内各项工农业建设和其他生产性与非生产性建设、城镇和农村居民点的合理配置定点，以保证区域经济的各个方面、各个环节，以及经济与人口、资源、环境生态的协调发展。50年代我国在一些新工业区和新工业城市建设前期的工作中，曾经成功地运用过区域规划，取得了很好的效果。50年代末期以后，区域规划长期中断甚至被否定，近几年才逐步恢复。从当前看，有必要先抓紧以下四种类型地区的区域规划，这样既可解决当务之急，又可为今后区域规划的普遍开展

① 列宁：《关于德国各政党的最新材料》，《列宁全集》第19卷，第262页。

积累经验。

一是城镇密集区。以大城市为中心，以其基本、稳定的经济联系为半径确定区域范围，重点解决各城市之间、城乡之间的分工协作与联合，调整区域内部的生产力布局，组织市区工业向周围中、小城市和城镇的扩散、转移，控制市区规模，发展中、小城市和城镇（包括卫星城），统筹规划区内土地与水资源的合理利用和基础设施的建设、配套以及区域环境的保护与整治。实行市管县的地区，也可采用区域规划，作为统一调整新市辖区范围内工业布局和经济布局的重要方法。

二是原三线建设项目所在的地区。以大型企业和基地为中心（这些企业和基地许多不在现有大、中城市），以主要工艺技术协作为网络，重点解决综合生产能力的形成、军民结合、生活设施的配套、工农矛盾的协调和小城镇的建设与发展。

三是煤田和其他采掘、采伐工业区。可大体以矿带（或林带）和加工基地确定区域范围；以协调各系统的矛盾，合理开发、利用与保护资源，发展矿（林）产加工工业，建立新型矿区作为规划重点。

四是成组新建项目集中的地区。如大型水电站及其周围的大耗能工业，大型煤矿、火电站和建筑材料厂的建设，大型磷矿和硫酸厂、磷肥厂的建设等。通过区域规划可使各相关项目的基建前期工作统一协调进行，对保证同步建设、发挥综合效益有重要作用。

属于第一种类型的区域，包括：辽中南、京津唐、胶东、长江三角洲、闽南厦、漳、泉三角地区、成渝地区和晋中地区等。属于第二种类型的有贵州都匀—凯里地区、遵义地区、陕南地区等等。属于第三、四种类型的有：以大同为中心的晋北地区，以洛阳为中心的豫西地区，以神府、东胜、准格尔煤田开发为中心的陕北、蒙南地区、渭北地区、两淮地区，黄河上游电站群，三峡及其周围地区，红水河地区，攀西滇东六盘水地区，鲁西南兖滕地区等等。

在各地区区域规划广泛开展的基础上，就能进一步制定出全国综合性的国土规划，为全国生产力布局的长远安排，提供更加坚实的科学基础。

九 加强城镇规划及其管理，科学地安排城镇内部的生产力布局

区域规划对工农业项目配置只能具体到定点，确定工农业布点的格局，而工厂的厂址和各项建设的用地安排，则有待在城市规划中进一步落实。长期以来，经济发展计划与城市规划相脱节，老企业的改、扩建往往采取"生产（车间）挤辅助（车间），辅助（车间）挤仓库（设施）、仓库占马路"，新企业布点则"见缝插针"，造成生产区、居住区混杂，严重破坏了城市的职能分区与环境质量，也制约了城市第三产业的发展。鉴于上述教训，今后无论现有企业的技术改造和改组、联合，还是新建企业的厂址选择，都应严格按照城市总体规划分区配置、各得其所。有污染的大型企业宜按不同性质组成各种类型的工业小区；无污染的小企业可以和城市其他设施组成综合性小区；针织、服装、精密仪表等劳动密集型和技术密集型企业，可组建"工业大厦"，实现"立体布局"，这是解决城市用地紧张的一个很有前景的途径。

解决特大城市的"膨胀病"，防止现有大、中城市规模失控，除了靠城市产业结构的调整，还需要研究我国今后城市发展的方向和模式。过去采用的办法，一是不断扩大建成区；二是以母城为中心，辐射形地建立卫星城。前者给市区交通带来很大压力，延长了职工上下班的在途时间，在市区人口增加的情况下，不断"蚕食"郊区土地。增加了组织城市副食供应的困难；后者要求大量投资兴建母城与各卫星城的高标准公路，否则卫星城难以发挥"反磁力中心"的作用。看来，需探索新的出路，即在现有大、中城市之间，沿水陆交通干线，建立小城市、小城镇，从微观上看，它们是大中城市的卫星城；从宏观上看，又是某一产业带和工业走廊的组成部分，宏观与微观布局直接结合，使国家花在交通干线的投资，可以"一钱二用"一举两得。

要密切关注世界新技术革命对工业和整个经济配置格局带来的巨大影响。重视科研机构、高等和中等专业教育机构、各种技术开发中心、信息中心的合理配置，使上述设施的布局和工业布局密切配合，为今后越来越

多的企业由单纯生产型向开发、生产、经营型转变和各种类型的科研——生产联合体的发展创造条件。在智力密集的城市和地区，建立“硅谷”、“硅原”，“筑波”式的科学公园是工业发达国家促进知识密集型新兴产业建立和发展的一项重要措施，值得认真借鉴。这样的科学公园大体需要四方面的区位条件：（1）智力密集的地区，也就是科研机构、高等院校相对集中的地区。（2）环境质量好，无传统工业污染的地区。（3）完备的辅助工业条件，供电稳定，水质良好，材料、化学试剂与零部件供应方便等条件。（4）四通八达、迅速方便的运输条件，等等。从现在到2000年，我们应当采取集中力量、重点支持的方针，在沿海开放城市和内地若干大城市，选择工业基础较雄厚，科技力量较集中，便于对国外先进科技的引进、吸收、消化和创新的适当地点，经过创立和改善某些条件后，建立新兴产业的技术经济密集小区，为迎接世界技术革命的挑战作出贡献。三线建设时期，摆在内地的许多尖端国防科研和军工单位，有无可能稍作调整、就近集中，解决对外的信息联系，逐步建成某一方面的新兴产业的研制、生产基地，也是值得认真研究的。

随着乡镇工业蓬勃发展，农村工业布局已成为一个值得关注的重要问题。现在通常采取的“村村点火、处处冒烟”的遍地开花式的发展，遗患很多，有必要改变为有据点式的发展，使乡镇工业尽可能集中到小城镇和农村集镇，为此要结合农村土地利用规划和城镇发展规划，制定乡镇工业布点规划，并通过加强土地利用管理和相应的优惠政策和诱导措施以保证规划的实现。

以上对我国生产力布局战略对策的研讨和布局前景的展望，可简要概括为：三级梯度，三大地带。东靠西移，逐步展开。因地制宜，扬长避短。东西对话，横向运动。中心开花，极核先抓。墨渍扩散，辐射联系。产业走廊，纵横交错。点线面网，运转灵活。

（“七五”计划编制期间，接受国家计委地区局委托提交的研究报告，原载《经济研究参考资料》1986年第82期）

对“七五”经济布局的补充建议

“六五”期间，朝着全国经济布局合理化的方向，迈出了新的一步。东部地区通过建立经济特区、开放城市、经济开放区，首先把门户打开，把经济搞活，使建设速度大大加快，中部地区已成为全国能源建设的重点，三线企业的调整工作已着手进行；西部地区经济也有所发展，一些贫困地区群众的温饱问题得到了解决，先后摘掉了“贫困”的帽子。“六五”期间经济建设实践经验表明，为了处理好东、中、西部三个经济地带的关系，逐步实现生产力布局由东向西的推进，需要抓紧解决下述一些问题。

一　改造、振兴老工业基地，使东部地区经济“更上一层楼”

东部地区是我国工农业基础最雄厚，科学技术、文化教育最发达，生产建设的经济效益较高，商品经济比较发达，历史上就与国外有广泛联系的地区，充分利用东部地区的经济技术优势和对外经济贸易、技术交流的特殊有利条件，一段时间内，采取倾斜性的区域政策，加速东部地区的发展，是保证本世纪末战略目标实现的关键。

由于过去在较长时间里沿海和内地关系摆得不够合理，特别是忽视了及时运用新技术改造、提高老工业基地，使老工业基地在产业结构、产品结构、技术结构等多方面出现严重老化。所以振兴东部地区经济的关键在于引进、采用新技术，改造传统产业、开拓新兴产业，进行“结构改革”，逐步实现产业结构、产品结构的高度化。这一方向，直到1984年紫阳同志视察辽宁发表讲话后，才从指导方针上明确，以致在“六五”的前一段时间，东部的一些省（市）仍然主要依靠增加一般产品的数量，实现经济增长。这样既加剧了东部地区能源、原材料供需和交通运输的矛盾，也激化了东、中、西部三个经济地带之间的矛盾。

从东部地区在全国所处的地位和发展条件看，今后只有在高能耗、高资源消耗和普通技术的一般产业上“有所不为”，才能在知识技术密集型产业上“有所为”；在产品市场方面只有从“内挤”逐步转向“外挤”，才能完成国家赋予东部地区的使命，完成带动中、西部地区发展的任务，而不至于抑制中、西部的发展。为实现上述目标，从考核指标看，对东部地区应从“量”的考核，转向着重考核“质”，即不是一般地看产值的增长速度，而是着重考核它们在改造传统产业、开发新兴产业的进度，看它们出口商品进入国际市场的数量和创汇额等等。其次，要消除靠吃低价能源和原材料而高额赢利的假象，真正按“完全换算费用”（即把能源、原材料生产、流通过程中的劳动耗费和资金占用全部计算在内）计价。否则控制东部地区高能源、高资源消耗工业的发展，并逐步向中、西部能源、资源丰裕地区转移就会流于一句空话。

二　培植地区经济内在活力，加速中、西部不发达地区的发展

“六五”期间，一些原来经济不发达的地区，如安徽、新疆、内蒙古。经济发展速度和经济效益提高的速度都比较快，但还有不少经济不发达的省（自治区）经济增长和效益水平提高的速度不尽理想。关键在于不重视地区经济内在活力的培植与提高，习惯于走争投资、靠上新项目实现产值“翻番”的外延式扩大再生产的老路。在近期国家投资重点不可能很快西移的情况下，这些地区经济和发展应主要依靠：

（一）提高经营管理水平，挖掘现有企业的潜力

30 多年来国家投入西部地区的建设资金 2200 多亿元，现有工业固定资产 1317 亿元（1983 年末统计），有相当一部分大型企业的技术装备水平和职工中工程技术人员的比重不是低于而是高于东部地区。和东部比较，中、西部地区差距最大在经营管理水平。把主要注意力放在提高现有企业各方

面的素质，挖掘现有企业的潜力，这既是加速这些地区近期经济发展，也是为今后大规模开发作好前期准备的中心一环。

（二）充分发挥三线企业的作用

中、西部特别是西部地区，工业的固定资产主要集中在三线建设时期形成的大型企业（基地），特别是军工企业和国防科研单位，由于多种原因，目前设备利用率才40%左右。把“军民两张皮”、条块分割，封闭式管理下被压抑甚至窒息的能量释放出来。发挥它们设备、技术、人才雄厚的优势，带动地区经济的发展。是振兴西部地区经济最现实的启动力。军工企业除生产合适的民品外，主要应扩散技术。帮助地方现有企业进行技术改造和产品更新换代，促进城镇集体企业和乡镇企业的发展，后两者是大企业、大基地和当地农牧业联系的中介。在大企业—地方中小企业、城镇集体企业、乡镇企业—地区大农业之间建立起经济链。是畅通西部地区经济内循环的关键，是使西部地区经济从广度和深度发生显著变化的契机。

（三）重视“小资源”，多打“短平快”

西部地区从总体看，最大的优势是能源和原材料（以有色金属和化学矿藏为基础）要改变西部地区“坐在金山上过穷日子”的状况，长远看是要靠抱住能源、有色、化学矿这几个大金娃娃的，为了有力量抱起这几个大金娃娃，起步时就得从抱小金娃娃着手，重视发挥地农牧业、瓜果园艺业、山货土特产丰富的优势，在开发利用当地优势资源的基础上，把地方资金主要投向资金占用少、周转快、盈利高的“短平快”项目上，以实现“以短养长”，逐步壮大区内财力，提高自身的积累能力。

对一些最不发达地区（如西藏、青海的中、西部、南疆、滇西、黔西、川西等），应重视恢复、发展传统的手工。工商企业的发展实行以个体和集体经济为主的方针。只有经过一段时间手工业和小工业的长足发展，才能为今后大工业的发展培植起适合的经济土壤。

（四）改变资金输入方式

开发经济不发达地区，改变贫困地区的落后面貌。从外部输入一定的资金、物资、技术和人才是不可缺少的。输入的效果如何，一取决于这些地区消化、吸收外部输入转化为自身造血功能的能力；二取决于输入方式。长期以来采取的是国家无偿的财政补贴和支援“六五”期间通过各种渠道输入的资金即达几百亿元，很大一部分花在维持庞大的上层管理机构和填补亏损企业，长此以往，不仅造成资金的巨大浪费，也使一些地区的经济衰变为“越输血越贫血”单纯依赖外部输入的受体。看来需要下决心改变输入方式，可否将目前各条渠道、各种名目支援不发达地区的资金，先集中到银行（利用现有银行也可，另成立西南、西北开发银行也可），由银行对项目进行评审、择优发放，利率可比东部地区优惠。资金使用的主要方向应用于改善这些地区投资环境、经营环境。而不是填补亏损企业的亏空。

三　进一步发展地区间横向经济联系。是使东部的发展和中、西部的开发结合起来的效途径

“六五”期间，地区间横向联系加强。由过去单一的物资协作，发展到物资、技术、资金、人才、信息等多方面的协作交流，对发挥各地区的优势和相互取长补短，提高社会经济效益起到了显著作用。

我国东、中、西部三个经济地带经济技术发展的差异，蕴涵着“梯度差”的经济势能；三个地带发展条件优劣互异，东部所长，正是中、西部所短，中、西部所长，正是东部之不足。加强“东西对话”，发展地区间横向经济联系，既可利用“水不平则流”的经济势能，又可实现优势互补，是把东部地区的发展和中、西部的开发很好结合起来，加速全国经济布局合理化实现的有效途径。

目前地区向横间联系已有合作生产、合资经营、补偿贸易、来料加工、技术咨询、工程承包等多种形式，今后应鼓励东、中、西部现有企业相互参股，建立多层次的跨省（市）公司，使原来的外部间接联系，转变为一个公司内部有着共同利益的直接联系。可以设想，东部地区的一些轻纺企业，特别是生产名牌产品的厂家，如渗股到中、西部地区的同类企业，对于提高中、西地区轻纺工业的生产技术水平，将发挥显著作用。

（1986年10月撰写的内部报告）

对 90 年代经济布局与区域经济方针的建议

一

经济布局与区域经济是大国经济社会发展中的重大课题。我国疆域广袤，各地区自然、经济和社会人文条件差异大，地区经济发展很不平衡。上述国情决定了经济布局在中国的特殊重要性和复杂性。

党的十一届三中全会以来，党和政府调整了布局政策，充实了区域政策，增强了地区经济发展的活力，改善了经济布局。它集中反映在 80 年代取得的下述成就上：

（1）宏观布局政策的调整和层次逐步推进的对外开放格局，赢得了宝贵时机，使沿海地区经济率先迈上了新台阶，并通过沿海地区的示范效应、扩散效应促进和带动了内地经济的发展。

（2）国家对内地能源、矿产资源的重点开发和农业商品基地的建设，取得了显著成绩。以山西为中心的能源基地，西北、西南的有色金属和化工基地，吉林等中部省（区）的商品粮基地，广西、新疆和雷州半岛的糖料基地等，在保证国民经济的能源、原材料和农产品供应上，已经并将继续发挥越来越大的作用。

（3）宏观经济分层调控的实施，增强了地区经济的自组织能力，使绝大部分地区的区域经济活力开始得到发挥。

（4）国家对“老、少、边、穷”地区的扶持与援助政策取得了明显成效。全国 18 片贫困地区的社会经济面貌已有程度不等的改观；原来 694 个贫困县中的 484 个已甩掉了贫困的帽子。

（5）跨地区和城乡间横向经济联合的发展，冲破了地区封闭的大门，推动了要素流动和区际间的优势互补，促进了区际分工与资源的优化配置。

在取得上述成就的同时，由于新旧体制的胶着并存。既使经济布局与区域经济中老的矛盾充分显露，又出现了一系列新的矛盾和问题。

（1）宏观分层调控权贵的划分中，中央财政比例下降过多，地方在国家财政所占比例增加的同时，事权未作明确规定，削弱了国家对宏观布局的调控能力。

（2）行政性分权和各种包干制，妨碍资源优化配置，导致低水平重复建设；特别是在价高、利丰、税多，易建的加工工业方面的严重趋同；既丧失了对规模效益、地区分工利益的利用，又加剧了全局性的结构失衡。

（3）地区间严重的结构趋同，加上市场运作规制的不健全，导致区际贸易失序，争夺稀缺资源或市场封锁的种种“大战”频仍，传统一大市场招致人为分割。

（4）改革开放的分区推进，对部分地区政策优惠过多，形成“人为梯度”的不平等竞争，既加剧区际摩擦，又使区际间发展差距加速扩大，不利于社会稳定。

二

（一）指导方针与基本思路

1991 年将进入“八五”计划时期，针对前述矛盾与问题，围绕第二步战略目标的实现，是选择确定“八五”时期以至整个 90 年代经济布局与区域经济指导方针和政策的依据。

1985 年年初，着手编制“七五”计划时，我就当时生产力布局的总态势和今后（1986—2000 年）布局方针提出了概括为 64 个字的建议，即“三级梯度、三大地带，东靠西移、有序展开；因地制宜、扬长避短，东西对话、横向运动；中心开花、极核先抓，墨渍扩散、辐射联系；产业走廊、纵横交错，空间网络、运转灵活。”[①] 根据“七五”时期（1986—1990 年）实践中涌现的新经验，出现的新问题，经过充实补充在 1990 年初酝酿编制十年规划和“八五”计划纲要时，笔者就 20 世纪 90 年代以至 21 世纪初的布局方针与总框架，再次提出了如下建议，即“适度倾斜、协调发展，合理分工、各展所长，横向联合、优势互补，结构递进、动态耦合，以点带面、连点成带，产业走廊、纵横交错。”[②] 现展开论述如下：

1. 适度倾斜、协调发展。20 世纪 80 年代地区倾斜方针的实施，使一部分地区先富起来（东部沿海地带居多），同时也扩大了区际发展水平和收入水平的差距，引起了社会的广泛关注，对此褒贬不一。90 年代应否继续执行地区倾斜？看来还会倾斜，只是倾斜要适度，要有正确的基准。中国疆域辽阔，各地区经济发展水平、开发程度以至社会发育水平差距大，投资环境与经营环境优劣不一，从长远奋斗目标看，应逐步缩小这一差距，但这绝不是靠几个五年计划时期就可办到的；即使若干年后，由自然条件、区位条件造成的地区差异，也是难以完全熨平的。

为了提高国民经济效益，应使资源的投向、要素的流向，倾斜于投资环境与经营环境好、投资与经营效益高的地区；对于外资的吸引强度，也因投资环境的不同，而具有明显的地区差异。这种客观条件决定的地区倾斜，不以人的意志为转移，只能因势利导，不宜相悖而行。适度倾斜的同时，又能实现地区协调发展，关键有二：一是倾斜的基准应是客观上存在的投资与经营环境的地区差异，而不是通过政策优惠人为制造出来的地区差异。前者能促进国民经济整体效益提高；而后者则由于破坏了公平竞争原则，打乱商品经济正常运行秩序，诱发区际摩擦，导致种种连锁弊端，势必降低国民经济的整体效益。二是按照“补偿原则”，完善区域政策体系，使倾斜适度而不过度。

2. 合理分工、各展所长。中国各地区不仅经济社会发展水平不等，而

---

① 陈栋生主编：《中国产业布局研究》，经济科学出版社 1988 年版，第 36 页。“三大地带”指东部沿海、中部和西部。最初我建议将陕西、四川划入中部，“七五”计划将两省列入西部，为相互吻合，又不失本意，以后我补充建议将西部划为近西部与远西部两部分，近西部和中部采取大体相同的发展思路。（详见陈栋生主编《区域经济研究的新起点》，经济管理出版社 1991 年版，第 167 页）。

② 陈栋生：《九十年代中国经济布局的方针与走势》，《技术经济》1990 年第 5 期。

且资源禀赋（自然的、经济的、社会人文的）的种类、数量和结构有很大差异。粗线条地说，就现有固定资产、基础设施和人才、技术、经营管理与信息等软资源看，大体是东高西低，由东往西依次递减；就多数矿藏和水力、土地等自然资源看，大体是西丰东贫。从纵向看，北部地区的能源特别是煤炭资源丰富，水资源紧缺；长江以南地区则相反，水资源丰富，而煤炭资源短缺。同一资源和生产要素在各地区的不同丰度和同一地区诸种资源与要素的不同丰度，导致不同地区各种资源和要素供给比例和供应价格的绝对或相对差异，进而导致同种产品不同地区生产费用的区间差异，和同一地区不同产品（行业、部门）经济效益的差异。各个地区分别重点发展能更多、更好地利用本区供应充裕、价格低廉的资源与要素的产品（行业、部门），根据各自不同的优势，各展所长，建立不同的地区主导产业，以此作为整个区域经济发展的核心与重点。围绕主导产业的产前服务、协作配套，和产品深度加工、资源综合利用等发展关联产业，组成各具特色的高效率的地区经济综合体。通过区际商品交换与经济技术协作，以己之长、补人之短，以人之长、补己之短，破除地区自成封闭体系的传统观念，杜绝不必要的重复布点、重复建设，就可使每个地区以至全国经济建设的效益大大提高。

3. 横向联合、优势互补。广泛开展地区之间、企业之间经济技术横向联合，是促进要素流动和布局合理化的重要途径。从经济发展的条件与要素看，中国三大地带之间、点（城市）面（腹地）之间都存在优劣互异的两个反向梯度，通过横向联合，正可长短互补，形成现实优势。20 世纪 80 年代广泛开展横向经济技术协作所取得的成果，充分证明了它对冲破条块分割，实现要素优化配置有重要作用。今后对下述促进产业布局合理化有明显作用的横向联合，应从信贷、税收等方面予以优惠鼓励。抓紧制定保护跨地区投资和经济技术协作各方合法权益的法律。（1）鼓励东部地区的轻纺企业，首先是生产名优产品的企业，采用参股或组建企业集团等方式带动内地和农村的轻纺企业生产技术和产品质量的提高，使之更好地承担起满足国内市场需求，推动东部地区轻纺工业更多地朝外向型经济发展。（2）鼓励一、三线企业的横向联合，利用经济特区、开放城市等“窗口”的技术与市场信息，促使三线企业的设备、人才等潜在优势转化为现实优势。(3)鼓励东部能源紧缺地区的高耗能工业向西部能源富余地区转移。(4)鼓励发达地区和大中城市向贫困地区、不发达地区，输出资金、技术和人才，独资或联合兴办开发性产业；鼓励贫困地区和不发达地区向发达地区输出劳务。

为了从更深层次推进横向联合，相关或相邻省（市、自治区）应发展多种类型的区域一体化，就相互的地区产业政策协调，进行对话；制定区域市场的运作规制，协调各方权益，促进区域市场的发育。

4. 结构递进、动态耦合。长期历史发展的累积，使中国产业布局与区际产业结构，至今仍具有明显的垂直分工特征，即资源丰富的中部、西部和广大农村，向沿海地区和大中城市提供能源、原材料等初级产品，经后者加工后再返销上述地区。按 1985 年资料计算，东部地区消耗的煤炭、石油、电力，分别有 40%、18%、6% 来自中、西部，东部生产的轻纺产品将近 60% 供应中、西部市场。维持这种格局的直接代价是原料、能源和制成品往返运输的流通费用；而深层的后果是，既使沿海地区产业结构递进缺乏压力，又抑制了中、西部相应加工工业的发展。改变这种格局的代价是：要付出沿海地区传统产业转移或收缩的“沉没成本”，要为中、西部地区建立上述产业支付较高的开拓投资。从一定意义上讲，生产力布局战略的选择取决于对两种代价的权衡；地区间经济分工的格局，取决于“布局惯性”和“布局变异”两种反向作用力对抗的均衡点。长期闭关锁国形成的单一内循环，限制了解决这一两难问题的回旋余地。对外开放政策的提出与实施，两个市场、两类资源的出现，在人民消费水平逐步提高过程中，随着分配原则与机制的调整，国内市场需求层次梯度的拉开，特别是以往被排斥在非农业以外的亿万农民就地或异地进入非农产业的各个领域，为解决上述两难问题，拓宽了回旋余地，提供了全新的环境与机遇。可以设想，东部沿海地区和中、西部的某些大中城市，进入国际市场，利用部分国外资源，逐步增加外向型经济比重，就可以从市场、资源等方面为中、西部地区腾出发展空间。在满足城乡市场，满足富裕型、小康型和温饱型等不同需求层次上也可以有所分工，这样就可使东、中、西部在完成国家经济建设总体目标中各有侧重、各展所长，共同提高。既从每个时间断面看，使区际产业结构的关联与耦合得以保持，使社会再生产能顺畅运行；又能从动态发展上，使各类地区的产业结构，在各自原有的基础上都向前迈进一步，这是生产力布局与区域经济宏观调控的关键与难点所在。

5. 以点带面、连点成带。大机器工业出现后，生产力布局的第一个特征就是由分散转向集聚。集聚既适应了大生产广泛协作的要求，又便于共同建设、使用统一的基础设施，因而带来很大的经济集聚效益；在一定限度内，这种集聚效益是随城市规模等比例增加的。所以城市是现代经济发展的火车头，对每个区域而言，城市尽管只是一个“点”，但它是带动整个区域发展的核心。

今后十几年甚至更长时间，中国经济发展就其主要方面的实质而言，仍是从广度、深度两方面继续进行工业化，顺应经济集聚的客观规律，同步推进城市化。根据城市辐射圈的不同经济实力，相应发展大、中、小各级城市，形成有机结合、比例适当的城镇体系，这是提高宏观经济效益的重要保证。中国城市的规模与分布密度，与三大经济地带相对应，由东而西渐次递减，东部沿海地带，已形成若干城市群体，远西部的城市则大体停留在区域性中心的阶段。根据产业布局集聚与扩散规律，今后在发挥城市中心作用方面应注意：

第一，促进城市由单一工业中心向综合中心转化。过去由于否定商品经济，不仅使新中国成立后新建的城市成为单一的工业生产中心，也使许多原来具有多功能的综合性城市退化为单一的工业生产中心。工业的发展是城市作为“增长极”的实力基础，但城市作为“增长极”对周围腹地通过生产要素的聚集、扩散和转化，带动区域经济发展的功能则主要依靠贸易、金融、信息、咨询、科技、文教等第三产业。加强城市第三产业的发展，催化要素市场体系的发育，是使现有城市充分发挥“增长极”作用的关键。对于远西部、数省（市、自治区）的接壤地区和三线建设时布局过散的地区，培植功能健全的“增长极”应作为推进地区开发的关键一环。

第二，组成城镇体系，以点带面，推进城乡经济一体化、网络化。“增长极”按其规模、功能和吸引辐射范围的不同，客观上形成多层次结构。从乡镇企业和各种农业服务体系集聚而成的最基层“增长极”——集镇，到小城市、中等城市和大城市组成的城镇体系，在要素市场发育、各种人为地分割壁垒被铲除的情况下，各产业、各行业，将按其规模经济的要求、传输费用的水平（其倒数即为经济传输距离）和对不同要素的需求比例，有规律地配置在不同层次的“增长极”，这样就可以扭转目前城市国有工业和农村乡镇工业“双轨式”发展，布局上“两盘棋局”的状况，使大多数乡镇工业走出“村村点火、处处冒烟”的社区经济阶段，逐步形成贯通城乡的统一“产业链”。这样既有利于带动农村经济的发展，也有利于城市产业结构的升级和市区产业布局的调整，防止城乡工业发展中的内耗。

第三，连点成带，构建骨架。如果说大机器工业的布局，由空间上集聚成“点”起步，其进一步发展，经过“墨渍扩散”，由“点”到“面”；经过“辐射扩散”，连“点”成“带”结“网”，这是伴随经济发展，生产力布局展开的有效方式。产业带、城镇带既可进一步扩大城市的集聚效益，又可在一定范围内兼取集聚和分散的优点，避免特大城市过分膨胀的弊端。

中国疆域辽阔，现有运网密度很低（每万平方公里铁路通车里程仅55公里），近期内又难以挤出更多资金使运网密度迅速提高，工业和城市的发展，要想取得好的效益，除了依托现有和拟建的运输网络，别无他途。从更长远看，要想在我们这样的大国使生产力布局充分展开，也需要从建立纵横交错的“三沿”（沿海、沿江、沿铁路公路干线）产业带、城镇带，形成生产力布局的骨骼系统入手。

6. 产业走廊、纵横交错。产业走廊或产业带分纵向和横向，纵向产业带的建设步骤是：

第一，结合沿海对外开放前沿地带的建立、发展沿海产业带，及时把握20世纪最后一次国际资本、技术与产业转移浪潮的机遇，使之成为中国经济实力最雄厚、技术水平最先进，对外、对内辐射相结合的产业密集带；沿海产业带由于可以依靠近海运输，生产中可以部分利用海水，这对避开陆上运输紧张和水资源紧缺两个瓶颈也大有好处。

中国大陆海岸线总长1.8万多公里，不同区段情况各异，根据各区段及其腹地的差异和对外进出口国别的不同，大致可分为三大区段。一是大连至连云港的北部海岸带；二是南通到宁波的东部海岸带；三是温州到北海市的东南海岸带。北部海岸带的近腹地即环渤海湾地区，这里有丰富的煤炭、石油和铁矿资源，石油与铁矿储量分别占全国的45%和40%；全国五大油田中的四个，全国三个大型铁矿中的两个都在环渤海地区，无论当前和今后产业结构均以重制造业与原材料工业为主。其远腹地包括黄河中、上游广大地区，是中国能源与高耗能工业的主要基地。总之它内连东北、华北、西北广大腹地，面对东北亚各国，应积极参入东北亚经济圈的联合与竞争。东部海岸带的近腹地为东南沿海地区，以高新技术产业和轻制造业为主。其远腹地包括长江中、上游广大地区。东南海岸带的近腹地为华南地区，以轻制造业为主，同时也是云、贵、湘、赣等省对外开放的“窗口”，主要面向港澳和东南亚各国。

第二，充实加强哈大、京沪杭、京广沿线产业带。再次是北同蒲—太（原）、焦（作）—枝（城）沿线产业带。

随着京九（龙）铁路的建设，在京沪和京广路之间将形成又一大动脉，这将有力推动东部和中部结合部的广大经济低谷地区（如鲁西、豫东、皖西、赣南、粤东北等）的经济振兴。

以上是就纵向产业带而言。横向产业带的建设步骤是：

第一，长江沿岸产业带、珠江—西江沿岸产业带。这两条产业带分别在长江三角洲、珠江三角洲与沿海产业带交汇，既是支持沿海产业带面对太平洋通向全世界的坚强后盾，也是沿海现有和引进的先进技术与管理经验，向内地转移的主要通道，同时也是支援西南和广西开发的桥头堡。

第二，陇海—兰新沿线和京包、包兰沿线产业带，它们分别在连云港和天津与沿海产业带交汇，是沟通北部沿海地区与大西北和内蒙古的主要通路，也是支持大西北开发的桥头堡。陇海、京包和包兰产业带绝大部分和黄河产业带相重叠，黄河虽无水运之利，但其干流和沿岸地区蕴藏有丰富的能源和有色金属等矿藏。黄河上游为水电富矿带，水能资源超过2000万千瓦；黄河中游晋、陕、宁、内蒙古为中国煤炭资源蕴藏最集中的地区，20世纪80年代山西能源基地建设取得了很大成绩，90年代将继续西进，开发陕北和内蒙古东部的神府、东胜、准格尔等大煤田；黄河下游是中国重要的石油基地。可以说黄河产业带是一条以能源为基础和主干，以高耗能工业和石油化工等为主导的产业带。

上述诸产业带，不仅从东、南两面通达沿海，而且在西、北两面，与苏联、蒙古国人民共和国等周边国家相连，为“两沿”（沿海、沿陆地边境）对外全方位开放，奠定了基础。

（二）对策与措施

1. 深化改革，重构生产力布局的形成与运行机制。总的思路是，国家制定生产力布局总体目标和基本框架（规划各地带、各地区发展的主要方向与任务，国家级产业带的走向，重点开发区域和“增长极”，等等），综合运用经济手段、法律手段和必要的行政手段，调节市场，通过要素市场的经济参数，引导企业和各投资主体，围绕国家生产力布局目标，自主作出投资区位的决策。至于操作方案，当前，似可考虑采用“分层规划、竞争优选”的办法。具体地说，即根据建设项目的不同性质，区分为全国、大经济区和省（直辖市、自治区）三级，分层规划，利益兼顾，协调平衡。全国层次，主要抓跨大经济区的基础设施，资金密集度高、投资规模大的基础产业和高新技术产业，其建设内容和生产大纲，从全国一盘棋出发，统一规划；具体建设区位，依靠竞争优选。第二层次是大经济区一级，包括资金密集度比较高、规模效益明显的基础产业和生产规模比较大的制造业，按大经济区统筹规划，由省（市、自治区）联合投资，建设区位也依靠竞争优选。其他中小型建设项目，由省（市、自治区）统筹规划、投资主体自行决策，充分发挥市场存优汰劣的机制。采用分层规划，竞争优选，使计划与市场两种调节手段有机结合，可避免板块结合的弊端；同时针对建设项目的不同性质与规模，在不同层次上，采取不尽相同的结合方式，以避免“一刀切”。

2. 催化要素市场发育，让价格重新回到市场。保证各种生产要素自由地流向报酬率最高的地区，保证各产业、各投资主体能自动地选择区位成本最低的地区和地点就位，是实现资源优化配置和生产力合理布局的前提。为了创设上述的经济和社会环境，需要大力催化囊括所有生产要素的市场体系的发育。当前特别要重视在大中城市等“增长极”建立、完善市场中心，发挥它们作为区域市场中枢和全国统一市场重要支点的双重作用。除了商品市场、资金、劳务、技术、信息、房地产等要素市场外，土地、矿藏资源、水资源、环境资源等关系生产力布局形成与调节的要素也需要商品化。价格要回到市场，逐步理顺能源、初级产品和加工制成品间相对价格的严重扭曲，灵敏反映价值和供求关系的变化，在此基础上形成各地区各产业的区位成本，既向各投资主体显示系统准确的信息，也使政府生产力布局政策和布局规划的制定、修订具有可靠的基础。

市场机制对资源优化配置的作用，以统一的市场和健全的竞争规则为前提，国家有必要通过立法，禁止各级政府和主管部门，运用行政权力，封关设卡，分割或垄断国内市场，以利劳动地域分工的发展。

3. 坚持区际等价交换，促进区际分工。相互开放和平等交换，是形成合理的区域分工和地区经济结构的前提。目前，地区产业结构趋同的重要原因之一就是相对价格的严重扭曲，在价格关系理顺以前，除逐步缩小统一调拨的比例以外，还可采取以下过渡措施。目前，享受国家财政补贴的省（自治区）基本上都是以调出能源、资源等初级产品为主，可以考虑从国家对这些地区的财政补贴中划出一块，作为对调出初级产品的价格补贴，直接补给企业（全部或大部分）。这样，既不增加国家的财政支出，又可以促进该地区优势产业的发展，减少财政补贴开支中的严重浪费。

4. 建立"双坐标定位"的宏观调控系统。针对地区倾斜实施中的失误与弊病，20 世纪 80 年代中后期，一些同志曾主张以产业倾斜取代地区倾斜。事实上，任何单向控制都难以达到预期目标并带来负面效应。为了有效地发挥政策导向作用，应采取产业政策和区域政策（含布局政策，下同）相结合的"双坐标定位"，经纬交织地组成调控国民经济总体发展的网络系统。这就要求做到产业政策区域化和区域政策产业化。

产业政策区域化，是指它不仅要明确重点支持或重点控制的产业方向，而且要对各产业在全国的布局有一粗线条的总体勾勒，特别是分析各产业的优区位所在，促进各产业重心区的发展壮大。

众所周知，除地方建筑材料、日常消费品等遍在性产业和无定指向产业以外，其他产业的布局都有特定指向。根据各种产业生产工艺技术的要求和市场特点，应优选区位、各得其所，形成各自的若干重心区域。国家对重心区域实行"择优扶植"，使重心区域的产量占到同类产品全国产量的绝大部分的份额，同时运用市场竞争和兼并机制，就可以促进资源向最优区位流动聚积，充分利用规模经济，为解决长期存在重复建设、规模小、布点散、效益低等问题，找到新的出路。

区域政策产业化，是指这些政策不应仅限于笼统地指出重点支持或扶持的地区方向，而应进一步对各类地区经济发展的总体方向，特别是地区主导产业作出诱导性规定。

5. 按照补偿原则，完善区域政策体系。市场机制的引入，生产要素按照利益导向流向报酬率高的地区，在一定时期内势必拉大地区间经济发展与收入水平的差距，出现“马太效应”。为了防止区际差距扩大到引起社会振荡，需要通过充实完善区域政策体系，实现利益兼顾、协调发展，达到各类地区共同繁荣的目标。

区域政策的作用既然旨在弥补市场机制的缺陷，是为了缓解追求效率与效益过程中伴生的公平失衡，就必须首先明确区域政策构建的原则——补偿原则，即通过国家财政援助，信贷优惠等措施，使自然条件和历史基础差、区位偏僻等一类地区，得到一定程度的补偿，以减少或消除客观条件造成这类地区在市场竞争中的不利地位，使这类地区的经营主体能与其他地区企业竞争中处于相近或同一的起跑线上。这也决定了区域政策对“目标区”的投入重点在社会公共部门，以改善目标区的投资环境与经营环境为中心。

从中国当前情况看，实施区域政策的目标区主要有两类。一是老、少、边、穷地区。新中国成立以来，党和政府一贯重视扶持这类地区经济与文教事业的发展，投入了大量资金，今后应总结经验，改进投入方式，提高投入效益，把重点放在培植这类地区自身造血功能上。二是发展后劲明显衰退的老工业区。这方面迄今无论从理论与实践上，尚未引起足够的重视。老工业区 40 多年来为国家作出了巨大贡献，在统收统支的旧体制下，财政上缴比例高，一段时期甚至把折旧费也看做收入上缴了，多年矛盾累积，造成这类地区产业结构调整升级缓慢，不少老企业技术老化、设备破旧、产品竞争力下降。国家有必要设立“老工业区振兴基金”和“工业地区布局调整基金”，支持老工业区产业、技术和配置结构的全面调整，促进比较优势已经丧失的产业向原料产区或低梯度区转移，扶持这类地区高新技术产业、出口创汇产业的发展，和重点企业的技术改造。

6. 职能分解、多级调整、双向选择。社会主义国家政府的特点是：一方面它是国家政权机构，行使社会管理职能；另一方面它又是全民所有制财产的代表，行使经营职能。两种职能长期结合混同，在高度集权下，可以维持低效率的有序状态，而分权时极易出现无序状态。1958 年和 1970 年两次“体制下放”都因出现大量重复建设、布局混乱而不得不“上收”。1980 年以后实现财政“分灶吃饭”，地方利益强化，为了增加地方财政收入，竞相争上利大的项目，争夺稀缺资源，以致运用行政权力分割统一市场。这再次说明，为了通过市场实现资源和产业的有效配置，社会管理职能和经营职能必须分开，全民所有制财产的经营职能只能由企业、企业集团、投资公司等经济实体承担，各级政府作为社会管理者专司调控职能，如同裁判和运动员，绝不能一身两任。中央政府根据宏观布局目标，对各地带、各省（市、自治区）符合规定目标的产业，从税率、利率等予以优惠。不应再把地方政府作为考核产值增长速度的“载体”。地方政府可运用地方税、土地使用费等经济杠杆，对中观、微观布局调控。建设项目的地点和厂址选择，逐步推行招标投标，从而实现“地方”选择“产业（项目）”，投资主体选择“产业（项目）区位”的双向竞争择定。

（原载《中国社会科学院要报》1990 年第 38 期）

“十一五”规划与区域经济的新格局

2005年中国国内生产总值达到18.3万亿元（折合美元2.23万亿元），进出口总额1.42万亿美元，分别居世界各国的第4位和第3位。十届全国人大四次会议批准的《国民经济和社会发展第十一个五年规划纲要》（以下简称《纲要》），立足新的历史起点，勾画了走向未来的宏伟蓝图，指明了继续前进的目标与路径；《纲要》坚持“六个必须”、强调“六个立足”，充分体现了科学发展观与构建社会主义和谐社会的战略思想；提高自主创新能力、转变增长方式受到突出地强调，促进城乡区域协调发展受到特别的关注。《纲要》既准确地界定了区域协调发展的内涵与标准，进一步充实完善了区域发展总体战略，并在国家规划文件中首次提出了主体功能区域的划分和区域互动机制的构建，明确了走向东中西各展所长、良性互动，地区间公共服务与人民生活水平差距逐步收敛的区域经济协调发展新格局的目标和路径。

一 四大广域政策覆盖区

从世纪之交实施西部大开发，党的十六大提出振兴东北地区等老工业基地，2004年温总理在十届全国人大二次会议政府工作报告中明确促进中部地区崛起以后，全国逐步形成了四大广域政策覆盖区，即西部12个省市区（包括渝、川、滇、黔、桂、藏、陕、甘、宁、青、新和内蒙古）、东北3省（辽、吉、黑）、中部6省（晋、豫、鄂、湘、赣、皖）、东部10省市（京、津、冀、鲁、苏、沪、浙、闽、粤、琼）。《纲要》按四大板块的空间架构，提出了“坚持实施推进西部大开发，振兴东北地区等老工业基地，促进中部地区崛起，鼓励东部地区率先发展”的区域发展总体战略。

（一）坚持推进西部大开发

西部大开发六年来取得了明显成效，国家累计在西部新开工建设重大项目70项，总投资近1万亿元，基础设施建设迈出了实质性步伐，农村生产生活设施条件亦有所改善，环境保护与生态治理稳步推进，在巨额投资拉动下，“十五”期间西部地区生产总值年均增长10.7%，2005年达到3.33万亿元。今后，除继续加强基础设施建设和环境生态治理，将着力于资源优势向产业优势、经济优势的转化，加强清洁能源、石油、天然气、钾、磷、铝、铜、铅、锌、锰、镍、钒与稀土等优势矿产资源的集约开发与加工；充分利用西部特有的自然条件，在棉花、糖料、茶叶、烟草、花卉、果蔬、天然橡胶、林纸和各种畜禽领域，壮大重点区域，培育特色品牌，延长产业链，提高附加值，通过市场化、产业化、规模化、集约化，推进西部传统农业向现代农业的转化。在开发的空间布局上，一方面重点抓好成渝经济区、关中天水经济区、环北部湾经济区和各省会（自治区首府）城市、地区中心城市及其周边，重要资源富集区与大型水能开发区、重点口岸城镇；另一方面要关注提升县域经济和少数民族地区经济，为社会主义新农村建设，提供就近的支撑。大开发必须和对内、对外大开放紧密结合；西南、西北将分别利用中国—东盟自由贸易区建设和上海合作组织的架构与机遇，扩大对外开放，吸引东中部的优强企业，共同建设边境口岸城镇，推进与毗邻国家的商贸往来和经济技术合作。

（二）振兴东北老工业基地

东北三省是20世纪五六十年代我国工业建设的重点，是新中国工业的摇篮，为国家的发展及安全做出过历史性重大贡献；同时亦是计划经济历史积淀最深的地区。路径依赖的消极影响，体制和结构双重老化导致的诸多矛盾：国有经济比重偏高，经济市场化程度低，企业设备和技术老化，结构调整缓慢，企业办社会等历史包袱沉重，矿竭城衰问题突出，下岗职工多，就业和社会保障压力大，使东北地区经济在改革开放不断深化，市场经济蓬勃发展的大势中相形见绌。为及时扭转相对衰退的“东北现象”，2003年10月5日中共中央、国务院颁发了《关于实施东北地区等老工业基地振兴战略的若干意见》。两年多来，在国家有针对性的政策扶持下（如利用国债、专项资金支持企业的技术改造，中央财政对在东北的中央企业剥离社会职能、主辅分离、分流安置富余人员予以补助；中央财政补助做实基本养老保险个人账户；增值税由生产型转消费型改革先在东北地区部分行业试点等）。从体制、机制创新切入，发掘丰富的自然资源、巨大的存量资产、基础设施条件比较完备和科技人才优势，东北振兴跨出了扎实的步伐——如鞍钢拥有完全自主知识产权的现代化板材精品基地建成投产，显著提高了鞍钢产品的国际竞争力；大庆油田依靠自主研发的聚合物驱油等三次采油技术，累计产油超过1亿吨，同时加强深部与外围的勘探，探明了海拉尔盆地新油田和储量超千亿立方米的“庆深气田”，等等。沿着下述路径，东北将重新焕发青春，发展成为技术先进、结构合理、功能完善、特色明显、机制灵活、竞争力强的新型产业基地，成为国家经济新的重要增长极：

（1）将产业结构优化升级和国有企业改革改组改造相结合；改善国有企业股本结构，实现投资主体和产权多元化，构建有效的公司法人治理结构；营造非公有制经济发展的良好环境，鼓励外资和民营资本以并购、参股等形式参与国有企业改制和不良资产处置，大力发展混合所有制经济，推动钢铁、汽车、石化和重型装备制造等行业的战略性重组。

（2）坚持市场导向推进产业结构优化升级。能源和原材料工业方面，加大老油田的勘探力度、延缓老油田产量下降的速度；建设大型煤炭基地，促进煤电联营；引导炼油、乙烯向集约化发展，建设大型石化基地；通过钢铁企业联合重组，构建北方精品钢材基地。在装备制造业方面，重点发展数控机床、输变电设备、轨道车辆、发电设备、燃气轮机、重型机械、船舶、汽车及零部件、飞机；在电子通信设备、软件开发、生物技术和医药、航空航天等高新技术领域，择优发展、加快产业化。

（3）合理配置水、土资源，保护、利用好珍贵的黑土地资源，推进农业规模化、标准化、机械化和产业化经营，提升东北作为国家重要商品粮基地的地位；大力发展畜牧业、养殖业和农畜禽副产品的深加工，延长产业链，提高附加值。

（4）以剥离企业办社会职能为契机，推进服务业的社会化、市场化、产业化；一手发展、提升传统服务业，推进连锁经营、物流配送、电子商务等现代流通方式和业态；一手加快金融、信息和各种中介及旅游业等现代服务业的发展。这既是提高东北地区经济市场化程度的必需，更是今后扩大就业机会的主要途径。

（5）建设纵贯东北东部铁路和通达东北亚各国的接轨通道，完善东北与内蒙古东部的综合运输网，和以东北亚国际航运中心大连港为龙头的港口群建设；对内加强三省之间和三省与内蒙古东部4市盟（呼伦贝尔市、通辽市、赤峰市、兴安盟）的经济整合，扩展与东部沿海地区及港澳台的经济技术合作，对外扩展与东北亚各国的商贸往来和经济技术合作。

（三）促进中部地区崛起

中部6省面积占全国的10.7%，人口占全国的28%，地区生产总值占全国近20%，人均地区生产总值相当于全国平均值的80%，不足东部发达地区的一半。中部6省在区位、资源、产业和人才方面均具相当优势，晋豫皖三省是国家的煤炭基地，特别是山西省煤产量与调出量居各省之冠，其余5省都属农业大省，粮食占全国总产量的近30%，油料、棉花产量占全国近40%，是重要的粮棉油基地，矿产资源丰富，是国家原材料、水能的重要生产与输出基地；地处全国水陆运输网的中枢，具有承东启西、连南接北、吸引四面、辐射八方的区位优势；人口多、人口密度高、经济总量达到相当规模，但人均水平低，特别是人均社会发展指标（如每千人口的医生数量、医院床位数量等）有的比西部省区还低。中部6省地处腹心地带，国脉汇聚的战略地位，其经济社会又快又好的发展，有利于提高国家粮食和能源的保障能力，缓解资源约束，有利于扩大内需，保持经济持续增长，事关国家发展的全局和全面建设小康社会的大局，2006年2月15日和3月27日国务院和中央政治局先后召开会议，研究促进中部地区崛起工作，制定了《关于促进中部地区崛起的若干意见》，指出：全面贯彻落实科学发展观，以改革开放和科技进步为动力，着力增强自主创新能力、提升产业结构，转变增长方式、保护生态环境，促进社会和谐，以建设“五基地（粮食、能源、原材料、现代装备制造和高技术产业）”、“一枢纽（综合交通运输枢纽）”为中心，围绕下述主要任务与路径实现中部崛起：

（1）进一步完善对种粮农户的直接补贴制度，加大对农业基础设施和农村生活设施建设的财政投入，加强农业科技推广和农村劳动力的培训，实施优质粮种、畜禽良种和动植物保护、防疫等工程，推进农业产业化经营，发展各类农产品、土特产品的加工基地，提升县域经济，推进中部地区社会主义新农村建设，使中部成为国家重要的粮食基地。

（2）又通过建设资源有效利用、综合利用的新型能源基地，发展煤电联营；支持钢铁、有色、石化、化肥和建材行业，以优势企业为中心，联合重组、形成集群，发展循环经济，建设精品原材料基地；依托骨干企业，培育自主开发能力，发展高压输变电设备、石化设备、矿山开采设备、汽车及零部件，铁路机车、列车与地铁车辆、新型农业装备和数控机床等，形成具有自主创新能力的现代装备制造基地；加快发展电子信息、生物工程、现代中药与新材料等新兴产业，形成高新技术产业基地。

（3）进一步完善连接东西、纵贯南北的综合交通运输体系，提升中部地区特别是武汉、郑州、长沙的交通枢纽地位，依托武汉城市圈、中原城市群、长株潭城市群、皖江城市带、九江—南昌—赣州城市带、大同—太原—临汾城市带，推进中部地区商贸流通体系和旅游网络的建设。

（4）充分利用中国中部投资贸易博览会等平台，扩大对内对外开放，承接国际产业和东部沿海地区的产业转移，主动进入跨国公司和东部优强企业的产业链，促进中部产业与技术的升级。

（四）鼓励东部地区率先发展

东部10省市工业化、现代化进程一直走在全国前列，10省市面积不足全国1/10，人口占全国1/3，却提供了一半以上的国内生产总值（参见表1）。在经济持续快速增长的同时，经济增长方式转变相对缓慢，粗放式发展的负面效应正逐步显现。以“十五”时期为例，东部工业增加值占全国的份额由2000年的59.74%提高到2005年的61.84%，表明东部工业增长率快于全国平均值；而东部规模以上工业企业实现利润占全国同类指标的份额，却从2000年的64.07%下降到2005年的44.08%，表明东部工业在快速扩张的同时，按工业增加值计算的利润率不升反降。多年来的高投入、高消耗、重污染使东部地区一些城市与地区的土地、水……资源和环境容量已难负其重，加快转变经济增长方式，就成为东部经济继续保持快速增长、继续发挥引领国家经济发展引擎作用的必然选择；从国家战略看，东部地区经济的率先发展，一定要以“三个率先”（率先提高自主创新能力、率先实现经济结构优化升级和增长方式转变，率先完善社会主义市场经济体制）为前提和动力。东部10省市结合各自的省（市）情，落实科学发展观，从以下方面调整了今后发展的思路和推动发展的方式：

表1　1998—2004年各地区生产总值/工业总产值在全国所占份额及其演变

单位：%

地区	地区生产总值			地区工业总产值		
	1998年	2000年	2004年	1998年	2000年	2004年
东部沿海10省市	51.13	52.49	54.17	63.55	64.74	68.85
东北3省	9.99	10.02	9.27	9.03	9.79	7.77
中部6省	21.17	20.36	19.66	16.24	14.01	12.82
西部12省市区	17.71	17.13	16.99	12.19	11.44	10.56

资料来源：《中国统计年鉴》、《中国工业发展报告》相关年份数据。

（1）立足结构优化升级推动发展，由过去主要依靠工业数量扩张带动，向第三产业协调发展、提高产业层次转变，优先发展先进制造业、高新技术产业和服务业，着力发展精加工和高端产品。如北京市“十一五”提出：走高端产业发展之路，把现代服务业发展放在优先位置，大力发展高新技术产业，适度发展现代制造业，显著提升都市型现代农业。上海市围绕建成国际经济、金融、贸易、航运四中心的目标定位，按照逐步形成服务经济为主的产业格局，优先发展现代服务业和先进制造业，加快淘汰劣势产业。广东省围绕“三个转变”提高产业素质：一是经济增长由粗放型向集约型、循环型转变；二是产业结构由轻型化向高级化、重型化转变，充分发挥广东良港众多，利用进口原油、矿石等资源，建设大型石化、钢铁等基地；三是发展战略由以外源型经济为主，向内源型经济和外源型经济协调发展转变；继续发展加工贸易，着力提高产业层次与加工深度。

（2）立足增强自主创新能力，推动发展。由过去主要依靠资金、物质的高投入支持发展，转向依靠科技进步，提升人力资本、提高资源利用效率，保持持续快速发展。北京市以中关村科技园区为核心，打造中国知识创新基地，技术创新源泉和连接全球创新网络的重要节点。国庆57周年前夕，北京承担的集成电路制造的两项核心装备：100纳米刻蚀机与离子注入机通过验收，在“十一五”开局之年，结下了首都创新战略的首批硕果。上海从增强原始创新能力、构筑产学研相结合的技术创新体系、营造创新环境入手，逐步形成以知识创新为基础、技术创新为重点、体制创新为保障、中介服务为纽带的城市创新体系。广东以广州、深圳两个创新城市为龙头，构建重点产业为支撑、骨干企业引领、名牌产品带动的区域创新格局。支撑广东工业从过去以加工装配为主，向上游研发设计与下游品牌营销为主转变，从贴牌代工向拥有自主知识产权、核心技术和自主品牌转变。

（3）立足统筹协调与竞合推动发展。首先是通过东部与中西部的多种联动机制，使东部的产业升级与东部的“万商西进、万企西移”紧密结合，实现东部率先发展和东部带动中西部发展相结合。其次，扭转改革开放以来，东部沿海地区“南快北慢”，实现沿海各地区的协调发展；天津滨海新区的开发开放、以首都钢铁公司（生产环节）外迁曹妃甸港区为契机，推进河北省沿海大型重化工基地，与现代物流体系的发展，并与天津滨海新区、山东半岛一起，成为环渤海地区经济的新增长极；在两岸经济技术交流合作规模与日俱增的推动下，以福建为主体，连同周边地区的海峡西岸经济地区，正在过去长三角与珠三角之间的“凹地”上迅速崛起，连绵的滨海产业带、城镇带将如巨龙盘亘于万余公里的海岸线。再次，分别以京津、上海、广州与深圳为核心的京津冀、长江三角洲和珠江三角洲城市群，正进一步深化城市间的分工协作，完善合作协调机制，既使各城市在市场竞争中看清本市比较优势与劣势之所在，又通过协议分工、错位竞争推进竞争优势的培育和要素互补聚合，构建集成优势；以城市群为主体形态推进城镇化，率先在上述沿海地区涌现；山东半岛、福州与闽东南城市群等亦正显端倪。在城市联盟推进的同时，区域联盟亦有所发展，最引人注目的是“泛珠三角”（9+2，9指广东、广西、四川、云南、贵州、湖南、江西、福建和海南，2指香港与澳门），9+2内部巨大的区际差异和互补性的结构特征，给地区间经贸、投资和其他经济技术合作提供了广阔的空间；2004年7月召开的首届珠三角区域经贸合作洽谈会，一次就签约847项，总金额达2926亿元。

二 八类重点支持区域

区域政策贵在地区针对性，上述四大广域政策覆盖区的面积，大的数百万平方公里，小的亦近百万平方公里；这对政策的针对性与力度必然带来影响，使其更多地转到发挥宏观发展导向的功能。针对经济社会发展问题集中与突出的“空间”，《纲要》提出了八类重点支持区域，即限制开发区域，禁止开发区域、革命老区、民族地区、边疆地区、贫困地区、三峡库区和资源枯竭型城市；把对上述区域的支持纳入中央和地方政府公共财政预算安排的优先领域。如现已在阜新、辽源、伊春等资源枯竭城市试点，依靠上级财政支持，实施“衰退产业援助机制”、“接续产业培育机制”、“采矿沉陷区治理、棚户区改造”、“零就业家庭就业援助”等，并积极探索资源开发补偿机制的构建，预防其他矿业城市再陷窘境。对集中连片的贫困地区，首先区分两类：一类是具备生存条件的，采取定点帮扶、整村推进，从改善生产生活条件、开辟增收渠道入手；另一类是“一方水土养不活一方人”的生条件恶劣地区，实行易地扶贫。对民族地区，国务院颁布了《贯彻实施民族区域自治法若干问题的规定》，将逐步加大民族自治地方财政转移支付力度、设立多种专项资金、扶助民族自治地方经济社会发展；针对22个人口在10万人以下的民族，国务院专门制定了《扶持人口较少民族发展规划》；对地处陆地边境的108个县（旗）和新疆生产建设兵团的一些团（场），继续实施“兴边富民工程”。

三 四类主体功能区

为把经济社会发展切实转入全面协调可持续发展的轨道，《纲要》首次提出了对全国以至省、市、县域国土，根据其自然承载力、现有开发强度与发展潜力等因素，划分为优化开发、重点开发、限制开发和禁止开发4类不同主体功能的功能区；针对不同功能区，采用不尽相同的政绩评价体系和相应政策。

功能区划分非一般性举措，而是从人与自然和谐相处，促进经济发展与人口、资源、环境相协调，实现可持续发展出发，优化空间开发结构、规范空间开发秩序的一项带根本性的制度建设。尽管这次《纲要》从国家层面提出了22个限制开发区域、5类禁止开发区域（国家级自然保护区、世界文化自然遗产、国家重点风景名胜区、国家森林公园和国家地质公园），而在省、市、县域层面如何进行主体功能区划，科学确定各功能区的范围与边界，准确予以功能定位，以及相应的绩效评估和配套政策；如何对不同功能区编制区域规划，提高资源空间配置效率；如何使功能区划、功能区区域规划和土地利用规划、城镇体系规划、村镇建设规划、环境保护与生态建设规划，有机衔接、功能互补，还有待在实践中探索，逐步完善。

四 区际互动机制的构建

区域协调发展，除了依靠科学规划、政策支持、制度建设，还有赖于区际互动机制的构建。《纲要》提出要健全市场机制、合作机制、互助和扶持机制。

各地区要素供需平衡差异导致地区要素价格和投资回报率的差异，以及预期市场潜力的空间差别，导致要素的区际流动与产业转移，清除行政障碍，打破地区封锁和行政性垄断，突破行政区域的局限，依靠市场机制引导要素流动，有利于经济发达、开发密度高地区的资本、技术和产业向欠发达的低密度地区顺势转移，推动产业布局优化和再配置，这是健全市场机制的首要方面；同时要重视价格信号的真实性，尽可能消除“地方优惠”等人为原因造成的价格扭曲，使环境保护成本、社会保障成本和资源补偿成本都得到充分的反映。2006年夏秋，政府提高工业用地价格，东部发达地区的地方政府先后提高了当地最低工资标准，对有效发挥市场机制在资源空间配置的基础性作用将产生积极影响。

合作机制是指基于互惠互利原则的区际经济技术协作与人才、技术交流等。其中既包括像9+2泛珠三角协作这样广域性的区域联盟；亦有数省毗邻地、市自愿组成的经济区，如淮海经济区、中原经济区等；更多的是在同一城市群（带）内，各市、地、县自愿结合而成的城市联盟。区域

（城市）联盟，凭借地方政府联手搭建的合作平台，企业等各类市场主体广泛参与，按照政府引导、企业对接、市场运作的方式，通过协议分工、长短互补、要素聚合、集成优势，实现联动发展、互利互赢。

互助机制是在上级政府的指导协调下，东部经济发达地区和中西部欠发达地区结成对口支援的帮扶对子，本质上看，属于道义性援助，更适合于社会事业与公共服务领域的公益项目。

扶持机制是上级政府对经济欠发达和承担重要生态功能地区的下级政府，通过财政转移支付等方式，使其人均财政支出，足以支撑当地居民逐步享有均等化的基本公共服务。

随着区域发展总体战略的落实，空间布局规制、区域政策和区际互动机制的日趋健全，我国区域协调发展的新格局势将形成。

参考文献

［1］国家发改委规划司：《国家及各地区国民经济和社会发展“十一五”规划纲要》，中国市场出版社 2006 年版。

［2］韦苇：《中国西部经济发展报告（2006）》，社会科学文献出版社 2006 年版。

［3］王洛林、魏后凯：《东北地区经济振兴战略与政策》，社会科学文献出版社 2005 年版。

［4］周绍森、陈栋生：《中部崛起论》，经济科学出版社 2006 年版。

（原载《市场论坛》2006 年第 12 期）

区域经济研究30年

——纪念改革开放30周年

30年，人类历史的一瞬间，在中国，却是历史性巨变的大时代。中国从20世纪70年代后期“文化大革命”导致的百业凋敝、国民经济一度濒于崩溃边缘，跃升到当今世界第四大经济体。众多领域、行业、学科直至亿万个人的命运，也和整个国家与民族一样，相伴发生了30年前做梦亦难以预想到的变迁。

一 春风拂面暖心

20世纪50年代中期，我大学毕业统一分配到中国科学院哲学社会科学部经济研究所，从事空间经济（生产力配置、经济布局）方面的研究。在高度集中的指令经济体制下，研究往往落脚于诠释布局决策与方案。1978年12月党的十一届三中全会召开，开启了改革开放的历史新时期。改革开放历史性决策之所以能果断推出，中国特色社会主义道路之所以能勇于开辟，正是源于党恢复和践行了从实际出发、解放思想、实事求是的思想路线。这如一股股春风，抚慰了历次“运动”特别是“文化大革命”留下的心灵创伤和“余悸”，使我能够直面当时生产力布局中存在的严重问题，进行调研、梳理成文、提出针对性的改进建议，经过工业经济研究所领导审阅转社科院《要报》上报。1980年年初，为适应拨乱反正的需要，马洪、蒋一苇同志组织了“工业经济与企业管理知识讲座”（以全国总工会研究室、中央电视台电教部和《经济管理》杂志三家名义联合举办），分配我讲《工业生产力布局》，在肯定新中国成立以来工业布局伟大成就的同时，我也剖析了1958年以来工业布局中的一些教训，并以某大型项目为例，说明了“羊拉屎”式的过度分散配置在建设与运营中带来巨大浪费。电视播出后，某大型企业同时致函工业经济研究所和《经济管理》杂志编辑部，认为讲稿中的案例是诋毁该厂，不仅扣了好几顶大帽子，还要求出版文稿时修改。蒋一苇同志找到了我，让我先看来函，然后问：“改还是不改？”我回答：“不改！一是事实，二也在理。”此后近一年，在我参加的几次全国性学术研讨会上，都会碰到该企业派出的“代表”向我“叫板”，我的回应都是：一是事实，二也在理。现在回想，如果没有十一届三中全会拨乱反正的伟大转折，没有解放思想、实事求是思想路线重新确立，迎来了“科学的春天”，我当时一个小小助理研究员，就是外借一百个胆，亦难以为对。以后类似的事还遇到几次，倒帮助我这个生性软弱的书生锤炼意志，在以后的科研实践中，将从实际出发、实事求是的思想路线贯穿研究工作的始终。

二　建言献策呕心

1982年党的十二大召开，我深为党的十二大报告展示的宏伟目标所鼓舞。中国作为一个疆域广袤、各地区发展条件差异和发展水平差距异常显著的大国，经济如何布局，各地区之间的发展如何协调，事关现代化建设宏伟目标实现的大局，我作为一个在这个专业领域“摸爬滚打”多年的老兵，对此建言献策是义不容辞的责任，因此我研究的重点立即转向国家生产力布局与区域经济战略和对策，陆续发表了一系列论文。据此，1984年深秋国家计委地区经济主管部门正式将《“七五”和后十年（1991—2000）中国生产力布局战略研究》的任务委托给我，该部门负责人交代任务时，特别强调了交稿时间：“明年3月底以前交初稿，11月底以前交定稿，过期一天就不用交了”，看着他凝重的神色，我肩负起这一沉甸甸的责任，几乎天天工作十几个小时。好在我从20世纪50年代中期起，利用一切机会在神州大地“勤走”、“勤看”、“勤问”、“勤说”、“勤辨”、“勤思”，到此时得到了回报，当下笔勾勒走向2000年的中国经济布局与区域经济时，东西南北中的自然景观、经济和社会人文景观等就纷至沓来、浮现脑海。“从实际出发！”当时中国经济布局总态势最大的“实际”、最突出的特点是“两个梯度差”，一是地理空间大尺度上的东中西之间的梯度差，二是中尺度上的点（大中城市）、面（广大腹地与农村）之间的梯度差。从要素禀赋看，两组各种不同要素的丰度又呈反向梯度，基于这些最根本的“实际”，我顺理成章地提出了“三级梯度、三大地带，东靠西移、横向联合，中心开花、极核先抓，墨渍扩散、辐射联系，产业走廊、纵横交错，空间网络、运转灵活”的战略布局对策，如期递交了初稿和定稿。

伴随改革开放，20世纪70年代末北京大街上开始出现出租车，直至1985年冬以前，我一直未敢问津，但凡十来里以内的路程，都靠“双轮驱动”（自行车），而到1985年11月下旬递交研究报告定稿时，连续的加班加点，再也无力顶风蹬车，招手坐出租车从此才算开了“戒”。前述那位负责同志接过报告后，连续说了几声“很按时、很按时，正派上用场！”按理，我接着“话茬”可以问问上次他那句郑重叮嘱的“底里”，但我没有问，因为1985年9月“七五”建议在十三届四中全会闭幕后已公开发表，报告初稿的主要观点已被采纳。

中国的国情决定了中国区域经济问题的复杂性、解决起来的艰巨性，远非一次研究就可一劳永逸，必须与时俱进、及时跟踪。以后在“八五”计划、“九五”计划编制期间，我又陆续提出了“适度倾斜、协调发展，合理分工、各展所长，横向联合、优势互补，结构递进、动态耦合，以点带面、联点成带，产业走廊、纵横交错”的建议。我在大尺度宏观布局层面上，强调坚持“四沿”（沿江、沿海、沿路、沿边）发展纵横交错的产业带、城镇带，构建大国布局的骨骼系统；在中观布局层面上，强调通过区域规划，变城市大工业、农村乡企“双轨”发展“两张皮”，为城乡统筹“一盘棋”，变每个企业（项目）单子布点为整个棋局的统筹安排。党的十四大以后，伴随社会主义市场经济体制的建立，在经济布局和区域经济运行机制上，我及时提出了“双向竞争选择”，即各地方政府着力营造投资环境，吸引、选择企业（项目）来此落户，投资主体自主选择布点区位；就政府对经济布局的宏观调控，我提出了“双坐标定位”，即通过产业政策区域化和区域政策产业化，实现不同产业向各自的优区位集聚，促进各产业重心区和各地区主导产业的有序构建。

和以往不同的是，从20世纪80年代末，随着几位青年学者的到来，我结束了近十年的单枪匹马唱独角戏的状况，逐步形成一个小小研究团队。正是依托团队的力量，在20世纪90年代中期较早开展了“西部经济崛起之路”的研究，为以后贯彻中央实施西部大开发战略，作好相关服务，打下了较坚实的基础。而20世纪90年代初期，根据中国社会科学院党委的决定，到内蒙古自治区呼伦贝尔盟政府任职15个月，以实践者身份直接参与区域经济运转、谋划呼伦贝尔的改革开放，从中得到和一般调研不尽相同的体验，对我以后研究中西部地区经济发展，特别是民族边疆地区经济发展问题，一直发挥着潜移默化的长效作用。

三　伏枥老骥关心

随着20世纪走到尽头，自己亦到了退休年龄，身子不用再按时上班，但脑子停不下来，半个世纪的职业惯性，对东西南北中各地区经济发展的信息、对中国经济版图日新月异的变迁……时刻关注，如同天天要看（听）天气预报，已融入日常生活之中。退休以来，除继续深化对西部大开发的研究，先后应新加坡、日本有关方面的邀请，以学者身份讲学，介绍、宣传中国的西部大开发，发表《投资西部，就是投资未来!》、《西部大开发、企业大商机》等直接为大开发招商引资服务的文稿，先后为新疆乌（鲁木齐）昌（吉）经济区的构建献计，为环北部湾（广西）经济区的发展进言……更多精力则聚焦于如何更好地贯彻党的十六届五中全会提出的区域发展总体战略，推进区域协调发展。2005年“十一五”规划编制期间，我以《区域协调发展及其政策选择》为题将相关建议寄国家发改委规划主管部门。

回顾近30年的学术生涯，作为一名从事应用经济学研究的学人，我研究方向的定位、课题的选择始终围绕不同时期国家经济社会发展的需要和重大的社会需求，以对策研究带动理论方法的研究，以理论方法的研究支撑、提升对策研究；在研究的进程中，始终坚持“知真求是”，作为研究工作起点的“实际”必须真实、尽可能全面；在“知真”的基础上，再进一步“求是”。

进入新世纪，百舸争流、千帆竞发的区域经济发展态势更加凸显，在强大社会需求的拉动下，区域经济研究队伍数量倍增，素质显著提高，一大批青年才俊已肩挑大梁。此时我仍絮言不断，旨在在夺取全面建设小康社会新征程中，为区域协调发展、共同富裕美好愿景的圆满实现奉献点滴余热和浅见。

（原载中国社会科学院老专家协会编《我在现场：亲历改革开放 30 年》，社会科学文献出版社 2009 年版）

长江流域产业布局和长江产业带的构建

充分利用长江水运、水能等有利条件，搞好沿江和整个流域的经济区划与产业布局，是开发利用长江的一大课题。

新中国成立35年来，随着长江的开发整治，沿江两岸和整个流域经济有了很大的发展。一系列大型钢铁厂、炼油厂、火力发电厂、化肥厂、化纤厂、水泥厂和大批中、小企业配置于沿江两岸，上海、武汉、重庆、南京等几个主要经济中心城市的经济实力有了很大的加强，南通、镇江、马鞍山、安庆、黄石、岳阳、沙市、宜昌、泸州、宜宾、渡口等十几座中等城市先后崛起于长江干流两岸，主要支流沿岸的产业和城镇也有了较大的发展。这些是支持今后进一步开发利用长江的重要物质技术基础，也是在沿江两岸和整个流域进一步规划经济区和展开产业布局的出发点。

长江流域的地理位置、丰富的资源和比较雄厚的经济与科学技术基础，决定了它在我国社会主义现代化建设中占有极其重要的地位。如果说60年代日本“国民所得倍增计划”的提前实现是和“三湾一海”的太平洋沿岸产业带的形成与发展密不可分的；那么，有充分的理由可以预期，在实现本世纪我国的战略目标以及今后更长远的经济发展中，逐步建设起的长江产业密集带将和沿海产业密集带一起在实现中华民族伟大复兴中发挥重大作用。

一　根据和意义

我们所说的长江产业密集带，是以长江沿岸经济发达的大、中城市为中心，辐射连接各自经济腹地内的中、小城镇与广大农村，包括长江干、支流沿江工业走廊，以及沿湖（太湖、鄱阳湖、洞庭湖等）产业圈在内的产业地域综合体。

建立长江产业密集带的客观根据和意义在于：

1. 长江腰绕中华、横贯东西；与津浦、京广等六条铁路纵向相交，连接南北，是我国经济重心之所在，居全国产业布局之中轴。

2. 长江流域地跨三大经济地带（沿海经济发达地带、内陆地带、西部经济不发达地带），下游地区居沿海对外开放前沿地带的中心，上、中游腹地广袤，为实现“外挤内联”、“外引内移”提供了最便利的条件。

3. 通观长江流域，就能源、矿产等资源而言，西富东贫；就科学技术、经营管理信息与人才等资源而言，则东高西低。凭借长江这条天然纽带，既为先进科学技术与经营管理方法由外向内、由东而西迅速传递，又为“东西互补”，使分散配置的各种资源条件，结合形成现实的经济优势。

4. 从中、长期看，随着三峡等水利枢纽和大型火电站的建立，华东、华中和西南电力网将连接成为全国装机容量最大、供电范围最广的统一电网，将为长江产业密集带的发展提供可靠的动力基础。

二 步骤和方向

在研究长江流域经济区划与产业密集带建立的步骤与方向上，应注意以下两点：

第一，围绕以上海、武汉、重庆为中心的三大经济区，建立既能充分发挥地区优势，又能适应新技术革命挑战的地区产业结构与产业梯队。上海经济区，应早下决心按照知识技术密集型产业带头的原则，调整经济结构，有计划地控制以至减少某些产业，特别是能耗高、资源消耗高、占地面积大、污染严重的产业发展，将适于就地加工的农产品加工工业和矿产品的初步加工工业，特别是大耗能工业向中、上游能源丰富地区转移，集中力量主攻高精尖产业，有步骤地建设新兴产业群。开拓国际市场，使上海经济区在迎接世界新技术革命的挑战和世界经济重心向亚太地区转移中发挥先锋作用，成为引进、消化、创新、推广先进科学技术和经营管理的最大“窗口”，成为用新兴技术改造传统产业的“样板”。

武汉经济区，居“承东启西”的战略地位，应充分发挥“九省通衢”、江海连通的运输地理优势，利用现有工业的庞大基础，积极承接沿海地区移出的产业和产品，以面向内地和西部市场为主，建立独具特色的产业结构。

重庆经济区，是长江上游地区的经济中心，是川、云、贵三省经济开发的支撑点。国防工业、机械制造工业和其他轻、重工业都有相当基础，应发挥军工和国防科研力量较强的优势，加速军用技术向民用工业的转移，是提高整个经济区实力的关键。重庆和武汉两大经济区，现有机械工业还有不少闲置能力，配合三峡工程和长江航运的发展，提供技术装备，逐步形成一系列服务于长江综合开发利用的产业，是这两个经济区产业结构安排中应该注意的重要一环。

除上述三大经济区以外，长江流域还有或还将有一些规模较小的经济区，如以南京为中心的苏中、苏北经济区，以芜湖为中心的皖南经济区，以九江为中心的鄱阳湖经济区，以宜昌为中心的鄂西经济区，以襄樊为中心的鄂西北经济区，以岳阳为中心的洞庭湖经济区，以长沙为中心的湘中经济区等等。随着经济的发展，特别是长江干、支流水运和其他运输方式的发展，区际经济技术协作联系的加强，上述经济区将先后分别构成三大经济区的有机组成部分。例如，上海经济区，除包括上海市和江苏的四个市以及浙江的五个市以外，今后似以扩大到江、浙、皖三省为宜。

第二，为了充分利用现有基础，加快建设进度、提高建设效益，长江产业密集带建立的步骤，总的看，宜由东向西、逐步推进，干流先行、两翼展开（南北两岸主要支流与湖泊沿岸）。当然，这并不排斥围绕国家重点开发的水利工程，对某些上、中游区段提前建设。如围绕三峡水利枢纽，提前建设宜昌区段的产业带。

三　几点政策建议

为了使长江产业密集带的构想顺利地实现，需要注意以下几方面的问题：

第一，统一规划、全面安排。长江流域现有产业布局和新建项目布局的结合，传统产业与新兴产业关系的合理安排，综合运输网、电力网和各产业布局之间以及城镇、港口、铁路站场布局之间的协调配合，都必须有统一规划，不能零敲碎打、迁就眼前，单棋孤立布点，造成失误。为此亟须从长江流域的全局出发，结合长江的开发利用，对全流域的产业布局，作出长远的轮廓安排，分期逐步组织实施。长江流域规划办公室1959年曾提出《长江流域综合利用规划要点报告》，最近准备根据新的形势和要求，重新补充修订。我们建议，将长江流域产业布局的轮廓安排，作为《要点报告》补充修订中的一项重要课题，在国家计委指导下，由长办组织有关单位共同完成。

第二，充分利用长江水运的巨大潜力，提倡、鼓励沿河建厂。沿河建厂既可利用大量廉价的水运，又便于工业取水，还可少占或不占耕地，简化厂内运输设施；特别是大耗水、大耗能、大运量型的企业，更宜于沿河建厂。今后在长江水系河势稳定的区段安排产业布局，把沿河建厂作为布点选址的一项重要原则。长江上中游地区三线建设时钻沟进洞的企业，在进行布点调整时，也应充分考虑这一原则。对沿江宜于布厂的区段，可采取国家统一征用土地，由有关城镇的综合开发公司负责“五通一平”，创造较好的投资环境，以优惠价格吸引企业沿江布厂。

第三，长江流域的上海经济区和武汉、南京、合肥等大、中城市，是我国智力密集区。宜选择环境质量良好，各种协作条件具备的区域，如上海的嘉定，武汉的东湖、太湖的周围等——建立高技术产业密集区，形成具有我国特色的“硅谷”和“筑波”，以带动整个长江产业密集带技术水平不断提高，跟上世界新技术革命的步伐。

第四，旅游业是现代产业中不可忽视的一个部门。长江沿岸奇山秀景、名胜古迹叠连不绝，应加强管理、建设、严禁配置一切污染环境，破坏景观的产业。

第五，长江干流武汉以下江宽水深，江海巨轮可以直达，要加速沿江城市引进技术、利用外资的步伐。为此，我们建议逐步对外开放武汉、九江、芜湖、南京等长江中、下游沿江城市。

（在孙尚清主编的《长江综合开发利用考察报告》中负责撰写的第三章与附件三，原载《经济研究资料》1984年第9期）

老、少、边、穷地区经济发展的几个问题

一　老、少、边、穷地区经济状况与特点

十一届三中全会以后，特别是“六五”时期，我国经济取得了健康而迅速的发展，人民生活有了显著改善，但是发展不平衡。由于自然条件、历史基础和社会文化等多种原因，截至“六五”时期末，还有大约1亿农村人口的人均年纯收入不到200元，其中有3000多万人口的人均年纯收入在150元以下，温饱问题尚未完全解决。这些人口主要分布在老革命根据地、少数民族地区、陆地边境地区。从三大经济地带看，60%以上在西部地带，次为中部地带，东部沿海地带的辽西、河北太行山地区、浙西、闽西、粤北和桂西北也有一些零星的贫困乡、贫困村甚至贫困县。

老革命根据地，是指第二次国内革命战争和抗日战争时期，建立了党的组织和革命武装，开展武装斗争，发动群众建立工农政权半年以上，或建立抗日政权一年以上的地区。老革命根据地，遍布全国23个省（直辖市、自治区）的1000多个县境内，这里的人民曾经为中国革命的胜利付出了巨大牺牲，作出了可歌可泣的重大贡献。新中国成立后，老区的经济和人民生活有所发展与改善，一部分地区还有明显的改善，但至今还有1/4以上的老革命根据地未改变贫困面貌。

我国除汉族外，还有55个少数民族（暂未包括台湾省），少数民族人口6700多万。在少数民族聚居的地区，实行民族区域自治，建立民族自治地方，其中自治区一级的5个，即内蒙古、新疆、广西、宁夏和西藏；自治州（盟）一级的31个，自治县（旗）一级的96个。民族自治地方的面积约600万平方公里（占全国土地面积的62.9%），总人口1.3亿（其中少数民族5800多万）。新中国成立后，在党的民族政策指引、国家大力帮助

与各族人民的共同努力下，5 个民族自治区的经济有了很快的发展，工农业总产值比新中国成立前增加了几倍，甚至十几倍；全国民族自治地方，1953—1980 年，工农业总产值平均每年递增 6.6%，“六五”时期，平均每年递增 9.7%，1985 年工农业总产值已达到 790 亿元（按 1980 年不变价格计），但由于原有基础薄弱和党的民族政策一度遭到践踏，至今有 1/5 左右的少数民族聚居地区经济文化还相当落后，生产条件很差，温饱问题未完全解决。

我国有两万多公里的陆地边境线，紧靠陆地边境的有 9 个省（自治区）的 139 个县，这些地区的人民担当着协助边防部队捍卫祖国领土和国家主权的重任，其中一部分边境地区经济文化的发展至今还相当落后。

除以上三类地区外，一些边远山区、水库移民区的人民生活也未摆脱贫困状态，也属于贫困地区的范围。

帮助贫困地区，尽快改变面貌，第一步解决这些地区人民的温饱问题，进而使他们脱贫致富，是一个不容忽视的重大经济问题和社会问题，既具有重要的经济意义，又具有广泛的政治意义和社会意义。

新中国成立以来，为了扶持贫困地区，党和政府作出了艰苦的努力，制定了许多优惠政策。三十多年来拿出了不少资金、物资，发挥了一定作用，但总的看，效果不够理想。这就要求我们认真总结过去扶贫工作的经验教训，把握贫困地区的区情特点和症结所在，并据此提出新的思路，从改革入手，探索贫困地区新的经济开发方式。

各类贫困地区的具体情况尽管千差万别，但一般具有以下共同的特点：

1. 生产力水平低下。产业结构单一，基本上停留在原始农业（在牧区为原始牧业）阶段，生产技术装备极其低下，劳动生产率低，缺乏扩大再生产的能力。据云南、贵州两省的资料，1983 年两省贫困地区每一农业劳动力一年提供的农业总产值仅两三百元，只相当于云、贵两省平均水平的 1/2 和全国农村平均水平的 1/4，江苏农村的 1/5。

2. 交通通信极不方便。从大尺度空间看，位于西部地带的贫困地区都远离国家现有水陆交通干线；从小尺度空间看，位于崇山峻岭或丘陵沟壑之中的贫困山庄，与所在县城与集镇间的交通运输也很困难。复杂的地形条件（海拔高、坡度陡、穿越峡谷或路经移动沙丘等）和村庄零星散布、人口少（有的村庄只十几户甚至几户），给这些地区交通运输问题的解决增加了复杂性。

3. 封闭的自然经济。单一的产业结构，低下的劳动生产率，自给以后无什么剩余产品用作交换，加上交通困难，使这些地区长期停留在封闭的自给不能自足的自然经济之中。商品交换、流通事业极其落后，商品经济的意识和观念极其淡薄。这些反过来又强化了单一产业结构，使之陷于“越穷越垦、越垦越穷”的恶性循环之中。

4. 人口的自然素质和社会素质不适应经济开发的要求。贫困地区由于长期低下的生活水平和缺医少药，加上部分地区缺乏饮用水（主要在西北地区），普遍缺乏燃料，以及地方病流行（如克山病、麻风病、地方性甲状腺肿大病，地方性氟中毒病、恶性疟疾等）和近亲通婚，给人口的自然素质带来极其不利的影响。

贫困地区教育事业不仅落后，而且发展困难。零星散布，人口很少的山庄，给学校的建立、发展带来很大困难；少数民族地区，有语言上的困难；位于山区的少数民族地区则有双重困难。据 1982 年全国人口普查资料，12 岁和 12 岁以上人口中文盲、半文盲的比例，全国平均数为 23.5%，而东乡族（86.8%）和拉祜族（82.2%）均高达 80% 以上，文盲、半文盲比率 70%—80% 的有藏族（74.3%）、傈僳族（71.7%）和哈尼族（70.1%），60%—70% 的有佤族（68.8%）、彝族（61.6%）、水族（61.6%）和景颇族（60.9%），50%—60% 的有土族（59.9%）、苗族（58.1%）、傣族（56.8%）、布依族（55.5%）和畲族（51.6%）。甘肃东乡族自治县文盲、半文盲的比率高达 96%。

单一封闭的经济、文盲众多、信息闭塞，形成的保守性既无力自律当地经济，又难以接受外界各种“冲击波”的影响，缺乏吸收、消化外界输入的物流、人流、技术流、信息流，转化为自我增殖的能力。这正是新中国成立以来，特别是十一届三中全会以来，全国经济迅速发展的同时，贫困地区经济发展却极其缓慢的症结所在。

在落后经济基础之上形成的价值观念，道德伦理等思想意识形态，反过来又妨碍对落后经济基础的冲击和突破。十一届三中全会以后，贫困地区也出现了少数富裕户，由于原始平均主义的作祟，“一户杀猪，全寨分食，一户煮酒，全村共饮，猎获野兽，见者一份”。有的增产了粮食，大部分用于酿酒自食和“共食”，在低消费水平下，有的少数民族贫困地区用于喝酒的支出占到总支出的1/3，个别有的高达一半以上。这种传统遗留下来的分配方式和消费方式的习俗，使增产的收入难以转化为积累，扩大再生产。在生产上，有的种“卫生田”，不积肥，不施有机肥；在流通上，重农轻商，甚至耻于经商，等等。

综上所述，贫困地区之所以“贫困”，是由于在原有历史基础上，经济—社会文化—自然条件、生态环境多种因素交织作用的结果，单以经济而言，也是生产、流通、分配、消费和教育、人口素质等因素综合作用的结果。所以，从长远看，要根本改变贫困地区的面貌，是一个与整个国家的经济、政治、文化、历史等重要社会因素密切相关的经济开发过程，是一项需要经历长期持续努力才能完成的历史任务。从近期看，要解决温饱问题，初步脱贫致富，也需要从内、外同步变化（“内”指贫困地区内部的社会经济运行机制变化，“外”指国家的扶持，其他地区的支援等），两个“立体调整”（一指经济、社会文化—自然生态的调整，二指生产、流通和分配、消费以及教育文化的调整）着眼，形成对策、措施体系，才易奏效。

二　老、少、边、穷地区的发展对策与措施

从前述老、少、边、穷地区的经济状况和长期发展缓慢原因的分析，今后宜采取下述对策体系，并实施相应举措。

（一）因地制宜确定产业结构、选准突破口

发展生产力，突破长期单一畸形的产业结构和自给自足的传统生产方式是改变贫困地区面貌的根本途径。为此要根据各贫困地区的自然条件、资源条件和现有基础，按照市场需要什么，本地有条件生产什么，就发展什么，建立既适合市场需要，又能扬长避短，发挥贫困地区优势的产业结构。例如有草山、草坡的地方，可以发展畜牧业；矿产资源丰富的地方，可以发展采矿业和建材业；有水利资源的地方，可以发展小水电和水产、水运业；各种瓜果、药材、山货、土特产之乡，都可以发展有自己特色的

土特产。

贫困地区多数是生态系统脆弱、生态平衡遭到不同程度破坏的地区，产业结构的调整要有利于生态平衡的恢复。位于黄土高原的宁夏固源县，过去水土流失严重，地薄人穷，近几年腾出一部分耕地改种牧草，建立“商品性畜牧业”；大田面积尽管缩小，由于投入量增加，单产提高，粮食已能自给，同时发展保护性的林业，农—林—牧生物链的建立，既增加了近期的经济收益，又使长期生态失衡的状况开始扭转。

“万事开头难”，在资金、技术、人才等缺乏的情况下，建立适合贫困地区的产业结构的第一步是正确选择突破口。一般地说，在起步阶段，要选择投资少、见效快，多数农民干得了的“短、平、快”生产经营门路，从小的、不显眼的项目作起（可简称拣芝麻战略），以短养长，以近求远，随着资金的积累和技术与经营管理才能的提高，再扩大经营范围与规模。

我国贫困地区，从人口与资源的对比关系划分，大体有两种类型。一类是人少地多、自然资源较丰富的地区，西部地带和少数民族贫困地区这种类型居多；一类是人多地少、自然资源相对不足的地区，兰州—成都—昆明—线以东的贫困地区后一类型居多。前一类型地区，通过利用地上、地下丰富的自然资源，进行开发性生产建设，启动地区内部经济活力，在“六五”期间不乏成功的先例，如山西省的左云、右玉、平鲁等县，1980年以前的农村人口平均年纯收入不足一百元。近几年来从开煤窑、兴办砖瓦厂着手，逐步发展多种经营和乡镇企业，较快地摘掉了贫困的帽子。后一类型地区，人口密度较高、土地贫瘠、资源相对不足，但和发达地区与城市的距离相对较近，故往往可以通过劳务输出（包括农民个人到附近较富裕地区做短工、长工，进城市作木工、任保姆等劳务，或集体组成建筑队到城市承包建筑施工任务等），既可解决剩余劳动力的出路，又通过劳务收入，积累了初始的资金，学习了生产技术和经营管理经验，为发展本地区经济准备各项条件。

（二）改善交通条件、疏通流通渠道、活跃商品经济

交通条件差、流通渠道不畅，资源就不能转化为商品和财富。所以改善交通条件，疏通流通渠道，就成为使贫困地区由封闭型的自给性生产向

商品生产转化的两个重要前提。

为了疏通流通渠道，国营商业、外贸部门和农村供销社要积极主动提供市场信息、组织收购，千方百计地打开产品销路，同时支持农民购销员或购销专业户，建立农贸市场，鼓励农商、工商、商商之间的联合，广开流通渠道，以做到货畅其流。

国家用于以工代赈、修筑公路的粮棉布，应与贫困地区的经济开发规划相结合，主要用于创立发展商品生产的经济环境。交通道路的建设，要从贫困地区现有物资的流向、流量出发，由低而高（指公路或水运通航等级）、由简而繁（指交通运输系统）。货运量很少的地区要重视恢复、发展传统的民间运输（人力、畜力运输）；有些地区，在群众自愿的前提下，分布过散、人口过少的村庄，也可以适当归并，才利于交通困难的解决。人畜饮水困难的地方，是“引水就人”还是“移民就水”，需要论证比较；人口少，零星分散的村庄，与其“引水就人”不如“移民就水”。

（三）积极发展农副产品加工业，发展家庭企业、乡镇企业

贫困地区在发展的突破口逐步打开，积累了一定的资金，交通和流通条件有所改善后，进一步就要重视加工企业的发展，朝农林牧副渔全面发展、农工建（筑）运（输）商综合经营的方向发展，使农产品、矿产品、各种山货特产就地加工增值，以提高经济效益，增加农民收入。开始可以从粗加工作起，由粗到精，循序渐进。起步时以发展投资少、好管理、见效快的家庭企业，联户企业和小型集体企业为宜。

在连片的贫困地区，要有计划地帮助贫困县办点工业，形成一个小的“生长点”，既可以从生产技术、经营管理各方面带动周围贫困乡、贫困村乡镇企业的发展；又可以把县级经济搞活，改变县财政入不敷出的紧张状况，增强支持农民脱贫致富的能力。

（四）加强智力开发，提高劳动者的素质

知识和技术是使资源转换为财富的契机，人才缺乏、劳动者素质低是许多贫困地区守着丰富资源而致富无门的症结。在目前贫困地区文盲比例很高的情况下，重视普通基础教育自不待言，而为解燃眉之急，重点应放

在成人的职业技术教育上，首先培训在乡的中、小学毕业生、复员军人和有一技之长的工匠，培训内容应与经济开发紧密配合，采取干什么、学什么；有了第一批技术骨干后，再采取“滚雪球”的办法，通过办短训班或边干边学的办法，使所有青壮年都能掌握致富的一技之长。引进人才和培养本地人才应相辅而行。初期，受支付能力和吸引能力限制，采用招聘的方法，恐难奏效，而宜采用大开山门，欢迎外地的能工巧匠（包括已退休的技术工人）涌入，对他们不采用招聘方式，更不要求“扎根山区（或边疆）”，而是创造必要条件（如廉价的租赁住房和场所），以“创业致富”吸引他们投入贫困地区的开发。随着能工巧匠的流入，不仅带来了适用技术与资金，更重要的是带来商品生产和交换的“生意经”。贫困地区相对于丰富的自然资源而言，这方面的软资源显得严重贫乏，通过“引进”补后者之短，才能扬前者之长。

（五）广泛发展贫困地区与经济发达地区的横向经济联系

开发贫困地区，必须彻底打破封闭型的低水平内循环状态，实行外引内联，努力发展和扩大与经济发达地区和城市多层次、多种形式的横向经济联系与联合。从 1979 年起，国家组织沿海和内地省（市）对口支援少数民族地区，如北京支援内蒙古，河北支援贵州，江苏支援广西、新疆，山东支援青海，天津支援甘肃，上海支援云南、宁夏，全国支援西藏。四川省也组织重庆，成都等市对口支援甘孜、阿坝、凉山三个自治州。“六五”期间贫困地区与发达地区在自愿互利基础上的经济联系与联合，已从物资协作、技术支援发展到人才培训、补偿贸易、合资经营、合作经营等多种形式，它不仅有利于贫困地区引进科学技术、信息、人才和资金，开发利用本地资源，加快建设步伐，而且有利于发达地区的经济发展，使贫困地区的开发与发达地区的发展有机结合起来，推动整个社会经济的进步。

（六）以家庭经营为主，扶植个体经济发展

从全国来说，社会主义国家的国有经济应占主导地位，而就贫困地区的现实生产力水平看，除了发展各种形式的联产承包责任制，要坚持家庭经营为主，把草坡、荒山等长期承包给专业户外，更需要重视个体经济的

发展，手工业和工业领域可以放手发展个体作坊和家庭工场；商业中发展农民购销员和专业运销户。到生产力提高到一定水平后，再因势利导提出联户企业，发展合作经济。

（七）加强领导，改革扶贫方式

1. 统一规划、分级负责、分类指导。为了加强对贫困地区经济开发工作的指导，今后将实行“统一规划、分级负责、分类指导”的办法。国家一级，设立国务院贫困地区开发领导小组，负责组织调查研究，拟定贫困地区经济发展的方针、政策和规划；协调解决开发建设中的重要问题；督促、检查和总结交流经验。人均年纯收入不足 150 元的连片贫困区，由省（自治区、直辖市）负责，集中适当的人力、财力、物力，采取有针对性的特殊政策和措施，一片一片、一批一批地改变面貌。对于零星的贫困乡、贫困村、贫困户，由所在县负责，采取重点扶持、互助互济等相应措施。

2. 改进扶贫方式。新中国成立以来，国家设立了下述多种专项资金，扶助贫困地区：（1）少数民族补助费：每年约 5000 万元。（2）民族机动金：国家对五个自治区和少数民族聚居地区较多的云南、贵州、青海三省（以下简称五区三省），按各该省（区）上年各项事业费支出决算数，另加 5% 的民族机动金。（3）对民族自治地方财政预算安排的预备费比一般地区高 2%。（4）边境建设事业费。（5）边疆基本建设补助专款。（6）民族贸易利润留成。（7）1980 年实行“划分收支，分级包干”的财政体制后，五区三省财政收入全部留用，支大于收的差额由中央财政补贴，补贴数额，以 1979 年为基数，每年递增 10%。（8）1980 年起国家财政中设置“支援经济不发达地区发展资金”，截至 1985 年已累计拨付 32 亿元。（9）1983 年起，国家设立“三西”建设专项基金，每年 2 亿元，用来支援甘肃河西走廊商品粮基地的建设和扶持自然条件很差的甘肃定西地区和宁夏西海固地区。

总之，国家支援贫困地区和经济不发达地区的资金，一年已达数十亿元，随着国家经济实力的增长，今后金额还会有所增加，重要的问题是如何提高这些资金使用的效率和效益，其关键在以下两方面：

首先是处理好国家扶持和贫困地区自力更生的关系。国家对贫困地区，特别是在它经济发展起步之时予以资金等方面的支持很有必要，但终究

“外因是变化的条件，内因是变化的根据”，贫困地区只有充分调动本地区干部和群众的积极性，发扬自力更生的精神，确立了走依靠自己脱贫致富之路，才能较好地消化、吸收外部的各种输入，转化为自身的造血功能，逐步形成旺盛的自我增殖能力；才不至于衰退为单纯依赖外部输入的受体。“扶贫”先“扶志”，这不仅是我国扶贫工作实践中总结的宝贵经验，也是国外不发达地区走上发展道路的重要经验。

其次是改革国家用于贫困地区资金的使用方式，变“济穷”为“治穷”。过去扶贫资金使用效益差，重要原因，一是“撒胡椒面”平均分散使用资金；二是资金用于单纯救济，形成“年年贫困、年年救济，年年救济、年年贫困”的恶性循环。今后这两方面都应有所改革，无论国家和地方政府从哪条渠道，以何种名义投放到贫困地区的资金，应有选择地捆起来，适当集中，合理使用。当前重点用于解决群众温饱问题的生产经营项目，开辟就业门路；可先将单纯用于救济的资金改为以工代赈，按项目使用；然后，逐步过渡到“适当集中，评估效益，择优发放，有偿使用，到期收回，不断周转”。资金投放的主要方向，应放在改善贫困地区的经济社会环境，培植地区内在的经济活力，而不是填补亏损企业的亏空或维持庞大上层管理机构的花销。

（原载《效益与管理》1986 年第 11 期）

经济布局战略中的资源问题

劳动对象和劳动资料、劳动力一起构成生产力的三个基本要素。而现代工业生产的劳动对象是一个复杂的系列。这个系列，包括天然存在的各种自然资源，和加工深度不等的原材料、初级产品和中间产品等。

当工业发展规模很小的时候，人们看到的是自然资源的“无限性”；当时，只有原材料平衡的概念。没有也不需要资源平衡的概念。当工业规模和自然开发资源规模扩大时（如从18世纪后期到19世纪末，全世界矿物消耗总量增加了9倍，1901—1970年，70年间全世界每年矿物消耗量增加了11.5倍；现在全世界一年的矿物开发量已超过160亿吨。1949年我国各种矿石开发量仅4000多万吨，到1984年增到加12亿多吨），人们对自然资源的“相对有限性”逐渐有所认识，尽管它一开始就在西方学者“资源枯竭”、“资源危机”的哗噪中受到扭曲，但终究传导了这样一个信息，即自然资源和人口、环境等是研究现代工业和经济发展的重要函数。

“物华天宝、人杰地灵”，我国拥有丰富的自然资源，这是10亿勤劳智慧的人民，在党中央的领导下，实现经济建设战略目标，夺取社会主义现代化建设新胜利的物质基础。认识、掌握自然资源的客观规律，根据我国自然资源特点，确定正确的资源战略，是提高生产建设效益的重要保证；是经济布局与区域经济战略选择中需重点考虑的因素。

一 自然资源的概念与分类

自然资源是一切劳动资料和劳动对象的第一源泉。马克思、恩格斯反复指出：“劳动首先是人和自然之间的物质交换过程”[①] 劳动并不是它所生

① 《马克思恩格斯全集》第23卷，第201页。

产的使用价值即物质财富的唯一源泉[①]“劳动和自然界一起才是一切财富的源泉”，“自然界提供劳动以材料，而劳动则把材料变为财富”[②]。现代科学技术迅速发展，高分子化学在合成化学工业的应用，可以制出数以万计的五光十色的合成材料；材料科学和分子生物学的最新成就，为在“分子水平”上设计、制造新材料开辟了无限前程……但是所有这些并不能取代自然和自然资源在经济发展中的作用。如同列宁指出的：“人的劳动是无法代替自然力量的，正如俄尺不能代替普特一样。无论在工业或农业中，人只能认识和利用自然力量的作用，借助机器和工具等减少利用的困难”[③]。

环绕人类的自然界即自然环境，并非整个自然环境都是自然资源，只有在当代科学技术水平下，有可能利用来增进人类福利的自然物质要素，才构成自然资源。换言之，在当代科学技术水平下，有可能进入经济再生产过程，作为劳动对象发挥作用的一切自然物质和能量，就是自然资源。由此可见，自然资源这一概念的内涵是相对固定的，而其外延即自然资源囊括的范围，则是随着人类认识自然的深度与广度，驾驭自然的能力的增进而不断扩大的。例如，地球的核心层——“地核”（距地表6300余公里）由熔融的铁、镍构成，其有用成分的含量远远超过地壳中最富的铁、镍矿。一次火山爆发释放的能量，远远超过装机百万千瓦大型电站发出的能量，但是，当人类尚不能利用和控制它们，使之并入经济再生产时，那么，它们就仅仅是“自在之物”，而非自然资源。

自然资源种类繁多，为了合理开发利用自然资源，就需要认识、掌握各类资源的特性。对自然资源可以从不同角度进行分类。

首先，从其发生形成的起源和固有特征划分，可分为耗竭性和非耗竭性资源，前者如多种矿产资源和森林资源等；后者如太阳能、风能等。耗竭性资源，按其是否可再生（更新），又可分为再生性资源和非再生性资源，前者如森林、水产资源等，后者如各种化学燃料和金属矿物等，非再生性资源，按其能否重复利用，又可进一步划分为可重复利用资源与不能重复利用资源，前者如许多金属矿，人们以铁矿石为原料冶铁炼钢轧材制

① 《马克思恩格斯全集》第23卷，第56—57页。
② 恩格斯：《自然辩证法》，曹葆华译，人民出版社1961年版，第137页。
③ 列宁：《土地问题和“马克思主义的批评家”》，《列宁全集》第5卷，第89页。

器，以钢铁为原材料制成的各种机器、金属制品在它们使用报废以后，其“残骸”可以回炉重新冶炼成钢铁，故称为可重复利用资源；而煤炭、石油、天然气等化石燃料，无论作为燃料或化工原料使用后，一般说难再重新变成原物使用，故称之为不能重复利用资源。

其次，从资源所处的空间位置可划分为陆地资源、海洋资源、大气和太空资源。陆地资源又有地表资源（如土地、地表水和森林等）和地下资源（多数矿藏和地下水等）之分。

采用矩阵形式，可将自然资源各种分类归纳如下表：

<table>
<tr><td></td><td colspan="3">按资源空间位置分类
按资源特征分类</td><td>陆　　地</td><td>海　　洋</td><td>大气和太空</td></tr>
<tr><td rowspan="5">自然资源</td><td rowspan="3">耗竭性资源</td><td colspan="2">可再生性资源</td><td>土　　地
森　　林
牧地草场
野生动植物
水　　产</td><td>海底森林
海洋生物资源
海洋渔业</td><td></td></tr>
<tr><td rowspan="2">非再生性资源</td><td>可重复利用资源</td><td>各种非消耗性金属矿产</td><td>海底矿藏</td><td></td></tr>
<tr><td>不能重复利用的资源</td><td>煤、石油、天然气、地热等地壳能源消耗性金属矿产</td><td>海底石油等</td><td></td></tr>
<tr><td rowspan="2">非耗竭性资源</td><td colspan="2">恒定性资源</td><td>核能</td><td>核能（氘、氚）</td><td>太阳能</td></tr>
<tr><td colspan="2">亚恒定性资源</td><td>水能</td><td>海洋动力资源（潮汐能、海流波浪能、海水温差能等）</td><td>风　能
降　水
大　气</td></tr>
</table>

二　我国资源概况

（一）能源资源

我国是一个各类能源资源兼备，尤以煤炭资源丰富的国家。我国的煤炭资源储量多、煤种全、煤质较好，已探明储量达 7276 亿吨，预测地质储量达43000亿吨以上，仅次于苏联，居世界第2位。我国煤炭资源分布面广，全国两千多个县中，已探明有煤炭储量的就有1060个县，但储量分布很不平衡，山西一省储量超过2000亿吨，内蒙古1900亿吨，连同贵州、安徽、陕西三省，这五个省（区）的探明储量就占全国总探明储量的3/4，而江南九省（市、区）煤炭储量合计不足130亿吨，仅占全国总量的2%，1983年我国原煤产量为7.15亿吨，比新中国成立初期，增加了21倍，居世界第3位。我国具有良好的石油与天然气生成的地质条件，陆上可能含油气的盆地沉积面积不下400万平方公里，近海海底也蕴藏着丰富的油、气资源，据国内外石油地质专家推算，石油资源的远景储量可达300亿—600亿吨。目前尚处于勘探、开发的初期，已探明的石油资源，主要集中在东北和山东、河北两省，已探明的天然气资源主要集中在四川，现已有180多个油气田投入开发，大型石油基地有大庆、胜利、辽河、华北、中原和克拉玛依等。1983年原油产量达到1.06亿吨，居世界第7位。

油页岩是一种含有机质的岩石，发热量一般为每公斤1000多大卡，我国油页岩探明储量300多亿吨，90%以上集中在吉林、广东和辽宁三省。

我国疆域辽阔，河流众多，上、中游落差大，水力资源极为丰富，理论蕴藏量为6.8亿千瓦，居世界首位，其中可开发利用水力资源为3.78亿千瓦，年发电量可达1.92万亿度，相当于1983年全国发电总量的5.5倍。我国水力资源主要集中在西南地区（占68%），其次为中南（15%）和西北（10%）。

我国沿海潮汐能资源总量约1.1亿千瓦，其中可供开发利用的3000多万千瓦。

目前原子核裂变的“燃料”主要是铀和钍，我国铀矿的探明储量居世界前列，可以满足国防工业和本世纪末建设1000万千瓦核电站对铀矿的需要。

我国能源资源结构和分布上的特点，决定了在能源资源开发和能源消费上不可能照搬工业发达国家以石油、天然气为主的做法，而应从我国实际情况出发，以煤炭为主，逐步增加水电的比重，多种能源互相补充，因地制宜，各地区有所侧重。

目前煤炭在我国能源生产与消费结构中约占70%，今后可能略有下降，但在相当长的时期内，煤炭仍将是我国能源的主力，这是由煤炭资源占我国能源资源总量的67%左右的客观情况所决定的。

70年代末80年代初，我国石油、天然气后备储量不足，一度严重制约了油、气开采量的增加，经过调整，加强勘探和油矿藏规律的研究，从1983年起我国石油资源的开发进入了一个新的发展时期。今后在继续加强陆上油、气勘探的同时，积极开展海上石油的对外合作勘探，以保证在储量增加的基础上，实现石油、天然气生产的稳步增长。

水力资源是可年复一年不断使用的非耗竭性能源。水电与燃煤、燃油电站和核电站相比较，又是一种清洁能源和廉价能源（水电成本一般为火电成本的1/4）。我国水力资源丰富，占能源资源总量的30%左右，而目前已开发利用的不到4%，在能源生产结构中只占3.7%，今后宜逐步加快水力资源开发速度，提高水电在能源生产与消费结构中的比重。我国南方煤炭资源贫乏的地区，有些地区水力资源丰沛，有些地方邻近水力资源，正可发挥“水、煤互补”“水、火（电）调剂”的作用。

核电站是能源生产中的新部门。根据一些工业发达国家二十多年来发展核电的经验，目前核电站已经在安全性、经济性、负荷系数等主要方面赶上或超过常规电站。我国在华东、广东、辽宁等工业高度集中，常规能源严重不足的地区，积极稳妥地发展核电，是平衡上述地区能源产需缺口的有效途径。

对于其他能源——太阳能、潮汐能和生物质能（沼气等），在条件适宜的地区，因地制宜逐步发展，将在各自地区发挥辅助能源的作用，更好地满足国民经济对能源的需要。

（二）矿产资源

我国是世界上矿产种类比较齐全、储量可观的少数国家之一。截至1983年已探明有储量的矿产已达136种，除地壳能源已于前述外，其他矿产资源情况如下：

储量居世界首位的有钨、锑、锌、稀土和锂等。钨矿金属储量为国外各国总储量的3倍多，稀土矿储量，相当于国外稀土总储量的4倍，锑的储量占世界的44%，其他如锡、钼、钛、汞、铅、铁、金、银等金属矿产储量也居世界前列。非金属矿产中，储量居世界首位的有：硫铁矿、菱镁矿和硼，磷矿居世界第二位，石墨、萤石也居世界前列。

由于成矿特点，我国矿产资源也存在一些值得重视的问题。

（1）相当一部分矿种富矿少贫矿多。如我国铁矿储量达440亿吨，居世界第三位，但贫矿居多，难选的赤铁矿占相当比例，富矿既少，又分散，不利于开发。我国锰矿的储量也居世界第3位，同样是富矿少、贫矿多，且选矿性能差的碳酸锰矿居多。铝土矿储量居世界第5位，但含硅高、冶炼较困难的一水型铝土矿（$Al_2O_3 \cdot H_2O$）居多。铜矿中含铜低于1%的贫矿占2/3。

（2）伴生矿多。一矿共生，伴生多种组分，这一方面是好事，但在分选、冶炼上带来许多困难。如我国钒的储量居世界第1位，但90%分散在其他矿种中。

（3）有些重要矿种，我国比较稀缺，如铬铁矿等。

和其他国家一样，我国矿产资源的空间分布也是不均衡的。如铁矿：河北、辽宁和四川三省占全国储量的一半多，连同山西，安徽、湖北、内蒙古、山东、云南六省（区），储量几乎占全国的80%。铜矿：主要集中在长江中下游、川、滇、山西（中条山），甘肃（白银厂）和西藏（昌都），上述地区铜矿储量占全国77%。铝矿：主要集中在晋、豫、黔、桂四省（区），储量占全国的82%。南方滇、黔、桂、湘、赣、粤六省（区），是我国的“有色之乡”，居世界第1、第2位的钨、锡、锑、锌、汞、铅绝大部分都在这些地区。磷矿：90%以上集中在川、滇、黔和湖北、湖南，特别是“三阳”（贵州的开阳、云南的昆阳、湖北的襄阳）。

有色金属冶炼和磷制品均属大耗能工业，我国有色和磷矿藏丰富的地区，许多能源也较丰富，是今后大耗能工业发展最理想的地区。

有些矿种则高度集中在少数地区，如钾盐96.8%在青海，金刚石97%集中在辽宁和山东，铂矿3/4集中在甘肃金川，钼矿大部分集中在东秦岭一带。

矿产资源分布的特征，不仅决定了采矿业的布局，对原材料工业和加工工业的布局也有重要影响。

（三）土地、森林、草场和内陆水域

我国土地面积约960万平方公里（折合144亿亩），占全球陆地面积1/15，居世界第3位。

从光热条件看，全国72.1%的地区处于温带、暖温带、热带和亚热带，农作物生长期的光热条件都比较好。从雨量条件看，湿润和半湿润地区面积占47%，干旱和半干旱地区占53%。从地形条件看，山地、高原、丘陵、盆地、平原各占33%、26%、10%、19%和12%。

144亿亩国土利用的现状是：耕地14.9亿亩（实际可能达到20亿亩），占国土面积的10.4%。桑茶果树橡胶用地5000万亩，宜农荒地5亿亩；草场47.9亿亩，草山、草坡6.7亿亩，合计占国土面积的34.4%；森林面积18.3亿亩，占国土面积12.7%（即覆盖率），另有宜林荒山荒地（包括现有疏林和灌木林地）18.4亿亩；沿海滩涂2600万亩，内陆水域4亿亩，城市工矿交通占地10亿亩，约占国土面积6.9%；其余30.9亿亩占国土面积21.4%的土地为沙漠、戈壁、冰川、沼泽等，利用难度很大。

我国土地资源总量很大，但人均水平不高。人均占有土地面积14亩多，只相当于世界平均数的30%；人均耕地1.5亩，只相当世界平均数的27%。这决定了珍惜土地特别是耕地，是我国的一项重要国策；也要求既对现有耕地实行集约经营，同时逐步从耕地上解放出更多的劳动力，把视野扩大到960万平方公里的领土和广阔的海域，向生产的广度与深度进军。

森林是生态系统的主体，又为国民经济各部门提供材料。我国的森林覆盖率只相当于世界平均水平的56%，离保持生态平衡要求达到的水平（30%）还有相当距离；木材的总蓄积量95亿立方米，人均不到10立方米，满足不了国民经济和人民生活对木材等林产品的需要。我国有广阔的宜林荒地，只要把已见初效的全民植树造林运动持久开展下去，扩大森林资源和林产原料的前景是很广阔的。

我国47.9亿亩的牧区天然草场，主要分布在西北和内蒙古、西藏、川西地区，其中自然条件差的荒漠和高寒草地占60%以上。目前生产力水平还比较低，平均每百亩草原的产肉量仅34斤，今后只要逐步加强草原建设，改变靠天养畜，合理调整畜群结构，提高质量，增产潜力是很大的

（如每百亩草原的产肉量澳大利亚为73斤，加拿大为422斤，美国为702斤）。另外南方有6.7亿亩草山、草坡还有待充分利用。

我国4亿亩内陆水域中，江河为1.8亿亩，湖泊为1.2亿亩，池塘、水库1亿亩，为渔业和各种水产资源提供了广阔发展的基地。过去由于“左”的指导思想和许多片面认识（如围湖造田，筑坝破坏鱼类洄游，水域污染等），水产资源一度受到严重破坏，十一届三中全会以后，形势逐年好转，今后应继续贯彻以养殖为主，养殖与捕捞相结合的方针，重点发展小水面的精养，建设一批稳产高产的鱼虾基地，通过加强鱼类管理，实行渔业许可证制度，控制捕捞强度。

（四）水资源

水，是人类和一切生物生命之源，也是工农业和运输业发展不可缺少的条件。水，作为地球上一个资源整体看，是非耗竭性的；而就某一地区、某座城市看，适合生产与生活对水质要求，又便于取用的水源却是有限的。

我国年平均降水量630毫米，年降水总量6万亿立方米，扣除蒸发外，河川年径流总量约2.66万亿立方米，居世界第6位，按人口平均计算为2660立方米，居世界第84位，只及世界平均值的1/4，只相当美国的1/5、苏联的1/7、加拿大的1/48，水资源的数量不很丰富，分布又极不平衡。广大的华北、东北和西北地区，均属少水带或干旱带（年降水量低于400毫米或200毫米），这三个地区的人均水资源量，还不到全国平均值的1/5。目前我国城市供水能力约600亿立方米（包括供工业生产用水和城市居民生活用水），对现有生产与生活的需要已难以充分满足，供水能力不足的，城市多达一百多个，严重缺水的城市20多个（主要在前述“三北”地区）。按照“翻两番”的要求，据有关部门预测，到本世纪末，总需水量将达到7300多亿立方米（其中城市和工业用水为1387亿立方米），进一步开发与合理利用水资源问题，其重要性和紧迫性已不亚于能源问题。解决的途径，一是要大力节约用水，无论在农业用水、工业用水和生活用水方面，节约使用和循环使用的潜力都是很大的；二是保护好现有水资源，防止污染；三是进行跨流域调水（主要是长江向黄河、海河等流域调水）。

（五）海洋资源

海洋是未来资源的宝库，海洋开发是世界新技术革命的重要内容。我国大陆海岸线长达1.8万公里，岛屿海岸线长1.4万公里，沿我国大陆东部和南部的渤海、黄海、东海、南海，总面积437万平方公里。在这片辽阔的海域内，蕴藏有丰富的多种资源。

在我国近海已发现6个大型含油气盆地——渤海盆地、南黄海盆地、东海盆地、珠江口盆地、北部湾盆地和莺歌海盆地。据国内外专家估计，石油蕴藏量少则几十亿吨，多则近百亿吨，现正积极开展海上石油的对外合作勘探与开发。

海水中含有近80种化学元素，每一立方海里的海水含氯8950万吨，含钠4950万吨，含钾1800万吨，含镁640万吨……利用海水晒盐我国已居世界首位，年产海盐1400多万吨；综合利用盐卤资源，已能从海水中提取氯化钾、溴、芒硝等30多种化工原料。

我国的海洋生物资源也很丰富，仅大陆架区域内的鱼类资源即达1000万吨，目前每年渔获量300万吨左右，占全国水产品总量的70%以上。除此之外，还有海藻（海带、紫菜等）、海兽（鲸、海豚等）和海洋药物资源，均具有较高的经济价值。

海洋能源方面，据普查资料，沿海潮汐能可装机2000万千瓦；波浪能，有的专家估算，大陆沿岸约1.5亿千瓦，渤、黄、东、南四海约5亿千瓦；海水温差和盐度差的能量，估计分别为5亿千瓦和1亿千瓦。从长远看，海洋能源是解决华东、华南地区能源不足的重要途径；现在开发利用还刚刚开始，仅相当于潮汐能的1/5000。

三 资源开发利用的几个战略问题

（一）按照客观规律开发利用自然资源

认识自然是利用自然的前提。对自然资源进行全面系统的调查，加强理论研究，掌握自然资源形成与演变的规律，按照客观规律，开发利用自然资源，就可以事半功倍。反之，就会事倍功半，甚至劳而无功或劳而有害。50年代末，在我国地质学家提出的陆相沉积盆地石油生成理论指导下，发现大庆油田，一举摘掉“贫油国”的帽子，就是明显的成功例证。70年代初，从扭转“北煤南运”的主观愿望出发，不顾煤炭成矿规律，把煤田地质勘探和矿井建设的重点放在江南地区，造成巨大浪费，也从反面证明按照客观规律，开发利用自然资源的重要性。

各类资源有其不同的固有特征，决定了开发利用这些资源的不同原则。

比如，对非耗竭性资源，特别是其中的恒定性资源（如太阳能等），应坚持在可能条件下最大限度地加以开发利用，因为它们既不会因为人们的利用而减少，也不会因为人们不利用而积累增加，故应尽可能充分利用；否则，那滔滔的江河激流、汹涌澎湃的潮汐、阵阵呼啸的狂风和太阳日照中蕴藏的巨大能量，将“枉自空流”。

对耗竭性资源则共同存在一个合理的有节制的开发利用问题，根据不同种类，还各有特点。比如，非再生性资源，其形成需万年亿载，用多少相应地减少多少，节约地使用资源就是一个突出问题。煤炭等化石能源不可能重复利用，节约使用的重点在提高能源利用效率。多数金属矿产属可重复利用资源，回收利用就成了重要的节约之道。现在全世界一年废钢铁的回收利用量已相当于每年钢产量的一半，我国一年回收的废钢铁量每年就近两千万吨。废金属回收重炼，既节约矿产资源又节省能源与活劳动消耗，还有利于保护环境，一举多得，已成为许多国家的一项重要政策。如联邦德国依靠废金属回收重炼的产量已分别占到锡产量的46%、铝产量的45%、钢铁的40%、铅产量的30%、锌产量的25%。

对可再生性资源，则存在按这些资源固有的繁衍、更新规律，安排开发利用计划，在保证这些资源“自然再生产”的基础上，实现人类对其永续利用的目标；严防违背自然规律超伐酷捕、竭泽而渔造成资源萎缩与枯竭。如对耕地，要坚持用地与养地相结合；对森林，要把采伐量严格控制在生长量之下，明确育（林）重于采；对草原，要实行以草定畜，防止草场超载造成草原退化。以使资源的开发利用与整治、保护统一起来，兼顾近期利益与长远利益。

（二）加强对自然资源的调查、勘探，进一步摸清家底

新中国成立以来，在自然资源的调查与勘探上做了大量工作，取得了很大成绩。但由于国土辽阔，资源既丰富又复杂，不少资源家底至今不清，数据不准，勘探程度不足。以矿产资源为例，现有煤炭精查储量就远不能满足今后煤矿建设规模的需要。为了进一步摸清家底，为我国经济建设战略目标的实现及时提供充足的资源储量，一方面要广泛采用遥感、地球物理、地球化学等新的资源调查和勘探技术，装备先进的钻探设备，扩大勘探范围，开辟新的勘探领域。以陆地，能源为例，目前煤炭资源的储量只计算到埋深1000米以内，如果和其他许多国家一样，延伸到埋深1500米，则储量可以大增。再如对天然气资源的勘探，长期只限于油系天然气（指油层及含油地层中形成的天然气），我国煤系地层分布广，含煤地层达一百多万平方公里，煤系天然气（指煤层及含煤地层中形成的天然气，简称煤成气）有良好前景，据有的专家估计，总量不下于几百亿立方米。与此同时要重视地质等资源科学的基本理论研究，在成矿理论和其他资源形成与演变理论的指导下，进行找矿和各种资源调查。在自然界，各种资源是互有联系的整体，综合勘探、综合找矿，是提高勘探效率的有效形式，为此，亟须改变目前找矿队伍分工过细，分别隶属各自主管部门，找甲种矿的见着与之共生的乙种矿不管，造成重复勘探和勘探遗漏的弊病。

（三）制定自然资源开发利用的全面规划

在自然资源全面、系统调查勘探的基础上，从我国资源特点和国民经济发展的需要出发，确定适合我国国情的资源战略，制订自然资源开发利用的全面规划，是关键的一环。

全面规划，首先要对自然资源的开发、利用、整治、保护进行通盘考虑。这既是自然资源生成演变规律的要求，更与我国资源特点有关。我国许多资源，从总量看，居于世界前列，而从人均占有量看，则低于世界平均水平，这一特点决定了，既须适应国民经济发展的要求，逐步扩大自然资源开发利用的规模，又要十分珍惜、保护和培植自然资源。

其次，要根据我国各类资源的丰、缺和供需平衡的不同情况，以及国

际资源产品市场的变化趋势，确定各类资源开发利用的技术经济政策，以及相应的进口、出口与储备政策。充分发挥我国钨、锡、锑、钼和稀有、稀土金属等资源丰富矿种的优势，扩大出口，逐步变矿产出口为产品出口，力争长期保持卖方市场；对资源短缺，不能满足国民经济发展需要的矿种（如铬、钾盐等）则积极组织进口，并建立必要的战略储备。

（四）合理利用资源，提高资源利用效益

首先，采矿业等以天然资源为劳动对象的部门，要提高回采率，改变目前一些单位存在的采富弃贫、采厚弃薄、采易弃难造成回采率过低、资源浪费严重的状况。

其次，对资源进行合理分配，保证各类资源重点用到国民经济效益最高的部门与产品上，这是从宏观决策上，提高自然资源和原材料利用效益的关键环节。例如，原油既可以作燃料，又可作化工原料，而两者效益则相差很大。我国每年生产的 1 亿吨原油，约有 1/10 作为燃料烧掉，而用作石油化工和化肥原料的用油仅占石油产量的 2. 3%（工业发达国家一般占 6%—10%）。今后进一步继续压缩烧油，增加石油化工和精细化工用油的比例，同样 1 亿吨原油创造的价值，就可比现在高许多倍。

再次，对已开采出来的资源，要通过多方面、多环节的利用，充分发挥其有益组分或功能的作用，

一是综合利用。矿产等自然资源，通常不是以单一元素的形态出现，而是以各种元素的化合物或混合物的形态存在。单独利用某一元素，就会使其他有用组分变成生产排泄物（即通常所说的“三废”），既浪费了宝贵资源，又造成环境污染。克服“单打一”，对资源实行综合利用，既可以“物尽其用”，又有利于提高经济效益。共生矿、伴生矿多，是我国矿产资源的一大特点，如许多有色金属矿都是硫化矿床，在有色金属冶炼中，同时回收硫酸气体，就可为硫酸工业提供大量原料。再如著名的攀枝花和白云鄂博铁矿，分别伴生有钒、钛和稀土金属，开采、冶炼中回收这些伴生元素的价值远远超过铁本身。煤炭、石油、天然气和各种农产原料，综合利用途径更为广阔。以木材为例，把原木加工成锯材，利用率仅 50%，利用制材剩余物，生产人造板，利用率就可提高到 80% 以上；如果把采伐、

造材和木制品加工中的剩余物全部利用起来，木材利用率还可进一步提高。

二是循环利用。工业生产对某些资源，往往是利用其某一功能。如许多工业部门使用的冷却水，水在生产中只是作为热载体，发挥热交换的功能，除少量蒸发外，水本身并不消耗，因而可以多次循环使用（用于冷却或用于其他环节）。目前我国工业用水循环利用率不到40%，是工业用水单耗高（我国工业总产值相当于日本1/4，而工业用水量已超过日本）的重要原因。其他方面，比如，工艺用蒸汽、包装材料等都可通过循环重复利用提高资源利用效益。

（原载《经济研究参考资料》1985年第62期）

推进区域合作是落实区域发展总体战略的重要内容 *

今年2月15日，胡锦涛总书记主持中央政治局第39次集体学习时，强调要“把促进区域协调发展摆在更加重要的位置，切实把区域发展总体战略贯彻好、落实好”。国民经济是各地区区域经济有机耦合而成的整体，区域协调发展是国民经济平稳、健康、高效运行的前提，是科学发展的重要内容与任务，是实现可持续发展的前提；作为地区经济发展很不平衡的多民族大国，区域协调发展不仅是重大的经济问题，也是重大的政治问题、社会问题和国家安全问题；所以促进区域协调发展是全面建设小康社会，构建社会主义和谐社会实现共同富裕的必然要求，是社会主义现代化建设战略任务的重要组成部分。

党的十六届五中全会，提出了国家区域发展总体战略，勾勒了走向区域协调发展的路径。

区域发展总体战略，由“一个目标，四个要件”组成。

区域协调发展的目标与标志是：各地区居民能享受到均等化的基本公共服务（义务教育、公共卫生和基本医疗保健服务、城乡全覆盖的社会保障体系等）。四大要件：一是国民经济和区域发展总体战略布局，二是不同区域各自的功能定位，三是相应的区域政策导向，四是健全区际间协调互动发展的机制。

我国疆域广袤，各地区自然条件、资源禀赋、社会人文和文化积淀、经济社会发展的现有基础与发展潜力差异很大；根据一定时期国民经济发

---

* 本文是作者在陇海兰新经济促进会第十一次年会（2007年6月29日）上的讲话。

展的目标与任务，从区域空间侧面，对经济社会发展合理布局，是经济发展战略和国民经济与社会发展规划的重要内容，亦是区域发展总体战略的“纲”。

对于幅员辽阔的大国，为拟定总体战略布局，通常需要借助显示区域差异的“区域划分”（简称“区划”）、随着国家经济的发展变化，在国家层面的“区划”上，经历了“2334”的变化；在上世纪五六十年代采用的是沿海、内地的“两分法”，毛主席“论十大关系”的报告中有关当时国民经济的空间布局，就是以沿海与内地的关系为纲；到上世纪六十年代中后期至70年代中期，鉴于当时的国际形势，经济布局是按三线、二线、一线的“三分法”部署（“三线”指战略大后方，“一线”是国防前沿，两者之间的地区为“二线”）。改革开放以后，“六五计划”（1981—1985年）中的“地区经济发展计划”，除继续按沿海、内陆地区部署外，补充了对“少数民族地区”安排的专门章节，并启动了以上海为中心的长江三角洲经济区和以山西为中心的煤炭重化工基地经济区的规划，规划内容既包括经济发展，亦包含国土开发整治。从“七五计划”开始，改按东、中、西三大经济地带的“三分法”，东部地带包括辽宁、河北、北京、天津、山东、上海、江苏、浙江、福建、广东和广西11个省（市、区），西部包括四川、云南、贵州、西藏、陕西、甘肃、宁夏、青海和新疆9个省（区），其余9个省（区）属中部地带（黑龙江、吉林、内蒙古、山西、河南、湖北、湖南、安徽与江西）；上述“三分法”一直延续到“十五计划”。时至世纪之交，党中央提出了实施西部大开发战略，党的十六大提出了“支持东北地区等老工业基地加快调整和改造”，随后又作出了促进中部地区崛起的决策，这样到编制“十一五规划”时，业已形成了“四大板块”的区划格局，即西部地区12省（市、区）（重庆、四川、云南、贵州、广西、西藏、陕西、甘肃、宁夏、青海、新疆和内蒙古），东北三省（辽宁、吉林、黑龙江），中部地区6省（山西、河南、湖北、湖南、安徽、江西）和东部地区10省（市）（北京、天津、河北、山东、江苏、浙江、上海、福建、广东、海南）。依托“四大板块”的空间架构，党的十六届五中全会提出了：“坚持实施推进西部大开发，振兴东北地区等老工业基地，促进中部地区崛起，鼓励东部地区率先发展，健全区域协调互动机制的区域发展总体战略。”

高屋建瓴的总体战略布局，从全局出发为各“板块”和多层次的各类区域，明确功能定位、确定发展的重点与要点。如西部地区，“十一五”时期将继续突出基础设施建设、生态环境建设和教育科技的发展，突出重点地区优先开发、特色优势产业加快发展，使夯实长远发展基础、培育自我发展能力与加快近期发展有效结合；东北地区依托丰富的自然资源和基础设施条件比较完备，从体制、机制创新切入，激活庞大的存量资产和科技人才，推进产业结构优化升级，在改革开放中实现老工业基地的振兴；而中部地区的崛起，重在围绕“五基地”（粮食、能源、原材料、现代装备制造和高技术产业）、“一枢纽”（综合交通运输与物流枢纽）；东部地区率先发展则须坚持以率先提高自主创新能力、率先实现经济结构优化升级和增长方式的转变，率先完善社会主义市场经济体制为前提与动力。

为使各地区经济发展与人口、资源、环境相协调，国家《十一五规划纲要》提出了“根据资源环境承载能力、现有开发密度和发展潜力，将国土空间划分为优化开发、重点开发、限制开发和禁止开发四类主体功能区”，这是从人与自然和谐相处，尊重自然规律，在国土开发利用保护与建设上，因地制宜，保证可持续利用的一项带根本性制度建设；是优化空间开发结构、规范空间秩序的根本性举措。我国的老工业区、特大城市、大城市以至部分中等城市的老城区，经过半个多世纪特别是改革开放近三十年高强度的开发，经济密度和人口密度较高，有的已超过本地的环境容量，有的工厂甚至重污染企业与民居和其他设施犬牙交错，杂乱配置……只有通过“腾笼换鸟”“退二进三”等途径进行根本性的结构调整和“优化开发”，才有可能继续保持、提升经济竞争的活力和市民的宜居环境；继续发挥引领国家经济发展“龙头”地区和我国参与全球市场竞争、合作主体地区的作用，这些地区多划入优化开发区。

在上述“优化开发区”外缘或与其毗邻又有方便交通通讯设施相连、既有开发强度低，有充裕的可供新建项目使用的土地和环境容量，适于承载新产业、新项目或从优化开发区迁出企业的地区，属“重点开发区”，上海浦东新区、天津滨海新区、河北曹妃甸、西南的成渝地区、西北的关中—天水地区等都属于这一类型；另一类重点开发区源于重要资源的开发，或大型电站、综合交通枢纽、港口群兴起等契机，吸引来众多产业的空间集聚，陕北、内蒙古（鄂尔多斯）乌（海）和宁夏中北部，大型煤田、石油、天然气的开发，带来了发电、冶金、石化等衍生产业的发展；新疆天山北坡和南疆库（尔勒）阿（克苏）地区，亦大体类似；再如环北部湾地区，由于拥有众多深水良港，为进口原油、矿石发展炼油、石化、冶金和精品钢材提供了得天独厚的条件，都将成为西部大开发的重点开发区。

在国土疆域中，有些地区环境生态本底较差，承载力弱，过度和其他不合理开发，已造成生态功能严重退行性演变，且在更大范围的地理空间内承担生态屏障功能，关系较大区域范围的生态安全者（如大江大河上游和河流水源涵养补给区，生物多样性丰富地区，生态脆弱区、环境敏感区等），属于限制开发区；必须坚持保护优先，限制有碍生态修复和环境保护的各种经济活动，适当发展资源环境可承载的产业，人口超载的实施有序转移。根据国家《十一五规划纲要》和西部大开发“十一五”规划，全国22个限制开发区，17.5个在西部（大小兴安岭森林生态功能区跨西部和东北两个地区），大体有如下类型：一是森林生态功能区，如大兴安岭、川滇接埌地区、秦巴山区、藏东南高原边缘地区、新疆阿尔泰地区；二是河流源头与水源补给生态功能区，如青海三江源、甘南地区；三是荒漠生态功能区，如塔里木河流域、阿尔金草原、西藏羌塘高原、若尔盖高原湿地；四是沙漠化和石漠化防治地区，如呼伦贝尔、科尔沁、浑善达克、毛乌素和桂黔滇石漠化防治区，以及黄土高原水土流失防治地区和川滇干热河谷生态功能区。

禁止开发区是指各级政府依法设立的自然保护区、世界文化自然遗产、重点风景名胜区、森林公园、地质公园等，均须依法实行强制性保护，严禁与其主体功能相悖的开发活动。

对发展定位、主体功能各异的地区，国家实施分类管理的区域政策。如对西部地区，建立长期稳定的开发资金渠道，进一步扩大财政转移支付和金融服务支持的力度，支持西部继续加强基础设施和环境生态建设、培育壮大特色优势产业；特别是提高财力性转移体的比重和规模，以提高西部地区基层政府公共服务的能力，加快西部特别是西部农村科教文卫各项社会事业的发展，国际金融组织和外国政府提供的优惠贷款和技术援助资金，继续向西部地区倾斜。针对东北地区体制与结构的双重老化，中央财政提供补助做实基本养老保险个人账户、支持国有企业剥离社会职能与主辅分离，增值税由生产型转消费型率先在东北地区试点，设立专项基金支持企业技改、推进东北装备工业的振兴；而对中部地区，特别是区内的粮食主产区，则加大财政对农业基础设施建设的投入和种粮农户的补贴，以巩固、提升中部作为国家粮食基地的重要地位。在整个区域政策体系中限制开发区、禁止开发区和革命老区、民族地区、边疆地区、贫困地区、三峡库区和资源枯竭型城市受到特殊的关注，列入重点支持区域，通过加大财政转移支付与财政性投资的力度，支持其改善基础设施条件、保护好环境生态，改善义务教育、卫生防疫、文化体育等各种公共服务，使这些地区的居民能逐步享受到均等化的基本公共服务。国家级限制开发区、禁止开发区，相当一部分在西部，中央财政应为此设立专项资金转移支付，以维持生态修复、环境保护的经常性开支，为使其规范化、制度化，全国人大有必要为此立法；除财政政策、投资政策外，在产业政策、土地政策、人口管理政策和政绩考评上，亦都将体现因地制宜、分类管理原则。

区域协调发展，除依靠科学布局、制度建设、政策支持，还有赖于区际良性互动机制的健全，最主要的是市场机制、合作机制、互助机制和扶持机制。

不同地区要素供需平衡差异导致地区要素价格和投资回报率的差异，以及预期市场潜力的空间差别，导致要素的区际流动和产业转移，清除行政壁垒，打破地区封锁与行政性垄断，突破行政区域的囿限，充分发挥市场机制引导要素流动的作用，有利于经济发达、开发密度高地区的资本、技术和产业向欠发达、低密度地区顺势转移，推动产业布局优化和区域协调发展。

合作机制是指基于互惠互利原则的区际经济技术协作和人才、技术交流等。其中既包括像陇海兰新经济带这样以铁路大动脉为组带，横跨东中西 11 个省（区）绵延 4000 多公里的带状经济协作区；亦包括像“9 + 2”泛珠三角协作（9 指广东和广西、四川、贵州、湖南、江西、福建、海南；2 指香港、澳门两个特别行政区）这样横跨东中西三大地带和港澳的广域性区域联盟；亦有数省毗邻地、市自愿组成的经济区，如淮海经济区、中原经济区等；更多的是在同一城市群（带）内，各市、地、县自愿结合而成的城市联盟。区域（城市）联盟，凭借地方政府联手搭建的合作平台，企业等各类市场主体广泛参与，按照政府引导、企业对接、市场运作的方式，通过协议分工、长短互补、要素聚合、集成优势，实现联动发展，互利共赢。

互助机制是在上级政府指导协调下，东部经济发达地区、中央单位和国有大型企业集团公司与中西部欠发达地区结成对口帮扶组合，本质上属道义性援助，特别适合于人才培训、社会事业与公共服务领域的各类公益性项目。互助机制与合作机制的协同运作，通过叠加效应，往往能显著提高跨区合作的效率。

扶持机制是上级政府对经济欠发达和承担重要生态功能地区的下级政府，通过财政转移支付等方式，使其人均财政支出，足以支撑当地居民逐步享有均等化的基本公共服务；2006 年中央财政用于对地方主要是中西部地区的一般性转移支付资金为 1527 亿元，对民族地区转移支付资金为 155.63 亿元，2007 年预算中，上述两项将分别提高到 1924 亿元和 210 亿元，这两项转移支付，共增加 451.37 亿元。

对各类矿产资源开发、水电站建设造成的环境生态影响，如何补偿，对江河上中下游地区之间的生态补偿（横向转移支付）如何构建并逐步制度化，都是进一步健全区际良性互动机制亟待研究的课题。

我国区域经济发展的失衡，是历史进程中长期积淀的结果，扭转失衡，实现协调发展，也将经历一个较长的过程；不断加深对区域发展规律的认知与把握，贯彻落实好区域发展总体战略，并以实践中积累的新经验、理论研究的新成果不断充实完善区域发展总体战略，地区普遍繁荣共同富裕的新格局终将实现。

（原载《技术经济与管理研究》2007 年第 5 期）

东西互动、产业转移是实现区域协调发展的重要途径

党的十七大报告，在实现全面建设小康社会奋斗目标新要求中，特别强调了“增强发展的协调性”，统筹城乡、区域发展，基本形成城乡、区域协调互动发展机制，被列入未来13年实现全面小康目标新要求的重要内容。

推动城乡、区域协调发展的主要途径和“抓手”有二：一是通过财政转移支付等措施，实现各地区基本公共服务均等化；二是人口、生产要素和产业的跨区域流动；前者以政府为主导，后者依靠市场机制，以企业和自然人为主体，政府引导、推动。

东中西互动发展，是促进区域协调发展的重大战略举措，它既是深入推进西部大开发、大力促进中部崛起，全面振兴东北等老工业基地的需要，亦是进一步提升东部地区，特别是作为改革开放先行区和排头兵的经济特区产业层次，圆满实现率先发展的需要。

只有中西部地区，特别是中西部广大农村发展繁荣，占全国总人口一半左右的民众收入、购买力提高，巨大潜在市场需求显现化，才能为改革开放近30年来壮大起来的东部制造业创造新的市场空间。

只有中西部的开发繁荣，使沉睡多年的水能、天然气等清洁能源、优势资源纳入国民经济的周转，输送到东部城乡，才能有效支持东部“两个率先”顺利实现。

只有中西部的科学发展，遏制住日趋严重的水土流失、沙尘暴与洪涝、干旱等环境生态灾害，才能为地处大江大河下游与下风方向的东部地区的发展，提供可持续发展的安澜环境。

近些年来，东部地区特别是经济特区与特大城市，随着经济总量的快

速膨胀，土地、资源、环境等难负其重，营商成本持续攀升，诸多发展瓶颈渐显，通过对内、对外两个开放，“走出去”发展，走出去要发展的资源、要发展的新空间成为东部企业家出自肺腑的心声；对于东部优强企业，在做强的基础上，进一步做大，将生产基地、将价值链上的上游或下端……跨区域、跨国境的拓展布局“闯天下”，在经济全球化的当今，更是理所当然、势所必然。

正是在上述产业和要素空间布局态势的基础上，在政府围绕东中西互动、区域合作的政策引导和大力推动下，“万商西进、万企西移”潮涌神州。据不完全统计，从2000年开始实施西部大开发战略至今八年，东部到西部投资经营的企业累计近20万家，投资总额15000多亿元，其中从2005年11月第一次“加强东西协调互动进一步推进西部大开发工作座谈会”至2007年9月不到两年里，东部到西部地区投资经营的企业就增加了10万多家，投资总额7000多亿元[①]，呈现了东西互动领域显著拓展、东西互动方式不断创新、东西互动效益明显提高的大好态势。

2007年8月13日国家发展和改革委员会、国务院西部开发领导小组办公室、财政部和中国人民银行等联合颁发了《关于加强东西互动、深入推进西部大开发的意见》，11月中、下旬国家发改委和国务院西部开发领导小组办公室分别在京、津召开了“全国发展改革系统地区经济工作会议暨区域合作座谈会”和“加强东西互动深入推进西部大开发工作会议”，系统分析了东西互动、区域合作的进展，总结了区域合作互动的经验，对今后进一步推进区域互动合作作出了部署。

一　东西部合作互动大有可为

（一）相辅相成的两类合作互动

一是“对口支援”，二是互惠互利的经济技术协作。前者是依照行政指令，东部经济发达的省、市和西部欠发达省、自治区结成帮扶对子，按计

① 《“加强东西互动、深入推进西部大开发工作会议”23日在天津召开》，《经济日报》2007年11月24日。

划展开，尽管对口支援从起步时以“输血”为主，正逐步转向以培植西部地区“造血”功能为主，但本质上看仍属于道义性援助，它既是中华民族扶贫济困传统美德的承传和发扬，更是社会主义区际关系的应有之义。西部大开发战略实施八年来，东部地区为西部培训干部、专业技术人员超过30万人次，无偿捐助资金及捐物折款100多亿元。实践表明对口帮扶、无偿援助更适合于社会发展与公益领域，如文教、人才培训和医疗卫生等，对逐步实现基本公共服务均等化，改善西部地区，特别是西部农村的民生状况，具有重要作用。

另一类更大量的是互惠互利的区际贸易和经济技术协作，本质上属于市场行为，受等价交换等市场原则的支配。两类合作相辅相成，前者对推进后一类东西合作的开展，往往可发挥铺垫与先行作用。

（二）经济技术协作的三大构成

一是区际商品与服务贸易；二是跨区域要素流动，它又含区际人才和劳动力流动、区际资金流动、区际技术贸易与技术扩散；三是产业区际转移。

东中西部经济技术协作，绝大多数属于发展水平处于不同梯度、资源禀赋迥异的区际协作，互补性强。一般地说，处于高梯度的东中部地区，拿出协作的要素主要是资金、技术、品牌、经营管理等；处于低梯度的西部地区拿出协作的要素主要是天赋资源，相对低廉的劳动力，较广阔的潜在市场；在当前还有一个要素，即大量闲置的存量资产。

东部发达地区附着于既有产业上的资金、技术等资源，由于当地要素成本上升，或市场渐趋饱和，要素报酬率呈下降趋势，追求要素高报酬率，或开拓市场成为驱使产业和要素外溢，寻求投资新空间的动力。事实表明：发达地区产业结构调整升级的步伐越大，市场主体越发育，要素外溢的愿望就越强烈，外溢规模就越大。前述东资西进总额15000亿元中，上海占1700多亿元，山东1400多亿元，浙、闽各占1300亿元，北京753亿元。

东中部地区的资金、技术等进入西部地区，不仅带动了西部地区投资的增长，加快了西部优势资源的开发步伐，盘活了部分闲置存量资产，推动了西部国有经济布局的调整，促进了西部非公有制经济的发展，而且在思想观念的更新，经营管理理念的与时俱进上，发挥了潜移默化的作用。

随着国债发行规模的收缩和使用方向的调整，西部大开发资金今后将在更大程度上依靠社会资本，除了西部本土民间资本的培育、外资的引进以外，在相当大的程度上有赖于东（中）资西进，特别是东中部民营资本西进的强度。

重庆市璧山县近年的巨变，是有力的佐证：该县有80年的制鞋历史，但长期停留在家庭作坊生产低档鞋的水平，温州市奥康集团进入，通过建立“鞋都工业园”、“西部鞋材交易中心”等，吸引浙、闽、粤等地数十家制鞋厂和数百家商户入驻，使璧山一跃成为集制鞋、展示、交易、物流、储运于一体的“西部鞋都”，为当地提供了数万个就业岗位，仅托运一个行业，就吸纳了上万个从业人员；2007年全县财政收入10亿元左右，是2002年的三倍多；奥康集团亦通过投资西部，拓展了发展空间，一跃成为温州鞋业中年销售额首个突破20亿元的企业集团。

二　互利共赢是东中西合作常青不衰的关键

跨地区经济技术协作的实质是，交易各方通过要素聚合、构建集成优势，以实现各方双（多）赢的目标。

在市场经济中，一个项目（企业）现实优势的获得有赖于多种要素和条件，从土地、供水、供电等日常运营条件，到原材料、资金、技术等投入品和劳动力的取得，特别是经营管理、品牌与营销网络等诸多要素（以下简化为金、木、水、火、土）。如若某地区或某市场主体在金、木、水、火、土诸方面都很优越充裕，是难以出现对外协作动机的。反之，如甲地区甲市场主体在金、木方面拥有优越条件，而缺乏水、火、土或水、火、土条件欠佳，乙地区乙市场主体在水、火、土方面条件优异，而金、木方面短缺，甲乙两地双方就会表现出寻求协作伙伴的愿望，以图通过各自有利要素的互补集成，在某产品（产业）上形成竞争优势。

双方出现协作意愿，是经济技术协作的起点，它与协作的实现，还有不短的距离，能否快速平稳地走完这段路程，关键在互利双赢。互利双赢是指协作利益的分享，而分享“蛋糕”的前提是通过跨区协作确能提供新的“蛋糕”，即“协作净利益”。跨区协作，通过要素组合空间的拓展，在扩大获利空间与机遇的同时，也增加了“进入阻力”和风险，“协作利益”。扣除上述交易费用增加额后的余额即“协作净利益”。东中西合作的流程可简要概括为：首先是沟通信息，相互了解各自关切，寻找能给合作各方带来利益的共振点、契入点，选准合作项自，把“蛋糕”做大；其次是分享“蛋糕”（按市场价格形成机制，确定协作净利益的分割比例与分享方式），最后是协作契约的法律保护与纠纷调解。

东（中）资西进能否成功的关键，首先是投资回报预期能否实现。这又取决于进入领域、进入地区与地点、进入方式和进入要素的选择与匹配。按引入因素分析，首先是市场引力，但凡西部市场有需求、成品运输系数高的产品，走“销地产”之路，既可提高在当地市场的占有份额，又可节省运费，提高产出收益。娃哈哈集团、白猫集团、春兰集团、恒安集团、荣事达集团成功西进的事例就是明证。在占领市场上，需特别指出的是东部企业到西部地区建厂，不仅仅是进军西部市场，还可以西北、西南为据点，进军中亚、西亚、北非和欧洲市场，进军东南亚、南亚和印度洋地区市场，上述地区既有对我国长线产品的需求，又富藏我国短缺的战略资源，对于实现出口市场多元化，应对国际风云与境外商海的变幻，保证国家安全，具有深远的战略意义。

其次，是原料资源引力。西部地区蕴藏众多东中部所短缺的资源，东（中）资西进开发上述资源，就地加工或者初加工，是支持东（中）部制造业进一步发展壮大的重要方面：浙江一些企业在西部建立黄磷基地、水晶基地、皮革基地等都取得了双赢的成效。

东（中）资西进除了独资外，还有合资（包括中中、中外中）、合作、租赁、承包、托管、经营权转让、兼并、参股等多种形式。投入要素除资金、设备外，还可以技术、商标品牌、营销网络、管理模式等无形资产；后者有时比前者更重要。近年来，东西合作联手在西部共建各类园区，对推广新技术和园区建设管理经验，实现产业集群链式转移等方面收效明显，江苏和四川在都江堰市共建“四川·江苏都江堰科技产业园区”、江苏和新疆在伊犁州霍城县共建“清水河经济技术开发区江苏工业园”都是例证，值得倡导。

三 推进东西合作互动上新台阶

第一，提高认识。将推进东西合作互动、产业转移提高到落实科学发展和谐发展，完成十七大报告提出的全面建设小康社会奋斗目标新要求的重大战略举措的高度。

第二，坚持政府推动、企业主体、各方参与、市场运作、集成优势、互利共赢。政府引导、推动、服务的中心和目的在规范跨区合作规则，降低合作风险与交易费用，提高合作各方的投资回报预期和合作项目的成功率。

1. 搭建互动平台。现在为投资方、引资方服务的平台很多，著名的有“中国东西部合作与投资贸易洽谈会”，至今已举办 11 届；“中国西部国际博览会”至今已举办 8 届；“泛珠三角区域经贸合作洽谈会”，至今已举办 4 届，在 2007 年第四届洽谈会上，广东一省就签约产业转移项目 233 个，投资总额 246 亿多元。其他如“重庆投资洽谈会”、“中国兰州投资贸易洽谈会”、“中国青海投资贸易洽谈会”等等，今后宜淡化行政色彩，强化市场化操作，在政府有关部门的指导和监管下，由市场化的投资中介机构承办，常年运转，以降低招商成本、提高效率。

2. 做好互动规划。东部地方政府根据本地区结构调整、产业优化升级和“腾笼换鸟”的需要，拟定移出产业规划；西部地方政府，根据发展任务与发展基础，拟定引资和承接、对接产业移入的规划，可以更具体地发挥引导企业主体的作用。配合互动规划的落实，上海、浙江等由市（省）财政出资设立“国内合作交流专项资金”，对西进企业予以贷款贴息等政策扶持；考虑一些西迁企业有环境污染等问题，迁出地政府应支持企业就地提出技改或治理方案后，再行西迁。

根据《西部大开发“十一五”规划》，以下几个方面是值得鼓励的优先领域：

（1）鼓励东中部投资主体参与西部生态建设、环境保护和后续产业的开发。承包荒山、荒坡从事生态建设，土地承包期似可酌情延长。

（2）鼓励东中部投资主体到西部农村兴办龙头企业，发展农产品加工和农产品流通体系建设。东部地方政府采用贴息等方式予以支持，西部地方政府从减免税费上予以优惠。

（3）鼓励东中部投资主体特别是民营资本以参股、收购、兼并等多种方式，参与西部地区国有企业改制改组。西部地方政府在被兼并重组企业的历史债务、富余员工的处置等方面依法予以优惠。

（4）鼓励东中部投资主体，特别是民营资本参与西部资源开发，发展能源、原材料基地；欢迎东中部优势企业借助品牌优势，发掘西部潜在市场，到西部建厂或收购兼并西部现有企业，变“产地销”为“销地产”。欢迎东中部制造业转型升级，并将有关生产环节向西部延伸。

（5）鼓励东中部流通企业、金融企业营销网络向西部地区延伸，促进西部地区现代流通方式和新型业态的发展，加快流通经营与管理技术在西部地区的普及推广；畅通西部特色产品进入东中部市场的渠道；以低廉的交易费用向西部城乡消费者提供品种齐全的商品。

（6）鼓励东中部企业，采用 BOT（建造—运营—移交）或 TOT（转让—运营—转让）等方式参与西部公路、机场、港口等基础设施建设和供水、供电、供气、污水和垃圾处理等城镇公用设施建设。

（7）将东中西合作与对外开放相结合，鼓励东中部外资企业、中外合资企业参与西部国有企业的改组改造，将产业链向西部地区延伸；鼓励东中部投资者以多种方式参与西部陆路边境口岸经济的发展，利用边境口岸地缘优势到周边国家和地区投资，带动商品和劳务输出。

对于依托海运进入海外市场的内陆企业和沿海港口城市合作，有重要作用。新疆中基实业公司，在全球番茄酱行业中，生产能力位居第二，过去因远离港口，只能生产大桶番茄酱原料，近年与天津有关方面合资，组建“中辰番茄制品公司”，改成小罐装番茄酱，使每吨出口产品价格由原来的 500 美元提高到 1100 美元，成功地实现了产品与企业的战略转型。

参考文献

［1］国家发改委、国务院西部开发领导小组办公室：《西部大开发“十一五”规划》2007 年 2 月。

［2］陈栋生：《西部大开发与可持续发展》，经济管理出版社 2001

年版。

［3］张可云：《区域大战与区域经济关系》，民主与建设出版社2001年版。

［4］王田良主编：《深圳企业闯天下》，深圳报业集团出版社2007年版。

（2006年12月23日在“中国东西合作暨县域经济发展研讨会”上的发言要点，原载《东中西协调互动论》，经济科学出版社2008年版）

深化区域合作推进经济转型和协调发展

在20世纪70年代末80年代初改革开放起步时，跨行政区域的合作，曾被称为“横向经济技术协作”，形象地表达出它对冲破传统计划经济体制下按纵向行政系统调配资源的僵化体系，发挥过的历史性作用。按理说，在社会主义市场经济体制框架和国内统一大市场已经形成时，生产要素跨行政区域自由流动、产业的顺势跨区转移，本来不应该再成为问题，但在现实生活中却又确实是个“问题”。要素流动、产业转移，仍然遇到这样那样的“行政樊篱”和障碍。追根寻源，在于现有的财税体制，还有其他一些体制，决定了地方政府对本辖区的GDP、税源与税收等不能不作“本位思考”。由此视角看，区域合作障碍的根本消除，有赖于体制改革，有赖于地方政府职能真正归位到“宜居”、“宜业”环境的构建上。

从“六五”到“十一五”，6个五年规（计）划期，区域合作的成就表明，在根本性体制问题解决之前，只要上下左右齐努力，区域合作仍大有可为。

区域协调发展是保证国民经济平稳、健康、高效运行的前提，同时又是涉及社会稳定、民族团结与边境安全的重大社会问题和政治问题。实现区域协调发展，要求三方面的前提条件：首先是科学地规划布局（包括产业布局、城镇乡村体系布局、人口分布等）以及完善的空间规划与区域政策。其次还需要健全的区际协调互动机制。区际良性互动机制，包括市场机制、合作机制、互助机制、扶持机制和补偿机制等。除对口帮扶是基于道义性原则外，其他区域合作，尽管合作内容有别、形式多样，从学理上判读，都系基于市场互利原则，分别或综合运用上述机制。再次是依托地方政府联手搭建合作平台，企业等市场主体以及商会、行业协会等广泛参与，按照政府引导、企业对接、市场运作的方式，通过协议分工、长短互补、要素聚合、集成优势，实现互利共赢，联动发展。

区域协调的市场机制是指不同地区各种要素的供需平衡差异导致要素价格、投资回报率的地区差异，以及预期市场潜力的空间差别，从而进一步导致要素的区域流动和产业转移。这就要求不同地区之间必须破除地区封锁、行政性垄断等诸多壁垒，突破行政区域的囿限，充分发挥市场机制引导要素流动与产业再配置的作用。

合作机制是指基于互惠互利原则的区域经济技术协作与交流，包括区际商品与服务贸易，跨区域要素流动，含人才、劳动力流动，资金流动、技术贸易与技术扩散，以及产业的区际转移。进入新世纪，伴随国家区域经济战略由“第一个大局”向“第二个大局”的转换，产业有序转移与科学承接，成为区域合作的主旋律和核心内容，既满足了京、沪、广等特大城市向服务经济为主导的结构转换，沿海发达地区向高端产业与创新中心进军，急需“腾笼换鸟”、开拓新空间的需要，又有力地推动了中西部地区的工业化与城镇化，激活了欠发达地区丰富的人力资源、自然资源诸要素。

互助机制，是在上级政府指导协调下，经济发达地区、中央单位和国有大型企业集团公司与中西部等欠发达地区结成对口帮扶组合，本质上属道义性援助，特别适合人才培训、社会事业与公共服务领域的相关项目。如对口援建在汶川地震灾区重建中贡献巨大，积累了丰富经验，并进一步运用于对口援助新疆、西藏等地区的跨越式发展。发达地区对口帮扶是早日实现各地区基本公共服务均等化的重要举措之一。

目前，各地区按照自愿原则，由相关地方政府联合构建的区域合作组织对推进区域合作发挥了重要作用。按照合作组织涉及的地区范围和性质，主要有下述三种类型：

一是中心腹地型的大都市圈。改革开放初期，为沟通城乡经济与物资交流，发挥大城市“中心腹地”功能，许多特大城市、省会城市都与周边中小城市和县城联合组成中心腹地型经济区。进入21世纪，城市群已成为推进城镇化的主体形态，这类区域合作组织，相应担当起推进大中小城市和小城镇、农村新社区有机结合的城镇体系构建的职责，主要是推进各城市间、城乡间基础设施一体化建设与网络化发展，这样既增强城市集团竞争力，又能有效缓解“大城市病”。

二是跨地区带的大区域合作。和前者相同的是，同属于“异质区”，但涉及区域范围辽阔，往往地跨处于不同发展阶段的东中西地带，经济互补性强，是推进东中西互动、优势互补、相互促进、共同发展新格局形成的有效组织形式，对推进横跨东西、纵贯南北的全国性经济带的形成与完善有重要作用。如西南六省（市、自治区）协作、“9+2”的泛珠三角区域合作、长江沿线城市（区域）合作，陇海—兰新沿线城市（区域）合作、大京九经济协作带，等等。

三是数省接壤地（市）合作。和前两类区域合作不同的是，这类合作地区属于“同质区”。计划经济时期，在行政性资源配置下，离省会较远的地区，往往被有意或无意地边缘化。改革开放初期，相互接壤的数省边远地区，力图通过联合，摆脱困境，闯出发展新路。如徐州市周边隶属苏、鲁、豫、皖的20多个市（地）组成的淮海经济区，晋、冀、豫接壤一些地（市）联合组成的中原经济协作区等等。上述合作组织在推进区域合作的效能上，尽管受多种因素影响，但最关键的还是以下两点：一是能否坚持政府搭台、市场主体唱戏、社会组织广泛参与，特别是商会、行业协会参与的市场运作的工作模式和运行机制。二是是否有一个权威、务实、高效的组织架构。以沪苏浙皖一市三省泛三角协作为例，它们采用的是一个决策层、协调层、执行层的三级运作架构。决策层即“地区主要领导座谈会”，决定区域合作的方向、原则、目标与近期合作重点等顶层设计；协调层由参与合作的省、市常务副省（市）长参加的“地区合作发展联席会议”构成，具体协调落实决策后有关区域合作的决定；执行层包括设在各省（市）发展改革委员会内的“联席会议办公室”和各“重点合作专题”。上述架构兼顾了决策的权威性和高效的执行力，似可借鉴。

“十一五”以来，国务院陆续审批了一批跨省（市）的区域规划，如关中—天水经济区、成渝经济区等，相关行政区域间的合作，已不仅仅是相关地方政府间的“两相情愿”，而是共同负有合作落实已上升至国家战略层面区域规划的法定义务。

进入21世纪，在国家关注东、中、西地带性协调发展的同时，地方政府亦把省内区域协调发展放上了重要议事日程，2008年广东省委、省政府作出了《关于推进产业转移和劳动力转移的决定》，在此前后，山东省推出了济南、青岛和胶东半岛地区帮扶鲁西菏泽8县；江苏省组织苏南、苏中帮扶苏北；浙江、福建两省沿海发达地区与浙西南、闽西山区亦通过牵手结对构建“山（区）呼（沿）海（地区）应”帮扶机制，等等，这些实践都为区域合作、产业转移与承接积累了丰富的经验。广东实施“双转移”三年来，已有超过7000亿元的资本与产业转移至珠三角外围，使粤东西北地区近几年的工业固定资产投资年均增幅超过20%，搭建了35个省级产业转移工业园，入园项目2800个，到2010年已形成年产值近2000亿元的产业规模，培育了年纳税超百亿元的税源，提供了469万个就业岗位，帮助17万户贫困家庭通过转移就业实现脱贫。

共建园区是区域合作进入21世纪以来的创新，它既适应了由往昔单个企业转移，向企业集群、链式转移、承接新形势的需要，亦使欠发达地区在承接产业转移的同时，承接了发达地区在园区建设、管理以至城市建设、管理方面的理念与经验，使发达地区能直接参与承接地软、硬投资环境的构建，更有效地推动欠发达地区的工业化、城镇化。广东省的深汕（尾）特别合作区（深圳产业转移工业园为其启动区），可谓其中的典型。合作区按照“汕尾所有、深圳所用，汕尾管辖、深圳开发，汕尾发展、深圳拓展”的原则，深圳侧重负责开发、招商、管理，汕尾侧重负责社会管理和征地拆迁；合作区的地方级税收，依法扣除后，深、汕两市和合作区按1/4、1/4、1/2比例分成，两市分成全额或部分返还合作区。上述制度设计，既有利于园区尽快成形壮大，又使合作双方互利共赢落到了实处。

（2011年7月13日在“区域合作论坛”上的发言要点，原载《贵州社会科学》2012年第1期）

第三编

西部地区经济

西部地区工业发展战略研究

我国疆域辽阔，新中国成立前工业偏集东部沿海一隅。经过三十多年的建设与调整，工业布局已有很大变化，但地区经济发展不平衡的状况仍然严重存在。加之，我国东、西部地区工业发展的条件优劣互异，从工业的现有基础、基础设施的水平和智力、技术、经营管理经验、信息等软资源看，是东优西劣；从土地、能源和其他金属、非金属矿藏资源看，则西优东劣。上述基本态势决定了，东、西部关系是我国经济布局和地区经济结构中头等重要的课题。

十一届三中全会以后，在对内搞活、对外开放方针的指引下，沿海地区特别是四个经济特区、14 个进一步开放的港口城市和海南岛、珠江三角洲、长江三角洲、闽南“金三角”三个经济开放区和辽东半岛、胶东半岛的经济发展很快。在新形势下，如何利用各种有利条件，把西部地区经济搞上去，这是实现本世纪末和下世纪中叶全国经济建设总目标的需要，也是逐步缩小地区经济发展不平衡，实现各地区、各民族共同富裕、普遍繁荣的需要，它不仅是西部地区的共同志愿，也是全国人民共同的心愿。

从全国经济建设的总目标出发，深入地分析区情和外环境（区外、国外)，以保证国家赋予本地区任务的完成和经济、社会、生态各方面协调发展，人民生活水平逐步提高，是研究区域性发展战略的出发点和归宿。

一　西部地区工业的现状、发展条件和主要特点

新中国成立前，西部地区工业基础非常薄弱，工业产值仅占全国 1/10 左右，总共才 300 多个厂矿企业，而且绝大部分是以手工劳动为主、设备破烂的小型轻工厂和修配厂；少数民族聚居地区，甚至家庭手工业和手工作坊的发展都很微弱。1949 年西部地区工业产值仅 18.3 亿元，1982 年达到

861.2 亿元，三十多年西部地区工业生产增长了 46 倍，这表明西部地区的工业基础绝大部分是新中国成立后形成的。而最主要的是在下述三个时期：一是“一五”计划时期，二是“大跃进”时期，三是“三线建设”时期。“一五”计划是以重工业建设为中心的；“大跃进”时期贯彻的方针是“以钢为纲”、“地区自成体系”；“三线建设”是从战备出发，以军工和为军工配套的重工业为中心。西部地区工业的形成，决定了现在西部地区工业基础具有如下基本特点：（1）产业结构中重工业的比重超过全国平均水平，而重工业中的军工和原材料工业的比重，也超过全国平均的同类指标。(2）从企业规模看，大中型企业的比例高于全国平均水平，小型企业发展相对不足。(3）从所有制结构看，全民所有制占的比重高于全国平均水平，集体所有制和其他所有制的工业企业发展相对不足。(4）综合上述三点，简要说西部地区现有的工业，是以面向全国、远辐射为主的大型重工业企业为主。从产业的技术经济联系看，与地方经济联系不够紧密。(5）长期以来条块分割的经济管理体制，使大型企业与地方经济联系不密切甚至脱节的矛盾进一步加剧；造成西部地区经济“内循环”不畅。(6）西部地区工业生产力形成过程中，除了“一五”时期，调查研究深入、决策审慎外，在“大跃进”和“三线建设”中形成的生产力，或由于指导方针的偏差，或由于建设计划的实施在动乱环境中进行，严重违背基本建设的正常程序，使一些企业留下了“先天不足”的后遗症。以上诸种因素综合作用的结果，既影响西部地区工业企业生产能力的发挥、经济效益的提高，也使这些企业在带动地区经济发展中未能发挥应有的作用，使西部地区投资环境的改善进展较慢。

西部地区面积广袤（629.5 万平方公里，占全国土地面积的 65.6%），区内差异很大，为对其工业发展条件作出科学分析，看来需要大体以乌鞘岭—日月山—成都—昆明为界，分成近西部和远西部两大块。分界线以东为近西部，它和山西、河南、湖北、湖南等省一起，在全国生产力布局中构成中部内陆地带。近西部的特点是：能源、各种矿藏资源，特别是有色、稀有、稀土资源丰富，而且普查勘探程度较高，经济技术已有相当基础，是“三线建设”时期的主要建设地区，地理位置在全国居中，处于“承东启西”的地位和东部联系的交通运输骨架已基本具备，是我国当前和今后开发能源，建设原材料基地的重点地区，总的讲属于“成长型”经济。

远西部包括西藏、新疆、青海的大部分和川西、滇西、河西（走廊）。这一地区的水力、煤炭、石油的远景储量都非常丰富，但探明程度较低，离市场太远，除河西和北疆以外，目前还无铁路干线相通，区内文盲、半文盲的比例高，有的在 1/3 以上，有的超过 1/2，有些地区自然条件严峻（高原、高山峻岭、沙漠、冰土等）总的讲属于“待开发型”经济。

需要强调指出的是：以上只是大体的划分，两大部分交叉的情况还很多。如河西、北疆地区的现有基础和开发条件，并不亚于近西部的某些地区，而近西部中的定西和宁（夏）南（部）山区的现有基础和开发条件，甚至低于远西部某些地区。

二 工业发展战略的指导思想

根据西部地区工业的现状与发展条件，今后的发展可以有两种思路、两种做法。

一种是在国家已安排的重点建设项目以外再争取更多的国家投资的重点建设项目，以此实现产值更大、更快的增长。按这种想法制定发展战略，难免遇到两个问题。其一，国家投资是有计划分配的，在“七五”和“八五”前期以“两改一扩”为重点的情况下，西部地区投资的比重难以大幅度提高。其二，在西部地区各种关系还未理顺、投资环境还欠理想的情况下，即使有大量的投资，实现了产值较快的增长，经济效益也不一定就好，人民得到的实惠也不一定有很快的增加。

另一种思路是，在保证国家安排在西部地区的重点建设项目如期或提前竣工的前提下，充分利用重点建设项目建设时期和竣工投产后提供的市场需求和辐射作用，带动周围地区经济的发展。同时用大力气理顺各种关系，疏通内外循环。

开发经济不发达地区，从外部（区外、国外）输入一定的资金、物资、技术和人才是必要的。近几年来，西部地区各省正和发达地区各省开展多种形式的经济技术协作，在引进外资方面做了许多工作；有的同志还提出了建立“陆地窗口”“打开陆上对外通路”的意见，这些都是搞好对外开放所必需的。但终究“外因是变化的条件，内因是变化的根据”。首先，一个地区只有具备较好的投资环境，有较高的投资效益，才能成为吸引外部资金、技术输入的强磁场。其次，一个地区只有内循环畅通，才能更好地消化、吸收外部的各种输入，转化为自身的造血功能，具有旺盛的自我增殖能力，而不至于衰退为单纯依赖外部输入的受体。内、外循环尽管是互为因果的，而搞好内循环则是更根本的。

为了搞好内循环，需要理顺下述几个方面的关系：（1）协调好中央部属企业和地方企业的关系，特别是国防军工、科研单位和地方民用企业的关系。发挥部属大企业、军工企业多的优势，带动地方工业的发展。（2）调整工业所有制结构的关系，发挥全民所有制企业比重大的优势，带动城镇集体企业、乡镇企业、个体工业和手工业的发展。（3）处理好工业和农业的关系，重视西部地区多数省（区）农业生产水平低、商品率低、有大面积的老、少、边、穷地区和数千万生活还相当贫困的农村人口对今后工业发展的制约作用。重视发挥工业的主导作用和城市的中心作用，带动农业和农村的发展。（4）重视交通运输对工业发展的制约作用。既注意增加对区外沟通路，扩大通过能力，又重视区内运输网的逐步形成。在远西部要建立与当地人口密度低、货源零星分散特点相适应的以公路和支线航空为主的综合运输网体系。（5）重视第三产业发展的严重不足，对现有工业生产能力的发挥、效益的提高以及职工群众积极性发挥的制约作用，特别要重视钻沟进洞、孤立配置的大型基地、大型企业所在地区第三产业的发展，逐步实现“产、住、学”一体化。（6）西部地区是长江、黄河、珠江等大江大河的上游，是中部和东部地区的生态屏障，而自身生态平衡又相当脆弱，特别是西北和内蒙古地区。经济发展必须同停止生态破坏、增强生态平衡的恢复同步推进。（7）处理好工业发展和科学、教育、文化发展的关系。西部地区的西安、兰州、成都和重庆四大城市以及一批大型基地、大型企业的科技力量是相当雄厚的，有的不低于甚至超过沿海城市。可惜的是只有“水尖”，没有“水平”，从大面积看，西部地区科学、教育和文化的发展在全国恐怕是最低的。问题出在这里，解决的办法和出路也在这里。也就是要充分发挥四大城市和其他城市以及大型基地和企业的雄厚实力，逐步带动整个西部地区科学、教育和文化水平的提高。

理顺上述错综复杂的关系从何入手？从改变交通运输入手，从普及教育，提高群众文化技术素质入手，这些都很必要，但它们都需要大量的资金和人才，在良好的投资环境未建立之前，吸引来的资金和人才，可能难以达到预期的效应，而且这些措施见效都有一个较长的周期，这样就会形成一个互为前提难以解开的连环扣。为了解开这个连环扣，需要“眼睛向内”，从西部地区现有工业的基础和特点中寻找。三十多年来国家投入西部地区的建设资金 2200 多亿元（1952—1982 年累计），现有工业固定资产 1317 亿元（1983 年年末统计），主要集中在大型基地和大型企业，特别是军工企业和国防科研单位，潜力非常之大。把条块分割、封闭式管理下被压抑甚至窒息的能量释放出来，发挥它们设备、技术、人才雄厚的优势，带动地方经济的发展，是振兴西部地区经济最现实的启动力。军工企业除了生产合适的民品外，主要应扩散技术帮助地方现有企业进行技术改造、产品更新换代，促进城镇集体企业、乡镇企业和个体工业的发展。后两者是大基地、大企业和地区农牧业经济联系的中介。在大企业（大基地）—地方中小企业、城镇集体企业、乡镇企业—地区大农业之间建立起经济链，是畅通西部地区经济内循环的关键，是使西部地区经济从深度和广度方向发生显著变化的契机。

三　关于建设部署和若干政策建议

根据上述指导思想，投资决策时，在产业结构的安排上，要扬长避短、突出重点，从“短平快”入手，以短养长；在产业布局上，宜取“据点开发”方式，首先培养、壮大“发展极”，通过“发展极”的辐射扩散作用，联“点”成“带”结“网”；通过“发展极”的“墨渍扩散”作用由“点”到“面”。

（一）产业结构

西部地区从总体看，最大的优势是能源（特别是水力）和原材料工业（以有色金属矿藏和化学矿藏为基础），它们将成为西部地区经济腾飞时的主要支柱产业。但其开发的投资大、周期长，在价格体系全面调整前对地区经济带来的实惠有限。除了国家投资安排在这方面的项目和引进区外、国外资金进行适当规模的开发外，地方资金宜主要投向资金占用量小、周转快、盈利高的“短平快”项目，以实现“以短养长”，逐步积蓄、壮大区内财力。具体选择，主要根据现有基础、资源和市场三方面的条件，同时考虑下列原则：

1. 根据比较利益原理，“劣中选优”。西部地区有些行业、企业和产品的经济效益与产品质量在全国已占优势，继续提高、发展这些行业、企业和拳头产品自不待说。其他行业落后于别的地区，但落后的差幅大小不一，可以先从落后差幅小的行业抓起。

2. 辩证地看待和利用“交通不便”这个劣势。西部地区特别是远西部交通不便，对经济发展是一个很大的制约因素，使当地资源开发受到限制，产品难以打出去。但交通不便对区外产品的进入，同样受到影响。当然我们不是人为地保持这种状况，但当这种状况存在之时，要抓紧时机加以利用，充分利用当地市场，发展地方工业。只要当地有资源，通过引进技术生产出的产品比外地千里迢迢运进要便宜的产品，都应放手大力发展。如果考虑自然、民族和社会文化条件差异对产品需求特色的影响（如适合高原缺氧条件下行驶的汽车和各种民族特需产品），地方工业占领当地市场就更有利。特别是各种日常必需品，量大、不便运输（如酱油、醋等日用消费品），应该做到县县都能生产。发展这些产品，也许对总产值的增加作用不甚显著，但其经济效益不会低，人民可以立竿见影地得到实惠，特别是对改变西部广大地区的经济面貌与投资环境有潜移默化的作用。

如果各个企业（最好通过行业协会）对西部地区城乡居民生产、生活的需求进行调查，一定可以发现许多“需求”，还没有相应的产品加以满足，这样的市场，西部地区的地方工业应当尽可能加以占领。

3. 充分开发、加工各种“小资源”。要改变西部地区“坐在金山上过穷日子”的状况，长远看是要靠抱住能源、有色金属、化学矿等几个大金娃娃，为了有力量抱起这几个大金娃娃，起步时就得从抱小金娃娃着手。西部地区各种山货土特产（包括栽培的和野生的）异常丰富，现在不少货弃于地或不经加工成吨成包地卖出，肥水外流。重庆天府可乐畅销国内外是一个很有启迪意义的事例。应根据国内、国际市场的需要，对各种“小资源”确定开发利用方案，采用全民、集体、个体一起上的方式，逐步加以实施。

实现上述设想，除了依靠西部地区自身的科技力量外，重要的一条是欢迎东部地区（特别是浙江、江苏等省）的能工巧匠（包括已退休的技术工人）涌入。因为上述工业的发展，有的并不需要高深的科学，新兴的技术，更多的是依靠“适用技术”，甚至是“不显眼的技术”，而能工巧匠们正是这些“技术诀窍”的载体，有的还可以自带资金。对他们不是采用招聘方式，更不要求“扎根边疆”，而是创造必要的条件（如租赁住所、厂房等），以“创业致富”吸引他们投入西部的开发。这样做，可能要付出某些代价，但得远大于失。随着能工巧匠的流入不仅带来了适用技术和资金，更重要的是带来了商品生产和交换的“生意经”。西部广大地区，相对于丰富的矿藏等硬资源而言，这方面的软资源显得严重贫乏，补后者之“短”，才能有效地扬前者之“长”。

4. 在新兴产业上，发展和扩大“局部优势”。从全国来说，高技术的新兴产业的重点发展地区在沿海。西部地区要不要发展新兴产业？回答是肯定的。事实上，从60年代中期“三线建设”时，不少高技术产业已摆布在西部地区，例如，电子工业部部属企业的60%多就在三线地区。现在的问题是如何通过改造、调整、改善“小气候”，把“触角”伸到东部，在沿海开设“窗口”和沿海地区引进装配线的企业联合力争在某类产品、某些元、器件上形成“局部优势”，为元、器件的国产化作出贡献，在此基础上再逐步扩大之，这比“全面赶超”的想法可能更现实些。

（二）生产力布局

地区经济的发展，特别是不发达地区的经济发展，培养“发展极”至关重要。“发展极”开始通常是“点”，逐步联“点”成“带”结“网”。它们是带动整个地区经济发展的火车头。“三线建设”中的一个经验教训就是太“散”，忽视了工业和产业适当集聚的客观要求，这个教训是今后西部开发中要特别注意的。“点”状的发展极，首先是现有的大、中城市，要通过第三产业的发展，使其发挥多功能中心的作用；其次是不在城市的大基地、大企业，要通过敞开大门，走出去、请进来等办法，围绕大企业发展各种类型的地方企业、集体企业和个体企业，使之逐步成为具有多功能中心作用的城镇。“带”状发展极通常是沿水陆交通干线或高压输电线路发展的。以广西为例，这样的产业带，一是湘桂沿线，其枢纽点在柳州；二是西江—红水河沿岸，其枢纽点在梧州，后者将构成珠江—西江产业带的有机组成部分；以四川为例，这样的产业带是长江上游沿线和成渝沿线，宝成路成都—广元沿线，前者和长江中、下游产业带一起，且成长江产业带；以甘肃为例，其核心在陇海和兰新沿线，特别是其中的天水、兰州、金昌、嘉峪关几个基点，前者和陕、豫、苏等有关地区的工业一起，组成陇海沿线产业带；以内蒙古为例，主要在京包沿线，特别是呼和浩特—包头—东胜“三角”地区，它和宁夏、甘肃白银等将形成京包沿线产业带；以青海为例，重点则在一线（兰青沿线）三点（西宁、海东和柴达木）。

上述设想的实现，需要相应的政策措施，各方面已提出许多好的建议，下面补充谈三点：

1. 鼓励西部和东部地区企业、军工企业和民用企业之间相互渗股。西部地区多数轻纺、食品企业和东部地区同类企业，特别是名牌产品厂相比，经济技术上的差距较大，通过一般的跨区经济技术协作也可以逐步缩小差距。如果设想让东部地区，特别是一些生产名牌产品的厂家渗股到西部的同类工厂，这些工厂生产技术和经营管理面貌改变的速度一定可以大大加快。同样，西部的军工企业和其他大企业也可以到东部渗股或合资经营，这样可以弥补地处内地信息不灵、知识老化的不足，使自已在设备、技术方面的优势得以发挥和保持。西部地区的军工企业和本区大、中城市的民用企业更应该采取渗股等多种横向联系的方式，使原来分散配置的设备技术和市场条件，结合起来形成现实优势。而其最大的好处在于使工厂由原来无论是条条还是块块主管部门的附属物变成真正自主的企业。

2. 改进支援不发达地区资金的分配和使用办法。现在从各条渠道，以各种形式支援不发达地区资金的数额不小，仍满足不了需要，有必要从改进分配、使用方法上想出路，实现无偿支援有偿化，比如可否在西南、西北分别成立地区开发银行，各条渠道的资金，先集中到开发银行，银行根据各方面的申请，审查可行性研究报告，择优发放，并可利用利率等杠杆，对投资方向加以调节。

3. 给西部地区电力浮动定价的权利。水力资源丰富，水电成本低（如西北电管局系统的发电成本比全国平均成本低47%，售电成本比全国平均水平低20%），本应是吸引大耗能工业发展的有利条件，但目前地区电价反映不出这一情况，建议中央允许西部地区条件，但目前地区电价反映不出这一情况，建议中央允许西部地区在电力定价上有一定自主权，以有利于吸引大耗能工业向西部地区转移和电力尚有富余的地区（如西北），国家电网向农村供电，逐步改变农村以生物燃料为主破坏植被的现状。

（1985年7月为“中国西部地区经济发展讨论会”提供的研究报告，原载《工业经济管理丛刊》1985年第9期）

长江上游经济带发展的几个问题

党的十四届五中全会的《建议》和八届人大四次会议通过的《国民经济》“九五”计划和2010年远景目标《纲要》，把坚持区域经济协调发展，逐步缩小地区发展差距作为未来发展的重要方针；把长江三角洲及沿江经济带作为世纪之交重点建设的经济区（带）。这次长江流域沪蓉经济合作研讨会以长江经济带的“龙头”上海市与长江上游最大的省会城市成都市经济合作作为楔子，研讨长江经济带的发展，特别是长江上游经济带的构建具有重要意义。

长江流域面积占全国国土面积近1/5，耕地占1/4，人口占45%，粮食产量占40%（其中水稻占70%），棉花占1/3，水能蕴藏量2.68亿千瓦，占全国的53%，已探明有开采价值的矿种109种，占全国的80%以上，其中钒、钛、汞、磷等13种矿藏储量占全国80%以上，铜、钨、锑、钴、天然气等15种矿藏储量占全国50%以上。目前沿江地区国内生产总值约占全国41%，很久以来就是我国经济的主要重心区，又是极具发展潜力的增长区。

长江6300多公里，横贯东、中、西三大经济地带和华东、华中、西南三大经济区。长江上、中、下的经济带的有机整合、东西联动、协调发展，对全国实现区域经济协调发展与产业合理布局具有重要意义。

长江经济带和长江流域、长江沿岸是不尽相同的几个概念。从水系段落划分看，长江上游系指长江源头至宜昌段，其干流流经青海、西藏、四川、云南、湖北五省区，支流则及甘肃，陕西、贵州三省。如把长江上游105万平方公里的流域面积全部纳入上游经济带的范围，显然失之过宽，也不具现实的操作性。但如按干流沿岸仅包括重庆—宜昌段，则失之过窄；若以相同“规则”，中下游湘、赣、皖三省的中心城市长沙、南昌、合肥也不属长江经济带之内，这样割裂经济的内在联系，对长江经济带的发展实则不利。长江“黄金水道”固然是联结、构建长江经济带的重要纽带，但也绝不可忽视其他运输方式和通信网络等的重要作用。故此，我以为把四川全省和云、贵两省有关地区作为长江上游经济带是较适宜的。

长江上游是我国天赋资源最密集的地区，除人均耕地低于全国平均水平，已探明的能源、矿产资源中，除石油资源短缺外，其他多居全国前列。如水能资源的可开发量达1.7亿千瓦，占全国的46%，可建百万千瓦以上特大型电站34座，25万—100万千瓦大型电站52座；长江上游黔西、川南、川东和滇东北煤炭储量600多亿吨，占全流域的90%；四川盆地的天然气储量占全国的60%；长江上游的铁矿、锰矿、铅锌矿储量分别占全国的1/5，铝土矿、硫铁矿储量分别占全国的1/4以上，铜矿储量占1/3，磷矿储量占2/3。且多种资源的组合配套好、空间分布相对集中，为黑色冶金、有色冶金、天然气化工、盐化工、硫化工、磷化工和建筑材料等原材料工业及其后续加工业的发展提供了有利条件。在我国经济发展的新阶段，能源、原材料的供求矛盾仍将是重要制约因素，加快长江上游地区的资源开发，亦更显紧迫。长江上游丰富多样的农畜产品，支撑了轻纺食品工业的发展，烟酒丝绸等在全国占有重要地位。“三线建设”时期奠基的机电工业，在改革开放时期取得了新的进展，特别在大型电站设备等成套设备制造、工程机械、数控机床、彩色电视、通信设备和汽车、摩托车等方面具有相当的优势或基础。

从资源与要素的组合看，长江上游地区的“长项”是自然资源丰富、劳动力资源丰富、潜在市场容量大、资产存量也相当可观；“短项”是经济增长质量不高、竞争力强的产品少，效益较差，资金积累能力低，人力资本开发不足，社会资源相对贫乏。上述原因，加上地缘条件不良、交通运输不畅、市场发育滞后等因素的制约，使上游地区众多的潜在优势长期未能转化为现实优势，使上游地区经济发展明显滞后于中下游地区。

通过国家安排重大资源开发和基础设施项目，大力开展东西经济技术合作等外部“冲击”，打破上游的“稳态”结构，是加快长江上游经济带发展的重大举措。选择“沪蓉联手、共谋发展”作为东西合作的切入点，对整个长江经济带，特别是对上游经济带势必产生突破性的推动效应。

跨地区经济合作，始于70年代末80年代初，初始被定名“横向经济联合”，从其称谓即可看出，表明它是作为对传统体制下，依据行政指令的单一纵向联系的冲击与补充而萌生的；横向经济联合的历史成就与其历史局限同样明显。党的十四大确定建立社会主义市场经济体制后，横向经济联合，实质上已融入全国统一市场体系的建立，推进商品与要素的跨地区流动，市场主体突破行政区划、行政建制，依据经济规律选择投资区位、选择经营伙伴等内容。明确上述变化，对于地方政府在跨地区经济合作中的职能定位，对于以企业为主体推进跨地区合作，至关重要。

市场经济下，要素跨地区流动的主动因是寻求要素互补聚合，形成竞争优势，得到更高的投资回报率。市场竞争优势的获得，取决于资本、技术、管理、劳动力、自然禀赋、市场以及品牌商誉等无形资产的丰缺和供给价格。当一地拥有上述要素的若干种而非全部时，势必寻求区外合作伙伴，以求形成“互补优势”；这正是跨区合作的“共振点”或“接口”所在。“互补优势”带来的“协作利益”超过合作前各方投资回报率的余额，正是合作双方“利益共享”的源泉，实现双方“互惠互利”的利益基础。

经济发展低梯度地区（如长江上游较之上海与长江三角洲地区），一般而言，客观上存在地价、劳工成本相对低廉等优势，在此基础上，加强以法制为中心的各项“制度建设”和人力资本开发，实施“低门槛”政策，就有可能形成吸引高梯度地区要素进入的“虹吸效应”，实现以资源、资产存量和潜在市场等长项换取资金、技术、管理等短项，既盘活存量，又引进增量，加快长江上游的资源开发，提高加工深度，拉长产业链，逐步走上繁荣之路。

为加快长江经济带的崛起，在发展思路与对策上，以下诸点需特别注意。

1. 发挥成渝联动效应，健全城镇体系。对比长江中、上游经济带的中心城市，不难发现两者的差别。武汉市在中游是长江干流和京广铁路的唯一交汇点，决定了它作为长江中游首位中心城市的无争地位。在上游重庆市，尽管有川黔、襄渝铁路与长江干流交汇，而两路对长江上游的覆盖面远不及成昆、宝成二线。上述态势决定了长江上游经济带最大经济中心应为成渝“双星座”；而成渝铁路和新近建成的成渝高速公路为两市联动，共同发挥长江上游经济带经济中的作用提供了条件。

鉴于长江上游地区面积广袤、人口众多，以及经济发展的多层次性，在成渝两市和县城之间，宜择优发展一批大中城市；在县城利乡（镇）之间宜择优发展一批小城镇（建制镇）。逐步形成规模等级有序、功能衔接互补的城镇体系。以便更好地接受、传递高梯度地区的辐射功能，促进上游广大地区融入国内外大市场。

2. “东进”、“南下”并重。沪蓉合作利长江上游其他地区分别与长江中、下游和东南沿海各省市的合作，属“东西合作”，它在实现产业梯次转移、组织垂直分工或水平分工，由东进入国内外火市场，具有重要作用。而西南五省区七方联合，属于“西西合作”，十余年协作的实践证明了它在协调相邻省区大型基础设施的建设，港口与口岸的共同开发利用，组织协议性分工和由南进入国内外大市场，特别是开拓南亚、东南亚市场等方面有不可替代的作用。长江上游经济带的发展，需同时倚重这两种性质、内容不尽相同的跨省（区、市）协作，发挥互补作用。

3. 放小壮大，加快体制转换。国有企业改革的方向，党的十四届三中全会通过的《决定》早已明确，为何仍然步履维艰？从实践看，在于政府要掌握一定的资源，支付改革成本，解决传统体制下国有企业累积下来的种种包袱（如债务、富余人员的安置、企业办社会等），采取改组、联合、兼并、股份合作制、租赁、承包经营和出售等方式，放开搞活大量国有小型企业，使地方政府集中一定资源，支付大型国有企业的改革成本，加快大企业改制改组和技术改造的步伐，择优扶植骨干企业，推进长江上游经济带支柱产业的形成与壮大。

“放小”实质上是发掘社会资源，为民间资金进入产业开发开辟新路子。民营经济的发展可以加速市场多元主体的形成，加快市场氛围的形成；同时可提供大量就业岗位，缓解就业压力。

从近十几年东、中、西三大地带发展差距原因分析中可以看到：“六五”时期三大地带发展的差距主要源于国有企业发展速度的差别；到“七五”时期则主要源于集体企业特别是乡镇企业发展速度的差别；而“八五”时期更多地源于外资、私营、个体等“其他经济类型”企业发展速度的差别。加快体制转换，是加速长江上游经济带发展，逐步缩小和下、中游差距的前提。

4. 落实“科教兴区”，提高经济增长质量。长江上游作为相对欠发达地区，今后发展中外延扩大再生产的比重会高一些，但同样要转变经济增长方式，提高经济增长质量，把经济发展转移到依靠科技进步和提高劳动者素质的轨道。营造科技经济一体化的市场环境，加速科技成果市场化的进程，使成渝两市和国防企业与院所聚集的科技能量转化为现实生产力。通过跨地区合作，从上海、长江三角洲等发达地区，引进成熟适用的先进技术和管理经验，加大推广普及力度，做到引进、消化、创新相结合；通过产学研“三结合”，使企业成为技术开发的主体，实现由生产型、生产经营型向资本经营型的转变，提高适应市场竞争的能力。

5. 夯实农业基础。长江上游地区农村经济、农民收入水平与长江下游地区的差距，远甚于上、下游地区城市发展与城镇居民收入之间的差距。如1994年四川、贵州两省农民人均纯收入分别为946元、787元，相当于同年全国农民平均纯收入的77.5%和64.5%，相当于江苏省同年农民纯收入的51.7%和43%，相当于上海市农村同年农民纯收入27.5%和23%。故此，夯实农业基础，提高农民收入，繁荣农村经济，今后仍应置于长江上游经济带经济工作的首位。一是根据长江上游地区人均耕地资源少（只相当于全国平均水平的3/4），地貌复杂、光热资源较充分的特点，做到耕地资源与非耕地资源的开发利用相结合，农业资源的开发与综合利用相结合，全面发展林、牧、副、渔各业；二是围绕农副产品加工、发展乡镇企业。按照“公司+农产”等多种模式，使种植业、养殖业和加工业相结合，种养加贸一体化，发展多种中介组织，联结农产与市场，推进农业的市场化、产业化和现代化。面对新的市场态势，乡镇企业的发展要注意三点：其一，企业规模要大一些，技术起点要高一些；其二，企业要尽可能布局在交通沿线，形成工业集聚区，跳过“村村点火、处处冒烟”的社区经济阶段；其三，要做到以上两点，乡镇企业制度上要有所创新，走股份合作制或公司制之路，跳出“村”、“乡”行政区划之囿。

6. 重视生态环境保护，实现可持续发展。长江上游地区地貌类型、地质构造复杂、山地高原占国土面积的84%，生态系统脆弱，除频繁的干旱、洪涝灾害外，山体崩塌、滑坡、泥石流等地质灾害为全国之最。在经济发展中必须对资源开发和生态环境保护同步规划、同步实施，寓保护治理于开发中。对区外、国外引进的资金、项目，一切合理的优惠都可提供，唯独在履行生态环境保护责任方面，不能予以“优惠”。

（本文是作者在“沪蓉经济合作研讨会”的发言，原载《开发研究》1996 年第 4 期）

大西南开发的回顾与前瞻

20 世纪 30 年代抗日战争时期，部分工厂和大学的内迁，曾一度给四川等西南地区带来繁荣。六七十年代，“三线”建设时期，国家在川、黔、滇三省投资近千亿元，建成了成昆、贵昆、川黔、湘黔和襄渝五条铁路干线，建成了以国防科技工业为核心，重化工业为主体的大中型企业 1300 多个，为大西南工业布局的展开与经济发展，奠定了雄厚的基础。进入80 年代，受诸多因素的影响，西南经济的发展，与东部发达地区相形见绌。进入 90 年代，西南经济发展速度明显加快，多数省、区国内生产总值的年均增长速度超过了两位数，特别是在国家大力支持和五省区七方（四川、云南、贵州、西藏四省区，成都市和重庆市两方以及广西壮族自治区）的齐心协力下，南昆铁路、广大铁路、达成铁路、成昆铁路电气化改造、宝成铁路复线、成渝高速公路和鲁布革、漫湾、二滩大型水电站等一大批交通通信与能源重点项目开工，有的已经建成投入运营，使大西南的投资环境显著改善。

随着南昆铁路的通车，北部湾诸港（北海、防城、钦州等）的崛起，长江三峡工程的建设，澜沧江—湄公河的开发，宝成铁路复线的建成，石油入川输送管道的建设等，大西南将可凭借上述大通道，从四面八方融入国内外大市场，以更强的频率、更低的交易成本，与国内外进行商品、资金、技术、人才和信息的双向和多向交流。充分发挥西南农、林、水力资源，矿产资源和旅游资源丰富的优势。加快优势资源开发的步伐，依托国防工业和科研院校雄厚的技术力量，形成 5 个具有全国意义的基地，即西电东送的能源基地，有色金属基地，磷与磷化工基地，热带亚热带农作物基地和旅游基地。

一　五大基地的崛起

（一）西电东送的能源基地

西南地区河网密布，落差大，水流湍急，水能蕴藏丰富，可开发的水能资源达2.32亿千瓦，占全国60%左右，目前已开发利用的还不到5%。西南的煤炭保有储量约680亿吨，占全国的10.7%，为南方各省之冠。四川一省的天然气探明储量就达2395亿立方米，占全国的60%。而邻近的华南和华中的一些省，能源资源匮乏，能源供需缺口很大。因此，加大西南能源开发的力度，不仅为西南经济快速发展提供了充裕的能源保证，也将从能源供应上支撑华南等邻近地区经济的快速发展。

西南地区的水能资源主要集中在雅砻江、大渡河、金沙江、乌江、桂、黔接壤的南盘江—红水河，云南的澜沧江和怒江，以及岷江，仅据已进行过流域梯级开发规划的前六条河流计算，可供开发的总计有70级梯级，小的装机五六十万千瓦，大的装机达1000万千瓦（金沙江溪落渡）总装机容量可达1.3亿千瓦；此外，四川的嘉陵江、云南的红河、贵州的清水江、赤水河也有条件建设一批大中型水电站。从80年代起已揭开水电大规模开发的序幕，乌江渡（63万千瓦）、漫湾（150万千瓦）、鲁布革（91万千瓦）、二滩（330万千瓦）、天生桥二级（224万千瓦）和铜街子（60万千瓦）等水电站已先后投入运营；在世纪之交，溪落渡、向家坝（500万千瓦）、瀑布沟（330万千瓦）、构皮滩（200万千瓦）等一批大型、特大型电站正积极准备立项开工，到2010年前后，川、滇、黔三省新增的水电装机总容量可望达到4000多万千瓦，相当于目前三省电力装机总容量的两倍，除满足西南区内需要外，一年连同火电约可向华南等能源短缺地区输送电力2000万千瓦，电量1000多亿千瓦时。

在三峡工程进行的同时，三峡输变电工程已着手开展，以实现四川与长江中、下游地区联网。西南上述大型电站群的开发和对外输电，将推进长江和珠江两大流域横跨西南、华中、华东、华南11个省市统一大电网的形成，更好地保证西电东送和电力资源在辽阔国土上的有效调度与优化配置。按河流组成水电开发、经营的经济实体，依托建成投入运营电站的收益，滚动开发新电站的“梯级滚动开发”模式，使西南水电资源开发有望呈加速发展态势，在下世纪中叶以前，如西南地区水能源开发利用率接近40%，水电装机总容量可达1万多千瓦，相当于目前全国电力装机容量的一半，这对全国第三步战略目标的实现将作出重大贡献。

西南的煤炭资源主要集中在贵州省的黔西（六盘水）、黔北和兴义地区，以及三省接壤的川南（筠连、古叙）、滇东（曲靖）和滇东北（昭通）。目前年产量1.6亿吨左右，今后十余年，上述各矿区扩建的老矿井与新开工矿井的总规模可达亿吨，2010年前后西南煤炭生产的总规模有望达到2.5亿吨左右，除一部分转化为电能外，可向华南等缺煤地区提供商品煤炭两三千万吨。长期以来，我国南方各省以煤焦为原料的化工企业所需的原料，多由山西、河南等无烟煤基地供应，路途遥远，运费昂贵，近年来权威部门的测试表明，贵州所产的无烟块煤适用于合成氨生产制作原料气，这将使贵州成为南方各省化工企业的重要煤炭供应基地。

总之，在世纪之交，西南将继“三西”（山西、陕西、内蒙古西部）之后，成为我国又一个大型商品能源输出的能源基地。

（二）以铝铜铅锌为主的有色金属基地

有色金属工业属高耗能工业，既需要以丰富的矿藏为依托，又要求便于取得充裕廉价的电力供应，西南地区资源、能源优势兼备，具有发展为国家级有色金属基地的有利条件。

铝的产量与消费量均居有色金属之首，川、滇、黔三省铝土矿储量占全国1/5，矿藏主要集中在贵阳与遵义两市之间的修文、清镇一带，空间上与乌江梯级开发电站群（7个梯级，总装机容量超过600万千瓦）相邻，距黔西煤田与火电基地也较近。早在60年代，贵州铝厂已成为我国三大铝土矿山基地和氧化铝生产基地之一，目前已达到年产氧化铝40万吨，电解铝11万吨的规模，今后将采取铝、煤、电联营的方式，续建二、三期工程，在2010年前后发展成为年产氧化铝110万吨，电解铝30万吨、铝加工材10万吨以及赤泥综合利用、金属镓回收等在内的大型铝业集团公司。利用贵州以及广西的氧化铝，在遵义、重庆、滇中等电源充裕地区还将改扩建或新建若干年产10万吨左右的电解铝厂。位于重庆市的西南铝加工厂是我国四大铝材加工基地之一，年加工铝材生产能力15万吨，居全国之冠，经过改建和扩建，在下世纪初，生产规模将比现在翻一番多。总之，西南地区在21世纪，将和广西一起成为我国南方两大铝业基地。

铜是用途广泛的有色金属，我国受矿藏资源的制约，尚需依靠部分进口才能平衡国内市场需求。西南的铜矿资源主要集中在云南、川滇接壤地区和西藏东部。云南东川铜矿，在我国开发历史最早，早在明朝嘉靖年间（16世纪20年代）已能生产粗铜。新中国成立后，不仅东川铜矿扩大了开采规模，还先后开发了易门、大姚、牟定等矿；到80年代，在全国八大铜矿山基地中，云南就占了3个。今后云南新平大红山、东川汤丹、四川会理拉拉、九龙里伍等新矿区和西藏玉龙大型铜矿也将逐步开发；在扩大铜矿采选规模的同时，分设于昆明、重庆与成都的铜冶炼中心的生产规模将相应扩大。在下世纪初，西南铜矿的开采与冶炼规模将成为仅次于江西德兴—贵溪铜基地的全国第二主产区。

在全国5片铅锌矿藏资源分布密集区中，西南地区就占其二。一是川滇接壤地区（四川会理、会东、云南会泽）；二是滇西兰坪，后者按金属量计算，铅矿藏量达数百万吨，锌矿藏量超过千万吨，属特大型铅锌矿；此外在云南文山、四川凉山地区还有一批中小型矿点。今后除扩大会东等老矿山的采选冶炼规模外，将着力开发兰坪特大型铅锌矿，相应扩大冶炼加工规模，一方面弥补湖南（常宁水口山）、广东（仁化凡口）和辽宁等铅锌老矿区生产能力的萎缩或消失，满足国内需求，同时积极开拓国际市场。

锡、锑、汞是我国传统的有色金属产品，西南地区的锡、锑、汞资源占全国一半左右。云南一省的锡矿资源就占全国的36.8%，个旧是我国著名的锡都，两千多年前就有土法炼锡，目前年产规模已达数万吨，今后以个旧锡矿为核心的云南锡业公司将拓展开采范围，开发蒙自、文山、红河与建水等矿区，着力于资源综合利用与产品深度加工，承担生产全国锡产量1/3的重任。

西南的锑矿藏集中于黔西南和滇东南，今后随着云南木利锑矿、贵州晴隆锑矿开发规模的逐步扩大，西南将成为全国三大新兴锑的主产区之一，替补湖南等老主产区进入生产后期，生产能力衰减，成为国内锑市场的主要供应基地。

全国汞矿70%以上的储量集中于贵州（铜仁、万山、新晃、玉屏等），产量占全国一半以上，今后将继续保持全国汞金属第一主产区的地位。

（三）全国最大的磷矿和磷化工基地

磷肥是我国需加速发展的支农工业之一。目前肥料中的氮、磷之比为1:0.28，距1:0.5的适宜标准尚有不小的距离。西南地区的磷矿，不仅矿量丰富，且品位高，易于开采，P_2P_5 含量超过30%的富矿储量占全国的83%，按单位标准矿石计算，西南磷矿的投资和成本只相当于其他矿区的一半，具有明显的优势。西南磷矿石的产量占全国一半，今后随着运输条件的改善，到下世纪初，西南地区将提供全国80%的磷矿石，成为全国最大的磷矿石基地。按照“矿肥结合、矿化结合”的原则，今后贵州的瓮福、开阳，云南的晋宁、安宁、四川的宜宾、涪陵将逐步形成若干个从事矿石采选、磷肥到磷酸盐化工产品开发的大型磷化工集团。到2010年前后，西南高浓度磷肥的年产量有望达到400万吨左右，超过90年代初全国的磷肥产量，除充分满足区内需求外，有近一半将进入区外市场和出口东南亚。磷矿石除加工为磷肥外，更有发展前景的是加工为一系列高附加值的磷酸盐类产品。目前在黄磷、赤磷、磷酸、三聚磷酸钠等基础磷酸盐类产品方面，西南在全国已占有重要地位（产量约占全国1/3），今后将充分发挥区内磷酸盐技术研究开发实力雄厚的优势，加快精细或功能性磷酸盐产品（如饲料磷酸盐、食品级磷酸盐、磷系增塑剂、磷系阻燃剂、磷系金属表面处理剂等）的开发，成为我国又一个精细磷化工产品基地，并利用区位优势，开拓颇具市场潜力的东南亚市场。

（四）热带亚热带作物基地

我国热带和南亚热带的国土面积不足50万平方公里，其中1/3以上在西南地区，主要集中于云南省的西双版纳、德宏、思茅、临沧，红河州与文山州的部分县，以及怒江、红河、金沙江、雅砻江、安宁河（下游）、红水河和赤水河等干热河谷地区。这些地区热量高（全年气温不低于10℃），积温在550℃—8000℃，雨水多（年降雨量超过1000毫米），四季常青，通常年份基本无霜，是种植天然橡胶、椰子、咖啡、胡椒、紫胶、油棕、南药（砂仁）、热带水果、热带香料、热带大叶茶等热带农作物不可多得的宝地。目前西双版纳天然橡胶的产量已占全国1/3。今后将运用现代科技，选育良种，推广先进种植模式，进行深度加工，使热带作物走上产业化经营之路，西南将和海南省以及粤、桂、闽南部地区一起成为我国热带、亚热带作物的基地。

（五）风光独特的旅游基地

复杂的地貌与气候类型，悠久的历史和众多的民族，使西南地区无论是自然景观还是人文景观的旅游资源，都独具特色。既拥有喜马拉雅、贡嘎和玉龙雪山等高山名峰，长江三峡、虎跳峡等峡谷景观，云南路南石林、贵州织金洞等喀斯特奇观和气势磅礴的黄果树瀑布，又拥有布达拉宫、大昭寺、罗布林卡、元谋猿人遗址、乐山大佛等历史文物景点，更有西双版纳（傣族、爱尼族风情）、大理苍山—洱海（白族风情）、泸沽湖（摩梭文化风情）等众多各具浓郁民俗风情的景点。云南、西藏两省、区还具有发展跨国旅游（缅甸、泰国、尼泊尔等）的有利条件。目前西南地区已拥有峨眉山、贡龙寺、九寨沟、滇池、红枫湖等20个国家级重点风景名胜区及遵义等10个历史文化名城。今后将面对国内外两个旅游市场，采取相对集中的成片开发，点、面联网，在继续推进观光旅游的同时，大力开发疗养度假、避寒避暑、科学探险、登山旅游项目，相应发展具有地方特色的系列旅游产品，使西南成为具有特殊魅力的旅游基地。

二　一批支柱产业进一步壮大

除能源、有色金属、磷化工、热带亚热带作物和旅游业以外，西南各省、区根据现有基础与比较优势，在“九五”计划和远景规划中，还分别确定了一批本省、区的支柱产业。如四川省重点培育、壮大机械、电子、汽车、冶金、化工、建筑建材和食品工业；云南省以巩固和提高烟草产业、开发以食品工业为重点的生物产业作为主导；贵州省以发展名优烟酒为重点的食品工业、汽车及汽车零部件、煤化工和建材工业为重点；西藏以铬、硼、镁、湖盐、铜矿、金矿等采矿业和粮油食品、毛纺、制革等农、畜、林土特产品加工业作为第二产业的发展重点。从综合的角度看，下述产业将成长为具有地区或省、区意义的支柱产业，发挥带动西南地区经济全面振兴的作用。

（一）钢铁工业

西南地区目前生铁、钢和成品钢材的产量分别为1058万吨、1102万吨和980万吨（1999年统计数），占全国同类产品产量的比例不足10%，特别是薄板、带钢、建筑用钢材等品种远不能满足区内需求，西南地区拥有全国铁矿石储量1/5的资源优势远未发挥。今后将进一步扩大攀西钒钛磁铁矿、云南新平大红山铁铜矿和贵州水城——赫章。

磁铁矿的开采规模。通过技术改造、完善配套设施，使现有的攀枝花钢铁公司、重庆钢铁公司、昆明钢铁公司、贵州水城钢铁公司、成都钢铁厂和四个特殊钢厂（重庆特殊钢厂、长城特殊钢伞司、贵阳钢厂和成都无缝钢管厂）生产能力适当扩大，重点提高产品质量、优化产品结构，增产市场短线品种，形成一系列具有比较优势的拳头产品。成为全国性重轨、大型材、高压锅炉管、石油用管、液压支柱管、船舶管、阀门钢、易切齿轮钢、高速工具钢、钎钢、钎具、轮胎钢丝、航空钢丝等一系列特色产品的生产基地；同时利用以南昆铁路为主干的西南大通道，开拓出口东南亚的国际市场。今后，以利用攀西白马矿（年产矿石可达1500万吨）为基础，钢铁生产能力达到300万吨的西南第二钢铁基地有望着手建设，将把西南钢铁工业推进到更高水平。

（二）化学工业

除磷化工业外，西南地区将利用丰富的天然气资源（目前天然气产量占全国产量近一半，剩余可采取储量占全国储量的1/3左右）、岩盐资源（已探明储量达400亿吨左右），以及农产品化工原料（天然橡胶、菜子油等）和煤炭，形成包括磷化工、天然气化工、盐化工、煤化工和生物化工在内的综合性化学工业体系。现有的四川化工集团公司（成都）、泸州天然气化学工业公司、云南天然气化工厂（水富）、贵州赤水天然气化工厂等大型化肥企业；重庆天原化工厂、宜宾天原化工厂、自贡鸿鹤化工总厂、云南化工厂等大型氯碱厂和重庆、贵阳等轮胎厂，将进行技术改造、扩大生产规模和优化产品结构。四川还将着手新建年产150万套的大型子午线轮胎工程。在把化学矿采选、基本化工原料（三酸两碱）、化肥、农药、轮胎等化工产品提高到新水平的同时，将积极培植精细化工。以菜子油等农产品为原料，开发高附加值的脂肪酸、脂肪醇、脂肪胺和食品添加剂、饮料添加剂、表面活性剂等深加工产品。今后，随着西北原油入川输送管道和大型炼油厂、乙烯工程的建设，西南地区有机化工和合成材料工业发展将揭开新篇章。

（三）机械工业和汽车工业

改革开放以来，西南地区的机械工业在国防军工企业转产民用工业品策略的推动下，实力进一步增强。今后将立足现有基础，上水平、上质量、上规模，突出重点、集中突破，壮大已有优势，培育新的优势，形成一大批高市场占有率的拳头产品。在大型电站及输变电成套设备制造上，以德阳东方电机厂、东方汽轮机厂、自贡东方锅炉厂和乐山东风电机厂为核心的东方电站成套设备公司，将着手特大型水电机组铸件的扩建工程，进一步增强特大型机组的自主开发能力。配合三峡工程，重庆市正酝酿上马大型变压器及输变电设备制造工程，以保持和提高西南地区作为我国主要动力设备制造基地的地位。以德阳第二重型机械厂为核心的东方重型机械制造集团和贵阳矿山机械厂，以及成都工程机械总厂、泸州长江起重机厂，长江挖掘机厂与四川建筑机械厂等，通过技术改造与扩建，将分别把西南地区的冶金、矿山等重型设备制造业和工程机械制造业，推进到新水平。以成都量具刃具厂、重庆四川仪表总厂、贵阳仪器仪表工业公司、云南光学仪器厂等为依托，西南地区的仪器仪表和计量具制造业，在世纪之交将向引进高新技术、光、电、仪一体化方向发展。依托昆明机床厂和成都、重庆等地的机床制造企业，西南地区的数控机床制造，亦将逐步在国内占有一席之地。此外，贵州的磨料、磨具，云南的各种轻工设备制造（包括烟草加工成套设备、茶叶加工机械、制糖设备、食品包装设备制造等）也将继续保持和进一步发挥竞争优势。依托川、黔两省现有航空工业基础，发展国内航线的多用途民航客机，亦具有很好的开发前景。

西南地区的汽车工业今后将以优势企业为核心，发展跨地区、跨行业、跨所有制的大型企业集团，实施产业重组、实现规模经营，着力依托川东庆铃集团发展轻型卡车，依托四川汽车厂发展重型卡车，依托长安（集团）公司发展微型轿车，依托重庆嘉陵（集团）公司和建设（集团）公司发展摩托车。云、贵两省将发展适应高原运输的载重汽车、轻型汽车、专门用途的改装车和大批量生产的汽车零部件。据有关规划预测，本世纪初，西南地区的汽车与农用运输车的年生产能力有望达到百万辆、摩托车可达400万辆的规模。形成年销售收入超百亿元的汽车（摩托车）企业集团两个，年销售收入超十亿元的汽车企业近十个。

（四）食品工业

西南地区丰富多样的农、林、牧、渔、土特产品，为食品工业发展提供了雄厚的原料基础。云南、贵州两省的名烟，川、黔两省的名酒，在国内市场久负盛名。目前西南地区的卷烟产量占全国产量的30%，今后将着力发展优质名牌烟，同时带动烟用醋酸纤维素丝束、卷烟盘纸、锡箔等辅料朝产业化方向发展。预计世纪之交西南卷烟的国内市场占有率将进一步提高，同时积极开拓国际市场，年产量有望达到1200万箱。茅台、五粮液等名酒，在提高质量的前提下，规模将进一步扩大，同时开发茅台、威士忌等新产品，扩大进入国际市场的规模。适应人民生活水平提高后对食品营养价值和方便的更高要求，将着力发展肉类、果蔬菜的深度加工，大力开发绿色食品。令国内外美食家倾倒的川菜佳肴，在半成品化、成品化方向上，有望取得新的突破。

（五）电子工业等高新技术产业

“三线”建设为西南地区高新技术产业的发展奠定了初步基础，80年代后期，成都、重庆、绵阳、昆明和贵阳等一批高新技术产业开发区和科技园区的相继建立，进一步推进了西南高新技术的研究及其产业化。今后在电子工业方面，依托绵阳、成都—广元、贵州凯里—都匀电子工业基地和长虹、振华等大型电子企业集团，重点发展以大屏幕高清晰度彩电、新型投影电视机，摄录放（像）一体化为代表的新一代消费类电子产品，以移动通信设备为代表的投资类电子产品，研究开发新型电子元器件、专用集成电路和多媒体；在机电一体化方面，重点研制开发检测传感、自动控制、信息处理、精密机械制造、系统整体和伺服传动六大关键技术；在新材料方面，重点开发光电信息材料、生物医学材料、特种功能材料等；在生物技术方面，重点开发酶工程、发酵工程、基因工程及细胞工程；在核技术方面，重点开发核辐射加工技术、固体材料辐射改性等，并使之逐步产业化。高新技术研制和高新技术产业的发展，将有力推进西南地区产业结构的升级和传统产业的技术改造，充分发挥地区经济发展中的“先导”作用。

云南施普瑞公司，以高科技开发螺旋藻（Spirin，一种均衡地富含人体必需的营养成分和生物活性的微生物），取得了初步的成功。施普瑞利用滇西北干热河谷中的天然碱水湖—程海，作为螺旋藻养殖基地，在昆明高新技术开发区建立拥有当今一流设备的制药厂，生产螺旋藻胶（具有升高白细胞、降血脂的特效新药）等12种药品和美容化妆品，畅销国内市场，还以螺旋藻干粉出口美国和日本。

在上述支柱产业带动和先导产业的推动下，西南地区的轻工、医药、纺织、丝绸、服装、建筑材料等工业行业和建筑业，将加快向集约型增长方式转变的步伐，更好地满足区内和区外市场的需求，同时开拓海上市场。

三　朝市场化、现代化迈进的大农业

西南地区的川中、川东、滇中、滇东和贵州省是我国人口高密度区，人多地少，农业人口人均耕地不足一亩。除四川省外，云南、贵州、西藏三省、区每年需从区外调入200万吨左右的粮食，确保西南人的“米袋子”，保证粮油等基本农产品的稳定增长，仍是西南农业今后发展的重要任务。在地处长江上游和西南高山峡谷陡坡地退耕还林还草（每亩退耕地，国家每年补助粮食150公斤、20元现金和种苗费50元）的同时，针对耕地中山坡地和中低产田比例高，旱涝灾害频繁的特点，通过坡地改梯田，坚持“大中小微并举、蓄引提相结合”的水利工程建设及其他措施，提高抗灾能力和农业综合生产能力。四川盆地、安宁河河谷、滇中、黔中北和西藏“一江两河”（雅鲁藏布江中游和拉萨河、年楚河河谷）等地区，将发展成为产量高、商品率高的重要商品粮基地。

粮食供需的平衡，为发挥西南多数地区水、热资源充沛的优势，发展多种适生经济作物，为充分利用山地垂直分布多种气候类型下形成的种类繁多的生物资源，为合理有效地利用广袤的宜林荒山和天然草山草地等非耕地资源（约占全国同类资源总量的1/4），朝农、林、牧、副、渔和各种生物资源综合开发利用的大农业迈进，奠定了基础。在生物资源的综合开发中，除采用各种先进适用技术，在制度上将不断创新，普遍推广“公司+基地+农户”的模式，实现种养加一条龙、贸工农一体化，使大农业走上产业化、市场化、科学化、集约化之路，逐步形成一大批具有全国或大区地位的区域性专业商品基地，在面向国内市场为主的同时，将逐步扩大进入国际市场的规模。诸如：

（一）滇、黔优质烤烟基地

云南、贵州两省目前烤烟的产量占全国总产量的一半以上，今后按照“稳定面积、主攻质量”的方针，两省烤烟产量除保证省内发达的卷烟工业以外还将以大量优质烤烟供应全国。

（二）川、黔油菜子商品基地

油菜子是我国南方的主要油品，目前川、黔两省的油菜子产量占全国总产量的1/5，今后商品油菜子基地将进一步扩大，实现区域化种植，集约化经营，成为南方菜子油的重要供应基地。

（三）川、滇糖基地

四川内江等地，为我国传统的糖蔗基地，云南糖蔗的大规模种植始于80年代南方糖蔗基地西移。现在两省糖蔗产量将近占全国总产量的1/5，今后云南糖蔗面积还会有所扩大，将和广西、粤西一起成为我国南方糖料生产与食糖工业的新兴基地。

（四）四川桑蚕茧基地

四川是我国传统的桑蚕基地，目前蚕茧和生丝产量都占全国的1/4，今后将着力培育新的桑蚕品种，提高品质与单产，继续保持全国三大桑蚕基地之一的地位。

（五）西南药材基地

复杂多样的地貌与气候类型，使西南成为我国药用植物的宝库。云南的药用植物多达2000多种，既有产于热带、亚热带的槟榔、砂仁、沉香、荜拨，又有产于寒带的乌头、当扫、人参等；“夜郎无闲草、黔山多灵药”，贵州省药用植物多达3700种，天麻、杜仲、黄连、茱萸、石槲被誉为“贵州五大名药”；四川、西藏的药用植物也都在千种以上，尤以虫草、贝母等著称。以现代生产经营方式逐步取代原始采集加工，以药用植物为基础的医药和保健食品工业，将成为西南颇具魅力的产业。其他野生经济植物，如以五倍子为主的鞣料植物，以刺梨、猕猴桃为主的高维生素植物，香菇、木耳等高蛋白植物，也都具有很好的开发前景。

（六）西南名茶和经济林木基地

茶叶是云南、四川的传统优势产品，目前川、滇、黔三省茶叶产量约占全国总产量的1/4。

今后将着重提高品质、扩大名茶产量，成为供应国内市场和出口的重要基地。

其他经济林木，如紫胶（云南一省的产量就占全国总产量的80%以上）、生漆（川、滇、黔三省产量占全国总产量的一半）、松脂、油桐、油茶、乌桕等都将得到合理开发，进而形成经济规模。

（七）四川生猪基地和西南牧业基地

目前，川、滇、黔三省的猪肉产量占全国总产量的1/5，仅四川一个省就占全国总产量的15%，居全国省际猪肉调出量的首位。今后，四川将主要发展瘦肉型商品猪，同时加强肉类的深加工，成为国内生猪和肉制品的主要基地。

与此同时，西南还将利用数千万公顷的草山草坡，发展草食畜禽，分别在黔南、滇东建立肉牛基地；在四川凉山地区、云南昭通地区、贵州毕节地区建立半细毛羊基地；在川、滇、黔三省接壤地区建立山羊基地；在西藏和川西北高原培植肉乳绒兼用的牦牛基地和毛肉兼用的山羊基地等。

（八）西南林业基地

西南林区是仅次于我国东北——内蒙古东部的第二大林业基地，过去木材采伐长期集中在川西林区和川、滇接壤的金沙江林区，前者位于正居长江上游，多年来滥采滥伐，已对生态环境造成不利影响，今后全为转向造林营林，采伐重点将转至金沙江和云南思茅等过熟林林区，并以更大的力度加快速生丰产林的建设，发挥西南宜林地面积广袤（约1850万公顷），林木生长所必需的光、热、水等条件较好，宜生树种繁多，成材时间快等诸多优势。据中国科学院学者、专家实地考察后指出：黔南、滇西南、思茅地区、滇中、黔化、川南、川东南、重庆地区和川北等14片地区，可营造速生丰产林近3000万亩，成材后一年可提供2000万立方米商品材，相当于西南林区现有年产量的两倍。速生丰产林的建设，将采取定向培育、集约经营、林纸结合，走“以纸养林、以林促纸”之路。云南省的思茅、昆明、楚雄，贵州省的凯里、铜仁、遵义，四川省的涪陵、西昌、重庆、泸州、宜宾和乐山，通过老厂扩建或新建造纸厂，都将成为重要的林纸基地，届时西南地区造纸工业的生产能力将成倍增长。

四　交通通信网络进一步完善，区域市场更加发育，对内对外开放提高到新水平

新中国成立以来，几次以建铁路为主的西南交通建设高潮，使“蜀道难，难于上青天”的说法成为历史。但运输路网骨架单薄、线路密度低，且多为单线，险峻地形带来的通过能力低等原因，致使西南地区迄今的交通运输条件仍然是通而不畅。至于广袤的川西、滇西和西藏，至今尚无铁路。今后五年、十五年以至更长时间，西南地区将锲而不舍持续努力，围

绕形成多向对外运输通道，提高输送能力，增加区内路网密度，提高通达性，建设以铁路、高等级公路为骨架，包括水运、航空和管道运输在内的综合运输网体系。

（一）南向对外运输通道

目前西南地区南下的货物，主要通过黔桂线（贵阳—柳州—黎塘），或经由湘黔、枝（城）柳（州）线转黎（塘）湛（江）线，抵湛江港。通过能力低，绕道运输运距长，是制约西南地区对外开放的一个“瓶颈”。90年代初开始建设的南（宁）昆（明）线为云、贵、川三省开辟了一条便捷的南向出海通道，三省的客货流可经由南昆线、南（宁）防（城）线、钦（州）北（海）线和拟建的黎（塘）钦（州）线、合（浦）河（唇）线，以及西江干流航道，到达广西北部湾和粤西沿海诸港，使西南广大内陆腹地和华南与港、澳地区紧密相连。云南和川西南地区经南昆线到北部湾诸港，比绕道湛江港，运距可缩短600多公里。黎湛铁路通过建设复线，运输能力亦将倍增。

昆（明）河（口）铁路，与越南铁路网相接，可达河内与海防，为适应中越经贸往来快速增长的需求，将通过技术改造，提高输送能力。

澜沧江长4880公里，在我国境内2162公里，自云南省勐腊县出境后称湄公河，流经缅甸、老挝、泰国、柬埔寨至越南胡志明市，西侧入南中国海。为适应我国与印支三国和东盟经贸往来增长的需求，将加快澜沧江下游航道整治步伐，使之达到五级航道、通行300吨级船舶的标准；思茅、景洪两港将发展成能经营国际客货运业务的港口。元江—红河，下游在越南，上游在云南境内，航道整治后，货物可直达河内，或经由海防港出海。

目前云南与缅甸有两条公路相连，一是昆明—畹町线，一是昆明—打洛线，今后将按高等级公路标准改建，分别与缅甸腊戍、景栋相接，进入东南亚公路网。另有两条起始于云南省的国际铁道，在21世纪初将提上建设日程。一是将正在建设的广（通）—大（理）铁路，继续向西延伸到连境口岸瑞丽市，与缅甸交通网相接，拟议中的滇缅铁路建成，不仅可直接推动西南地区与缅甸的经贸往来，也使西南地区有可能利用缅甸沿海港口扩大与南亚、西亚和东非各国的贸易来往：二是将正在建设中的昆

(明)—玉(溪)铁路，继续向南延伸，经思茅、景洪到边境口岸打洛，即昆洛铁路。昆洛铁路经缅甸的孟帕亚到泰国的清迈与泰国已有的铁路网相接，将形成通往东南亚和印度洋的便捷国际通道。这两条铁路的兴建，将使我国与中南半岛铁路网相连，为拟议中的泛亚(洲)铁路网的构筑，迈出关键的一步。中尼(泊尔)公路，将进一步整治、改造，以适应西藏自治区与尼泊尔之间经济文化交往发展的需要。

(二)北向运输通道

目前西南地区北向运输主要依靠宝成铁路和襄(樊)渝铁路，两线承担了西南地区对区外货物交流总量的60%，长期处于超饱和运行。宝成复线建设和襄渝铁路电气化改造完成后，运输能力可增长将近一倍。同时兰州至成都的成品油输送管道的建成，还可以腾出几百万吨的铁路运输能力。穿越秦岭的西(安)—(安)康铁路于2000年8月提前铺通，完工，近期年运量为1500万吨，远期可达2000万吨，它在安康站与襄渝线相接，形成与宝成铁路大体平行的又一条联结西南与西北两大区的新通道，届时数以千万吨计的“三西”煤炭和其他客货运将可顺畅地入(出)川；西康北与正在修建的包(头)西(安)线相接，南与襄渝、川黔、黔桂线相接，将包头—西安—重庆—贵阳—柳州连成一线，成为继京沪、京九、京广、京哈之后第5条南北大通道。本世纪初，兰(州)渝铁路的建设，将提上日程，成为联结西南、西北两大区的第4条通道。

(三)东向运输通道

目前西南地区东向运输的主通道一是湘黔铁路，二是长江干流航道。湘黔线正抓紧电气化改造，改造后运输能力可在现有1100万吨/年的基础上提高60%左右。为了保证东西向运输更加畅通，世纪之交还将兴建株洲至六盘水的湘黔第二线。长江航道川江段的货运量，受多种因素制约，多年徘徊在五六百万吨，三峡工程建成后，万吨级船队可直达重庆港，千吨级船队可达宜宾港。与此同时，长江各主要支流将进一步整治航道，完善港口设施，发展干支流直达运输，如金沙江渡口—宜宾段整治后可达到三级航道标准，届时长江“黄金水道”的作用将充分展现，使西南和华中、华东地区之间客货运更加畅通，有力推进以浦东为龙头的长江产业带的建设。今后随着达县—万县、万县—枝城铁路和遂宁—重庆、重庆—怀化铁路的建成，西南将有 4 条水陆运输大通道与中南和沿海地区相连。

（四）西南地区内部路网的完善与拓展

目前川、滇、黔三省内部的客货运，主要由成渝、成昆、贵昆和川黔四条铁路组成的四边形框架支撑。西藏与三省的客货运主要依靠川藏公路和成都—拉萨航线，滇藏公路也分担少量任务。今后一方面改造既有线路，提高运能，并以此为依托，根据经济开发的需要，拓展路网规模，提高路网密度。

1. 完成成昆铁路电气化改造。成昆线既连接川、滇两省经济中心，又穿越攀西、滇中资源富集区，目前客货流量早已超过运能（900 万吨/年）。在完成电气化改造后，运输能力可望提高一倍以上。

2. 恢复内（江）昆（明）铁路的建设。内昆线在 1956—1965 年完成内江—安边和昆明—树含两段，建设后停工。继续建设安边—树舍段（364 公里），将使内昆线成为继成昆、川黔线之后沟通西南地区内部南北联系的第三条主通道，并有力地推动川南、滇东北地区的开发、为黔煤入川增加新的通路，为成都与川西地区出海增添了捷径。

3. 新建隆（昌）—黄（桶）铁路。隆黄线北联成渝铁路，南联贵昆铁路，纵贯川黔接壤的泸州、叙永、大方、织金等市县、建成后将有力推进沿线煤炭、硫铁矿和天然气资源的开发。

4. 完成成都—达县—万县铁路建设。此线是继成渝铁路之后又一条联结川中、川东地区的运输干线，同时配合襄渝、西康两线承担西南、西北两大经济区客货中运输的任务，对推动川东北地区的开发也具有重要作用。

5. 改造、整治川藏公路，适时修建滇藏铁路。川藏公路东起成都，西迄拉萨市，中经四川省的雅安地区和甘孜藏族自治州，西藏的昌都和林芝地区，全长 2100 多公里。川藏公路 1954 年通车以来，长期承担内地援藏物资的主要运输任务，至今仍然是西藏与川、滇、黔三省陆上客货运的主要通道。“九五”期间将着力改变目前沙石路面占 90% 的路况，提高公路等级、加强抗灾和通行能力。本世纪，从云南广大铁路的终点大理市向北沿澜沧江河谷修建滇藏铁路，不失为值得研究实施的一个方案。

综上所述，在本世纪初，西南地区将形成：（1）以南昆—南防—钦北铁路，宝成—成昆—昆河铁路，襄渝—川黔—黔桂—黎港（黎钦）铁路，大（理）瑞（丽）—广大—贵昆—湘黔铁路，成渝—渝汉（渝怀）铁路等组成的铁路网主骨架。（2）以北接西安的成都—自贡—昆明—打洛公路，南接柳州、湛江的重庆—贵阳公路，西接拉萨东接武汉的雅安—成都—涪陵公路，东接长沙的贵阳—昆明—畹町公路等高等级公路（其中某些区段为高速公路）为骨架的公路网。（3）以长江干流为主，包括嘉陵江、金沙江、乌江、赤水河、南盘江、北盘江、澜沧江在内的西南内河航运体系。（4）以成都、重庆、昆明三个国际航空港为中心，包括贵阳、拉萨等干线机场和一批支线机场组成的西南民用航空枢纽。

今后，西南将加速推进区域经济信息化进程，发展以光缆传输为主，数字微波和卫星通信为辅的长途通信网，大幅度提高城乡电话普及率。

交通运输和邮电通信事业的发展，为西南地区内部，为西南与各兄弟省市，为西南与国外商品贸易和要素流动规模的扩大提供日趋完善的物质基础。西南四省区都把打开“山门”，坚持对内、对外开放，以开放促开发、促发展，作为发展地区经济的重要方针。在国内市场，将重点推进与沿江各省市的经贸往来与经济技术合作，积极参加以浦东为龙头的长江综合产业带的建设，发展包括广西壮族自治区在内的西南五省区七方经济协作，充分利用广西和粤西沿海港口群，作为西南地区进入国际市场的“窗口”和前沿，进一步扩大与西北各省区的经贸往来与广泛协作，充分利用新亚欧大陆桥，扩大对中亚等独联体国家及东欧、西欧各国的经贸往来。进一步发展与我国港、澳、台地区，与日本、韩国的经贸关系，扩大引资规模，充分利用我国和东南亚国家联盟由磋商伙伴关系升格为全面对话伙伴关系，利用南昆铁路建成通车的机遇，跻身东南亚市场；云南省的畹町、瑞丽、景洪、江城、勐腊、河口，西藏自治区的普兰、樟木、吉隆各边境口岸的建设将进一步加强，以充分发挥西南地区陆地边境线长达6500多公里的区位优势，发展与缅甸、老挝、越南、尼泊尔、印度各周边邻国的边境贸易与经济技术合作，通过多种途径把西南地区的外向型经济提高到一个新水平。

五 中心城市实力与功能进一步增强，重点地区开发步伐和城市化进程加快，带动各类地区经济共同发展

(一) 中心城市实力与功能进一步增强

1. 重庆市。重庆地处长江流域经济和西南区域经济的连接点，是上连西南内陆腹地，下达长江中下游地区的水上门户，长江干流航线和成渝、川黔、襄渝三条铁路干线，210、212、319 三条公路国道干线交会于此。重庆是西南近代工业发展最早的城市，亦是“三线”建设时期建设项目最集中的城市。进入 90 年代，国家先后批准重庆为沿江开放城市，经济体制、科技体制综合改革以及老工业基地改造试点城市，批准重庆市经济技术开发区、高新技术开发区为国家级开发区；1997 年 3 月全国人大八届五次会议通过重庆设立直辖市议案，重庆是西部地区唯一的直辖市。今后围绕把重庆建设成长江上游最大的经济中心的战略目标，在改造、振兴老工业基地，发挥西南交通通信枢纽作用的同时，着力强化贸易中心、金融中心、科技信息中心的地位，使其成为西南地区东向连接华中、华东与国际市场的客流、物流、资金流、技术流和信息流的主枢纽。重庆市的工业，将围绕汽车、摩托车、机械制造、冶金、化工医药和建筑建材五大支柱产业改造、振兴汽车行业，以经济型轿车、轻型车、微型车、重型车和摩托车为重点，通过上规模、上水平、提高国产化率，降低成本，提高市场竞争力与占有率；机械制造行业，以输变电设备制造、中小型水力发电设备制造、内河船舶制造和机电仪一体化产品为重点；冶金工业以发展优质钢材、优质铝材为重点；化学、医药工业，以发展天然气为原料的基础性化工产品、涂料、染料、助剂、合成材料等精细化工为重点；丝绸、麻纺和食品工业，通过引进技术，开发新产品，传统优势将进一步发挥。今后以重庆高新技术产业开发区、国防科研院所、大专院校和军工企业为依托，将着力培植高新技术先导产业，使重庆成为我国光电子产品、大型火电站及核电电机组自动控制系统成套装置，现代通信产品等高新技术产品的重要开发与制造基地。

以构建具有国际影响的综合商社、贸易集团和培植金融市场为突破口，重庆市的商贸、金融、旅游、房地产和信息咨询等第三产业将有迅速发展。

重庆市紧临三峡库区，是支援三峡工程的主要基地，三峡工程的建设有力地推动了重庆经济的发展。工程建成后，重庆港的吞吐能力将比目前增加两倍，达到1200万吨，使重庆作为西南交通枢纽和长江上游最大经济中心的作用，提高到一个新水平。

2. 成都市。成都市位于四川省中部，地处物产富饶、有“天府之国”美誉的成都平原的中央，是我国唯一的人口超亿人的大省省会。宝成、成渝、成昆、达成四条铁路干线和成渝高速公路等多条高等级公路交会于此。成都双流国际机场，是西南最大的航空枢纽港，年客货流量已居全国第4位，今后国家将继续斥资数十亿元扩建，使机场年进出港航班飞机达到5.9万架次，年旅客吞吐量达到900多万人次。成都同时还是全国六大通信交换中心、九大邮政通信一级处理中心之一。成都现有重点高等院校20所左右，科研院所与技术开发机构2500多个，科技人员44万人左右，无论从科技人员总数和每万名职工中科技人员（所占人数450人左右）看，成都在全国大城市中均居前列，“八五”时期，科技进步对国内生产总值增长的贡献率已达41%。成都市第三产业在国内生产总值中所占的比例已超过40%，社会商品零售总额、货流总量在全国大城市中分别居第8位与第12位，商业服务网点、商业从业人员数和集市贸易成交额三项在全国大城市名列第三。全市综合经济实力，1992年据中国城市社会经济发展水平评价中心排序，居全国城市50强的第11位，1995年国内生产总值达到715亿元，占四川全省的1/5。这些决定了成都今后的发展方向是：充分发挥作为四川省和西南地区的科技中心、商贸中心、金融中心和交通、通信枢纽的作用，强化中心城市的功能优势，发挥吸聚和辐射功能，即一方面开拓、承接来自上海、广州、长江三角洲、珠江三角洲和境外先进技术、管理经验与资金等要素的转移，加快自身产业结构的调整、改造、升级，加快成熟技术与产业向省内和西南广大欠发达地区转移。工业重点发展电子、机械制造、汽车制造等支柱产业，巩固培植彩色显像管、录像机、广播电视发射机、通信导航设备、数字程控交换机、青霉素及其系列产品、名优烟酒与食品等拳头产品。依托成都高新技术产业开发区、经济技术开发区、新加坡工业园区、台商工业开发区、成都卫星城工业开发区和大专院校、科研院所与军工企业，重点开发现代通信、生物工程、光机电一体化、新材料、核技术应用和航空航天等高新技术，并逐步实现产业化。

3. 昆明市。昆明地处滇中腹部，是云南省政治、经济文化中心和交通枢纽。成昆、南昆、贵昆、广大、昆河和拟建的内昆铁路都交会于此，昆明也是北上四川、南下越南、泰国，东连贵州，西通缅甸的全省公路网十字形骨架的交会点，亦是全省航空和光缆、微波与卫星二级传输通信网的中心。拥有国家正式批准的昆明高技术产业开发区和滇池国家级旅游度假区。云南与缅甸、老挝、越南接壤，昆明是西南地区从陆地进入上述三国和泰国的交通要地。老挝、缅甸、泰国三国在昆明均设有总领事馆，西南五省区七方从 1993 年起每年举办一次的出口交易会，在昆明召开，并以昆明命名（简称“昆交会”）。中国 1999 昆明世界园艺博览会的成功召开，大大提高了昆明在世界的知名度。这些决定了昆明市今后的发展重在强化城市功能，发展大交道、大流通、大经贸，建大市场、大口岸，既发挥全省经济中心的作用，又充分发挥作为大西南对外开放，特别是扩大与东南亚、南亚经贸文化交往的“窗口”与前沿作用。工业发展重点是：发展卷烟工业、生物产业、磷化工、冶金、机床制造和光学仪表业；积极培植高新技术产业；把旅游业摆在支柱产业的地位，成为全省多条旅游线路的“龙头”，并争取与泰国、缅甸、越南等国旅游景点连点成线。

4. 贵阳市。贵阳地处黔中，川黔、湘黔、贵昆、黔桂 4 条铁路干线和多条公路交会于此。工业有相当的基础，是铝工业、磷工业和磨料磨具的重要生产基地，今后工业重点发展卷烟、铝材、轮胎、特殊钢、磨料磨具、汽车配件、专用汽车、挖掘机、柴油机等优势行业和拳头产品，积极开发磷化工、精细化工、新型建材、保健仪器等新行业，依托贵阳国家级高新技术产业开发区，培植先导产业。同时扩大城区面积，加快城市基础设施建设的步伐和第三产业的发展，更好地发挥其对全省的辐射带动作用。

（二）重点开发地区

根据国民经济发展的需要，在强化上述中心城市功能的同时，西南地区的产业布局，今后将首先从以下资源丰富、开发条件基本具备的重点开发区拓展。

1. 攀西—六盘水地区。该区位于川、滇、黔三省接壤地带，包括四川省的攀枝花、泸州、乐山三市，宜宾地区和凉山彝族自治州；云南省的东川市、昭通与曲靖两地区以及楚雄族自治州；贵州省的六盘水市、毕节地区和贵州西南布依族、苗族自治州等12个地、市、州的68个县（区），总面积17.6万平方公里，人口2800多万。区内既有丰富的水能资源——可开发水能资源6100万千瓦，可建20个大型、特大型水电站，年发电量可达3400亿千瓦时；又有丰富的煤炭与天然气资源——煤炭保有储量达668亿吨，既有优质炼焦煤，又有适于发电或作气化、液化原料的褐煤，为建立“水火互补相济”的综合能源基地提供了理想的条件。区内既有国内最大的磷矿，又有较丰富的硫铁矿资源，为发展硫磷化工和高效复合肥料提供了优越的条件。区内既拥有国内第二大铁矿区——攀西钒钛磁铁矿，而熔剂石灰石、白云石、萤石、耐火黏土等冶金辅助原料资源，几乎遍布全区，加之区内品种齐全的煤炭资源，为钢铁工业发展提供了理想区位。本区同时又是铜、铅、锌、锑和黄金等多种有色金属与贵金属的富集区。由于大部分地处亚热带，光、热、水和生物资源丰富，森林、竹林和草场广袤，农业综合开发潜力大。加之区位适中，距离成都、重庆、昆明和贵阳4个中心城市的距离都不超过200公里，交通运输方便；区内又有攀枝花、宜宾、泸州三市和攀枝花钢铁公司等大型企业可作依托。今后有望发展成为拥有装机总容量6000万千瓦、年产原煤能力2亿吨、年产高效磷肥与磷制品250万吨和年产几十万吨多种有色金属的全国性综合能源基地、磷化工基地与有色金属基地。形成西南地区钢铁工业的主基地（年产钢铁能力750万吨）和一批商品粮、甘蔗、烤烟、蚕茧、水果与蔬菜基地。

2. 三峡库区。三峡库区淹没地涉及川、鄂两省，四川省境内主要为万县市、涪陵与黔江地区和重庆市所辖的17个县（区）。为了妥善安置百万移民，保证三峡工程顺利进行，需要把移民安置、城镇搬迁和库区资源开发，地区经济发展进行统筹安排、统一规划。三峡地区经济发展坚持把大农业放在首位，充分发挥地处中亚热带、气候温暖湿润、适于多种作物与水果生长的优势，推广粮、果、菜、禽、渔相结合的复合农业模式，逐步取代传统种植业模式，使提高土地产出和生态环境建设得以兼顾。争取新开发的耕地面积和淹没、搬迁占用的耕地面积大体保持平衡。依托农副产品资源、就近满足三峡工程建设工地对农副产品的需求，发展农副产品基地和以农副产品为原料的加工工业，以及化工、建材与建筑业和多种劳动密集型产业，把旅游业作为三峡地区的支柱产业，从多方面为移民创设就业岗位。用好用足国家赋予库区的优惠政策，抓住全国对口支援三峡地区建设的机遇，引进技术、人才与资金，发展机电行业，逐步提高产业层次和技术管理水平。

3. 乌江干流沿线地区。乌江是长江上游右岸最大的支流，干流全长1037公里，流经贵州省的织金、贵阳等24个县（市）和四川省涪陵、彭水等6县（市），面积6.48万平方公里，人口1480多万。

乌江干流可建设11个梯级电站，总装机容量可达867万千瓦，年发电量4.22亿千瓦时，区内煤炭资源也较丰富，特别是织金煤田为我国长江以南地区少有的大型无烟煤田（储量约106亿吨）。同时蕴藏有丰富的铝、磷、锰矿藏，铝土矿和磷矿储量分别接近全国总储量的1/5。川黔、湘黔、贵昆铁路穿越本区，交通方便。唯农业基础脆弱，坡耕地、低产田居多，粮食尚不能自给。今后通过改造低产田，建立高产、稳产基本农田，在夯实农业生产的基础上，以乌江梯级电站滚动开发为突破口，带动地区经济全面发展，建成国家重要的能源基地和以铝、钛为主的有色金属基地和磷化工基地。有关规划资料表明，乌江干流上还有洪家渡、彭水、构皮滩和普定等水电站先后上马，今后水电装机总容量将达485万千瓦，区内还有一系列火电站扩机增容和新建，火电装机总容量亦将达到400多万千瓦。到21世纪20年代，本区水、火电装机总容量将超过1200万千瓦，煤炭年生产能力达到5000万吨左右，年调出商品煤近千万吨，形成规模可观的综合能源基地。依托充裕的电力和丰富的矿产，以铝、钛为主的有色金属和磷化工工业将快速发展，本世纪初，有望形成年产氧化铝150万吨、电解铝50万吨、铝材20万吨的铝工业基地，年产磷矿石1000万吨、磷铵48万吨、重钙120万吨、黄磷9万吨的磷化工基地。

4. 澜沧江中游地区。澜沧江由青藏高原进入云南境内，落差大而集中，水能蕴藏丰富，由于穿越高山峡谷，修筑高坝淹没损失小，单位千瓦投资低，仅中游区段就可建设6个大型梯级电站，总装机容量超过1000万千瓦。

澜沧江中游流经的大理和怒江自治州，以及保山地区，有色金属矿藏资源丰富，尤以铅、锌为最，我国最大的铅锌矿——兰坪金顶铅锌矿就在区内。区内旅游资源独具魅力，苍山洱海的湖光山色，“三月街”的民俗风情早已享誉中外，大理集团国家级风景名胜区和历史文化名城于一身。“八五”期间，澜沧江第一个大型电站——漫湾电站（150万千瓦）并网发电，拉开了本区大规模开发的序幕。今后将以大力发展旅游业为先导，农业综合开发为基础，水电和铅锌等有色矿产资源开发为突破口。带动地区经济全面发展。据有关规划资料表明，在世纪之交，除抓紧在建的大朝山电站（126万千瓦）外，小湾电站（420万千瓦）、糯扎渡电站（500万千瓦），也争取开工。到2010—2020年间，水电总装机容量有望达到1200万千瓦。除满足区内需要外，将有大量电能进入广东以至香港电力市场。依托电力与矿藏资源，以年冶炼能力20万吨的大型铅锌采选、冶炼联合企业为核心，多种伴生有益成分综合利用的有色金属基地亦将形成。昔日南方丝绸之路的重镇——大理、保山，将发展为具有浓郁民俗风情，风光秀丽，经济、文化繁荣的现代中等城市。

5. 陆地边境沿线地区。西南地区的陆地边境线长达6560公里，其中属于云南境内的达4060公里，与缅甸、老挝、越南三国山水相连。目前全省有一、二级口岸17个，1992年国务院批准畹町、瑞丽、河口三市为边境开放城市，分别建立了边境经济合作区和经济开发区，形成了以昆明和西南内陆地区为依托的对外开放前沿地带，这不仅使边境贸易和对外经济技术合作得以迅速发展，并为西南地区走向东南亚和南亚各国市场，开辟了陆上新通道。

更具广阔前景的是澜沧江—湄公河边境区域的合作开发。澜沧江—湄公河为流经中国、缅甸、老挝、柬埔寨、泰国、越南六国的国际河流，从1957年起，在亚洲开发银行的支持下，泰国、越南、老挝、柬埔寨对湄公河流域的综合开发进行了调查、设计，并于1995年签署了“湄公河流域持续发展合作协定”，成立了负责流域开发计划制定与实施的“湄公河委员会”，我国已是该委员会的正式对话国。1991年从云南思茅、景洪港试航清盛（泰国）、会晒、清孔、琅勃拉邦、万象（老挝）的国际联合航运考察圆满成功后，在上述河段上，中国、泰国、老挝、缅甸四国的边贸客货运输，与年俱增。在北疆图们江下游地区国际多边合作开发拉开序幕后，居于湄公河上游的我国，将按照平等协商互惠、互利的原则积极推进澜沧江—湄公河国际多边合作开发，为云南和整个西南地区对外开放提供更广阔的空间。通过沿岸各国合作，可以逐步实现江河全线通航，实现云南主要干线公路和铁路，与亚洲公路网、铁路网相接；航空运输方面，可以使昆明、景洪、思茅与上述五国和东盟其他国家相互通航，形成东南亚地区空中运输网，相应推进跨国旅游业的发展，也可以促进澜沧江中下游水能资源的开发，并开拓中南半岛的电力市场。总之，上述区域国际合作的实现，既为西南地区走向东南亚开辟了新通道，也使西南地区能更便捷地进入西亚、非洲市场。

6. 西藏中部地区。本区包括以拉萨为中心的雅鲁藏布江中游和拉萨河、年楚河河谷地带的18个县，气候温和、地势较平坦，交通比较方便，人口相对密集，是西藏粮食、油料的主产区。今后从分步实施“一江两河”地区农业综合开发入手，改善农牧业生产条件，相应发展农、林、畜产品加工业和以开采铬铁矿为主的采矿业，以及旅游、科技、教育事业，使本区成为西藏自治区的商品粮基地、副食品生产基地、轻纺手工业与藏药材生产基地和科技示范推广基地，以更好地发挥带动全自治区经济发展的作用。

（三）城镇体系、产业带和圈层结构

在大力推进工业化的同时，西南地区将加快城市化进程，争取到2010年前后，城镇化率（城镇人口占总人口的比例），由目前的18%提高到25%左右。在若干个经济增长快的中等城市，有望发展为人口超过50万人的大城市。通过市场机制与政策引导，促进乡镇企业向小城镇集聚，形成一批具有相当规模与经济实力，对周围农村确能发挥服务、辐射功能的中心镇，形成由4个特大城市（成都、重庆、昆明、贵阳）—若干大城市—数十个中小城市——批中心镇—乡镇等五级组成的较为完善的城镇体系，带动广大农村市场经济的发展，促进农业剩余劳动力向第二、第三产业的转移。

到2010年远景发展目标实现之时，人们从西南经济地理画卷上，将可看到如下纵横交错的强大产业带和城镇带：（1）长江上游产业带（攀枝花—宜宾—泸州—重庆—涪陵—万县）。（2）宝成—成昆—昆玉产业带（江油—绵阳—德阳—成都—峨眉山市—西昌—攀枝花明—玉溪）。（3）成渝铁路和高速公路沿线产业带。（4）川黔产业带（重庆遵义—贵阳—安顺）。上述产业带将成为支撑整个西南地区产业体系的主骨架和今后西南地区产业布局进一步拓展的基地。

依据现有经济发展水平和中近期发展态势，西南内部各地区大体可以划分为三级梯次。重庆、成都、昆明和贵阳 4 市居一级梯次，形成核心圈层；属于二级梯次的有：成渝沿线地区、江油—峨眉山市沿线地区，昆明—玉溪沿线地区，贵阳—遵义沿线地区、贵阳—安顺沿线地区。在未来十五年内，无论从市场机制的作用，还是从整体投资效益考虑，西南地区的建设重点将主要在以上两个圈层地区。第一圈层（4 个特大城市）重点在加大从国内发达地区与境外引进资金、技术和先进管理经验的力度，提高新技术、新产品自主开发能力，加快产业结构优化升级和传统产业外移的步伐，强化中心城市功能，充分发挥对全地区的辐射带动作用。第二圈层中的第一类地区（成渝沿线地区等），在于充分利用邻近特大城市的有利区位，壮大现有经济基础，形成多具特色和市场竞争力强的优势产业；第二类地区（六个重点开发地区），在于加快资源优势、区位优势向现实经济优势转化的步伐，形成西南地区新的经济增长点。上述圈层以外的川西、川东北、黔东、黔东南、滇西、滇东南和西藏“一江两河”地区以外的藏东、藏西与藏北地区，居于第三圈层。近期重点在于：加强水利等农田基本建设改善农（牧）业生产条件，提高农业综合生产力，夯实农业基础；因地制宜，发展投资少，见效快、有助于直接解决群众温饱问题的种植业、养殖业、林果业和相应的加工业，培植地区的积累能力与自我发展能力；精打细算地用好国家与社会各方面的财力、物力与智力支援，逐步改善投资环境，着力加强人力资本开发，普及义务教育、发展职业技术教育，提高劳动者的文化技能素质和商品经济意识。国家将继续加强这些地区的地质找矿工作，择优详查，提高地质工作深度；地方政府要建立项目库，做好项目的各项前期工作，完善投资软硬环境，以吸引中外各类投资主体进入区内开发。我们有理由相信，在 21 世纪的二三十年代，随着国家和西南地区经济实力的进一步增强，上述地区也将先后进入大规模开发的行列。

（《西部经济崛起之路》第 6 章，上海远东出版社 1996 年版，2001 年收入《西部大开发与可持续发展》时略作修改、补充）

大西北开发的回顾与前瞻

西北关（中）陇（东）地区是华夏文化的摇篮，在历史上，曾长期是我国政治、经济、文化的中心。西汉张骞出使西域，打开了中国与亚欧国家的商旅通道，汉族与西北各少数民族，共同铺设了历经千年的“丝绸之路”，迎来了汉唐的鼎盛。

在现代革命史上，延安与陕北是中共中央指挥抗日战争、解放战争司令部的所在，西北人民为中国人民解放事业作出过巨大的历史性贡献。新中国成立后，“一五”、“二五”和“三线”建设时期，西北的一些地区曾是全国建设的重点：“一五”时期苏联援助中国的156项骨干工程，放在陕、甘两省的就达40项。1952—1978年，西北地区工业在全国工业中的比重由2.5%直线上升到5.6%。改革开放以来，西北地区同样取得了历史上从未有过的大发展，由于诸多原因，较之东部沿海地区，发展速度相对迟滞。进入90年代，情况已开始有所改变，新疆、陕西两省区“八五”期间国内生产总值年均增长率都达到了两位数，前者超过全国平均增长速度，后者接近全国平均值，80年代北疆铁路（乌鲁木齐至阿拉山口）、南疆铁路（吐鲁番至库尔勒）通车后，“八五”期间，在国家支持下，又建成了兰新铁路复线和宝（鸡）、中（卫）、包（头）、神（木）、朔（县）等铁路新线，完成了西安—兰州—乌鲁木齐光缆通信干线等一大批基础设施项目，使西北地区的投资环境明显改善。更值得重视的是，进入90年代中期，西北的地缘环境发生了和六七十年代迥然有异，甚至和80年代以及90年代初也不尽相同的重大变化。1996年4月26日，中国、俄罗斯、哈萨克斯坦、吉尔吉斯斯坦和塔吉克斯坦五国国家元首在上海签署了《关于在边境地区加强军事领域信任的协定》，中俄两国元首共同宣布建立平等互利的、面向21世纪的战略协作伙伴关系。1996年7月5日江泽民主席访问哈萨克斯坦期间，中哈两国元首共同签署的《中哈联合声明》提出：“将中哈睦邻友好与互利合作关系提高到面向21世纪的协作与伙伴关系”,[①] 以及中俄、中哈、中吉国界协定的签署，使西北地区与俄罗斯和中亚诸国绵延几千公里的陆地边境线，不仅是和平、安宁的边界，更是友好合作的边界。1990年9月，兰新铁路向西延伸到阿拉山口，标志着东起我国连云港等港口，西迄荷兰鹿特丹等港口长达万公里的第二亚欧大陆桥（以下简称大陆桥）的贯通。1996年3月，揭开亚欧关系新篇章的首次亚欧会议的召开，表明面向21世纪亚欧新型伙伴关系的发展，进一步凸显了横贯西北地区的大陆桥的地位与作用。可以说，长期处于国内市场一隅、国内运输网末梢的西北地区，将一转成为连接东亚和中亚、连接亚欧两大洲运输大通道的腹心地带。充分发挥国际新格局给西北提供的地缘优势，抓紧用好难得的机遇，以大陆桥为纽带、围绕建成全国重要的能源基地、石油化工基地、有色金属基地、棉花和畜产品基地，开发西北丰富的农牧业、能源和矿产资源，壮大支柱产业，将把西北地区经济推上一个新台阶。

一　五大基地的崛起

（一）煤、电、油、气具备的综合能源基地

西北地区的能源资源占全国总量的18.45%，远高于西北地区人口占总人口的比重（7%），人均能源资源拥有量比全国平均水平高1.66倍，而且煤炭、水能、石油、天然气俱备，还有丰富的太阳能和风能。

西北地区的煤炭蕴藏，按总储量计算，占全国的40%，仅新疆维吾尔自治区就占32%，按探明储量计算占全国的12%。其中规模最大的是陕西省神（木）府（谷）煤田，在3万多平方公里的探明含煤面积中，蕴藏着优质动力煤2236亿吨。开发准备工作早在80年代即已着手，拟分三期建设，到2005年三期工程全部竣工，年生产规模可达到6000万吨。与神府煤田开发配套的神（木）黄（骅）铁路的神朔（州）段于1995年年底建成，朔（州）黄（骅）段和黄骅港的建设，正抓紧建设中，建成后，将成为继

① 参见《中哈联合声明》，载《光明日报》1996年7月6日。

大秦铁路之后，我国又一条年输送能力达亿吨左右的西煤东运的大通道。除神府煤田外，陕西还有渭北（铜川、韩城等）、黄陵、彬（县）长（武）、榆（林）神（木）四大煤田，宁夏有石嘴山、石炭井和灵武三大煤田。渭北、石嘴山和石炭井均为老矿区，今后重在通过技术改造，提高机械化采运水平与劳动效率，通过勘探增加后备储量，实现稳定增产。就中汝箕沟矿将受到特别的重视，它所生产的特优质无烟煤驰名国际市场，被誉为“太西乌金”，是我国出口售价最高的煤种。黄陵、灵武两个新矿区是陕西、宁夏两省、区“九五”时期的建设重点，每个矿区都有几个超百万吨的现代化大型矿井续建和新建。彬长、榆神两大煤田，世纪之交也有望开发。为了提高精煤比重节约运力，将相应建设一批大型现代化洗煤厂。

新疆目前开采的主要煤矿区，一个在乌鲁木齐市周围，另一个在哈密地区，除充分满足区内动力煤、化工用煤与炼焦煤的需要外，还承担满足甘肃、青海煤炭市场部分需求的任务。甘、青两省在稳定提高窑街、大通两个老矿区的同时，将进一步完善甘肃靖远新矿区，集中力量开发华亭、热水两个新矿区，以提高省内煤炭自给率。综合有关资料预测，西北五省、区的煤炭产量，有望从“八五”期末的1亿吨左右，提高到2000年的1.5亿吨，在全国煤炭总产量中所占的比重将由8%上升到10%以上，今后还会进一步提高。陕西、宁夏两省、区将和山西、内蒙古西部一起成为我国最大的省际煤炭调出和出口基地。陕西和宁夏主要煤田邻近黄河干流，为建立矿区电站，将部分煤炭转化为电能外输提供了有利条件。在今后十五年，一批装机几十万千瓦到两三百万千瓦的大型火电站（如石嘴山电厂、大坝电厂、大武口电厂、灵武电厂、府谷电厂、宝鸡二电厂、韩城二电厂和黄陵电厂等）将新建或扩建，形成渭北、神府和宁夏三大火电基地，远期总装机规模有望达到3000万千瓦左右。

西北地区的水能资源主要集中在黄河上中游河段，以及汉江上游和洮河等。黄河上游从龙羊峡到青铜峡区间可建15个梯级电站，现已建成并网发电的有盐锅峡、刘家峡、龙羊峡和八盘峡，总装机已达300多万千瓦。“九五”期间除建成李家峡（200万千瓦）电站外，刘家峡和盐锅峡两电站还将增机扩容。在今后五年至十五年，公伯峡（150万千瓦）、大柳树（192万千瓦）等梯级也将先后开工，全部建成后黄河上游电站群总装机可达1400万千瓦，正常年份发电量可达990亿千瓦时，为青海、甘肃两省高耗能工业的发展提供有利条件。大批水、火电站的兴建，将有力推动西北统一电网的形成。新疆乌鲁木齐电网将东延至哈密，南抵阿克苏，西接精河，北达塔城，形成新疆的主电网；南疆四地、州（巴音郭楞、喀什、和田、克孜勒苏）第一步内部联网，进而与主电网相连，形成全疆统一电网，再与西北主电网相接，西宁电网将向海北、海西、海南和果洛各自治州延展。西北统一电网的形成，将为西北地区生产力布局的拓展和电力资源的优化配置奠定基础。

西北是我国石油开发最早的地区，但生产规模多年增长幅度不大，60年代大庆、胜利、辽河、任丘等东部大油田相继开发后，西北石油的相对地位明显下降。80年代以来，新疆石油勘探喜报频传，资源前景诱人，西北地区再次成为国家石油勘探的重点和石油开发的后备基地。根据沉积岩面积与油气聚集构造测算，仅准噶尔、塔里木两盆地的石油远景储量就达287亿吨，占全国石油远景资源量的40%。目前勘探与生产的重点集中在新疆三大基地：准噶尔、塔里木和吐（鲁番）哈（密），以及陕北油田（延安、安塞一带）、青海柴达木油田、甘肃玉门油田和陕甘宁接壤地区的长庆油田。在不久的将来，西北地区石油产量在全国总产量中所占份额，有望从目前的10%提高到20%，再次成为我国重要的石油基地，届时除可满足区内加工需要外，还可通过管道将原油输送到四川，满足西南的广阔市场需求。

除油田伴生气外，西北大型天然气田有陕甘宁盆地中部气田、柴达木和塔里木气田。陕甘宁气田，目前已探明储量2300多亿立方米，继续扩大勘探范围，储量还将有大幅度增加。根据该气田的技术经济特点，天然气有效利用方向首推作城市民用燃料，次为供工业窑炉用。短期内气田开采规模有望达到年产二三十亿立方米，到北京、西安的输气管道已修通。柴达木涩北气田至西宁、兰州的输气管道2000年正式动工。西起塔（里木）北轮南，经新疆、甘肃、宁夏、陕西、山西、河南、安徽、江苏8省最后到上海，全长4167公里，初期年供气120亿立方米的“西气东输”工程正在紧张筹备之中。

（二）石油、天然气化工基地

西北地区是我国炼油和石化工业发展最早的地区，早在50年代以前，玉门和独山子就有了小型炼油厂，“一五”期间建设的兰州炼油厂和兰州化工厂是“156骨干工程”项目中的重大工程。随着西北原油开采规模的逐步扩大，西北地区的炼油工业和石油化工、天然气化工，都将有长足的发展。兰州炼油厂、乌鲁木齐石化总厂及克拉玛依、独山子、泽普、延安、宁夏和格尔木等炼油厂的原油加工能力都将有不同程度的扩大，特别是兰州至成都成品油输送管道的兴建，兰州炼油厂今后有望步入千万吨级的特大型炼油厂。在本世纪初，西北地区原油加工能力有望超过2500万吨，在全国原油加工能力中所占的份额将超过10%。

按照转变经济增长方式的要求，西北地区现有的炼油化工企业将逐步由燃料型向化工型转变，实行“油、气并举，综合利用，深度加工，规模经营”，形成如下各具特色的石化基地：（1）依托兰州炼油厂，上烷基苯项目；依托兰州化学工业公司，上大化肥、大乙烯项目，形成西北最大的石化基地和全国精细石油化工中间体的研究开发中心；（2）依托乌鲁木齐石化总厂，上腈纶项目，并扩建聚酯项目，形成以涤纶、腈纶为主的合成纤维基地；（3）以独山子—克拉玛依炼化厂为依托，扩建乙烯项目、上化肥、腈纶项目，形成以合成树脂为主的油品、化工、纤维、化肥料一体化的石化基地；（4）依托对塔里木油田天然气和凝析油的利用，新建库尔勒氮肥和二甲苯生产基地和库车化肥生产基地；（5）依托吐—哈油田，利用凝析油，新建哈密顺酐基地；（6）依托柯克亚油田和泽普炼油厂，建立泽普化肥基地；（7）依托延安炼油厂，发展下游石化产品，依托陕甘宁盆地天然气资源，形成榆林化肥、甲醇、醋酸生产基地；（8）依托宁夏炼油厂，发展聚丙烯、丙烯腈，依托宁夏化工厂，利用天然气，扩大化肥生产规模；（9）依托柴达木的油气资源，发展大化肥和环氧丙烷、丙二醇、聚醚等。乙烯产量能较综合地反映地区石化工业的规模与水平，本世纪初，西北地区乙烯生产能力在全国所占的份额，有望超过10%。

（三）以镍、铝、铅、锌为主的有色金属基地

镍既是生产合金钢的重要元素，又是轻工、机电产品生产中广泛使用的材料，目前全国一年的消费量为 4 万吨左右，其中 85% 由甘肃金川有色金属公司供应。金川龙首山矿床，是以铜、镍为主的大型硫化矿床，除镍、铜外，还富含钴和铂族元素（铂、钯、铱、钌、锇），该矿镍的储量占全国 70%，铂族金属储量占全国一半以上。今后在扩大矿山开采规模的同时，将着力加强资源综合利用，发展深加工产品，继续保持全国镍及其制品的最大生产基地的地位，同时亦将使其成为全国最大的铂族金属冶炼中心。

青海、甘肃、宁夏三省区充裕的电力和低廉的电价①就近可从晋豫氧化铝基地取得原料供应，使三省区成为电解铝厂的理想区位。早在六七十年代，国家就在兰州、连城建立了电解铝厂。改革开放以来，又先后兴建了青海铝厂、白银铝厂、青铜峡铝厂、陇西铝厂和宝川铝厂等，今后上述企业，多数将进行二、三期续建工程，达到经济规模要求。随着渭北火力发电基地的壮大，陕西关中、渭北地区亦成为电解铝厂配置的优先区位，铜川铝厂将扩建，韩城铝厂将兴建。到本世纪初，西北地区电解铝的生产能力有望接近百万吨，相当于 90 年代初全国电解铝的生产规模。

西北地区铅、锌矿藏资源丰富，甘肃西（和）成（县）地区的厂坝铅锌矿，是我国三个特大型铅锌矿之一。此外，甘肃白银的小铁山、青海的锡铁山、陕西的铅峒山也都有相当规模的铅、锌矿藏。今后上述矿区将逐步扩大开采规模，大部分矿砂集中到西北铅、锌冶炼厂冶炼，该厂利用白银、铜冶炼基地的既有基础和量充裕、价低廉的电力，将迅速成长为我国最大的铅、锌冶炼中心之一。在矿石资源有保证的前提下，甘肃西成地区和陕西的铅、锌冶炼业也将有所发展。同时大力拓展铅、锌应用领域，开发深加工制品，使其进入国际市场。世纪之交，我国铅、锌工业布局正发生重大变化，西北地区将和西南地区一起，逐步替代辽、湘、粤老基地，成为全国铅、锌及其制品的主要生产基地。

除镍、铝、铅、锌以外，在下述有色金属、贵金属、稀有金属及其制品上，西北地区在国内市场和出口中也占有举足轻重的地位：

1. 钼及钼制品。陕西华县金堆城钼矿，储量居全国之冠，过去主要以

① 90 年代中期青海省的综合电价每千瓦时仅 0.17 元，只相当沿海地区电价 1/5。（见魏劲松《以开放带动资源开发——访人大代表、青海省省长田成平》，载于《经济日报》1996 年 3 月 15 日）

钼精矿、钼铁合金、钼条等初级产品供应全国，今后将提高加工深度，发展系列钼产品，成为全国最大的钼业基地。

2. 钛材和稀有金属加工材。宝鸡有色金属加工厂，是“三线”建设时期兴建的大型企业，能加工生产钛、锆、钼、钨、铌、钽等多种有色、稀有金属及其合金材料，国内市场占有率高达85%今后将引进技术，依托西北有色金属研究院的科技力量，改造扩建为全国最大的钛材和稀有金属加工材的生产基地与研究开发中心。生产钽粉的宁夏有色金属冶炼厂是全世界钽铌行业四大企业之一，今后将引进技术，充分依托宁夏有色金属研究所的科技力量，成为钽铌加工及其制品的重要基地。

3. 半导体材料。依托“三线”建设时兴建的华山半导体材料厂既有基础，充分利用西安的科技力量，使西安成为全国最大的半导体硅材料生产基地与研究开发中心。

4. 汞与锑。陕西省的汞矿储量居全国第二位，旬阳汞锑矿分离技术解决后，将成为我国北方汞、锑的重要基地。

5. 黄金。西北五省、区都有脉金或沙金资源，陕西小秦岭地区的黄金储量居全国第二位。陕西、新疆目前黄金生产量分别居各省市的第三位和第八位。今后将进行科学开采，提高资源利用率，保持产金大省的地位。

此外，宁夏、青海的金属镁和铝镁合金也是市场上抢手的特色产品。

（四）全国最大的商品棉基地

西北地区棉花种植主要在新疆以及陕西关中地区和甘肃河西走廊的北端（敦煌、安西、金塔等县），早在公元5世纪，非洲棉经中亚、西亚传入和田一带，随后逐渐在南疆各地推广。新疆降水量少、光热资源丰富，加上人工灌溉，水肥易于控制，植棉条件十分优越。据1994年统计资料计算，全疆棉花每亩平均单产78.3公斤，比全国平均水平高49.6%，比山东、河南、河北棉产区亩产分别高66.6%、81%和106%①。在我国东部、中部老棉区因棉花比较收益相对低下，农民种棉积极性不高的同时，在新疆特别是南疆地区，种棉却是致富之路。顺应我国棉花布局调整的客观趋

① 国家统计局编：《中国统计年鉴》（1995），中国统计出版社1995年版。

势，发挥新疆土地广袤、棉花适生的资源优势，新疆自治区的《“九五”计划和2010年远景目标纲要》，在“七五”、“八五”期间棉花播种面积净增700多万亩的基础上，“九五”期间通过开垦宜农荒地、改造中低产田，在南疆再扩大棉田500万亩，并力争平均亩产达到100公斤。短期内，西北地区棉花播种面积有望达到1800万亩以上（其中新疆1600万亩），在全国棉花播种面积中所占的份额，将由目前的15%提高到1/4左右，西北地区的棉花产量有望超过160万吨（其中新疆150万吨），在全国棉花播种面积中所占的份额，将由目前的1/5左右提高到1/3以上，成为全国最大的棉花生产基地。

（五）畜产品基地

全国五大草原牧区，三个在西北（新疆、青海、甘肃），可利用草原面积达14亿多亩，占全国牧区草原总面积的43%，陕西、甘肃、青海三省还有1.8亿亩可利用的草山草坡。截至1994年年底，西北地区存栏大牲畜21773头、羊6576万只，分别占全国大牲畜和羊只总数的15%和27.3%，同年提供的牛肉、羊肉、奶类、绵羊毛、山羊毛和羊绒产量分别为30.6万吨、37.7万吨、116.2万吨、9.4万吨、5526吨和2023吨，分别占同类产品全国总产量的9.4%、23.4%、19%、36.8%、22.5%和27.6%。上述数据既反映了西北地区目前在我国畜产品生产、供应中已占有一定地位，又反映了西北广袤草原的资源优势远未充分发挥。今后西北地区将实行草原畜牧业、农区畜牧业和城郊牧业并举。草原地区继续推进传统游牧向定居、半定居放牧转变，合理利用天然草场，以草定畜；加快人工草场建设，建立饲草、饲料基地，采取放牧与加料相结合，幼畜短期强度育肥当年出栏，加速畜群周转，提高抗灾能力和产出效益；农区充分利用秸秆青贮氨化养畜；城市与工矿郊区，逐步创造条件发展现代化大型养猪、养鸡、养牛场等。充分发掘西北特有的优良畜、禽品种优势，实行区域专业化养殖，将形成如下一大批科（科学育种、配种、防疫等）、教（育）、牧（业）相结合，（畜）牧、（加）工、贸（易）一体化，按照现代化经营方式运作的各具特色的畜产品基地，（1）宁夏等地滩羊二毛裘皮和中卫沙毛山羊裘皮基地；（2）新疆天山北坡、甘肃河西走廊等地区的新疆细毛羊基地；（3）新疆阿尔泰肥臀羊基地；（4）新疆库车紫羔裘皮、卡拉库尔羔皮基地；（5）新疆南部、东部白山羊绒与驼绒基地；（6）新疆伊犁牛，伊犁马基地；（7）陕西关中地区奶山羊基地。

二　一批优势产业的壮大

除了作为国家基地建设的能源、石油化工、有色金属、棉花和畜牧业以外，西北五省、区根据国内外市场的走势，和各自的动态比较优势，在本省、区的“九五”计划和2010年远景目标纲要中，分别确定了本省、区重点培育的优势产业。如陕西省以能源、机械、电子、医药化工、食品和建筑作为六大优势产业；甘肃省决定大力发展石油化工、建筑建材、机械电子、轻纺食品和医药行业，使它们成为推进全省工业化进程的加速器；新疆维吾尔自治区确定以石油和天然气、石油化工、天然化工、纺织食品、建筑建材等支柱产业，作为带动全区经济的增长点；宁夏回族自治区确定，以较高的技术起点大力发展化工、冶金、机械、农副产品加工、建筑建材等支柱产业；青海决定大力发展盐化工、石油天然气化工、冶金和建材工业，形成全省的优势产业。从西北地区的全局看，具有带动全区经济发展作用的除上述五大基地外，还有下述几个产业：

（一）机械制造和汽车工业

“一五”计划和“三线”建设为西北地区机械工业发展奠定了基础，形成了西安、宝鸡、咸阳、汉中、兰州、天水、乌鲁木齐、银川、西宁等一系列机械工业基地。改革开放以来，在国防工业“军转民”和引进技术改扩建措施的推动下，实力进一步增强。今后按照“有限目标、集中突破”的策略，将围绕以下系列，充分利用现有基础，培植名优产品，形成经济规模，组建企业集团，参与国内外市场竞争，提高市场占有率。

1. 以陕西汽车厂、陕西飞机制造公司和秦川机械厂等为依托，发展重型汽车、大客车、微型车和汽车零部件；以新疆汽车厂、天山汽车厂、驼铃汽车厂等为依托，发展适于沙漠戈壁行驶的各种改装车及其配件。

2. 以陕西黄河工程机械厂、宝鸡工程机械厂等为依托，发展大马力推土机、系列叉车、大吨位挖掘机、大容量装载机；以西宁现有企业为依托，发展履带式和轮式推土机。

3. 以西安仪表厂、西安光学仪表厂、宝成仪表厂等为依托，发展为大型电站、化工、冶金、石油等行业配套的智能化自动控制仪表；以西北光电仪器厂等为依托，发展液晶显示器；以天水电工仪器厂、精密电表厂、长城电工合金材料厂等为依托，发展电工仪器仪表、电线电缆等。

4. 以陕西机床厂、汉江机床厂等为依托，研制开发镗床、磨床等各类精密数控机床和加工中心，以宁夏机床集团等为依托，发展以车床、钻床为主的数控机床，以西宁机床厂等为依托发展数控铣床。

5. 以西安电力机械制造公司为依托，提高扩大高压输变电设备制造能力。

6. 以西安、汉中飞机制造企业为依托，完成“运七”、“运八”飞机的改进、改型，与国际合作研制生产100座级客机，参与干线飞机和国外转包航空零部件制造。

7. 以陕西庆安集团、远东公司为依托发展冰箱、空调和汽车空调用新一代压缩机系列产品，使压缩机达到年产数百万台的经济规模。

8. 以咸阳和渭南纺织机械厂等为依托，开发机电一体化、前纺后整理和电控电测系统等新型纺织机械设备。

9. 以兰州石油化工机械厂、通用机器厂、兰州真空设备厂等为依托，发展石油钻采设备、炼油化工设备、真空设备、凿岩机械、高中压阀门等，以新疆现有机械制造企业为依托，发展石油化工通用机械、大型压力容器和高效节能锅炉等。

10. 以乌鲁木齐联合收割机厂、畜牧机械厂等为依托，发展联合收割机和各种农牧机械。

11. 以西北轴承股份有限公司、汉中海红轴承厂等企业为依托，在轴承、曲轴、液压元件、模锻件液力变矩器、橡胶密封件、精密模架、滚珠丝杠、滚动导轨等优势基础件上，进行高起点的技术改造，形成专业化、大批量基础件规模生产基地。

（二）化学工业

除石油化工外，西北地区在基本化工（酸碱工业）、农用化工、其他有机化工等方面也具有较好的发展条件。一是原料资源丰富。丰富的煤炭和石灰石资源为发展电石及其下游产品提供了有利条件；西北的盐湖资源更是得天独厚，一条东西走向的“盐湖带”横贯大西北，湖盐地质储量高达2000亿吨，其中仅柴达木盆地探明的湖盐工业储量就有638亿吨，加之邻近电力资源丰富，为氯碱和钾肥工业的发展提供了便利；大量有色金属矿山副产的硫精砂和冶炼厂的含硫尾气，提供了廉价的制酸原料。二是区内有广阔的市场。三是西北化学工业布点已经铺开，为今后的发展奠定了基础。今后以增产优质化肥、钾肥、基本化工和橡胶、塑料加工为重点，同时开发精细化工产品。“九五”期间，五省、区以煤炭为原料的氮肥厂，进行了规模不等的扩建，增产复合肥料、长效碳铵；陕西将兴建采用水煤浆先进技术的大型煤化工基地。甘肃、新疆将兴建大型磷铵工程，就近满足西北地区的磷肥需求。占全国钾肥产量90%的青海省，在青海钾肥厂二期工程建成后，钾肥生产规模将从目前的15万吨提高到68万吨，使我国氮、钾肥比例严重失调得到明显改善。在发展钾肥的同时，将对盐湖资源综合利用、深度加工，开采硫酸钾、碳酸锶等，形成盐化工产品系列。陕西化工总厂、西安化工厂、盐锅峡化工厂和青海黎明化工厂通过改、扩建，烧碱与聚氯乙烯的生产规模将进一步扩大，并将以离子膜法替代严重污染环境的水银法。新疆纯碱厂也将建成。上述项目的兴建和投产，标志着过去制碱原料过分倚重海盐，“两碱”（纯碱、烧碱）工业布局东倾的天平，开始朝湖、海盐并重，东西部“两碱”工业协调发展的方向调整。陕西将着力开发电子化工材料、氟制冷剂替代品等精细化工系列产品。

（三）黑色冶金工业

西北地区铁矿蕴藏较集中的矿区有三个：一是甘肃酒泉镜铁山、黑鹰山矿区；二是新疆哈密雅满苏、天湖矿区；三是陕南杨家坝、李家沟矿区。依托上述矿区，先后兴建了酒泉钢铁公司、新疆八一钢铁厂、汉江钢铁厂、略阳钢铁厂、龙门钢铁总厂等。此外，还有一批炼钢、轧钢企业和铁合金厂，如兰州钢厂、陕西钢厂（西安）、宝鸡钢厂、西宁钢厂、西北铁合金厂（连城）、西安精密合金厂等，宁夏还建有小型钢铁联合企业——

石嘴山钢铁厂。“八五”期末，西北地区钢铁生产规模300万吨/年，铁合金50万吨/年（后者占全国产量的15%），相当部分的钢铁需求靠区外调进满足。今后发展将尽量避短扬长、克服矿山资源不足的制约，发挥电力相对充裕的优势，重点发展市场短缺、自身又具有竞争力的特色产品。“九五”期间，在抓好矿山建设的基础上，酒泉钢铁公司，汉江钢铁厂等分别兴建年产30万—50万吨中厚板轧机、年产40万吨连续中小型型材轧制线、薄板坯连铸连轧系列；青海、甘肃、宁夏电力充裕的三省区，采用电炉炼钢、炉外精炼、连铸连轧等短流程新工艺，着重发展合金钢、特种钢。铁合金将从目前以硅铁为主，转向开发硅系列复合合金、铬锰合金的方向，以巩固、扩大西北铁合金在国内市场和出口中的优势。宁夏以石嘴山钢铁厂为依托，重点发展钢丝、钢丝绳，开发供石油钻采、轮胎加工、桥梁与铁路施工等领域专用的钢丝绳产品、形成具有特色与竞争力的金属制品基地。

到本世纪初，西北地区钢铁生产的总规模有望达到五六百万吨，如若依托“大陆桥”，打通从哈萨克斯坦进口铁矿石的渠道，将使西北钢铁工业发展呈现更可喜的格局。

（四）纺织工业

全国棉花产量1/5以上产于西北地区，而西北拥有的棉纺锭与棉纱产量还不足全国的8%；新疆生产了全国近20%的棉花，而棉纺锭仅占全国棉锭总数的3%，所产棉花就地加工量不足1/4。

到2000年新疆棉纺锭与棉纱产量将比“八五”期末增加1.23倍。新疆纺织总厂、八一棉纺厂两大纺织企业集团所在的乌鲁木齐和石河子市，今后将成为全疆综合性纺织工业中心；昌吉、奎屯、库尔勒、喀什和阿克苏等市，在现有基础上，都将形成颇具规模集聚配置的纺织工业小区；一批产棉大县的现有纺织厂，将通过改、扩建，采用先进设备，达到经济规模。在发展棉纺的同时，将加快培育新疆的化纤工业，在建的新疆涤纶纤维厂建成投产后，将着手兴建黏胶纤维、毛纺、麻纺和丝绸工业，着力提高产品质量，开发新产品。

陕西作为我国纺织工业的老基地，今后将从“大纺织”的高度，统筹安排棉纺、毛纺、丝绸、化纤、服装、装饰用纺织品、产业用纺织品的发展，以提高加工深度和印染后整理总体水平为突破口：依托优势企业，培育出口走俏、创汇水平高的拳头产品；如依托西北第一印染厂、陕西第二印染厂，发展特宽幅印染织物；依托西北国棉一厂，形成高档涤长丝织造、染整、制衣一条龙等，兰州是我国近代毛纺工业的发源地，拥有兰州第一毛纺厂、第三毛纺厂等大型企业，今后将加大技改力度，提高印染后整理的水平，开发轻薄、挺括、混纺、交织等新面料。兰州维尼纶厂通过整体改造，将着力开发差别化、功能化、复合超细等高科技纤维。青海将依托棉纺织总厂开发牛仔布、仿羽布，毛纺企业，将利用省内丰富的牦牛绒、驼绒开发系列新产品。

（五）食品工业和轻工业

西北地区现有食品工业在全国食品工业总产值中所占的份额仅3.9%。低于西北人口占全国总人口7%的比重，人均食品工业产值只相当全国平均水平的56%，而区内既有丰富的农、林、牧果菜原料，更有西北特殊生态环境孕育出的独具特色的生物资源，目前开发加工的比例很小。总之，无论从需求和资源供给看，西北食品工业都极具发展潜力，以下是今后重点突破的方向：（1）粮油加工向深加工转化，发展精制粉、专用粉、精炼食用油。对陕南的黑米和宁夏的“珍珠米”等特产，采取现代营销方法加以开发。（2）依托新疆、甘肃和宁夏的甜菜资源，改造完善现有制糖厂，在新疆兴建一批新糖厂，甘肃建成白银糖厂，宁夏扩建平罗糖厂，使西北成为我国北方的重要糖业基地。（3）依托青海等盐湖资源，建立现代化的加碘食用盐生产基地。（4）大力发展瓜果、菜蔬、肉乳和特有生物资源的加工。按照营养保健、卫生方便的方向，形成具有西北特异风味和民族特色的绿色食品系列。如哈密瓜、葡萄、番茄、沙棘等浓缩汁，无核葡萄罐头、番茄酱，陕西绞股蓝、魔芋、甘肃百合等保健食品等。（5）发展食品原料工业。如甘肃、宁夏将兴建玉米淀粉、淀粉深加工、无水柠檬酸等现代企业，提供广泛使用的食品原料。（6）充分利用食品工业的副产品和“废”料，发展饲料工业。（7）依托骨干企业、名优产品，发展烟、酒，使西北烟、酒在国内市场占据一席之地。如陕西将重点加强宝鸡、汉江两个烟草集团公司，争取进入生产高档烟、进行高积累的企业行列；适应市场走势，适度扩大西凤、杜康、伊力特曲等名酒生产规模。

轻工业按照扬长避短原则，将着重改造、提高皮革和皮毛业，开发适应市场需求的系列产品；适应西北农业灌溉、保温的需要，大力发展以农用塑料管材、农用膜为主的塑料制品业，同时积极开发工程塑料新产品；充分利用草、棉短绒、棉秆多种造纸原料俱备的优势，发展造纸工业；大力发展各民族喜爱的民族特色日用品；针对中亚等周边国家的市场需求，开发出口轻工产品。

（六）建材工业

无论水泥、玻璃，都是不宜也不便远距离运输的产品。目前西北地区建材市场供给小于需求，不得不远距离调进。按 1994 年数据计算，西北地区水泥、平板玻璃的产量分别为 2087 万吨和 640 万重箱，仅分别占全国总产量的 4.95% 和 5.37%；西北地区人均水泥产量比东部地区低 40% 左右，所以建筑材料是西北地区今后需加速发展的产业。除按照提高产品质量、降低能源与原料消耗的方向，改造现有建材企业外，水泥方面，重点增加高标号水泥，开发特种水泥，今后将逐步建成年产 150 万吨的陕西汉中水泥厂，完成甘肃永武、武山两个大型水泥企业的技术改造，兴建平凉、酒泉两个中型水泥厂，完成宁夏水泥厂、青海水泥厂和新疆一批水泥厂的扩建，兴建宁夏六盘山水泥厂、青海格尔水泥厂，扩大利用电厂粉煤灰生产水泥和墙体材料。

建筑玻璃行业，重点发展浮法玻璃，今后将逐步完成咸阳、兰州玻璃厂的浮法玻璃生产线建设，建成陕西神木、新疆、宁夏的浮法玻璃厂。利用区内丰富的陶土资源，发展建筑卫生陶瓷，以及新型墙体材料和其他装饰装修材料。依托兰州现有企业，开发钢丝网夹心板轻质墙体材料。提高大理石、花岗岩等石材开发的加工深度，形成各具特色的产品系列。依托宁夏、青海的石膏资源，开发石膏深加工产品。巩固、提高青海茫崖和陕西汉中石棉在国内外市场的声誉，开发石棉系列制品。利用青海盐湖氧化镁资源，研制开发镁水泥及其制品。

（七）电子工业等先导产业

西北地区的电子工业主要集中在陕、甘两省，在一些领域，已形成有相当实力的科研开发基地，如“彩虹”、“大唐”、“长岭”、“天光”等大型企业集团。今后以西安、兰州的高等院校、科研院所，和区内实力雄厚的国防科研与军工企业为后盾，以西安、兰州、乌鲁木齐三个国家级高新技术产业开发区和咸阳、宝鸡、渭南等开发区为基地，在提高基础元器件开发能力的基础上，围绕下述六大类电子产品，带动西北电子工业的发展。

1. 集成电路。依托甘肃天光厂，形成年产 1 亿块集成电路的生产能力。

2. 计算机及软件。围绕生产流通过程控制与管理信息系统建立的需求，开发微机工作站、多功能家用电脑、电脑软盘、CAD 系统软件，争取世纪之交形成年产 30 万台计算机的生产能力。

3. 通信设备。以西安大唐公司等为依托，以程控交换机为主，同时开发有线通信、移动通信、卫星通信、微波通信系统产品，争取世纪之交形成年产程控交换机千万线、年产电话单机百万部的生产能力。

4. 显像管、显示器、连续波磁控管。以“彩虹”集团（咸阳彩色显像管厂）等为依托，重点发展高分辨显像管（高清晰度电视机的主要元件）；以甘肃虹光厂等为依托，发展连续波磁控管。

5. 彩色电视机。重点开发数字彩电和高晰度、大屏幕、宽屏幕电视机。

6. 冰箱、空调器。以“长岭”、“长风”集团公司为依托，重点开发无霜、无氟、智能型冰箱和壁挂式、立式、可移动式空调器。

其他高新技术开发方面，主要发展重点为：（1）以宝鸡高新技术产业开发区和甘肃稀土公司为依托，开发稀有金属材料、复合材料、磁性材料等新型材料。（2）以目前国内唯一的农业科技城——杨陵高新技术产业开发区为依托、开展基因工程、细胞工程、酶工程、生物资源保存、加工技术等的研究开发。

上述各高新技术领域的研究开发和产业化，将有力推进西北地区传统产业的技术改造，为西北地区产业结构转换升级奠定基础。

三 朝集约化、市场化迈进的大农业

西北地区现有耕地面积1141万公顷，占全国耕地总面积的12%左右，远高于西北人口在全国总人口中所占比重，就农民人均经营的耕地面积而言，陕西、甘肃、宁夏、青海、新疆五省、区分别为2.83亩、3.04亩、3.83亩、2.38亩和4.11亩，比全国半均水平（2.18亩）高9%—88%。但大部分地区处于干旱地带，降水稀少、时受风沙肆虐与水土流失的困扰。青海、甘肃西南部一些地区属高寒阴湿地区，农业生产力较低。

为了西北和全国的可续发展，将在青海省玉树藏族自治州长、黄河和澜沧江的源头地区建立总面积达31.6万平方公里的“三江源头自然保护区”；黄河干支流的陡坡耕地，将逐步退耕还林还草，同时在继续巩固、提高现有农田水利设施、农田防护林网等的基础上，通过兴建一批大中型引水、调水和抽黄、扬黄（河水）工程，开辟新水源；通过广修梯田、挖窖，保水、蓄水，减少水土流失；推广地膜以保墒保温；推广喷灌、滴灌、渗灌以节水；在增加水浇地，发展灌溉农业的同时，总结推广旱作农业高产经验；加快中、低产田改造和稳产高产农田、基本农田的建设步伐；在增产潜力大的地区，集中投入，建设商品粮基地。“九五”期间，新疆自治区将在北疆地区，投资100亿元，开发50亿立方米水资源，扩大耕地100万亩，建立大型商品粮基地；陕西通过农业综合开发，在提高关中灌区、汉中盆地现有商品粮基地的同时，配合陕北能源开发，在榆林新建商品粮和副食品基地，在渭北建立推广旱作农业增产技术的“旱塬旱作农业工程”；甘肃在巩固、提高河西走廊商品粮老基地的同时，将在沿黄（河）灌区、陇东地区、徽（县）成（县）地区建立区域性商品粮基地；宁夏在“八五”时期兴建了青铜峡、永宁、贺兰三个国家级商品粮基地，今后还将逐步新建1—3个国家级商品粮基地；青海在完善互助、湟中和大通三个商品粮基地的同时，将新建民和、乐都、化隆和贵德四个商品粮基地县。

（一）北方糖料作物的重要基地

我国北方制糖工业的主要原料是甜菜，西北目前甜菜种植面积12.4万公顷，占全国甜菜种植面积的17.7%，但甜菜产量占全国产量的37.5%。新疆、甘肃每公顷甜菜的平均产量为39000公斤左右，和北方另外两个甜菜主产区相较，比内蒙古自治区平均单产高96%，比黑龙江省等东北产区高两三倍。新疆和甘肃河西走廊等地区，光照充足，空气干燥，昼夜温差大，土壤略带盐碱性，适于甜菜生长和糖分积累，含糖率可达17%—18%，北方其他甜菜产区每生产1吨糖，需甜菜8.8吨，新疆只需7吨。从粮食与甜菜的比较产出看，全国平均为1∶5.16，新疆为1∶10.49，即同样占用产出1吨粮食的耕地种植甜菜，在新疆可以得到10.49吨甜菜的回报，而全国平均仅为5.16吨。基于上述双重优势，今后新疆石河子、呼图壁、伊犁、阿克苏、焉耆、奇台—吉木萨尔、塔城和甘肃河西走廊地区，将适当扩大甜菜种植匾积，继续提高产量，预计使之成为我国北方最重要的高产高效糖料作物基地。

（二）瓜果、土特产生产与出口基地

"吐鲁番的葡萄哈密的瓜，库尔勒的香梨人人夸"，其实新疆和西北其他四省、区脍炙人口的瓜果菜，远不止民谣中提到的3种。从瓜方面来说，除香脆甜的哈密瓜，还有别有口味的白兰瓜（主产于兰州），哈密瓜也不仅仅产于哈密和鄯善，在北疆的昌吉、石河子，南疆的皮山、伽师地区将继续扩大种植面积。西北地区的葡萄产量已占全国产量的1/3（其中新疆占30%），除吐鲁番老产区外，南疆和田地区将建成一个比吐鲁番种植面积更大的葡萄基地，气候条件与吐鲁番类似的甘肃敦煌—安西地区葡萄园也正在扩大。西北地区的苹果产量已占全国总产量的22%，陕西省的苹果产量在全国各省、市中已名列第二，除秦岭北麓、渭北旱塬、陕北的优质苹果、伊犁苹果，甘肃泾渭河流域（天水、平凉、庆阳地区）的"花牛"苹果已是出1∶1名牌，今后都将进一步提高品质、稳步发展。伴随塔（里木盆地）北（缘）油田的开发，库尔勒的运输条件日趋改善，香梨基地建设步伐正在加快，甘肃河西、陇中地区的苹果梨、早酥梨和锦丰梨，都将朝着基地化方向发展。以桃、杏来说，西北就有甘肃安宁的白凤桃、新疆和田的蜜桃，甘肃河西的李广杏、新疆库车的白杏和英吉沙的巴旦杏。其他还有新疆阿图什的无花果、陕西临潼和新疆叶城的石榴及兰州的百合，等等。

干果方面，有陕、甘两省的核桃、板栗，新疆的阿月浑子、陕西沿黄（河）地区的红枣，甘肃的黑瓜子和宁夏的红黑瓜子。其他特产还有陇南的蕨菜、花椒、木耳，庆阳的黄花菜，新疆的红花，等等。而在国内市场占有率最高并供应出口的当数新疆的啤酒花，今后将引进开发新香型品种，通过加工，以“酒花颗粒”外运，进一步拓宽市场，甘肃、宁夏气候条件与新疆类似的地区亦将逐步开发啤酒花基地。为使各种瓜果、土特产开发，从品种选育、栽培管理技术到保鲜（存）、加工、包装、运输、营销能充分运用现代科技和经营管理知识，建成高产、优质、高效的商品基地，陕西省专门建立了“周至县猕猴桃农业示范区”，其他四省、区也正从不同方面积极探索瓜、果土特产开发走上产业化的道路。

（三）药材和中草药基地

西北地区拥有丰富的药材资源，既有分布广泛的甘草、麻黄、黄芪、当归、党参、茯苓、白勺、天麻、杜仲、贝母等，又有集中在某特定地区的药材，如新疆天山、阿尔泰山的雪莲，陕西安康的绞股蓝，宁夏、新疆博尔塔拉的枸杞，青海的冬虫夏草，甘肃的大黄等。现正采取“公司+基地+农户”的方式，以大中型医药企业为龙头，围绕中草药制剂新产品的开发，形成药材栽培基地。

除上述面向全国市场并供应出口的基地外，还有各省、区的商品油料基地、蔬菜副食品基地，陕西渭北旱源、洛川—宜川地区和甘肃庆阳地区的烤烟基地，陕南的桑蚕、生漆、桐油基地等，对于增加西北地区农产品的供给，带动所在地经济发展均将起到重要作用。

四　交通通信网更趋完善，与国内外大市场相连的区域市场更加发育，旅游业蓬勃发展

（一）铁路

“七五”、“八五”时期，陇海、兰新、宝成铁路电气化改造和兰新复线建成，使贯穿西北地区的几条主动脉的运输能力大幅度提高。今后仍将以

陇海—兰新、包兰、宝成铁路为主轴、拓展、延伸和兴建新线，提高路网密度，多向扩大对外通道的运输能力，完善区内路网，构建以铁路、高等级公路为骨架，包括航空、管道运输以及水运有内的综合运输网体系。

1. 南北向运输大通道。目前西北、西南两大区的客货运和过境客货运，主要由宝成铁路承担，早已处于超负荷运转状态。今后宝成复线、西（安）—（安）康新线建成，阳（平关）—安（康）线扩能改造后，运输能力可望提高一倍以上。兰州—成都成品油输送管道建成后，运输能力将大大增加，21 世纪初，适应运输量进一步增长的需求，兰州至重庆、兰州至广元、天水至阳平关等铁路新线建设将提上日程。

“八五”期间建成了西安—延安和包头—神木两线，今后将逐步建成延安—神木新线。届时，以包头为起点，南北穿越陕西全境，可达川、滇、桂，直至北部湾诸港，形成继京沪、京广、京九、焦枝—枝柳线之后，纵贯全国的第五条大通道，使西北和华北、西南、华中、华南几个大经济区紧密相连。

2. 东西向运输大通道。西北地区目前东西向联系的主通道有三：一是陇海铁路；二是包兰铁路；三是两（安）侯（马）铁路。在侯马既可经同蒲线与全国路网相连，又可经侯（马）月（山）等线，直达日照港。

陇海线受宝（鸡）—天（水）“卡脖子”区段的制约，在宝（鸡）—中（卫）线建成后有所缓和，为了保证东西向运输畅通，正在酝酿修建陇海线宝（鸡）兰（州）段第二线。包（头）兰（州）线期间也将进行电气化改造，提高运输能力。

“八五”时期建成的神（木）朔（州）铁路，将继续东延，直抵河北省黄骅港，形成年运输能力近亿吨的大通道。今后有望着手中卫—绥德—太原铁路和宁西线（南京—信阳—西安）的建设，前者为西北地区增添了一条与天津、秦皇岛、青岛诸港口城市更便捷联系的通道，后者开辟了西北与华东地区更近捷的新通道。届时，西北地区将有 5 条东西走向的大通道进入国内大市场和东部沿海港口。

3. 区内铁路运输网建设和新的国际通道。南疆铁路的吐鲁番至库尔勒段 1984 年建成，由库尔勒西延至喀什的西段，也于 1999 年提前竣工，这对南疆地区的开发将发挥重大作用。从喀什西行 200 多公里到边境再经吉尔吉斯斯坦共和国的奥什、乌兹别克斯坦共和国的安集延，即可与现有国际铁路网相接，形成新亚欧大陆桥的南通道，便捷地进入中亚、西亚和北非市场。对兰青铁路（兰州—西宁）和西宁—格尔木铁路（青藏铁路第一期工程）进行扩能改造，以适应青海经济发展和进（出）藏客货运的需要。对兰新线和包兰线的联络线—干（塘）—武（威）线进行电气化改造。

4. 兴建西安—彬县—中卫铁路，开发彬（县）长（武）煤田，促进甘肃庆阳等地区的资源开发。在21世纪初或稍后，下述铁路新线建设将提上议事日程：（1）新建北疆铁路精河站至伊宁的铁路，以推动伊犁地区的经济发展、商品粮等的外调，提高霍尔果斯口岸的集疏运能力。（2）新建北疆铁路奎屯至阿尔泰的铁路，以促进当地的资源开发。（3）着手青藏铁路二期工程——格尔木至拉萨的铁路建设。进藏铁路从格尔木出发，经南山口、沱沱河、雁石越、唐古拉山口进入西藏境内，后经安乌、那曲、当雄、羊八井抵拉萨，全长1118公里，其中海拔高度在4000米以上的区段就有965公里，将是全球穿越高原、高寒、缺氧及连续性永久冻土区最长的铁路[①]。（4）新建青新铁路（格尔木—库尔勒），形成新疆与内地联系的第二条大通道，将塔里木、柴达木两大盆地紧密相连，有力地推进南疆和青海的资源开发。

（二）公路、民航、内河与客道运输

围绕贯穿西安—兰州—乌鲁木齐—霍尔果斯，阿拉山口等国道主干线，以五个省会（自治区首府）城市为中心，建设辐射各地、市、县与边境口岸的公路网，提高路网密度、通达深度和公路技术等级，在重点城市和旅游热点之间率先建设高等级公路或高速公路，如临潼—西安—宝鸡，西安—铜川—黄陵，兰州—古浪，兰州—白银，乌鲁木齐—石河子—奎屯—独山子等。

民用航空。按照大型国际航空港的标准扩建咸阳机场，扩建乌鲁木齐、兰州、西宁机场，建成银川河东机场，改建汉中、榆林、敦煌、伊宁、喀什、阿勒泰和格尔木等机场，利用天水、哈密军用机场开办民用航空，在

① 参见陈永军等《王秀林魂牵梦绕“甘藏铁路”》，《中央盟讯》1996年第5期。

增开新的国际航线，增加与国内大中城市通航网点的同时，针对西北地域辽阔、城市间距离大的特点，大力发展西北地区各城市间的短途航运市场。

水运。通过黄河干流、汉江有关区段的重点整治，使之分别达到5级航道标准。

西北地区现有石油输送管道，除青藏成品油管道，主要集中在新疆（如克拉玛依至乌鲁木齐的复线输油管等）。今后将随同石油开采、加工布局的展开而相应拓展、完善。今后将逐步建成兰州至成都的成品油输送管。

当新疆原油产量增加到管道外输规模时，新疆经兰州（或洛阳）至四川的原油输送管道建设，也将提上日程。

（三）通信

“八五”期间，西北五省齐心协力建成了西安—兰州—乌鲁木齐—伊宁全程30芯光缆干线，在此基础上，“九五”时期，继续建设兰州—银川—北京、西安—呼和浩特、西安—武汉、西安—合肥、银川—榆林—太原—青岛等国家一级光缆干线，以及乌鲁木齐连接亚欧14国的光缆干线。形成以光缆为主，数字微波和卫星为辅、多种通信手段结合的传输基础网，并大幅度增加程控交换机、市话交换机的容量，提高电话普及率，加快西北地区经济和社会信息化的进程。

（四）区域市场更加繁荣

以发展、完善城乡集贸市场，培育农工商、产供销一体化企业集团为基础，结合农、林、牧瓜果菜土特产商品基地的建立，在工农产品的产地、销地或集散地建立批发市场，创造条件发展配送中心与期货市场。在商品市场壮大的同时，金融、证券、房地产、人才、信息咨询和产权市场将有长足的发展。1996年7月，西安人才市场挂牌，标志着西安成为继沈阳等六市以后全国第7个区域人才市场中心。从1997年起，中央有关部委和西北有关省（区）每年在西安主办一次东西部合作与投资贸易洽谈会，有力地推动了西北各省（区）与东、中部各省、市的商品贸易、技术贸易、资产重组与产权交易和国内外投资的增长。今后依托“大陆桥”，西北将进一步加强与陆桥东端华东、华中地区的经贸往来和经济技术合作，通过晋、陕、蒙能源基地和神（木）黄（骅）第二运煤大通道的建设，加强与京、津、冀等华北地区的经济交往，以“西出”增强“东联”的吸引力。

（五）进一步扩大对外开放，提高经济外向度

“九五”期间，五省、区将充分利用亚欧合作等国际新格局造就的地缘优势，发挥地处连接亚欧陆桥腹心的区位优势，推出如下举措，把对外开放提高到一个新水平。

1. 走“大外贸”之路，坚持对外贸易与引进外资并举，联动互促，使商品进出口贸易、融资、引资、技术贸易、工程承包、劳务输出、旅游外汇收入共同提高，使“大贸”和“地边贸”共同发展。

2. 以质制胜，不断优化进出口商品结构。针对目标市场，提高出口商品的质量、档次，培育名牌和市场信誉，重点扶植具有竞争优势和潜在优势的大宗出口产品，围绕主导出口产品带动出口产业的形成与发展，通过内联，加快出口商品基地的建立与发展，以“东联”促“西出”。

3. 坚持东、西双向开放，外贸市场多元化。一方面继续扩大与我国港、澳、台地区和日、美、东南亚国家的经贸往来，更加重视开拓中亚和独联体其他国家、中东欧、西欧市场，及时抓住和中东、非洲、拉美的贸易机遇。更好地发挥乌鲁木齐出口商品交易会简称“乌交会”作为西北地区对外开放重要窗口的作用，朝着国际博览会的目标，把“乌交会”办得一年比一年更好。充分发挥口岸作用，以提高口岸吞吐能力为中心，增强口岸整体功能。坚持五省、区“联合走西口，共建大通道”。

4. 争取国家支持，扩大利用国际金融组织、外国政府优惠贷款的规模，争取国际民间组织的援助，凭借丰富的资源、广阔的市场和逐步完善的投资环境，扩大引资规模。以资源换资金、换技术，吸引外资投向资源勘探与开发；以市场换资金，采用BOT等方式，吸引外资投向基础设施和基础产业；以股权换资金，以资产存量换增量，吸引外资嫁接改造现有企业。

（六）大力发展旅游业

西北地区的自然环境和悠久历史，形成了自然景观和人文景观相济的丰富旅游资源。改革开放以来，旅游业发展迅速。以陕西省为例，“八五”

期间累计接待境外旅客210万人次，旅游外汇收入4.7亿美元，旅游业成为省内第三大产业。“九五”时期五省、区利用下述有利条件，把旅游业作为一项重要产业和推进对外开放的重要途径，加以大力发展。

西北旅游资源的构成与分布，具有如下特殊优势：其一，作为西北旅游主轴的陆桥沿线，和古代丝绸之路基本吻合，使现代观赏和史迹追踪浑然无成，增强了旅游资源的吸引力；其二，旅游资源分布相对集中，主要景点多集中在西安、兰州、乌鲁木齐和银川、西宁、天水、嘉峪关等城市周围，交通便利；每个旅游点各具特色，且人文、自然景观兼备，旅游内容丰富。

基于上述优势，近期西北以陆桥沿线为主轴，着重发展四大旅游区：

一是以西安为中心的关陇旅游区。在古都西安及其附近有半坡仰韶文化遗址、海内外炎黄子孙共仰的轩辕黄帝陵、秦兵马俑和汉唐的茂陵（汉武帝）、昭陵（唐太宗）、乾陵（武则天），以及法门寺（凤翔）麦积山石窟（天水）等蜚声中外的历史文物，和以延安为中心的革命遗址群，又有华山天险、太白山国家森林公园等自然景观。目前西安正抓紧建设占地15平方公里，集文化、娱乐、观光、度假、商务于一体的国际性旅游城——曲江旅游度假区。

二是以兰州为中心的沿黄（河）旅游区。游罢兰州的五泉山、白塔山、北上“塞外江南”，还有青铜峡的古塔群、同心的清真寺、银川的玉皇阁、海宝塔与西夏王陵；西去高原古城西宁，有融藏、汉艺术于一体的塔尔寺和水面浩渺的青海湖与鸟岛。

三是以嘉峪关市为中心的河西旅游区。游罢万里长城最西端的嘉峪关，继续西行就到了被联合国认定为世界文化遗产、石窟艺术之最的敦煌莫高窟，它和附近的西千佛洞、榆林窟、水峡口窟、马蹄寺石窟等组成了一幅石窟艺术长廊。

四是以乌鲁木齐为中心的北疆旅游区。乌鲁木齐北有“天山明珠”之称的天池，南有白杨沟风景区，沿乌鲁木齐河泛舟而下，可把冰川积雪、参天林海、草原绿洲和莽莽大漠多种自然景观尽收眼底。东达吐鲁番，跨越火焰山，游毕高昌古城、柏孜克里克千佛洞，再到花果长廊——葡萄沟参观新疆特有的坎儿井。

中远期还可以开发以大漠景观、古城遗址为主要内容的南疆旅游区和长江、黄河源头旅游区。

依托上述旅游资源，除观光旅游，还将开发休闲度假、温泉疗养、沙疗疗养、民俗风情、考古探险等专项旅游。利用边境口岸，发展边境跨国旅游。旅游开发突出西域风情、民族特色，提供行、游、吃、住、娱、购相配套的优质服务，并相应开发旅游产品。

五　城市化进程加快，重点开发区建设有序展开

（一）中心城市实力与功能进一步增强

在工业化加速推进的同时，城市化步伐也将加快，西北地区工业化、城市化的发展，都需充分依托如下5个中心城市。

1. 西安市。西安地处我国北方中、西两大经济地带的结合部，是西北各省、区通往华中、华东和西南的门户，也是大陆桥国内段最大的中心城市，处于承东启西，东联西进的战略地位。经济实力居西北5个省会（省府）城市之首，拥有仅次于北京、上海的科技实力优势，又是世界历史文化名城（与罗马、埃及、雅典并列为世界十大古都）和国际旅游热点城市。今后将以科技、商贸、旅游为先导，壮大电子、机械、旅游三大支柱产业，大力发展第三产业，强化城市功能，建设成为西北地区的金融中心、商贸中心、科教中心、信息中心和国际旅游中心，更好地发挥、带动陕西和整个西北地区经济发展的作用。

2. 兰州市。兰州位于大陆桥西北地区段的中心点，陇海、兰新、包兰、兰青四条铁路和西兰、甘川、甘新、甘青等12条公路干线交会于此，既是甘肃省政治、经济、文化的中心，也是西北地区重要的交通枢纽、科技中心，城商贸中心，城市发展条件优越。今后将继续壮大石油化工、机械电子和有色金属加工等支柱产业，有重点地发展新材料、精细化工等一批高新技术产业，成为带动全省产业结构、技术结构升级的研究开发基地，大力发展第三产业，增强城市功能，成为全省商品与要素市场体系的中枢。

3. 乌鲁木齐市。是大陆桥国内段西端最大的城市，也是新疆铁路、公

路、航空运输和通讯网络的中枢，拥有全疆工业资产存量的1/3，汇聚全疆2/3的科研机构和大专院校。今后将着力发展石油化工及其下游产品的深加工、钢铁、新型建筑材料与轻纺等支柱工业，有重点地培育高新技术产业，大力发展商贸、金融保险、信息咨询、旅游为重点的现代第三产业，更好地发挥作为全疆政治、经济、科教中心和西北地区对外开放“窗口”与前沿的作用。

4. 西宁市。西宁地处青海省东部，兰青铁路和西宁—格尔木铁路交会于此，既是全省政治、经济、文化中心，也是全省和西藏部分客货流进入国内外大市场的门户。今后将依托省内有色金属、稀有金属、盐、石油等资源和充裕的电力，发展相应的加工工业，壮大工业实力，健全城市功能，培育市场体系，加强与省内优势资源开发相关的科技开发实力，更好地发挥其作为全省经济、科技、信息中心和推动、支撑全省资源开发的基地作用。

5. 银川市。银川地处包兰铁路的中段，宁夏黄河灌区的中心，目前正处于从城市人口不足50万的中等城市向人口超过50万的大城市过渡的阶段。今后主要围绕化工、机电、食品、建筑材料四大支柱工业，增强经济实力和科技开发实力，完善城市基础设施，培育市场体系，提高城市综合功能，更好地发挥其作为自治区政治、经济、文化中心和宁夏以及毗邻的甘肃陇东、内蒙古西部地区商流、物流的中心。

（二）快速发展区和重点开发区

在市场机制和投资效益原则作用下，今后西北内部各地区并不会等速发展，经济的兴奋点除中心城市外，主要集中在两类地区：一类是中心城市邻近地区，或拥有高产出增长弹性的优势产业地区，或地处交通便利的区位，对上述地区，可称为“快速发展区”；另一类是拥有一种或数种丰富的资源，国家已着手开发，或已列入开发规划，对此称为“重点开发区”。从今后发展的势头与速度看，两类地区都会高于其他地区，就此而言，两者并无差别。差别在于，前者的发展，在相当程度上是依靠自我积累，依靠现有企业的改造、改组、改制，以及依托自我实力吸引外部资金，嫁接外来技术，实现经济增长。而后者因处于资源开发、资源优势向现实优势转换的初始阶段，其发展的迟早快慢，在很大程度上取决于国家或其他投资主体投入的时间与强度。

1. 第一类“快速发展区”。

（1）陇海铁路（陕西段）沿线地区。该区横贯“八百里秦川”，农业生产力水平较高。有陇海、宝成、西（安）侯（马）、西（安）延（安）铁路和众多公路干支线通过，是我国北方的东西大通道，以西安市为中心，北有咸阳、铜川，西有宝鸡，兴平，东有渭南等城市和三原、耀县、华县、武功等经济实力较强的县。今后接收西安市的辐射和产业转移，通过“三改一加强”（改造、改组、改制、加强管理），进行产业重组，各有侧重地发展机械电子、化工医药、食品纺织、能源建材等工业，依托区内国防科技与军工企业，有重点地开发高科技产业，利用享有国际声誉的旅游资源发展旅游业和旅游商品生产，有望成为西北经济实力最强的地区，成为支撑陕北、陕南和毗邻的甘肃陇东地区经济开发的基地。

（2）玉门—嘉峪关—酒泉—金昌地区。该地区土地广袤，农业综合开发潜力大，是甘肃最主要的商品粮和经济作物基地，现有金川有色金属公司、酒泉钢铁公司、玉门石油管理局等一批大中型企业。今后以兴修水利为基础，加大农业综合开发力度，实施种植养殖、加工业和贸、工、农一体化，发展农副产加工工业，围绕有色金属、钢铁、石油等支柱产业，发展关联产业，充分利用敦煌等石窟艺术长廊，发展旅游业和旅游产品加工业。

（3）乌鲁木齐—奎屯—克拉玛依地区：该区是新疆重要的粮、棉、油生产基地和石油、石油化工、钢铁、煤炭、纺织和建材工业的中心。今后随农业集约化的水平的进一步提高，农产品加工工业和石油化工下游产品深加工将有很大的发展，围绕构建全疆商品市场、要素市场和旅游市场的中心，发展第三产业，使其成为支撑南疆、东疆、西北疆开发和边境地区对外开放的基地。

2. 第二类重点开发区。

（1）长城（陕西段）沿线地区。围绕神府煤田、陕甘宁盆地（中部）气田的开发，水利先行，在榆林建立60万亩商品粮和副食品基地，发展相关产业，带动地区经济全面发展。

（2）以库尔勒为中心的塔（里木盆地）北（缘）地区。围绕南疆油田的开发，发展石油天然气化工，带动机电、建材等关联产业，充分利用土地与光热资源，建立大型的棉花、甜菜、瓜果和畜产品基地，带动轻纺食品工业的发展，建成支撑南疆经济开发的前沿基地。

（3）黄河上游（青海段）和湟水沿线地区。该区为青海省经济实力最强、自然条件较好的地区，今后围绕黄河上游水电梯级开发，加强湟水谷地商品粮基地、农副土特产品基地和“菜篮子”工程建设，发展以高耗能和农畜产品加工为主的工业，实现地区经济繁荣，使其成为支撑青海省其他地区开发的基地。

（4）以格尔木为中心的柴达木地区。围绕柴达木盐湖、石油、天然气、石棉、黄金和有色金属资源的开发，发展盐化工、石油天然气化工，以及煤炭、建材工业，建立“绿洲农业”。

（5）汉江工业走廊。西（安）（安）康铁路的建成，将加快汉江水力资源的开发（汉江水系可开发水能资源总量达352.9万千瓦），通过水能、生物和金属矿藏三大资源开发，以有色、黑色金属冶金，黄金、食品、医药和林土特产品加工工业为中心，带动地区经济走向繁荣。

（6）宝（鸡）中（卫）沿线陕甘宁接壤地区。利用宝中铁路和拟建的西（安）中（卫）铁路创立的交通区位和长武、华亭煤田的开发与配套电站的兴建，围绕煤炭与电力工业，发展建材、化工、机械制造等关联产业，带动地区经济全面发展。

（7）边境经济带。西北地区的陆地边境长达5500余公里，除百余公里在甘肃境内，5400公里均在新疆境内，分别与蒙古国、俄罗斯、哈萨克斯坦、吉尔吉斯斯坦、塔吉克斯坦、巴基斯坦、阿富汗、印度8国接壤，截至目前，已开通阿拉山口、霍尔果斯、红其拉甫等15个口岸。今后按照“通贸兴边”的发展思路，“国贸、地贸、边贸、民贸”并举，大力发展进出口贸易和转口贸易，以有利区位和优势政策，吸引外来投资主体、经营主体，依托边境经济合作区，逐步发展出口加工业，首先从阿勒泰至伊宁千里区段突破，逐步建成经济繁荣的边境沿线经济带。

随着2010年远景发展目标的逐步实现，横贯大西北的两条产业带、城镇带：陇海—兰新沿线和黄河上中游—包兰铁路沿线的经济实力将显著加强；几条二级产业带、城镇带，如，长城（陕西段）沿线、汉江工业走廊、南疆塔北产业带等，将具雏形，为今后大西北生产力布局的进一步拓展奠定基础。城市化率预计将从目前的18%提高到30%以上。城市体系和总体面貌，将出现如下变化：

（1）西安市在外向型经济不断提高的基础上，开始向国际性大都市方向发展，以西安为中心的关中地区，将出现我国西北第一个超大型城市群。

（2）涌现一批发挥区域经济中心功能的中等城市，如陕西的榆林、汉中、渭南，新疆的库尔勒、哈密、昌吉、石河子、伊宁、喀什等。适应产业布局的新变化，调整原有行政区划与建制，合并形成功能健全的区域中心城市；如甘肃的嘉峪关和酒泉两市，新疆的奎屯、乌苏、独山子。

（3）涌现一大批城市功能较完善的小城市。西北地区经济今后的发展，既从多方面要求完善现有小城市的功能，亦将有力地推动新城市的，出现。其一，农业产业化、市场化的推动，将使如武威、张掖、平凉等现有城市规模扩大、功能完善，并将在农产品商品基地发达地区，出现一批新城市。其二，在大规模资源开发的拉动下，榆林、库车、格尔木等现有城市会有较大发展，神木、彬县、华亭、灵武和李家峡等有望成为新的城市。其三，在交通运输新枢纽的基础上，中卫、干塘、安康和精河等有望成为新的城市。其四，在进一步扩大对外开放的拉动下，阿勒泰、塔城、博乐等将有较大发展，霍城等有望成为新的城市。其五，六七十年代，依托单一产业形成的工矿镇，在市场经济冲击下，将朝着产业多元化和第一、第二、第三产业协调发展的新城市方向转变，如连海、靖远（宝积镇）、秦安等。

（三）边远贫困地区的发展

今后，在中心城市、“快速发展地区”和“重点开发区”的带动下，西北境内的边远贫困地区，如陕南秦巴山区，陇中、庆阳和宁夏南部干旱山区，甘南、临夏和青海玉树、果洛等高寒阴湿山区，以及南疆三地州（喀什、和田、克孜勒苏），将充分利用各级政府与社会各界的扶贫援助，改善农牧业生产条件；通过以工代赈，进行公路等基础设施建设，打破封闭，逐步进入大市场，尽早实现脱贫目标。

为了从大范围克服干旱、荒漠化这两个严重制约西北经济，特别是农牧业发展的因素，今后还需要一些大的投入（特别是科技的投入），以下简要地提出两点：一是南水北调西线工程。从长江上游通天河及其支流雅砻江、大渡河三处引水入黄河，每年调水 100 亿—200 亿立方米，能使黄河上中游地区新增灌溉面积 3385 万亩，使黄河干流梯级电站的年发电量增加 391 亿—765 亿千瓦时。二是积极探索沙产业和沙区经济发展之路。如果说植树造林，建立防护林带，是对风蚀沙化的“防御战”。那么，引水、调水，变沙丘为良田可谓“争夺战”；但调水工程的生态影响，特别是难以准确预计到的生态后果，具有很大风险，故第三条顺势而为的思路更值得重视。第三条发展思路则是依据荒漠地区特定的自然条件（干旱少雨、阳光充沛、昼夜温差大），发现、培植具有较高经济价值的生物资源，研究相应的开发、利用技术，形成相应的产业。沙区群众早把采集甘草、沙棘等作为谋生之路，80 年代中期，著名科学家钱学森院士响亮地提出了建立沙产业，有关科研部门和学者专家，正积极进行沙区盐藻、微藻等资源开发利用的研究，有充分理由相信，上述研究的突破，将给西北地区经济发展开拓出一方新天地。

（原载《西部经济崛起之路》第 7 章，上海远东出版社 1996 年版，2001 年收入《西部大开发与可持续发展》时略作修改、补充）

西部地区经济现状与开发对策

一 西部地区经济发展现状与问题

中国疆域辽阔，各地区自然和人文条件与经济发展水平差异很大，无论分析空间经济还是规划地区经济的发展，都有必要进行经济区划。长期以来采取的是“两分法”，将全国划分为沿海地区和内陆地区；80 年代中期，政府采纳学者的建议，改取“三分法”，即按经济技术发展水平和地理位置相结合的原则，将全国划分为东部、中部和西部三大经济地带。东部地带包括沿海地区的辽宁、北京、天津、河北、山东、江苏、上海、浙江、福建、广东、广西和海南 12 个省（市）；中部地带包括黑龙江、吉林、内蒙古、山西、河南、湖北、湖南、安徽和江西 9 个省（自治区）；西部地带包括重庆、四川、云南、贵州、西藏、陕西、甘肃、宁夏、青海和新疆 10 个省（市、自治区）。

新中国成立 50 年来，西部地区从前工业化社会步入了工业化社会。1999 年按当年价格计算，国内生产总值（GDP）已达到 1.2 万亿元，按不变价格计算，已超过 1985 年全国 GDF 的总额。在改革开放近 20 年的四个五年计划时期（“六五”、“七五”、“八五”、“九五”），西部所有省（自治区）GDP 的年均增长率都超过 6%，但和发展速度更快的东部沿海地区相比，则相形见绌。具体表现在下述几个方面。

（一）产出规模小，城乡居民收入低

西部 10 省（市、区）人口占全国的 23%，而 GDP 仅占全国总量的近 14%。1999 年西部 10 省（市、区）人均 GDP 为 4250 元，只相当于全国平均值的 65%，仅相当于东部地带的 41%。

与人均 GDP 同样，中国城乡居民收入水平亦呈现由东至西逐步递减。1999 年西部 10 省（市、区）城镇居民人均可支配收入和农民人均纯收入分别为5058.72 元和1583.31 元，仅分别相当于同类指标全国平均值的86%和72%（见表1）。按农民人均纯收入 1200 元（1990 年不变价格）的农村小康生活标准值衡量，除新疆大体接近外，西部其余 9 省（市、区）都还有不小的差距，有的迄今还不到标准值的一半。

（二）产业结构层次较低

按增加值计算，1999 年西部地区第一产业占地区 GDP 的份额为22.71%，比全国平均值高 5.77 个百分点，而第二、第三产业则分别比全国平均值低 4.42 个百分点和 1.35 个百分点。

表 1　　中国内陆地区面积、人口、产出和收入指标（1999 年）

项目	全国	东部沿海地区	内陆地区	中部	西部 10 省（市、区）
国土面积（万平方公里）	960	130.96	830	284.46	546.95
占比（%）	100%	13.54	86.46	29.58	56.88
人口（万人）	124219	51107	73112	44341	28771
国内生产总值（亿元）	87671.13	51564.22	36106.91	23974.36	12132.55
占比（%）	100%	58.51	41.19	27.35	13.84
人均国内生产总值（元）	6546	10309.82	4999.17	5484.98	4250.46
相当于全国平均值	1.00	1.57	0.76	0.84	0.65
城镇居民人均可支配收入（元）	5845	6790.26	5005.77	4906.52	5058.72
农民人均纯收入（元）	2210	3063.04	1865.61	2048.78	1583.31
相当于全国平均值	1.00	1.38	0.84	0.93	0.72

资料来源：《中国统计摘要》（2000）。

如对社会劳动力资源在三次产业间的配置分析，问题更显突出。1999 年西部 10 省（市、区）滞留于第一产业的劳动力高达 63.61%，比全国平均值高 10.02 个百分点（见表 2）。

表 2　　中国内陆地区产业结构和从业结构（1999）

项目	地区	全国	东部沿海地区	内陆地区	中部	西部10省（市、区）
产业结构	第一产业	16.94	13.19	21.66	21.12	22.71
	第二产业	46.34	48.18	44.08	45.17	41.92
	第三产业	36.72	38.63	34.26	33.71	35.37
与全国产业结构比较（±）（百分点）	第一产业	16.94	-3.75	+4.72	+4.18	+5.77
	第二产业	46.34	+1.84	-2.26	-1.17	-4.42
	第三产业	36.72	+1.91	-2.46	-3.01	-1.35
从业结构（%）	第一产业	53.59	45.40	59.52	56.66	63.61
	第二产业	19.96	25.62	15.93	17.70	13.24
	第三产业	26.45	28.98	24.55	25.43	23.15
与全国从业结构比较（±）（百分点）	第一产业	53.59	-8.19	+5.93	+3.07	+10.02
	第二产业	19.96	+5.66	-4.03	-2.26	-6.72
	第三产业	26.45	+2.53	-1.90	-0.82	-3.30

资料来源：《中国统计摘要（2000）》。

单就工业结构分析，西部地区采掘工业和原料工业比重高，高附加值的制造业特别是高新技术产业比重低，带有明显的资源型结构，按工业总产值计算，采掘工业和原料工业占36.5%，比全国平均值高7.6个百分点，比东部地区高10.8个百分点。

产业结构层次低，农业人口比重大，使西部地区的城市化水平远低于东部沿海地区，1997年统计资料显示，西部地区城市化率为23.47%，比东部低7个多百分点。根据上述指标，参照H. 钱纳里关于经济发展阶段划分的标准和世界银行有关低收入、中等收入和高收入国家的划分标准，将汇率法低估、购买力平价法高估因素综合考虑在内，大体可以认为，西部地区从总体上讲尚未走出工业化的初级阶段，而西藏、贵州和甘肃等省（区）还处于初级产品生产阶段。

（三）劳动生产率低、市场竞争力较弱

历史基础差、技术装备水平和劳动力素质低等多方面的原因，使西部地区三次产业的劳动生产率都低于全国平均值。西部地区第一产业的劳动

生产率比全国平均值低31%，第二产业的劳动生产率，西部比全国平均值低19%，第三产业的劳动生产率，西部比全国平均值低34%。

劳动生产率和经营管理水平低，加上受传统体制束缚较深，非国有、非公有的民营经济发展滞后，使内陆地区经济的竞争力，在国内居于后列。20世纪90年代中期，国家统计局的有关部门，采用多要素综合评分法，对各省、市、自治区经济竞争力排序，内陆地区无一省（市、区）进入前10名，位居中位数（第15位）之前的只有湖北和四川两省，其余省（区）均在中位数之后（见表3）。

表3　　中国内陆地区经济竞争力排序

1980年竞争力位次	省（自治区）	1995年竞争力位次
10	湖北	12↓
11	四川	14↓
13	河南	16↓
14	湖南	17↓
18	安徽	18
16	山西	19↓
25	新疆	21↓
20	陕西	22↓
19	江西	23↓
23	云南	24↓
24	内蒙古	25↓
27	宁夏	26↑
22	甘肃	27↓
26	贵州	28↓
28	青海	29↓

注：↑代表1995年位次前移，↓代表位次后移。

资料来源：陈栋生：《中西部地区工业体制改革》，载《中国工业发展报告》（1998）。

农业劳动生产率低下和沉重的人口压力，在西部10省（市、区）还导致过垦过牧，如西部10省（市、区）的耕地中坡度25度以上的陡坡地就达6600多万亩，人为加剧了水土流失；西北、内蒙古牧区草原的过牧超载，加重了风蚀，使沙尘暴频率呈与年俱增之势。上述灾害进一步降低了土地的自然生产力，使部分地区陷入“越穷越垦，越垦越穷”的怪圈之中。

（四）对外开放的水平较低，吸引外资的规模有限

西部地区与沿海港口相距较远，投资环境相对较差，加之改革开放初期采取由沿海到内陆逐步推进的开放政策，形成优惠政策的梯度差异，使西部地区，与东部沿海地区的对外开放水平形成极大的落差。如1998年，西部地区的出口依存度（地区出口额和地区GDP的比值）仅为4%，比全国平均值和沿海地区分别低14个和24个百分点。截至1998年西部地区累计利用外资不足90亿美元，仅占全国同期利用外资总量的3.28%（见表4）。外商直接投资对地区经济增长的贡献率，全国平均值为15%左右，沿海的广东和福建两省超过40%，而西部地区仅为3%左右。

表4　　　　中国出口依存度和利用外资的地区差异

地区 项目	年份	全国	东部沿海地区	内陆地区	中部	西部10省（市、区）
出口依存度（%）	1992	18.16	26.48		8.72	4.85
	1998	18.36	28.54		4.39	4.05
利用外资占全国利用外资的份额（%）	1992	100.00	88.97	8.48	6.64	1.84
	1998	100.00	86.91	10.63	9.43	1.20
截至1998年年底累计利用外资（亿美元）	2673.15	2437.95	325.20	237.55	87.65	
占全国的份额（%）	100.00	87.83	12.17	8.89	3.28	
外商、港澳台商企业产值占工业总产值的份额（%）	1998	24.74	32.31		80.1	6.27

资料来源：《中国统计年鉴》相关年份。

总之，在发展起点不同的基础上，改革开放近20年来，受自然条件、区位地缘、基础设施水平与产业结构、所有制结构特征，以及社会人文背景的影响，特别是国家资源配置方式和宏观政策取向的转变，西部地区与

沿海地区发展水平的差距进一步扩大；西部地区在全国经济中的份额呈下降趋势。按GDP计算，西部地区的GDP在全国总量中的份额由1978年的16.7%，下降到1999年的13.84%（见表5）。按工业总产值计算，西部地区工业总产值在全国总量中的份额，由1952年的9.61%一度上升到1978年的13.24%，随后又下降到1999年的9.63%（见表6）。

表5　　中国内陆地区GDP占全国份额的变化（1978—1999）

单位:%

年份	全国	东部沿海地区	内陆地区	中部	西部10省（市区）
1978	100	52.5	47.5	30.78	16.72
1979	100	51.7	48.3	31.38	16.92
1980	100	52.2	47.8	31.17	16.63
1981	100	52.3	47.7	31.55	16.15
1982	100	52.5	47.5	31.19	16.31
1983	100	52	48	31.68	16.32
1984	100	52.4	47.6	31.46	16.14
1985	100	52.8	47.2	31.08	16.12
1986	100	52.95	47.05	31.07	15.98
1987	100	53.6	46.4	30.77	15.63
1988	100	54.4	45.6	30.05	15.55
1989	100	54.5	45.5	30.04	15.46
1990	100	54	46	29.85	16.15
1991	100	55.18	44.82	28.66	16.16
1992	100	56.46	43.54	28.05	15.49
1993	100	57.88	42.12	27.25	14.87
1994	100	58.6	41.4	26.86	14.54
1995	100	58.3	41.7	27.55	14.15
1996	100	57.9	42.1	27.96	14.14
1997	100	57.96	42.04	28.12	13.92
1998	100	58.12	41.88	27.92	13.96
1999	100	58.81	41.19	27.35	13.84

资料来源：《中国统计年鉴》相关年份。

表6　中国内陆地区工业总产值占全国份额的变化（1952—1999）

单位:%

年份	全国	东中沿海地区	内陆地区	中部	西部10省（市区）
1952	100	69.08	30.92	21.31	9.61
1965	100	60.79	39.21	27.29	11.92
1978	100	59.72	40.28	27.04	13.24
1985	100	60.24	39.76	27.18	12.58
1990	100	63.4	36.6	25.63	10.97
1995	100	66.01	33.99	23.81	10.18
1998	100	66.08	33.92	24.9	9.02
1999	100	70.14	29.86	20.23	9.63

资料来源：《中国统计年鉴》相关年份。

如果说80年代直至90年代初中期，为支持东部地区率先发展起来，西部地区相对滞后，是大国经济起飞时不得不支付的改革成本。那么，到90年代中后期，西部与沿海地区发展差距的继续扩大，不仅在社会方面有可能导致负面效应，也将制约国家经济进一步快速健康地发展。在世纪之交，当中国第二步战略目标实现，国力显著增强，总体进入小康社会之时，调整区域政策，掀开第二篇“大局”，扭转西部与沿海地区发展的严重失衡，就既有必要，也有可能。

二　西部大开发战略的提出和启动

（一）西部大开发战略的提出与重大意义

1999年是新中国成立五十周年，在这一年6月的两次重要会议上，中共中央总书记江泽民明确提出：“加快中西部地区发展，实施西部大开发，条件已基本具备，时机已经成熟”。同年11月中旬，中共中央、国务院召开的中央经济工作会议，明确指出：实施西部大开发战略是“党中央总揽全局、面向新世纪作出的重要决策”，“直接关系到扩大内需，促进经济增长，关系到民族团结、社会稳定和边防巩固，关系到东西部协调发展和最终实现共同富裕”。

开发西部，在近期，是国家实施积极财政政策、扩大内需方针的有机组成部分；从中长期看，实施西部大开发，是实现第三步战略目标的需要，是实现国家可持续发展和社会稳定与国家安全的需要。

依托国内需求，是国民经济持续增长的基本立足点。西部10省（市、区）人口，占全国总人口的23%，而社会商品零售总额仅占全国的13%，购买力仅相当于全国平均水平的47%。目前西部城镇居民人均可支配收入比全国平均水平约低14%；农民人均纯收入比全国平均水平约低28%。许多最起码的需求，受支付能力的限制，无法转化为现实购买力。扩大内需，很重要的一个方面，就是通过发展经济，提高西部地区城乡居民的就业率和收入水平，加快西部市场的发育。

西部地区幅员广袤，占中国陆地面积的57%，是中国水能、天然气、煤炭、有色金属、稀有与稀土金属资源的主要蕴藏地和众多农畜土特产品的主产地，更是石油战略后备资源的所在，同时拥有庞大的资产存量和可观的科技人才资源，为了实现更为宏伟的第三步战略目标，要求把西部上述资源更充分有效地纳入国民经济周转。

中国地貌西高东低，由西而东三大阶梯，长江、黄河、珠江、澜沧江等大江大河均发源于西部地区，西北和内蒙古沙漠戈壁广布，只有加快西部发展，使居于高山深谷与沙漠者，尽快放下斧头，从“越穷越垦、越垦越穷”的怪圈中走出，江河的长久安澜，中下游地区的安全、华北与东北平原的防止荒漠化，才有保证。科学地开发西部，偿还多年累积的环境生态欠账，是维护生存之舟、建设山川秀美的华夏家园，实现可持续发展的需要。

中国80%的少数民族人口聚居于西部和陆地边境地区，加快西部经济发展，使各民族能更多地分享改革开放带来的机会与利益，使越来越多的民族聚居地区和边境地区走上繁荣之路，是巩固、加强民族大团结，增强民族凝聚力；是保证边防巩固、边境安宁与社会政治稳定的重要经济基础。

西部大开发，通过区际间的投入产出关联，必然为东部、中部地区的企业，提供新的商机；为率先发展起来的地区20年来积累的资金、技术和人才提供新的用武之地。如果说积极的财政政策在扩大内需上，主要是近期效应；开发西部则具有中长期效应。通过近、中、长期的政策组合，必将有力地拉动中国经济持续快速增长。

（二）西部大开发战略的启动和五个战略重点

为组织贯彻落实西部大开发战略，中国国务院成立了西部地区开发领导小组，朱镕基总理任组长、温家宝副总理任副组长，中央20多个部（委、行、局）的主要负责人为成员；领导小组下设办公室（简称西部地区开发办）在国家发展计划委员会单设机构。

2000年1月国务院西部地区开发领导小组召开“西部地区开发会议”，标志着西部大开发战略的启动，会议明确当前和今后一个时期西部开发的五个重点：加快基础设施建设，切实搞好生态环境保护和建设，调整优化西部地区产业结构，大力发展科技和教育、加快人才培养，加大改革开放力度。

1. 加强基础设施建设。基础设施落后，是制约西部经济发展的“瓶颈”，所以在这次“大开发”中，决心对交通运输、通信网络、城乡电网等基础设施采取“以更大的投入，先行建设，适当超前”的方针。

中国铁道部门初步规划在未来的20年在西部新建1万公里铁路，这个规划的实现，将形成包头—柳州、兰州—重庆、兰州—昆明几条南北铁路大通道；东西走向上将形成西安—合肥—南京、中卫—太原、包头—哈密和沿长江的铁路大通道。

西部公路建设，中国交通部门规划在未来10年新（改）建公路35万公里（其中含15000公里二级以上的高等级公路），既解决西部与东部、中部和西部各省（市、自治区）之间的便捷联系，亦重视提高公路的通达深度，使有条件的乡（村）全部通公路，届时西部公路设施状况将明显改善；到2020年建成西部地区公路骨架网络；到21世纪中叶完成西部地区现代化公路运输网络建设。

中国陆上四大油气田（川渝、陕甘宁、柴达木和新疆），在今后将进一步开发，并将“西气东输”；青海柴达木涩北到西宁、兰州的输气管2000年已经开工，新疆塔北油田和川渝油田“西气东输”的管线工程方案也在积极草拟论证之中。

民用航空方面，中国民航总局官员透露的到2018年中国将形成基本覆盖全国的辐射式航线网络中，西部地区除提高现有以乌鲁木齐、昆明和成都为中心的辐射式航线网，增加这三个国际航空港进出国内外的航班外；西部地区的西安咸阳机场和中部地区的武汉与哈尔滨机场也将逐步发展成辐射式航线网的中心；与此同时西部和中部一些位置偏远、地面交通不便地区的支线航线将受到特别重视。当中国自行设计、制造的中短程客货运输机——“新舟60”试飞成功转入批量生产的同时，西部地区一批支线机场正在紧张地新建或扩建中（四川的广元、绵阳、攀枝花、泸州、九寨沟；云南的思茅和临沧；贵州的铜仁；新疆的阿勒泰、库车；甘肃的敦煌、金川；青海的格尔木等）。

西部是中国水能和煤炭资源富集地区，可开发水电资源和煤炭资源保存量分别占全国的72%和39%，开发西部能源实施“西电东送”，使西部潜在的资源优势向产业优势转化中，与促进东部发展有机结合；未来十年西部新开工的水电站、火电站的总装机将分别达到4000多万和3700多万千瓦；并将建成北、中、南三条“西电东送”的大通道，将黄河上、中游和陕（西）内（蒙）宁（夏）、长江上游干支流和滇、黔、桂三省水火电站的电能分别输往华北与东北长江中下游地区和广东省。除交通运输和电源、电网外，西部地区的通信、广播电视网络和水资源的开发与节水工程、污水处理工程等开发也都在积极规划中。

2. 狠抓环境生态治理和建设。西部地区，特别是长江上游、黄河上中游和西北与内蒙古等干旱、半干旱地区，生态环境的日趋恶化，不仅严重影响这些地区的经济发展，而且危及中下游和下风地区。所以生态环境整治和加快基础设施建设一起成为这次大开发的主要切入点。初期将从三方面入手：一是对长江、黄河等河流上游的天然林禁伐，使过去的伐木工转变为护林、育林者；二是在西北、内蒙古等干旱风沙区建设生态公益林，防治荒漠化；三是采取“以粮代赈，个体承包”的方式，实现陡坡耕地逐步退耕还林、还草，2000年在西部地区已选择174个县515万亩陡坡耕地，进行退耕还林还草的试点。

3. 调整优化产业结构。按照市场导向和比较优势相结合的原则，西部各省（市区）将根据各自不同的条件，在大开发中，加强农业，推进农业的市场化、现代化，培育发展具有竞争优势的加工制造业，有步骤地提高加工深度，同时发展旅游业等第三产业，逐步形成地区优势产业群体。

据笔者多年在西部地区的现场调查和比较优势的分析，西部具有较好投资前景的产业有下述一些：(1) 西部特有农畜瓜果、山货土特产、中药材的加工业；(2) 依托西部丰裕能源和矿藏资源基础上的磷肥、钾肥、钾盐、磷酸盐工业，新型合金材料、功能材料与非金属新材料工业；(3) 以重庆、成都、西安、兰州等大城市高科技人才为依托，发展电子信息、光机电一体化、生物工程与新型医药工业；(4) 以四川、陕西等省机电设备制造业的庞大存量为依托，通过重组与技术改造，发展支线飞机、节水灌溉、污水处理与循环使用设施制备，太阳能、风能和沼气制备设施的生产等。

4. 大力发展科技教育。为了更多地将科技新成果运用于西部大开发，中国政府的科技部、教育部、人事部和中国科学院等主管部门提出了加强西部地区科技能力建设、科技中介服务体系建设、科技示范项目建设的规划和人才资源开发、人才引入与交流计划。教育方面，除发展高等教育、提高人才培养质量外，将着力加强基础教育、积极发展与各地区优势产业相匹配的职业教育，运用现代信息技术，发展远程教育，加快西部地区普及九年义务教育和扫除青壮年文盲的步伐，普遍提高劳动者素质。

5. 深化改革、扩大开放。完成西部大开发上述各项任务的根本动力在进一步深化改革，突破束缚西部经济社会发展的各种体制性障碍，逐步完善社会主义市场经济体制。这包括国有大中型企业按照现代企业制度的要求实行股份制改造，健全企业法人治理结构；进一步放开搞活国有中小企业；根据西部地区社会生产力水平多层次性更突出的区情，更加重视发展各种类型的非公有制经济。

随着中国加入世界贸易组织，对外开放将进入新阶段，西部大开发将与大开放相伴而行。政府将逐步扩大外资进入领域，鼓励外商投资于西部地区的农业、水利、生态、交通、能源、市政、环保、矿产、旅游等基础设施建设和资源开发；对设在西部地区国家鼓励类产业的外商投资企业减按15%的税率征收企业所得税；对在西部地区新办交通、电力、水利、邮政、广播电视和高新技术企业，企业所得税实行两年免征、三年减半征收。

政府支持西部国家鼓励和允许类产业的企业通过转让经营权、出让股权、兼并重组等方式吸引外商投资，鼓励外资参与西部地区国有企业的改组改造。在服务贸易领域，将外商投资于银行、商业零售企业、外贸企业的试点先扩大到西部地区的直辖市、省会和自治区首府城市。

三　政策评价和前景展望

西部大开发意义重大，难度亦很大。这既有来自自然条件与环境生态方面的，也有源于社会人文环境带来的种种隐性障碍，还有来自国内市场和市场竞争态势变化带来的竞争进一步加剧的压力，等等。对内外部环境的有利因素和困难方面作出全面如实的估量，既要有紧迫感，更要有长期奋斗的思想准备；不期望一蹴而就，下定几代人持之以恒奋斗的决心，充分尊重下述区域经济成长规律的要求，才能完成西部大开发这项艰巨的历史任务。

（一）统筹规划、科学论证

西部地区除成都平原、关中平原等局部地区以外，四大自然地理单元：青藏高原、云贵高原、黄土高原和西北、内蒙古沙漠戈壁，环境生态基础脆弱。在大开发中要始终坚持经济发展与人口、资源、环境的协调；从总体规划到重大项目、重大举措，既要核算其直接的经济效益，更要考虑其可能引发的环境生态效应，以全面可信的科学评估作为决策与规划的依据，才可能避免事与愿违的后果。

（二）量力而行、循序渐进

西部地区疆域辽阔，起点低、基础差，内部差异亦很大，大开发不可能全线推进，而应量力而行、循序推进。从工作环节看，首先是加快基础设施建设、生态建设，遏制生态恶化，强化基础教育、职业教育，力争未来的5—10年，西部地区的投资环境与人居环境明显改善。从空间布局看，首先从现有大中城市及其周边地区、交通干线沿线地区突破，然后通过以点带面、连点成带，逐步展开，以避免欲速不达、遍地开花不结果的后果。

（三）政策投入和市场机制

近20年的改革开放，中国社会主义市场经济体制已初步建立，体制环境的深刻变化，决定了西部大开发，将主要依靠市场机制。但由于自然条件、区位条件、历史基础等众多原因，西部地区的市场主体与东部并非处于同等的起跑线，这有赖于中央政府的政策投入与资金投入，才能使西部市场主体处于与东部大体相同的起跑线，使西部的投资环境改善，足以支撑投资者获得与东部相近，甚至是更高的投资回报。

有效地将中央政府的政策与资金投入、东部沿海地区的对口支援，和市场机制作用相结合，着力改善地区投资环境，培育、提高地区自我发展能力，是西部各级地方政府的重要职责，也是决定西部大开发成败的关键所在。

（2001年12月为与日本贸易振兴会亚洲经济研究所合作项目撰写的研究报告）

论西部大开发

一　实施西部大开发战略的意义

实施西部大开发，加快中西部地区的发展，是党中央在国家即将胜利实现现代化建设第二步战略目标，第三步战略部署即将启动时，按照邓小平“两个大局”的思想，统揽全局、审时度势，对国家经济布局指向和区域经济政策重心作出的适时调整，是面向21世纪的重大战略举措。

开发西部，在近期，是国家实施积极财政政策、扩大内需方针的有机组成部分；从中长期看，实施西部大开发，是实现第三步战略目标的需要，是实现国家可持续发展和社会政治稳定与国家安全的需要。

依托国内需求，是国民经济持续增长的基本立足点。西部10省区市人口2.85亿人，占全国总人口的22.8%，而社会商品零售总额仅占全国的13%，购买力仅相当于全国平均水平的47%。目前西部城镇居民人均可支配收入比全国平均水平约低20%；农民人均纯收入比全国平均水平约低30%。许多最起码的需求，受支付能力的限制，无法转化为现实购买力。扩大内需，很重要的一个方面，就是通过发展经济，提高西部地区城乡居民的就业率和收入水平，加快西部市场的发育。

西部地区幅员广袤，占全国陆地面积的57%（547万平方公里），是我国水能、天然气、煤炭、有色金属资源的主要蕴藏地和众多农畜土特产品的主产地，更是石油战略后备资源的所在，同时拥有庞大的资产存量和可观的科技人才资源，为了实现更为宏伟的第三步战略目标，要求把西部上述资源更充分有效地纳入国民经济周转。

我国地貌西高东低，由西而东三大阶梯，长江、黄河、珠江、澜沧江等大江大河均发源于西部地区，西北和内蒙古沙漠戈壁广布，只有加快西部发展，使居于高山深谷与沙漠者，尽快放下斧头，从“越穷越垦、越垦越穷”的怪圈中走出，江河的长久安澜，中下游地区的安全、华北与东北平原的防止荒漠化，才有保证。科学地开发西部，偿还多年累积的环境生态欠账，是维护生存之舟、建设山川秀美的华夏家园，实现国民经济可持续发展的需要。我国80%的少数民族人口聚居于西部和陆地边境地区，加快西部经济发展，使各民族能更多地分享改革开放带来的机会与利益，使越来越多的民族聚居地区和边境地区走上繁荣之路，是巩固、加强民族大团结，增强民族凝聚力；是保证边防巩固、边境安宁与社会政治稳定，是粉碎敌对势力妄图利用矛盾，在亚洲制造科索沃式危机的重要经济基础。

西部大开发，通过区际间的投入产出关联，必然为东部、中部地区的企业，提供新的商机；为率先发展起来的地区20年来积累的资金、技术和人才提供新的用武之地。如果说积极的财政政策在扩大内需上，主要是近期效应；开发西部则具有中长期效应。通过近、中、长期的政策组合，必然有力地拉动国民经济持续快速增长。

故此，西部大开发是一项突破区域囿限、事关国家全局的大战略，既具有经济、政治、社会和国防多方面现实意义，又具有深远历史意义的重大决策。

二 实施西部大开发战略的指导思想

进入新世纪，全新的体制背景、市场态势和即将入世的对外开放新环境，决定了西部大开发不应该也不可能沿用传统的发展模式，必须有新思路、构建新机制、采用新方法。世界范围内，几百年来的工业化进程，既创造了历史上从未有过的辉煌，也伴生了多方面的负面效应。百年回首、世纪反思，越来越多的有识之士认识到：以人为本，走经济—社会—自然（环境生态、自然资源）三维交合系统协调发展，是正确之路。实施西部大开发，要结合西部地区历史上多次开发的经验教训、借鉴国外欠发达地区开发的经验教训，吸取人类在发展观、财富观、资源观上的最新认识，贯彻以下指导思想。

（一）坚持经济建设与人口、资源、环境协调发展

西部地处上风上水，是国家生态屏障之所在，而大部分地域环境生态基础脆弱，人口自然增长率较高。在西部大开发中始终坚持经济发展与人口、资源、环境的协调，具有特别重要的意义。从总体规划到重大项目、重大举措，既要核算其直接的经济效益，更要考虑其可能引发的环境生态效应，以全面可信的科学评估作为决策依据。

对能源、矿产资源特别是不可再生的重要资源开发，要瞻前顾后，合理确定开发规模和开发方式，保持必要的战略储备。

对水土等可再生资源，坚持顺应自然规律，选择有效利用方式，实现可持续利用，不盲目地“战天斗地”；对生态环境极度恶劣地区，采取外迁易地脱贫致富。

（二）坚持物质文明、精神文明共同进步；物质资本与人力资本开发一起抓

大力发展各级、各类教育，提高全民的科学文化素质和思想道德素质，培养各类专业人才。在现阶段，西部地区尤其要注重基础教育和职业技能教育，在普及科技文化知识，充分吸收利用先进科技文化成果的基础上，培育、提高西部地区自主创新能力。做到经济与社会协调发展，实现社会全面进步。

（三）坚持用好后发优势，争取跨越式发展

广大西部地区，按众多经济社会指标衡量，总的讲还处于工业化初期阶段。在大开发的初、中期，从生产力发展看，实质是在西部地区补上工业化这一课，但终究是在知识经济、新经济时代已经来临的大背景下的“补课”，因此要重视科技新成果，特别是信息网络技术的运用，在推进工业化的同时，不失时机地推进经济和社会生活信息化；充分利用电子邮件、电子商务、远程教育、远程医疗等，克服区位偏远、信息闭塞和科技文卫人才资源短缺等长期制约西部地区发展的“瓶颈”，广泛运用信息技术改造传统产业，提升工业化的水准，实现技术跨越，缩短“补课”时间。

（四）坚持以体制创新作为突破口，加快改革、开放步伐

根据西部地区处于更不发达的社会主义初级阶段，多数西部省区的工业在全国工业总量中所占份额不足1%的区情，在所有制结构上应更加放开，通过更加宽松的制度环境，加快西部民营经济的发展和本地市场主体的形成和壮大，同时弥补其他方面的不足，为来自国内外多种类型的投资者提供有吸引力的投资政策环境，增强其收益预期，更多地吸引区外市场主体参与西部大开发。变以往“政府主导型开发”为“企业主导型开发”，使企业真正成为西部大开发的主体。

依靠体制创新启动、推动技术创新、组织创新、管理创新等，提高西部地区自我发展的能力、加快西部自发展机制的形成。

总之，要按照“三个代表”的要求，坚持以人为本，以满足人们日益增长的物质文化需求，提高西部地区人民生活水平，作为西部大开发的出发点与归宿。不是简单以产值的规模与扩张速度，而是以地区总财富（除经济存量，还包括自然资源、环境生态和历史人文资源等的价值）和民众净福利的增进，衡量大开发的绩效。

三　西部大开发的主要方针和原则

根据上述指导思想，在西部开发规划的编制与组织实施中，宜贯彻如下方针和原则。

（一）在市场机制为主的前提下，有效运用两种手段、整合三股力量

社会主义市场经济体制框架初具、国内统一大市场初步形成，投资区位选择将与投资方向选择同样属于投资主体的决策范围，这决定了西部大开发主要依靠市场机制，发挥市场配置资源的基础作用。要素价格的变化和要素价格的区际差异，是推动产业空间转移的诱因。改革开放20多年来，东部沿海地区特别是沿海大城市的土地、环保、劳动力等要素成本攀升，不少传统产业、产品的优势正在或已经丧失，西部地区依托上述要素价格相对低廉，各种特有资源以及巨大的潜在市场，在相应领域运用市场机制，形成“虹吸效应”；要充分运用市场机制推进西部发展的积极效应。但单靠市场机制还解决不了东西部发展差距的问题，这是因为西部地区的自然条件、区位（处于国内运输网的末梢、国内大市场的边缘等），历史基础和历史包袱（如三线建设时，工厂靠山进沟社会负担沉重等）外部环境因素，造成其市场主体和东部企业并非处于同等的起跑线。因而还必须通过政府的规划指导和必要的政策投入和资金投入，使西部市场主体处于与东部大体相同的起跑线；使西部越来越多地区的投资（经营）环境得以更快改善，能够支撑投资者获得与东部相近，甚至更高的投资回报，是对市场（机制）局限的必要弥补，是关系西部大开发成败的关键之一。

具体说主要在以下几方面：一是中央财政支持加快西部各项基础设施的建设，这是揭开西部大开发序幕的前提；二是环境生态的保护与建设，西部地区的环境生态既是为了实现本地区的可持续发展，也是为了长江、黄河等大江大河中下游地区的安宁，上游地区退耕退牧还林（草），国家和中下游地区通过以粮代赈等方式予以补偿亦在情理之中；三是保护民众特别是西部农村的居民在义务教育、初级卫生保健等社会公共产品的享用上与东部地区大体持平；四是为某些国有企业还清历史旧账。20 世纪 60 年代从备战出发在西部山沟里兴建了一些军工厂，现在产品要军转民，厂址有的要出沟进城，这几笔“旧账”单靠企业加强经营管理或建立现代企业制度都是难以消化的。党的十五届四中全会《决定》中有关“改善国有企业资产负债结构和减轻企业社会负担”的各项政策措施，有必要更多地向西部国有企业倾斜。

加快西部地区发展目标的实现，有赖于三股合力：一是进一步调整、完善区域政策，加大中央政府对西部地区政策投入、资金投入的力度。二是广泛推进东部、中部和西部之间多层次、多形式的经济技术协作，加大发达地区对欠发达地区和贫困地区的帮扶力度；充分发挥市场机制优化资源配置的作用，推动要素的跨区域流动和跨区域的资产重组。对国内各民间组织与热心人士；对华侨、华裔、海外学子和国外公益性组织的真诚援助，也应积极争取，热诚欢迎。三是加快西部改革开放的步伐，进一步探寻适应国内外大市场新态势、适合西部区情的发展战略与对策。如果说，前两者是加快西部地区发展的启动与推动力，后者则是关键与根本；因为只有通过后者，来自外部的种种支援和帮扶，才能转化为自身的“造血”功能，形成自组织、自发展的机制，成为推动西部发展永不衰竭的内动力。

有效地运用两种手段、整合三股力量，是西部大开发政策制定与组织实施的核心与关键，应贯穿于西部大开发的全过程，其最终目标是培育西部地区自我发展的能力，形成自我发展的机制。

（二）统筹规划、突出重点、分步实施、有序展开

西部大开发是一项庞大的系统工程，既包括基础设施的建设、各项产业的发展、环境生态的整治与建设、科教文卫与人才培养等方方面面，既要统筹兼顾、系统规划；又要突出重点、选准切入点，分步实施、滚动发展、有序展开。

（三）立足当前、着眼长远

从影响当前地区经济发展与社会稳定的主要问题出发，把解决眼下突出问题同实现中长期开发目标有机结合起来，在推进大开发中解决突出问题，通过解决突出问题推进大开发。

就近期而言，西部地区当务之急在提高“一力”、“二率”。“一力”指：提高市场竞争力；“二率”是指增加新的就业岗位，降低完全失业率；加快农业劳动力向非农产业转移的步伐，提高转出率（目前西部10省（市）农业劳动力在全社会劳动力中的份额，比全国平均值高5—20个百分点）。前者关系到西部在市场竞争中能否保有或扩大一席之地，遏制停产、半停产企业的继续增加；后者关系到西部民众收入能否提高、内需能否扩大与社会的稳定。

（四）坚持增量投入与存量盘活相结合

经过前50年的建设，西部地区已形成庞大的经济存量，但在体制转轨和激烈的市场竞争中，相当一部分企业陷入困境。应根据不同情况，通过联合、兼并、转让等多种形式，尽可能使增量投入和存量有效利用相结合。重视发挥金融资产管理公司的特有职能，通过其专业化运作，使西部地区大批处于呆滞中的不良资产，转化为国内外投资者看好的“买点”。

针对特别困难的矿业城镇和部分三线企业，应编制“特别援助”专题规划，纳入西部大开发规划体系中，上级政府财政中相应建立“特别援助”基金，帮助这些城镇（企业）发展替代产业（产品）走出困境。

（五）进一步扩大开放，以开放促开发

截至目前西部地带10省（市、区）累计利用外资的规模在全国利用外资总额中不到4%，远不能满足大开发的需求。为推进西部引资环境的改善，亟须对顺梯度优惠的引资政策逐步调整，首先在外企税率等方面，将西部地区与东部拉平取齐；进一步调整为逆梯度优惠，使进入西部地区的外商在准入领域、股权控制、税收方面优惠于东部。

为适应西部地区加大基础设施投入和国企改革与技术改造的需求，从政策上应鼓励广泛采用BOT（建设—运营—移交）、TOT（转让—运营—移交）等融资方式；为鼓励外商参与西部国有企业的资产重组与嫁接改造，可允许其以技术、品牌等无形资产入股；对在东部投资的外商企业，以其利润对西部地区再投资的，宜取更优惠的政策；为解决中外合资、合作中中方企业股本不足，宜允许企业以房产、土地使用权作价入股或将土地出让金作为投入的国有法人股。

目前西部地区许多县（县级市）的投资环境，与引进外资还有较大的差距，为了进一步对外开放，起步时首先要做好对内开放，特别是对东部地区民营企业和社会资本的开放，向它们提供与外商同等的优惠政策；使对内开放成为对外开放的先导与“热身赛”。

四 实施西部大开发的战略目标与步骤

美国西部开发见大眉目，从独立战争胜利算起，用了一百多年时间；而我国西部地区自然条件的复杂程度远超过美国，大开发以世纪为度绝不为过。从可预见的未来看，西部大开发总体规划宜以50年为期，分三个阶段：

（一）第一阶段（2000—2010年）

通过加大对基础设施和环境生态保护与建设的投入，使西部地区的投资环境初步改善，环境生态恶化趋势得到遏制和改善，整个经济运行进入良性循环，经济增长速度和居民社会公共产品享用水平向全国平均水准趋近。其中，前五年（2000—2005 年）为起步期（或称启动期），重点在调查研究、科学谋划的基础上编制好西部开发的总体规划和各项专项规划；进行制度建设，包括如何加快改革、开放步伐，如何使用中央财政援助和东部地区的对口帮扶，建立大江大河中下游对上游环境生态建设的补偿机制（横向财政转移支付）；继续坚持开发式扶贫方针，解决贫困人口的温饱问题，等等。上述方面经过试点取得经验后，亟须以法律形式固定下来，力争在“十五”期间，草拟通过《西部地区大开发法》。

（二）第二阶段（2011—2030 年）

在前一阶段经济结构战略性调整、各种历史遗留问题的解决和制度建设取得成就基础上，进入西部发展的“加速期”。西部各省（市、区）和地区，根据国内外市场的走势和科技进步的方向，从本地区区情出发，构建具有竞争优势的地区特色经济，在不同领域（行业、产品）的国内外大市场中能占有一席之地，农业产业化、市场化、生态化和专业区域布局、农业劳动力向非农产业转移取得明显成就，城市化率超过 50%，部分地区率先完成工业化，大多数地区进入工业化后期阶段，绝大多数地区居民生活福利水准与全国平均水平取齐。

（三）第三阶段（2031—2049 年）

全面推进现代化建设，部分地区率先实现现代化，其他地区亦都搭上了现代化的班车。

在 21 世纪中叶，西部地区将以经济繁荣、山川秀美、民族团结、社会进步、人民安康的新姿，和全国人民一起喜迎伟大祖国的百年华诞。

五　实施西部大开发的战略重点选择

从西部地区的现状和实现大开发目标出发，大开发特别是第一阶段的工作宜抓住加快基础设施建设、环境生态整治与建设、优化经济结构、大力发展科技教育和人力资本开发，以及地方政府的职能归位等5个重点。

（一）加快基础设施建设

通过加快公路、铁路、机场、天然气管线、城乡电网、通信、广播电视等网络和城乡供水排水、污水处理设施建设，显著改善西部地区投资环境，降低西部地区与国内外大市场对接的交易费用，缩小东西部地区之间发展机会的差距。在西北和内蒙古干旱、半干旱地区，要把水资源的合理开发利用摆在突出位置。

交通网络建设要逐步形成西部与中东部连接、西北与西南连接、西部各省、区、市之间的连接、城市之间的连接和城乡连接以及西部与周边国家连接的主支通道。最终争取实现绝大部分县能在半天时间内到达路网干线或交通枢纽。

（二）抓好环境生态整治与建设

环境生态整治与建设，既是西部大开发的切入点，又是关系大开发成败、实现可持续发展的根本。重点在治理水土流失、防治荒漠化以及泥石流等地质灾害；重点区域在长江干支流的上游、黄河上中游和其他江河的上游地区，在西北、内蒙古等干旱风沙区。主要措施是陡坡耕地的逐步退耕和制止超载过牧。关键有二：一在退耕土地的新利用方式上，是还林、还草，还是还桑、还麻……草、灌、乔，生态林、经济林的合理选择与配置，要因地制宜，尊重自然规律；二在国家对退耕地的粮款补助上，确实兑现到户，中间不被截留。总起来说，就是要构建起从物质利益上促使农民热衷环境生态建设的新机制。

（三）调整经济结构、培育有竞争力的地区特色经济

1. 指导原则。

（1）在富农强工中推进工业化。西部农业与农村经济面临战略性调整，提高农业的科技含量、转变增长方式，推进各种“原”字号农产品的加工转化，既可吸纳农村富余劳动力，又使农业增效、农民增收，催育西部市场。

“围绕农业上工业，上了工业促农业”，把西部工业结构调整优化和农业、农村经济战略调整两篇文章合在一起做，实现工农业联动互促，是西部工业化的取胜之道。四川是我国的中药材大省，直到1990年还在大部分卖药材，中成药工业的年产值不足1亿元，位居全国倒数第9位；以后着力发展中药材加工、中药西制，到1998年中成药工业产值超过38亿元，利税8.8亿元，双双跃上全国第1位，就是有说服力的佐证。

（2）坚持走结构优化升级之路。五六十年代在“全国一盘棋”方针下，对西部工业布局的安排，八九十年代在发挥资源优势战略指导下的发展，使采掘工业、原材料工业在西部地区工业中占很高的份额（36.5%，比全国平均值和东部地区分别高7.6个和11.9个百分点）。

这些工业的发展，对推进西部地区工业化、对支援全国经济建设都曾作出过历史性的贡献，但这样的结构特征今后需逐步改变。这是因为采掘工业有个越采越深、成本递增以至资源枯竭的问题；其次，我国相当一部分矿藏的储存条件复杂，有效含量不高或选冶难度大，在对外开放的新环境下，极易受到国际市场的冲击，所有这些影响亦会转移到原材料工业中；再者，上游产业的比较劳动生产率和收益，亦远低于下游产业。如果保持既有结构格局，最好的结局只能是保持和发达地区等距离的差距。为此在西部地区结构调整与选择上，宜采取“异中求同、同中寻异”的方针。“异中求同”是说西部地区不能拘泥于主要搞上游产业，与发达地区同样要走产业升级之路，要发展下游产业、发展高新技术产业；在实施产业升级的过程，西部又要从竞争力相对较弱的现实出发，在策略上尽可能采取“差别化战略”、“错位经营”、“分层竞争战略”等“同中寻异”的策略，从比较优势出发，着力构建有竞争优势的地区特色经济，以降低风险、提高成功率。

西部地区大范围的环境生态建设、以水利为重点的农业基础设施建设，农村（供）水、电（网）、（公）路、（通）信等生活设施建设的展开，国家重振国防工业、重点项目重大装备国产化等，对多种装备、工具、零部件……提出了庞大需求，抓住商机、调整重组、及时跟进，是西部地区制造业特别是装备工业走出困境、重塑自我之路。

（3）着力于核心竞争力的发掘与培育。市场经济下区域经济发展不同于传统体制下最突出的特点是：地区经济发展的实际绩效，很大程度上取决于地区经济的竞争力和通过竞争在统一大市场中占取的份额。80 年代中期，西部除西藏以外的各省（区）都先后新建了收音机、录音机、洗衣机、冰箱、彩电等家电和消费品工业，除四川“长虹”有长足发展外，其他到 90 年代初中期先后萎缩，不少在市场竞争中被淘汰出局。就个案而论，陕西的“海燕（收音机、录音机）折翅”、“黄河（彩电）断流”、“骆驼（搪瓷）低头”，云南家电“五朵金花”凋谢的具体原因各不相同，而从制度安排、运行机制、经营理念、管理水平直至各种“非正式制度短缺”等方方面面，反复咀嚼上述苦果，是不难体味出西部工业发展亟须的观念更新、思路创新、制度创新、技术创新、管理创新等，直至区域“商业文明”、“工业文明”、“信息文明”等区域氛围的培育。如果说铁路、公路等是“硬基础设施”，上述方面则是“软基础设施”，西部工业化的列车只有在“软”“硬”双轨具备的前提下，才有可能驶入快车道。

宁夏回族自治区的工业总量不大，在西部和全国位居后列，但他们充分利用区内集结有一批高素质的稀有金属冶炼研究开发的科技队伍，在钽、铌、铍的冶炼加工上，形成核心竞争力，培育出全球钽、铌行业的四大企业之一，在世界钽粉市场上占有一席之地；新疆特种变压器制造股份有限公司 80 年代末还是一个濒临破产的街道企业，十年来坚持不断创新，产品领先，在变压器和高压电线电缆市场上始终占据制高点，产品远销十余个国家；西部越来越多的企业凭依竞争优势驰骋国内外大市场之日，将是西部经济崛起之时。

2. 第一阶段西部地区工业结构优化方向。通过市场机制与市场竞争的教鞭，西部有望利用既有的相对优势，就下述系列产业群培植竞争优势，抢占市场制高点，在国内外大市场争得一席之地。（1）在开发西部各地区特有的农畜瓜果、山货土特产和中药材的加工基础上，积极发展这些产品的加工与深加工工业。（2）依托丰裕的能源和有色金属、稀土金属、稀有金属、盐化资源，发展新型合金材料、功能材料、非金属新材料工业等。（3）依托丰富的资源和既有的资产存量、科技优势，发展磷肥、钾肥和钾盐、磷酸盐类产业。（4）依托西安、兰州、成都、重庆等特大城市的科技人才资源，在电子信息、光机电一体化、生物工程与新型医药工业的某些领域上抢占制高点。通过对机电设备制造业庞大存量的重组与技术改造，力争在西部地区具有广泛需求的支线飞机，节水灌溉设备，太阳能、风能和沼气制备设施，污水处理与循环使用设备与行业上创建竞争优势。（5）为高技术下局部战争服务的国防装备工业。

3. 第一阶段西部地区农牧业结构调整方向。

（1）按照可持续发展的要求，调整土地利用方式。在粮食供求紧缺时期，为解决口粮，西部地区不少陡坡山地亦被开垦。利用当前全国粮食、库存丰盈之机，调整西部土地利用方式与结构，正当其时。第一步是有计划将6600万亩25度以上的陡坡耕地退耕还林、还草、还麻。在退耕农产家计新来源建立之前，保证国家补助的粮、款落实到户，是西部地区构建新的可持续土地利用方式的关键。

在25度以上坡耕地退耕的同时，对坡度15度以下的耕地（西部地区约有3.7亿亩），实行集约经营，首先是改善灌溉条件、增加科技投入，实现优质良种化等措施，依靠这3.7亿亩耕地单产的提高，多数地区有望实现口粮就地或基本就地供应。

（2）从国际比较优势出发，发展地区特色农业，培育具有竞争优势的农产品。加入WTO后，我国农产品平均关税率将降至17%（2004年），届时国内农产品市场和国际农产品市场将进一步融汇，国内农产品既可更大范围进入全球市场，也将面临更严峻的挑战，从国际比较优势出发，发展地区特色农业，如新疆的优质棉花、高红色素的番茄，广西和云南的甘蔗，新疆和内蒙古的甜菜，云南和广西的热带、亚热带水果，陕西的优质苹果，新疆的葡萄和哈密瓜，甘肃的白兰瓜，四川、云南、甘肃河西走廊、青海、新疆的反季节优质蔬菜，云南、甘肃和陕西等省的花卉，各省市的特有中药材，以及云贵两省的优质烟叶。通过选育、引进良种、采用现代保鲜、加工和包装，建立现代营销网络，发展“标准农业”、“订单农业”、打出品牌、培育名牌，构筑农产品的竞争优势。

（3）建立可持续发展的牧区，发展现代高效畜牧业。从解决超载过牧人手，坚持草畜平衡，尽快停止以年底存栏牲畜头数及其增长率的考核办法。进一步从两方面着手遏制西部地区草原生态环境的恶化，实现可持续发展牧区与高效牧业的双重目标：一是通过围栏封育轮牧、水利设施建设和牧草良种推广，加强草地治理和建设；全面落实草地承包经营，通过制度建设调动牧民保护与建设草地的积极性；二是改变养殖方式，实行放养和舍饲相结合，就地或异地育肥，按照市场导向与提高饲料报酬率的原则，调整畜群品种结构和牲畜出栏周期（如实行乳羊当年出栏，不养“老头羊”），大力推广良种，大力发展畜产品加工业。制定优惠政策，鼓励畜产品加工等工业企业参与草地建设和畜群改良。

（四）加快科技、教育发展，全面提高劳动者素质

东西部差距，从深层次看是科技教育、观念意识与民众素质的差距。坚持教育为本、人力资本投资为先，是培育西部自我发展能力的根本之道。重点在普及义务教育、扫除青壮年文盲，积极发展职业教育、成人教育，相应发展高等教育。要充分利用互联网等发展远程教育，提高西部农村与中小城市教师的素质；以花费少、民众喜闻乐见的形式，大力发展成年人的文化、科技和各种专业技能的教育。

在加强基础研究、高技术研究的同时，大力发展与西部优势产业培育相匹配的、按企业机制运作的各类应用型科研机构，在着力收集、推广成熟适用技术的基础上，培育能针对本地发展需要、自主开发的创新能力。

（五）精干廉洁高效的基层政府

改革开放20年来，我国区域发展和国外区域发展的经验共同表明：相当规模群众性原始积累的铺垫，是一个地区市场经济发育的温床；舍此，外部各种要素的注入都难以明显奏效。在西部地区多数企业效益水平不高，广大农村劳动生产率低下，“剩余产品”很有限的情况下，减轻税负，特别是税外种种不合理负担，就成为地区千万市场主体顺利发育与壮大的前提，精干、廉洁、高效低成本的政府，推动区域经济发展；臃肿、低效、腐败，则严重阻碍发展。为了更多引进区外，国（境）外资金、技术、人才，在改善“硬投资环境”的同时，必须完善软环境，而政府的廉洁高效，地方法制的完备，执法、司法的公正等则构成软环境的核心内容。在西部大开发中，上级政府各种财政资助、发达地区的对口帮扶，能否得到有效利用，能否如数到达应享受的民众和企业手中，而不“跑冒滴漏”，都与基层

政府的素质相关。为了有效地推进西部大开发和西部的工业化，建立区域经济高效运行的机制，应明确界定政府和市场主体的行为边界，结合地方政府的机构改革，解除政府与所属企业的行政隶属关系，包括基层政府和乡镇、街道集体企业的行政隶属关系。通过政企分开使西部地区的国有企业、集体企业真正成为无行政主管、能够自主经营、自负盈亏的合格市场主体。

地方政府由过去按隶属原则直接管理所属企业，转向按属地原则，面向多种所有制、多种经济成分的所有市场主体，履行社会经济管理职能，着力于构建良好的区域经济发展环境，具体包括规划、实施基础设施的建设，培育、发展商品与要素市场体系，维护市场秩序和社会信用，创造平等竞争的市场环境，逐步形成全覆盖的社会保障体系，维护安全稳定的社会环境，保护地区自然资源和环境生态，对区域经济实施中观调控，真正做到政府搭台、市场主体唱戏。

在履行社会经济管理职能时，严格依法行政，寓管理于服务之中，长虹集团的发展壮大，除内因外，与绵阳政府的“不干预，服务好”紧密相关；偏僻贫穷的广元，依靠政府对外来投资者的真诚服务，引来了国内18个省市的合作项目，充分表明了地方政府职能归位、作风转变，对推进西部工业化的重要作用。

六 西部大开发中的经济布局与城市发展

西部地区疆域广袤，区内自然条件、社会人文背景和既有基础差异甚大，在经济布局上要“统筹规划、突出重点、分步实施”，严防一哄而起，遍地开花。首先要充分发挥现有大中城市特别是各省（区）首位城市的作用，完善和提高城市功能，突出强化其金融中心和信息港的功能。以此为据点，沿着主要交通干线（包括现有和在建、拟建的）有序扩展。同时着手对资源富集、组合程度好、已有一定基础的地区，以及陆地边境线的某些区段进行重点开发；通过以点带面连点成带，推动地区经济全面繁荣。在工业化、农业产业化、市场化和商贸旅游业发展的同时，加快城市与城镇的发展。针对西部多数省（区、市）处于极点发展阶段向点轴发展阶段的推进期，西部地区城市化步伐应该亦可以比前20年再快一些。要着力培育一批在省（区）内能发挥次区域经济中心作用的中等城市；结合经济结构的战略性调整，使一批单一性产业城市发展为具有综合功能的中心城市；逐步形成等级结构与布局合理的城镇体系。

加快城市化步伐，消除城市化滞后对地区经济发展的制约，关键在调整城市户籍管理制度，以登记制取代审批制。按照在城市拥有一定数额的不动产，或在城市有稳定收入来源作为城市落户的新标准。为求稳妥，可从县、县级市的城关镇与建制镇做起，然后再推广到小城市和大中城市。

经济布局的主要轴线，粗略地说，大西北主要是陇海—兰新线，其次是京—包（头）—银（川）—兰（州）线和南疆铁路沿线；大西南主要是长江沿线和宝成、成昆铁路沿线，西南出海通道与北部湾地区。

（一）大西北的经济布局

1. 中心城市。在完善、提高西安、兰州、乌鲁木齐、银川和西宁五个省会城市（同时都是各省的首位城市）的基础上；积极培育次级城市（如陕西的宝鸡、咸阳；新疆的库尔勒等），逐步健全城镇体系，充分发挥城市对地区经济的带动作用。

2. 首轮重点开发区。主要有两种类型：一是现有基础较好，通过资产重组，产业整合，能较快见效的地区，如陇海（潼关—天水段）沿线、以榆林为中心的陕蒙宁接壤地区、兰（州）—西（宁）湟水沿线、河西走廊、乌鲁木齐—奎屯—克拉玛依沿线地区等；二是通过资源开发或边境贸易等有望形成新增长极点的地区，如以库尔勒为中心的塔北地区、以格尔木为中心的柴达木地区和陆地边境的若干区段（阿拉山口、霍尔果斯、喀什）等。

（二）大西南的经济布局

1. 中心城市。在完善、提高重庆、成都、昆明、贵阳和拉萨五个省（市、区）首位城市的基础上；积极培育次级城市（如四川省的绵阳、德阳、广元、西昌等），健全城镇体系，更好地发挥城市对地区经济的带动作用。

2. 首轮重点开发地区。属于现有基础较好，通过资产重组、技术改造，实现产业提升和发展的有成渝沿线地区、宝成（四川段）沿线地区、西昌、攀枝花—六盘水地区、昆明周围地区、贵阳周围地区等。属于新增长极培育的地区有三峡库区、乌江干流沿线、澜沧江中流地区、西藏—汀两河地区和陆地边境线的若干重要区段（河口、景洪、瑞丽—畹町）。

（写于 1999 年 12 月，要点刊于《求是》、《中国工业经济》2000 年第 1 期，全文收入《西部大开发与可持续发展》，经济管理出版社 2001 年版）

西部经济崛起的重要支点:大力发展非公有制经济

一 中西部地区大力发展非公有制经济的突出意义

十五大在把邓小平理论确立为党的指导思想的同时，又根据改革开放新的经验、新的要求，在许多方面发展了邓小平理论。其中最重要的一点是明确了“非公有制经济是社会主义市场经济的重要组成部分”，是社会主义初级阶段基本经济制度的构成内容。从20世纪50年代中期到70年代，非公有制经济在我国经历了被限制、被改造直至被取缔的厄运；从70年代末，再由“社会主义公有制的附属和补充”上升到“必要的有益的补充”，最后在十五大回归到它本应具有的地位。这既是社会主义初级阶段基本国情决定的：也是产权明晰、预期明确乃经济发展根本动力所决定的。马克思有重建“个人所有制”之说，中国自己的大圣人孟轲早就有“无恒产者无恒心”之语。中国非公有制经济近半个世纪的沉浮起伏及其对国家经济发展带来的相应影响，从正反两方面充分证明了先哲们所言。

真理，在特定的时空中更加清晰易见。

1998年我国经济增长的目标是8%，而在上半年，国有工业按增加值计算仅比去年同期增长2.4%，正是靠了集体工业同比增长7%，非公有制工业增长11.3%，整个工业增加值上半年才实现了7.9%的增长。从流通领域看，更为明显，今年上半年国有经济的消费品零售额比去年同期下降了5.3%，集体经济也只增长1.4%，主要靠个体经济消费品零售额增长15%，才得以实现上半年社会商品零售总额比去年同期增长6.8%的绩效。非公有制经济在今年中西部经济发展中的贡献更为突出，以陕西省为例，1998年上半年全部工业同比增长将近4%，而非公有制工业增长11%，占全部工业增长贡献率的六成。非公有制经济发展的意义，在中西部地区更加突出。改革开放以来，东中西部地区发展差距扩大是社会关注的大问题，根据近20年来东西部GDP增长率的数据分析，东西部增长差距主要发生在“八五”后三年以及80年代中期两次经济高涨期（1981—1984年和1985—1988年）（见表1）。

单就东西部地区国有工业的增长率比较，在这三次经济高涨期中，有两次东西部地区国有工业增长速度基本持平；而在1983—1985年期间，西部国有工业的增长率甚至明显超过东部国有工业；而对东西部地区非国有工业（含非公有制工业）的增长率加以比较，西部则明显低于东部（见表2）。故此可以说，近20年东西部发展差距扩大主要源于西部地区非国有经济、非公有制经济发展明显不足。

表1　东西部GDP增长率比较（1979—1994年）

单位:%

	1979—1980年	1981—1984年	1985—1988年	1989—1991年	1992—1994年
东部	12.19	12.49	19.93	12.83	31.72
西部	12.59	12.25	19.13	12.86	23.93
相当于东部的数值	103.28	98.08	95.98	100.23	75.44

资料来源：根据相关年份的《中国统计年鉴》按当年价格计算整理。

表2　各经济高涨期东西部增长率的比较

单位:%

	1983—1985年		1985—1988年		1991—1993年	
	东部	西部	东部	西部	东部	西部
全部工业	25.35	21.88	29.24	25.18	35.38	25.73
国有工业	14.12	17.61	22.06	23.68	20.63	20.49
非国有工业	42.40	39.75	37.79	29.32	46.48	35.59

资料来源：根据相关年份的《中国统计年鉴》按当年价格计算整理。

发展非公有制经济，在动员社会资金、人才，增加供给，繁荣城乡市场、方便人民生活，增加税源，创造更多就业机会，促进社会稳定诸多方面的意义是不言而喻的。而它更深远的影响在于促进一个地区千万市场主体的形成与发育；在于促进一个地区市场意识、市场氛围、市场规制的形成与健全。多年来我在东中西部调查中有一个强烈的感觉，即东部经济舞台上，各类市场主体，在利益驱动下忙忙碌碌，捕捉商机；而在西部经济舞台上，更多看到的是党政官员在为争取国家项目和政策优惠而辛劳。在东部沿海地区，一个市场机遇刚起于青萍之末，官员们还未发觉，企业家们早已把钱赚到了手；而在中西部，当商机如潮涌溪谷之时，企业家还安坐礼堂，静听官员的动员报告。东西部的差距，说到底是市场主体发育的差距。中西部地区千万市场主体壮大之日，亦即中西部经济崛起之时。而非公有制经济在这方面具有不可替代的作用。不仅它本身是自主经营、自负盈亏、自我发展、自我约束的市场主体，而且在推动中西部国有经济、国有企业向“四自”市场主体转化，具有重大作用。今年4月到浙江讲课调查，那里国有企业有的也经营困难，以致亏损，但总的讲，对市场应变能力强，对市场约束应对有策的企业较多，原因何在？向当地同志求教，答之曰：得益于浙江这些年非国有经济、非公有制经济的发展，通过竞争压力和要素的传递、流动，促进了浙江国有经济利国有企业市场竞争力的提高。国有与非国有、公有与非公有经济这种相辅相成，相反相成的促进作用，对于西部实现所有制结构和经济结构的调整，实现国有经济布局的战略调整，推进国有企业的改革，都有重大作用。从这个层面上看，可以说大力发展非公有制经济是实现中西部经济振兴与崛起的突破口。

二 障碍克服和发展重点

西部非公有制经济发展，一方面具有更突出的意义，同时受到的环境制约也甚于东部。从民间资本的积累规模、人才素质等要素供给看，西部逊于东部，特别是在制度环境方面，差距较大。十五大以后，西部各省省委、省政府及时作出了《关于大力发展非公有制经济的决定》（以下简称《决定》），半年多来，《决定》发挥了政策威力，成效初显。为了巩固、扩大战果，为包括非公有制经济在内的各类市场主体营造宽松的发展环境，各项经实践检验的政策措施，宜依照法定程序逐步法律化、法规化，使宽松环境的营造纳入依法治国的进程，使对非公有制经济的产权保护，对非公有制经济诸多歧视性做法的排除，特别是刹住“三乱”等公害对非公有制经济的摧残，能充分依靠法律武器。

对不同类型地区非公有制经济发展的方向与重点，《决定》作出了很全面的部署。仅就以下几点加以强调和补充：

（一）重视民办科技企业的发展

在买方市场的新态势下，提高产品的科技含量，开发新产品，是市场制胜之道。中西部各省、自治区特别是重庆、成都、兰州、西安等大城市，科技人才荟萃，精英汇集，在“稳住一片”的同时，鼓励、支持更多的科技人员，以多种形式发展民办科技企业，可以说是非公有制经济最有生命力的亮点所在。

（二）多方支持回乡民工兴办民营企业

改革开放以来，西部地区大量民工涌入东部，特别是东部的大城市和特区，十几年的风风雨雨，他们中间的一部分，不仅积累了一定的资财，也不同程度地掌握了“生意经”，成为经营人才。制订切实措施，吸引他们回乡兴办企业，对于西部农村市场经济的发展，加快中西部农村剩余劳动力向非农产业转移，意义深远。

（三）大力吸引外地民间资本进入西部

民间资本的积累水平，对非公有制经济发展规模有重要影响，克服中西部地区这一制约因素的重要途径是，大力引进外地民间资本，特别是沿海地区的民间资本。伴随资本进入的，还有经营管理，市场营销等现代市场经济理念与运作经验，而这些对西部地区非公有制以至整个经济的发展，都是稀缺的宝贵资源。

（1998 年 8 月 15 日在“促进非公有制经济发展研讨会（西安）”上的发言要点，原载《云南社会科学》1999 年第 1 期）

城乡协调发展与西部大开发

2006年中国进入“十一五”规划期，西部大开发亦进入了新时期。在过去六年多，西部大开发取得了重大进展，几年间新开工重大项目70项，总投资近1万亿元；在完成西气东输、西电东送、青藏铁路等重大项目的同时，累计投入300多亿元，用于“油路到县”、“送电到乡”、广播电视“村村通”等农村基础设施和农村文教卫生社会事业，农村居民人均纯收入年均增长率达到6.8%，远高于大开发以前。但是西部地区农民收入的增幅，既低于东部农民收入的增幅，也低于西部城镇居民收入的增幅，西部城乡居民收入差距2000年为3.3倍，2004年已扩大到3.8倍。2005年西部农民人均纯收入2410元，只相当于全国平均值（3255元）的74%，不到东部农民人纯收入的一半；至于西部农村农牧民享有的公共服务水平，无论与西部城市还是东部农村的差距，都远甚于收入差距（见下表）。逐步扭转上述差距，既是建设全面小康社会的必然要求，亦是构建社会主义和谐社会的重要目标与任务。

中国西部地区严峻的城乡二元结构，确有其深刻的自然、历史与社会人文背景及某些制度性障碍；是国家实现全面小康目标和基本实现现代化的难点所在，某种意义上可以说，扭转直到消除城乡二元结构，将贯穿西部大开发的全过程，西部地区城乡共繁荣将成为西部大开发成功最关键的标志。千里之行始于足下，从“十一五”开局之年起，以更大的力度投入扭转城乡二元结构，并贯穿于西部大开发的始终。

2004年西部各省市区城乡居民收入对比

	重庆	四川	贵州	云南	西藏	广西	内蒙古	陕西	甘肃	青海	宁夏	新疆	全国平均值
城镇居民人均可支配收入（元）	9221	7710	7322	8871	9167	8690	8123	7493	7377	7320	7218	7503	9422

续表

	重庆	四川	贵州	云南	西藏	广西	内蒙古	陕西	甘肃	青海	宁夏	新疆	全国平均值
农村居民的人均纯收入（元）	2510	2519	1722	1864	1861	2305	2606	1867	1852	1958	2320	2245	2936
城乡居民收入比(以农村居民为1)	3.67	3.06	4.25	4.76	4.93	3.77	3.12	4.01	3.98	3.74	3.11	3.34	3.21

首先，大开发战略部署要坚持双轮推进。西部地区疆域广袤，在大开发战略启动之时，强调“两依托”（依托中心城市、依托交通干线）、“两重点”（重点区域、重点地带）。据悉，《西部大开发“十一五”规划》，进一步将“两重点”调整表述为“四层次”，即跨省市的重点城市带（如成渝、关中—天水城市带、省会城市和重要中心城市、重要资源富集地区和重点边境口岸城镇）。如此部署，对于保证投资的增长效应确有必要，但对增长的传递、发展成果的分享却未必全面。在“两重点”、“四层次”之外，西部还有许多县，如果县域面貌无显著改变，这些县的新农村建设亦会因为缺乏就近的支撑而难有起色，故此我认为今后应将“两依托”、“两重点”、“四层次”和普遍提升县域经济，作为进一步推进西部大开发的双轮。

其次，对“问题区域”重点倾斜。首先抓生态补偿、还基本公共服务的欠账。以一个省（直辖市、自治区）为单元，考察县域经济，大体有几种类型：

第一类是省会等大城市周边的县（县级市）、沿交通干线的县，以及矿藏资源富集和水能资源开发的地区，这类县由于发展潜力大，机遇多，一般多被划入“重点开发区域”；这类县主要是优化投资经营环境、加强制度建设、招商引资和培育本土市场主体相结合，形成自主发展机制；管理的重点应转向提高产业进入门槛等必要的控制，以保证不会随着大规模开发，造成耕地剧减、环境恶化。

第二类县是农业有较好的基础，有一种或几种有特色的农畜养殖等土特产品，只要依靠科技进步，加强农业服务体系建设，拉长产业链，提高市场化程度，也可以走出一条致富路。

第三类最困难的是区位偏远、自然条件严峻、灾害频繁、生态脆弱或生态敏感的县，有的人口已明显超过土地和环境的承载极限，往往被划入限制开发或禁止开发区域，国家“十一五”规划纲要第一批确定的22个限制开发区中，有17个在西部（秦巴生物多样性功能区、桂黔滇等喀斯特等石漠化防治区等），其中相当部分属于少数民族聚居区。如果说对前两类地区，政府的职能着重在营造、维护市场环境，尽量让市场机制发挥资源配置的基础性作用，区域政策侧重在发挥导向作用的功能性政策。而对第二类地区，即限制开发、禁止开发区、革命老区、民族地区、边疆地区、贫困地区、三峡库区和资源枯竭矿区8类“问题区域”，没有纵向的扶持、横向的合作与社会的帮扶，通过多管齐下系统“输血”，是难以培育出“造血”功能，形成自主发展机制的。为此，要做好以下工作：

（1）对承担生态功能的地区，给予生态补偿；退耕还林、退牧还草，除继续予以钱、粮补助，或由政府资助钱、物，每户修建旱涝保收的基本口粮田；对生存条件恶劣和人口严重超载的地区，制定易地脱贫规划，或采取将搬迁资金转换为教育费用，保送农民子弟进入职业中专学习，毕业后外地就业，再将父母迁出。

（2）加大国家投入，改善、加强“问题区域”的公共服务。现在西部农村各项基本公共服务，比西部城市和东部农村都有很大差距。以乡镇卫生院为例，西部卫生院医疗设备（原值）仅相当于全国平均水平的40%，乡镇每个人拥有的基层卫生人员数西部农村只相当于东部农村的70%。按照基本公共服务均等化的原则，国家应加大对西部农村，特别是8类“问题区域”的财政转移支付，提高这些地区在饮水安全、农村公路、公共卫生与基本医疗服务、义务教育、社会保障、计划生育、人居环境治理、广播电视设施及服务、文化服务等公共产品的供给水平。

（3）充分发挥东—中—西与城乡合作互助机制。第一，产业转移。经过20多年的快速发展，东部地区一些城镇产业高度集聚，土地、水、环境容量等已难负其重，不少劳动密集型、资源密集型企业的比较优势已先后丧失，在市场机制和合作互助机制双重作用下向西部转移（重污染型项目除外），可谓互利共赢之举。西南川滇黔桂4省（区）都是9+2泛珠三角的成员，应主动向广东提出。

第二，劳务合作。据《中国西部经济发展报告（2006）》的数据，川渝陕三省（市）农民的工资收入在人均纯收入中的份额都超过三成；近年东部一些地区闹“民工荒”，抓住时机，西部抓紧农村青壮劳动力的技能培训，或者与东部有关企业采取定向培养输出劳务。

第三，广泛动员城市各方面的社会资源。构建以工促农、以城带乡的长效机制，除了各级政府，还要广泛动员社会各方面的力量，如广泛宣传、树立企业社会责任的理念，建立村企合作。西部经济实力强的大城市相对较少，而农村广袤，应鼓励东部的城市和百强县与西部相关的县结对子。

第四，加强金融、保险业对西部农村的服务。今年诺贝尔和平奖的得主是孟加拉国农村银行及该行创始人尤努斯，小额信贷尽管早已引入我国，但规模还可扩大，具体办法亦待完善，如最好将信贷与推广某种增产、增收的技术或项目相结合，将项目、培训与信贷三者结合注入。

参考文献

[1] 韦苇等：《中国西部经济发展报告（2006）》，社会科学文献出版社 2006 年版。

[2] 杨团：《资产社会政策——社会政策范式的一场革命》，《中国社会科学院院报》2005 年 3 月 29 日。

（2006 年 4 月 28 日在全国政协经济委员会召开的“进一步推进西部大开发战略深入实践”调研座谈会上的发言要点，原载《开发研究》2006 年第 6 期）

西部大开发10年回顾与前瞻

一 引言

2009年，当喜迎新中国六十华诞之时，同时亦迎来了实施西部大开发战略十周年。

加快西部发展，实施西部大开发战略，是世纪之交，党中央统揽全局、审时度势，迎接新世纪的重大战略决策；也可以说是党的第三代中央领导集体对邓小平同志晚年关于“可以设想，在本世纪末，达到小康水平的时候，就要突出地提出和解决（由第一个大局过渡到第二个大局）这个问题”① 政治嘱托的落实。

20世纪八九十年代，地区倾斜发展的区域政策，在赢得时机，加快国民经济发展，尽快融入全球经济的同时，亦付出了国内地区发展差距明显扩大的代价。20年左右，东、西部地区发展速度的差距，使1999年西部地区的人均生产总值不足东部地区的一半（41.3%），东、西部地区人均生产总值相对差距比1978年扩大12.8个百分点。在既有地区经济分工协作的基础上，我国东、中、西部地区之间，存在着密切的投入产出关联，互为市场，保持区域协调发展，是国民经济持续平稳发展的内在要求，更是建设全面小康社会，实现地区经济普遍繁荣、人民共同富裕的奋斗目标。对于多民族的大国，众多少数民族民众聚居于西部和陆地边境地区，加快西部地区经济发展，是维护民族团结、边疆稳定、社会和谐的迫切需要。我国西部地区是长江、黄河、澜沧江等大江大河的源头，居于上游、上风的区位，决定了西部地区经济社会的健康发展，直接关系到国家生态安全屏障

① 引自《邓小平文选》第三卷。

的建立与维护。经过改革开放头20多年的快速发展，中国现代化建设“三步走”战略的前两步战略目标相继提前实现，综合国力显著增强，国内生产总值已由1978年的3465亿元增长到2000年的近10万亿元（99214.6亿元），人均国内生产总值接近8000元。加快中西部发展、实施西部大开发各方面的条件已基本具备。作为新世纪迈向第三步战略目标第一个重大战略部署的西部大开发战略，从2000年起全面启动，标志着“第二个大局”拉开了帷幕，标志着我国区域经济政策，从改革开放头20多年的向东部沿海地区倾斜的非均衡发展战略，向逐步缩小地区之间发展差距，坚持区域经济协调发展的重大转变，为新世纪我国经济继续快速发展，拓展了更为广阔的空间。

二　西部大开发十年的成就

十年来，西部地区已开工重点工程102项，投资总规模1.74万亿元，在中央预算内建设资金、长期建设国债资金的带动下，社会资本和区外、境外资金的进入，使西部全社会固定资产投资近年的年增长幅度都在20%以上（2003—2006年平均增长26.8%，2007年、2008年分别比上年增长28.2%和26.7%），基础设施建设、生态治理和环境保护取得实质性进展，青藏铁路、西气东输、西电东送等举世瞩目的重大工程相继建成投入运营。投资和创业环境的显著改善、地区发展活力的释放，十年间西部地区生产总值年均增长率超过11%，不仅高于大开发前（1978—1998年平均增长率9.45%），与东部地区发展速度的差距亦呈收敛态势；在国际金融危机开始蔓延，外部市场需求萎缩的2008年，西部地区生产总值同比增幅超过东部，达到5.8万亿元，在全国GDP中的占比达到17.8%，较大开发前夕有所提高。2009年第一季度全国国内生产总值同比增长6.1%，西部12个省（市、自治区）中，有10个增幅超过全国平均值（黔、蒙、桂、川、陕、渝、青、滇、藏、新），其中前5个省（区）增幅达到两位数。十年来，西部地区在经济实力大幅提升的同时，各项建设有序展开，人民生活明显改善[①]。更可贵的是，在中国特色社会主义理论指导和党中央、国务院领导下，通过十年的实践，在如何结合西部地区的具体区情，走出有中国特色的新型工业化道路、农业现代化道路、城镇化道路和自主创新道路，紧密结合西部区情、结合大开发的实际，践行科学发展观，走出欠发达地区实现全面小康进而基本实现现代化的道路方面，积累了宝贵经验：突出基础设施建设，生态环境建设和科技教育发展，夯实长远发展基础。

科学发展观的第二要义是发展。西部地区经济社会领域中存在的诸多矛盾和问题，只有通过发展，在发展进程中加以解决。发展必须立足区情，欠发达和相当广大地区生态脆弱是西部地区两大基本区情。在经济全球化的今天，为了使西部丰富的资源、特色产品，以低廉的交易费用进入国内外大市场，使国内外各种先进生产要素顺畅进入西部，就必须首先从改善交通运输、通信网络和电网等入手。大自然是人类生存、发展的摇篮，扼制生态恶化，是维护生存之舟，建设幸福家园的需要。《国家“十五”计划纲要》明确提出：“力争用五到十年时间，使西部地区基础设施和生态环境建设有突破性进展，科技、教育有较大发展”。十年来，西部地区新增公路里程85万公里以上，新增铁路营业里程超过8500公里。在抓紧干线建设的同时，“油路到乡”、“公路到村”的农村公路建设有序展开。根据西部基础设施依然滞后，生态维护、环境保护形势依然严峻的实际，在西部大开发进入第二个十年，仍需锲而不舍，继续抓好这两个重点。以铁路建设为例，将围绕完善西部各省（市、自治区）际、西部和国内其他大经济区之间，以及西部和邻国间的铁路通道三个目标，拓展路网覆盖面，提升通过能力，提高运行速度。诸如在建的重庆—贵阳、重庆—兰州、成都—天水等客运专线，将为沟通西南与西北打造新通道；而上海—昆明、贵阳—广州、南宁—广州、兰州—郑州—徐州、中卫（银川）—太原等新线，将为

---

① 据郑长德教授计算，广西、重庆、四川、贵州、云南、西藏2008年城镇居民人均可支配收入分别是1999年大开发前的2.49倍、2.46倍、2.31倍、2.21倍、2.14倍和2.05倍；2008年农村人均纯收入分别是1999年的1.81倍、2.21倍、2.24倍、2.03倍、2.16倍和2.52倍。内蒙古2008年城镇居民人均可支配收入和农村人均纯收入分别是1999年的3.02倍和2.32倍；西北五省、区（陕、甘、宁、青、新）2007年的城镇居民人均可支配收入和农村人均纯收入分别是1999年的2.37倍和1.88倍。（参见《中国西部经济发展报告》（2009））

沟通西部地区与华东、华南、华中、华北打造新的快速通道；和邻国沟通的铁路通道，北有中吉（尔吉斯坦）乌（兹别克斯坦），南有中越（南）铁路（泛亚铁路东线）、中、老（挝）、泰（国）铁路（泛亚铁路中线）和中缅（甸）铁路（泛亚铁路西线）等①。

科学技术是第一生产力，人才是第一资源、兴区强区之本。十年来，西部地区科学技术和文化教育事业蓬勃发展，仅以普通高等学校在校学生数为例，2008 年已达到 401. 9 万人，比大开发前夕（1999 年 86. 98 万人）净增 315 万人，相当于 1999 年在校生的 4. 62 倍，为西部大开发源源不断输送了人才，提供了技术支撑。为了进一步扩大西部地区高层次人才培养规模，除京、沪等地著名高校将逐步扩大在西部地区招生的比例与规模，从 2009 年起，中央教育主管部门批准，青海大学、宁夏大学、西藏大学和石河子大学进入“211 工程”序列，接受国家、部门和地方政府三方的共同投入，重点建设对所在地区发展具有重要作用的学科，培养西部急需的高层次人才。同时在西部民族地区新设立呼和浩特民族学院、广西民族师范学院、甘肃民族师范学院等 10 所高校和 3 所高等专科学校。

科学发展观的核心是以人为本，发展再重要，是手段而非目的。发展归根结底是为了增进民众的福祉，提高人民的素质和能力。十年来，西部地区城乡居民的收入水平、生活水平和享有的公共服务明显提高，已实现基本普及九年义务教育和基本扫除青壮年文盲的《“两基”攻坚计划(2004—2007)》。截至 2007 年年底，“两基”人口覆盖率超过 98%，四年累计扫除 600 多万文盲，青壮年文盲率降到 5% 以下，西部各省（区、市）初中毛入学率超过 90%。但和全国平均值及东部地区比较，还有不小的差距。以城乡居民收入水平为例，2008 年城镇居民家庭人均可支配收入居西部前 3 位的内蒙古、重庆和广西都达到 14000 元左右，大体接近全国平均值，而新疆、甘肃则比全国平均值低 27—30 个百分点②。2008 年农村居民家庭人均纯收入，居西部首位的内蒙古为 4656. 2 元，仅比全国平均值低 2

① 参见《中长期铁路网规划》，《人民铁道》2008 年 11 月 28 日。

② 2008 年城镇居民家庭人均可支配收入，全国平均值为 15780. 8 元，内蒙古、重庆、广西、新疆、甘肃分别为 14432. 6 元、14367. 6 元、14160 元、11432. 1 元和 10969. 4 元，引自《2009 年中国统计摘要》，第 115 页。

个百分点，而贵州、甘肃则比全国平均值低40多个百分点[①]。用好国家应对国际金融危机“一揽子”计划向民生项目倾斜、向中西部地区倾斜的机遇，尽快补上在义务教育、基层医疗卫生服务设施和社会保障体系方面的欠账，稳定现有就业岗位，多方鼓励创业，以创业带动就业，特别是高校毕业生和返乡农民工的就业，使西部地方政府的公共服务水平、能力和东部的差距有明显的缩小，以保证2020年国家实现全面小康社会之时，西部地区民众享有的基本公共服务，能达到全国平均水平，农民人均纯收入比2008年翻一番，城乡绝对贫困现象基本消除。

科学发展观的基本要求是全面协调可持续发展。首先，大开发中，按照中国特色社会主义事业总体布局的要求，在抓紧经济建设这个中心环节的同时，全面推进政治建设、文化建设、生态建设和生态文明建设。

三　西部大开发10年经济建设经验

（一）从西部地区具体的区位地缘、资源禀赋等出发，重点培育特色优势产业

“市场不怜悯落后”，质次价高的产品，无论产自何区，都会遭到市场冷遇，作为后发展地区，避开软肋，依托地缘、资源等比较优势，从特色优势产业入手，培育、巩固、扩大竞争优势，就有可能在国内外大市场打出一片天下。2008年西部12省（区、市）生产的原煤、原油、发电量和棉花已分别占到全国总产量的43.9%、29%、28%和43.7%，发挥了国家级能源基地、棉花基地的作用[②]。内蒙古煤炭资源丰富，从煤炭开发入手，发展火电，进而发展煤制油、煤基醇、醚燃料等煤化工，拉长产业链，又利用广袤草原、风大、日照强、沙多，发展乳品业、风力发电、太阳能热气流发电和各种沙产业，2002年以来，GDP增幅连续7年居各省、区、市之冠，实现了地区生产总值10年年均增长16%目标，在西部地区生产总值中

① 2008年农村居民家庭人均纯收入，全国平均值为4760.6元，内蒙古、贵州、甘肃分别为4656.2元、2796.9元和2723.8元。引自《2009年中国统计摘要》，第121页。

② 引自《中国统计摘要》（2009），第16页。

的占比，由大开发前（1999 年）的 8.26%，提高到 2008 年的 13.32%。2008 年第二、第三产业在 CDP 中的占比已达到 88.3%，比大开发前提高了 11.1 个百分点，人均地区生产总值 32214 元，居西部各省、区、市之首①。面对国际金融危机的冲击、2009 年上半年内蒙古完成地区生产总值 3513 亿元，同比增长 16.2%，高于全国平均增幅 9.1 个百分点②。新疆亦异曲同工，依托丰富的能源和矿产资源以及土地辽阔、日照长、边境线长、口岸多（一、二类口岸 29 个）等条件，重点打“黑”（石油、天然气、煤炭等）“白”（棉花）“红”（番茄、枸杞、红花等）等特色品牌，并逐步向上、下游延伸，壮大产业链。坚持对内对外开放两手抓，一方面大力开展以边贸为主的进出口贸易，拉动区域经济；同时依托优势资源引进中央企业等大型企业集团的项目落户，推进新疆区域经济发展。2008 年地区生产总值 4203.4 亿元，相当于大开发前（1999 年）的 3.6 倍，人均 GDP 为 19893 元，居西部各省（区、市）的第 2 位，2008 年天然气、棉花的产量居全国务省（区、市）的首位，石油产量居第 2 位，进出口贸易总额居西部省（区、市）的首位，③ 油气开采、炼制和石油化工，已成为新疆居首位的支柱产业，现已形成准噶尔盆地、塔里木盆地、吐（鲁番）哈（密）盆地三大石油天然气生产基地和克（拉玛依）独（山子）、乌鲁木齐、吐哈、库尔勒与库车四个石油炼制与石化基地。新疆煤炭资源丰富，按预测储量计算，占全国总储量的四成。目前年开采规模已超过 6000 万吨，一批千万吨级的煤田近年相继开工建设，在扩大开采的同时，相应发展煤电与煤化工、氯碱化工、黑色与有色冶金和装备制造业。利用广袤的土地资源和日照资源，新疆“粮、棉、果、畜”四大基地，正朝着现代农牧果业的方向迈进，并以此为依托，大力发展棉、毛纺织业和食品工业。现在新疆生产的番茄制品、啤酒花颗粒和甜菜糖在全国总产量中的占比已分别达到 80%、70% 和 50%④。

《西部大开发“十一五”规划》指出的能源、化工、有色金属、稀土、

① 基础数据引自《中国统计年鉴》(2000) 和《中国统计摘要》(2009)。

② 参见《经济日报》2009 年 7 月 23 日。

③ 基础数据引自《中国统计摘要》(2009)。

④ 参见《经济日报》2009 年 7 月 13 日第 5 版。

钾、磷、特色农牧产品及加工、装备制造、高技术产业和旅游业等特色优势产业，近些年来西部各省（区、市）结合不同区情，各有侧重地发展。特别值得重视的是，根据国内外经济科技新走势，重视培育低碳经济，西北与内蒙古及时发展了风能、太阳能等可再生能源及相应装备的制造业，甘肃正积极在河西走廊地区打造"风电走廊"，初步规划，到 2020 年时，风电总装机达 2000 万千瓦，届时新疆亦将建成 5 个百万千瓦级的风电基地；西南则重视生物质能的开发。

（二）科技和创新驱动

区域经济发展，从资源开发或发掘区位优势起步，而继续前行，无不依靠科学技术，前述内蒙古、新疆产业链的延伸，每一步都得益于科学技术及时的支撑，平时如此，面对国际金融危机挑战，科技、创新的作用更加凸显。彩虹集团是 20 世纪 80 年代初我国在咸阳新建的第一座彩色显像管厂，随着传统显示器件进入产品生命衰退期，企业陷入困境，依托技术研发成果和企业战略管理创新，企业及时转向平板显示产业，产品升级、系列拓展、布点展开、由一变三，成功化危为机[①]。创新是企业转型产品升级的动力，亦是区域经济发展方式转变、区域产业结构优化升级的关键。重庆、成都、昆明、西安、兰州等市的高新区，是西部地区高端人才、高新技术产业集聚的战略高地，通过构建科技研发、成果转化、创业孵化、科技金融和人才聚集等平台，发挥了区域创新体系核心的作用。以西安高新区为例，2008 年实现营业收入、工业总产值、实缴税金和净利润分别达到 2410.6 亿元、1546.5 亿元、157.65 亿元和 123.11 亿元，在全国 56 个国家级高新区中，分别居第 4、第 5、第 3 和第 5 位[②]。继续优化西部地区的创新环境，完善以企业为主体，市场为导向，产学研紧密结合为纽带的区域创新体系，依靠民众的创新智慧，将有力推进西部未来的发展。

（三）坚持"双桨齐动"

无论是新中国成立六十年来正反两方面的经验，还是西部大开发 10 年

---

① 参见李予阳《转型路上见彩虹》，《经济日报》2009 年 6 月 6 日第 7 版。

② 参见《经济日报》2009 年 7 月 23 日第 16 版。

的经验，共同表明：国家经济、区域经济都应是公有制和其他多种所有制双桨齐动，维护公有制特别是国有经济的主体地位，在直面激烈国际竞争环境中，国家直接掌控国民经济命脉、关键领域，具有难以替代的作用。与此同时，只有多种所有制的充分发展，才能调动全社会的积极性，使劳动、知识、技术、管理、资本等一切财富之源，活力迸发、泉涌如流。大开发十年，西部民营经济发展和东部的差距有所收敛，面对当前西部严峻的就业形势，再看看浙江等省民营经济提供的两个80%，进一步改善西部民营经济的发展环境，进一步缩小东西之间的差距，就再也不能延宕。

（四）重点突破，统筹兼顾，合理布局

西部国土面积占全国陆地面积的71%，重点突破成为大开发空间的必然选择。十年来，国家大力支持成渝经济区、关中—天水经济区、广西北部湾经济区、呼（和浩特）包（头）鄂（尔多斯）银（川）兰（州）产业带和各省会（自治区首府）城市、地区中心城市及其周边，重要资源富集区与大型水能开发区、重点口岸城镇优先开发、率先发展，成为带动、支撑西部大开发的战略高地。2008年1月，国务院批准《广西北部湾经济区发展规划》①，标志着广西北部湾经济区的开放、开发提升到国家战略层面。该经济区地处华南、西南和东盟三大经济圈的结合部，既是西部地区唯一的沿海区域，亦是我国与东盟国家唯一既有海上通道，又有陆地接壤的区域，其发展方向定位于“服务三南”（西南、华南、中南）、面向东南亚的重要国际区域经济合作区，建成中国—东盟开放合作的物流基地、商贸基地、加工制造基地和信息交流中心。目前除围绕海、陆、空立体大通道，大力推进港口、高速公路网、铁路和机场扩能改造等基础设施与环境生态建设，力争广西北部湾诸港口总和吞吐能力在2010年达到1亿吨，2020年达到3亿吨。千万吨级的炼油厂、千万吨级现代钢铁基地、年产值可达400多亿元的林浆纸基地和电子基地将分别落户钦州、防城港和北海市。关中—天水经济区，地处新亚欧大陆桥的中枢，是跨越陕甘两省的重

① 广西北部湾经济区位于北部湾顶端的中心位置，涵盖南宁、北海、钦州和防城港4市，陆地国土面积4.25万平方公里，海岸线1595公里，海域面积12.93万平方公里，2006年年末人口1255万，占广西全区人口的1/4，四市GDP占广西全区的近30%。

点开发区，以西安—咸阳一体化为核心，涵盖天水、宝鸡、铜川、渭南4市和杨凌国家农业高新技术产业示范区，现有人口、经济规模都占大西北的1/4左右，既是西北历史古韵积淀醇厚之地，也是科技人文智力资源的高密集区，每万人口中拥有科技人员60人，在校大学生285人，远高于全国平均值，为充分释放人才智力资源的巨大潜力，国家赋予关中—天水经济区“全国统筹科技资源基地”的先试权。并以此为依托，朝着全国先进制造业基地、现代农业高技术产业基地和彰显华夏文明的历史文化基地的方向迈进①。

2007年6月，重庆、成都两市获批设立全国统筹城乡综合配套改革试验区，探寻弥补城乡长期二元发展形成的鸿沟，扭转同一区域、城乡两副面孔的根本路径，通过统筹城乡规划、基础设施建设、土地管理、公共财政、金融服务和社会服务体制，拆除横亘在城乡间的诸多“高墙”，构建以工促农、以城带乡的长效机制，形成城乡经济社会发展一体化的新格局。对重要资源富集区的集约开发，位于银川市东南40多公里的宁东能源化工基地是耀眼的典型，依托当地丰富的优质动力煤、化工原料用煤，现正积极建设煤炭、电力、煤化工和新材料四大产业，争取2020年时，煤炭生产能力达到1.3亿吨，火力发电总装机1600万千瓦，煤化工产品200多吨，成为带动宁夏经济发展的强大引擎。与此同时，对贫困地区、少数民族地区，特别是人口较少民族聚居区、三峡库区、资源枯竭矿区等重点扶持地区统筹兼顾，普遍提升县域经济，为社会主义新农村建设和现代农牧业发展，提供就近的支撑。

面对当前“保增长、保民生、保稳定”的繁重任务，民众对西部各级政府的希望是，严格依法行政，清廉行政，加快政府职能、作风的双转变，真正成为当地宜居、宜（投资兴业、就业）业、宜学环境建设的组织者，基本公共服务产品的提供者，正常市场秩序的维护者。

文化是民族之魂，凝聚力和创造力之源，它既为经济建设提供精神动力和思想保证，更是区域软实力的核心内容。西部大开发十年，战胜了一

① 关中—天水经济区，现有人口近3000万，面积近87平方公里，规划区包括西安、铜川、宝鸡、咸阳、渭南、杨凌、商洛部分县和甘肃天水市辖区，直接辐射区达陕北、陕南和甘肃省的平凉、庆阳与陇南地区。

个又一个“天灾人祸”的挑战和严峻考验，特别是“5・12”汶川特大地震，正是依靠大无畏的英雄气概，夺得了抗震救灾和灾后重建的胜利，凝聚成抗震救灾的伟大精神，在今后大开发进程中，将成为鼓舞民众克服困难、勇往直前的巨大精神力量。在大开发进入第二个十年，从保障人民基本文化权益出发，落实好“西新工程”、广播电视村村通等文化惠民工程，满足公共文化服务需求，依托文化创新、发展文化产业，珍视民族文化的保护与传承，是西部地区文化建设之重。

人类居于地球，地球却并不专属于人类，可持续发展的真谛在尊重自然，与自然和谐相处，一切经济社会活动应充分考虑自然的承载能力，不突破环境容量和自然承受力的阈限。对地处青藏高原、云贵高原、黄土高原和内蒙古高原，生态系统既复杂又相对脆弱的西部地区，坚持生态文明建设，重视环境保护尤显重要。过去十年，青海三江源自然保护区、内蒙古京津风沙源治理和黄土高原水土流失治理等已取得了明显成效。按照国家主体功能区划分，西部“禁止开发”、“限制开发”两类功能区面积广袤、屏障范围辽阔、意义重大、系统复杂，亟须抓紧研究，提出方案，吁请国家最高权力机构尽快立法，以长保国泰民安。

高举科学发展、和谐发展、可持续发展的旗帜，沿着中国特色社会主义道路前进，西部地区的明天一定更美好。

（为《中国西部经济发展报告（2009）》写的序言，社会科学文献出版社 2009 年版；修订稿刊发于《云南财经大学学报》2010 年第 1 期）

对新疆经济发展与产业政策的几点浅见

新疆国土面积166万平方公里，占全国的1/6。与蒙古国、苏联、阿富汗、巴基斯坦、印度五国接壤，边境线长达5400多公里。新疆在国防上的战略地位和经济发展条件，决定了应将新疆“作为一个单独的经济区域来考虑”（《开发新疆开发大西北是中央的重要战略设想》，《人民日报》1983年9月2日）。在经济发展上，新疆的有利条件和资源潜在优势，与它的不利条件，特别是近期起步的制约因素，同样突出明显。

从有利条件和潜在优势看，主要是：（1）土地辽阔，人均占有耕地多，农业资源丰富。新疆现有耕地4800万亩，人均占有耕地3.52亩，比全国平均水平高1.3倍，还有数千万亩的宜农荒地。由于日照长，辐射强、积温高、昼夜温差大，只要灌溉有保证，既适宜种植粮食，更适于棉花、油料、甜菜、瓜果等的生长。如棉花色泽白、绒长、强度大，特别是长绒棉，产量占全国90%以上；再如甜菜，平均亩产1.7吨，含糖率17.5%，在全国均居前列；各种瓜果更是驰名中外，葡萄产量占全国一半，全国需要的啤酒花70%。靠新疆供应。新疆还是我国主要牧区之一，草场面积达7.5亿亩，将近占全国的1/4，人均占有量达60亩。绵羊数量占全国1/5，草食家畜占全国11%，且畜种优良，新疆的细毛羊、伊犁马、黑白花奶牛等均久负盛名，是我国优良种畜的重要供应基地。（2）矿产资源丰富。矿产资源中，以能源和稀有金属最为突出。煤炭探明储量超过200亿吨；石油超过10亿吨，天然气3万多亿立方米，在塔里木、准噶尔盆地油、气资源均有良好前景。水能、太阳能、地热和风能资源也很丰富。金属矿藏中，铍、锂居全国首位，铌、钽、铯、硒、镉也较丰富，还有不少黄金矿点。非金属矿中、硫、磷、石棉、云母和各种建材原料均较丰富。（3）经过30多年的建设，已奠定了相当规模的物质技术基础。1950—1986年，36年累计投入近500亿元的建设资金，到1985年全区社会总产值已达到181亿元，国民收入达88亿元，工农业总产值144亿元，其中工业总产值83.6亿元，比新中国成立初增加了70多倍。现有全民所有制工业固定资产原值已达93亿元，按人均水平看居全国第14位；现有各类工业企业5400多个，在纺织、制糖、石油、石油化工、钢铁、煤炭、电力、建材等行业都拥有一批大、中型企业。农业拥有的机械动力已达到38.4亿瓦特（折合523万马力），机械化程度较高。

制约新疆经济发展的主要因素是，区内市场狭小、交通不便、运距长，自身资金积累能力差，人才不足，生态系统脆弱。

新疆全区现有人口1361万，区内市场较狭小，许多具有新疆特色和资源优势的产品的发展规模，很大程度上取决于区外市场的开拓范围。而新疆地处西隅，目前对外联系的主渠道只有一条兰新铁路，通过能力仅1000万吨左右，外运煤炭、原油两项占用了绝大部分的运力，输送能力已趋饱和。再者，运距长、运费高，影响产品在区外市场的竞争能力。以乌鲁木齐市为起始点，到其他省市、区的平均铁路运距约3700公里，到区内15个地、州、市的平均公路运距约740公里，到最边远的地区，运距长达2000多公里，按每吨公里公路运输运价为铁路的十倍匡算，新疆各地的产品运往其他省市、区，要支付相当于11000公里铁路运价的流通费用；从区外调进设备、原材料、消费品也需支付大体相同的费用。这表明新疆资源开发的资金需求量较本，为了和某项主体工程配套，投入相应基础设施的投资，有时甚至超过主体工程自身的投资。而目前新疆自身的积累能力还较低，按1985年统计，新疆国民收入额91.31亿元，国民收入使用额为124.51亿元（两者的差额即为中央对新疆的财政补贴和国家财政拨款在新疆的直接投资），国民收入中消费总额和积累总额分别为72.74亿元和51.77亿元，如不考虑其中的补贴、拨款等，区内每年自身的积累规模仅18.57亿元，自身的积累率仅20%。新疆经济的腾飞有赖于前述各种优势资源的开发，要使资源优势转化为现实的经济优势，需要巨额的资金，而在资源大规模开发前，资金的积累能力又极有限，如此构成因果相约的连环扣；在人才资源等方面也有类似情况。从现实出发，找准突破口，逐步解开连环扣，才能为新疆经济的腾飞铺平道路。为此，在发展战略上，着重注意以下几点：

一 提高用财效益、生财效率，增强聚财能力

经济不发达地区经济的起飞，需要依靠区外资金等生产要素的输入和区内资金的筹集，概括地说主要包括三个方面，一是国家预算内的各种补贴和直接投资；二是从其他省（市）和国外引进资金；三是通过储蓄，发行债券、股票等筹集社会零散资金。聚财规模的多寡取决于聚财的磁力强度，而后者又决定于用财的效益和生财的效率。

新疆地区银行多年来存款大于贷款，一般每年有近 20 亿元的存差上存中央银行，造成这种资金紧缺环境下资金外流的根本原因，正在于企业的经济效益低，资金利税率接近或低于银行利率，缺乏偿还贷款能力。所以，解决资金问题的根本出路在于提高用财效益和生财效率。在这两方面，新疆都有很大的潜力。根据 1950—1989 年 34 年的数据分析，新疆固定资产投资产出系数为 0. 35，比全国平均水平低 46. 6%；“六五”期间有所提高，按固定资产投资计算为 0. 366，按全部资金计算为 0. 218。改变投资效益低下的关键在于量力而行、合理确定建设规模，通过可行性研究和项目评估，实现决策科学化。再从现有企业的经营效益看，据 1985 年对全民所有制独立核算工业企业的统计，百元全部资金利税额为 15. 4 元，比全国平均水平低 36. 5%，全员劳动生产率为 11548 元/人年，比全国平均水平低 25%。定额流动资金周转天数为 160 天，比全国平均水平多 60 天，其他经济效益指标与全国平均水平也有较大差距，有的甚至低于新疆历史曾经达到过的水平。为了扭转经济效益低下的状况，基础工作在提高企业技术和经营管理的素质，而加强东西对话，采用多种形式从东部引进人才、技术和经营管理经验，又是最重要的措施。

二 根据区内外市场优化产业结构和产品结构

目前新疆工农业总产值中，农业占 41. 2%，以农产品为原料的加工工业占 23. 4%，能源工业占 17. 6%，三者合计占 82. 2%，构成新疆产业的主体。以工业论，产值比重最大的前四个部门是石油、纺织、食品、机械制造，分别

占全区工业总产值的22.2%、19.4%、16.3%和12.7%，四者合计占70.6%。

新疆石油工业目前年产原油500万吨，成品油200万吨（生产能力略高于此数），东运原油和成品油分别为195万吨和63万吨。原油开发规模进一步扩大，受到运输、水源等一系列条件的制约。据有关方面测算，新疆原油产量达到300万—1000万吨，还需综合投资187亿元；达到2000万吨，还需投资800亿元，近期内筹措如此巨额资金相当困难。扩大煤炭开采规模，不仅受到运输和资金的制约，在国内外市场的开拓方面，难度也很大，若东运内地销售，越过兰州以后，因运距过长，就难以与陕西、宁夏、山西等地方产煤炭相竞争。所以在近期，石油和煤炭工业都难以承担地区经济腾飞的主体作用。

新疆纺织工业拥有棉纺锭31.5万枚，棉织机8700多台，毛纱绽4.57万枚，毛织机710台，以及一定的丝织与印染能力。1985年产值达7.7亿元，区内有优质的棉花、羊毛、加上石油化学工业的发展，为化学纤维和混合织物的发展提供了很好的原料条件。从区内外纺织品市场条件看，对新疆纺织工业发展也是有利的。目前新疆商业部门纺织品购进额中40%来自区外，其中针织品和丝绸购自区外的比例分别达50%和94%，特别是服装行业，目前年产量只有500多万件，人均仅0.4件，区内市场潜力还非常大；从区外和国外市场看，新疆的纯棉、纯毛织品，已有一定的竞争能力。就整个纺织工业看，新疆纺织工业的不少技术经济指标已接近甚至超过全同平均水平，也具有一定的竞争能力。所以近期应把纺织工业作为一个重点部门，加强现有企业的技术改造，把质量和花色品种抓上去，在行业结构上，要加快服装、针织和丝绸等；在产品结构上，要更加重视装饰用布、工业用布的生产。

新疆的食品工业，具有得天独厚的原料条件，1985年产值已达到11.8亿元，经济效益较好。以甜菜制糖业为例，资金利税率水平显著超过国内北方各甜菜糖产区，在区外、国外市场都有一定竞争能力。今后宜重点培植制糖、罐头、葡萄酒、啤酒花加工、乳制品等几个行业，形成若干拳头产品。

目前轻工业在新疆工业结构中的比重占3.26%（不包括食品工业），区内群众需要的日用消费品70%，靠区外供应。今后在日用消费品特别是家用电器等耐用消费品方面，固然不可能也不应该追求区内自给，但是根据新疆地域辽阔，调入产品运费高昂和少数民族地区对消费品的特殊需求等特点，今后宜重点扶植皮革、皮毛及其制品、地毯、造纸、各种民族特需用品和以玉雕为主的工艺品等行业。这些产品不仅在区内有市场，也可以向区外、国外开拓市场。纺织、食品、轻工等行业的共同特点是资金占用量少、资金周转快，资金利税率高，区内有一定市场，单位产品运费与产品自身价值相比，运费比较低，占用运力小，同时特色明显，易于开拓区外、国外市场，而且能直接带动农牧业的发展，加快新疆农牧业生产向商品经济的转化，带动农村乡镇企业的发展。近期重点发展上述行业，有利于区内自身财力的增强，为今后大规模开发石油、石油化工、有色金属及其加工，使其成为新疆经济腾飞的支柱提供前提。

三　加强农牧业，加快迈向市场经济的步伐

新疆农牧业占工农业总产值的41.2%，加上以农牧产品为原料的加工工业，则占全区工农业总产值的64.6%，占全区出口换汇总额的92.5%，是新疆整个经济发展的基础。为了保证经济稳步、持续的发展，必须保证适当的投入，发展提高农业这个基础。

新疆农牧业的潜力很大，发掘这些潜力的关键，一是始终抓紧水利和保护生态环境这个“命脉”，统一规划，合理利用地面水、地下水和“固体水库”（冰川）。坚持开源与节流并重，引蓄、排灌结合，防止耕地次生盐渍化，改良盐碱地；广泛种草，增加植被（目前全区森林覆盖率仅1%），通过发展薪炭林，利用太阳能，风能、地热能，采用多种途径解决农村燃料问题，防止植被进一步破坏，减轻风沙为害。从长远看，应运用生态系统工程等现代科学技术，探索建立适合新疆自然条件特点的生态农业。二是调整农业内部结构，在确保粮食自给有余的前提下，把畜牧业放在更加突出的地位，发展以棉花、糖料，果品为主的经济作物，加快单一农（牧）业向农林牧、农工商综合经营的转化。新中国成立以来，新疆各类牲畜头数虽有大幅度增加，但牧业在大农业中的比重逐年下降（新中国成立初占24.3%，1985年为17%）。畜牧业的生产率和收益率还停留在较低水平，每头存栏牛的平均年产肉量仅15千克，相当于国外平均水平的40%；一头

奶牛的牛奶年产量才500千克，仅相当于国外的1/10；一只绵羊的年产毛量1.9千克，仅相当于先进国家的1/3左右。为了加快牧业发展，提高畜牧业的经济收益（目前新疆牧区人均年收入约270元，比农区低120元），需要生产和流通统一抓，加强草原基本建设，重视草畜平衡，发展饲料工业，扭转不顾饲草、饲料水平，盲目追求存栏头数，造成大批牲畜“冬瘦春死”，（目前每年因饲料不足死亡牲畜约200万头），在牧区发展畜产品初步加工和流通网络，实现产供销一条龙。在牧业和棉、糖（料）、果等的发展上，要逐步基地化，选择自然地理和人文地理条件适宜的地区，建立专业基地。如在伊犁建立细毛羊基地，在阿尔泰建立肉用羊基地，在库车建立羔皮羊基地，在和田建立半粗毛羊和绒山羊基地；甜菜除提高石河子、呼图壁现有基地外，进一步在伊犁、塔城、奇台、焉耆、阿克苏建立新基地。瓜果方面，如吐鲁番、和田的制干葡萄基地，乌鲁木齐、昌吉、石河子的鲜食酿酒葡萄基地，库尔勒的香梨基地，等等。

四　合理布局，据点成带式开发

新疆区内现有生产力布局是不平衡的，工业生产能力的3/4集中在北疆地区，占人口45%的南疆地区工业只占1/4。据此，有一种观点认为应“南下西进，东引西出”，加快南疆的建设（陈延琪：《开发新疆战略问题研究综述》，《新疆经济研究》1986年第5期）。一个地区（或国家）生产力布局的均衡程度和配置格局，不取决于主观愿望，而取决于经济发展的总水平和经济地理、人文地理特点。新疆既无靠海的“窗口”，又无通航的内河，加上三座大山（阿尔泰山、天山、昆仑山）、三大盆地（塔里木盆地、准噶尔盆地、吐鲁番盆地），南、北腹心分别为塔克拉玛干和吉尔通古特班两大沙漠所踞，现有人口聚落和“绿洲经济”，绝大部分以条带状分布在天山两侧和三大盆地边缘（面积只占全疆总面积30%），因此除受资源分布制约的采掘业以外，总的工业布局只能以铁路、公路干线为轴线，以沿线城市为据点逐步展开。目前北疆工业绝大部分集中在兰新铁路沿线的哈密—乌鲁木齐段和乌伊（宁）公路及由这两条干线展开的若干支线。兰新—乌伊产业带将成为全疆生产力布局进一步展开的基地。提高、充实这条产业带的实力，使沿线的乌鲁木齐、哈密、石河子、伊宁等城市发展成具有多功能的经济文化中心，是新疆战略布局的首要一环。进一步才是随着南疆铁路的延展（目前只修到库尔勒市），逐步形成与兰新—乌伊产业带相交的乌（鲁木齐）—喀（什）—和（田）产业带，形成大体呈“T”形的生产力配置的总格局；产业带上的每个“节点”。通过地方交通网络，成为周围绿洲经济的经济中心，使绿洲通过产业带串联成一个经济总体，就可以从布局上促进生产建设的经济效益的提高，加速新疆农村经济向商品经济转化的步伐，加快全疆统一市场的发育，加强新疆与全国统一市场和国际市场的联系。

五 抓好交通运输这个命脉

交通运输是国民经济的动脉，在新疆的具体条件下，同时也是经济发展的命脉。目前铁路通车里程仅为1347公里，路网密度每万平方公里为8.1公里，还不到全国铁路密度的1/6，而且主要集中在兰新线，南疆线的大河沿—库尔勤段和兰新线的延伸线——北疆线乌鲁木齐至乌苏段。公路通车里程22200多公里，公路密度每万平方公里135公里，为全国公路密度的1/70。输油管道518公里。现有民用航空机场11个，乌鲁木齐有至北京、兰州、西安、上海、广州等地的国内航线和至莫斯科、阿拉木图、卡拉奇、伊斯坦布尔等的国际航线。新疆的运输结构和其他省（区）明显不同的是公路承担了客货运量的绝大部分，公路客运量占各种运输方式客运总量的92%，公路货运量占货运总量的83%，从而增加了商品流通费用。短时间内这种状况还难以转变。

为了促进新疆经济的发展，在铁路建设方面主要是：（1）加快兰新线的技术改造，使通过能力在现有基础上，提高50%—70%，建设宝（鸡）—中（卫）线，为兰新和陇海线的卡脖子区段（乌鞘岭—天水）增加一条分流线，以畅通东西间的运输。（2）续建北疆铁路至阿拉山口，与苏联土西铁路相接，形成西部地区一条重要国际通道，为新疆增辟对西开放的“窗口”。（3）续建南疆铁路至喀什、和田，支持南疆的开发。为降低造价，可采取分期投资办法，在近期运量较小时，固本简末，适当降低技术标准，随着今后运量的增长，再逐步提高。（4）适应北疆油田的进一步开发和开发伊宁的需要，修建乌苏—克拉玛依和五台—伊宁铁路支线。

公路方面，针对目前两万多公里公路中 2/3 是等外公路和无路面公路的情况，重点宜放在改造提高现有公路，接通断头路，采用大吨位车辆和柴油车、专用车，以降低运输成本。

管道运输方面，在新疆原油开发量进一步增加的情况下，需要修建通往兰州的原油输送管道，才能腾出兰新线的运力，保证其他物资的运输。

（原载《开发研究》1988 年第 1 期）

乌(鲁木齐)昌(吉)经济区的构建和新疆经济的跨越发展

新疆自治区党委2004年12月会议决定，实施《乌昌经济一体化》战略。所谓“乌昌经济一体化”，是指乌鲁木齐和昌吉回族自治州在经济活动中，在不涉及各自行政区划的前提下，共同构建广泛的、统一的经济协作区——乌（鲁木齐）昌（吉）经济区，通过协作，促进两地区共同发展。实施乌昌经济一体化战略，努力实现乌昌两地优势互补、资源共享，不断增强乌昌实力，强力带动天山北坡经济带乃至全疆经济的快速发展，是自治区整体发展战略的需要。同时，实施乌昌经济一体化战略，使乌（鲁木齐）昌（吉）经济区成为具有全国意义的、西部地区的二级经济中心和西部开发重要的战略支撑点，也是国家西部大开发战略的需要。本文正是利用区域经济学的点—轴理论来研究乌（鲁木齐）昌（吉）经济区的构建和经济的跨越式发展。

一 区域空间开发的阶段与模式

（一）（增长）极点开发

在广袤的以农牧业为主的区域，近现代工业和经济的发展，最初通常是从若干个点上突破的。以上世纪50年代的新疆来说，最初发展的几个点是乌鲁木齐、石河子和克拉玛依，它们分别因为是自治区的政治中心、农垦基地和石油产地（当时大庆油田、胜利油田尚未被发现）而率先得到开发，成为以后带动新疆全区发展的增长极。

（二）轴线延伸、拓展

若干点的率先发展、相互间的投入产出关联，势必要求以一定的交通线路相互串联。而交通线路的建成，特别是与国内外已有交通线的联网，扩大了市场范围，既推动原有增长极点的规模扩大、功能提升，又会依托交通网络催生一批新的经济增长极，在“以线串点、以点带面”中形成产业带和城镇带。

（三）网络开发

当交通干线和相应的产业带、城镇带由原来的一两条，发展成纵横交错的多条时，区域经济就进入了网络开发阶段，带来城乡经济的普遍繁荣。在从极点开发到轴线延伸拓展、网络开发推进的过程中，初始的增长极亦会相应发展。在人口、经济总量扩张的同时，还伴有产业结构、空间布局的显著变化，有的还伴随行政区域的调整、城市面积的扩大和城市形态由单极扩张向组团式方向发展。

二　西部开发和新疆发展的空间架构

（一）西部大开发的空间架构

《“十五”西部开发总体规划》明确指出：实行重点开发，选择现有经济基础条件较好，区位优势明显，人口较为密集，沿交通干线和城市枢纽的一些地区，作为西部开发的重点区域。具体地说，西部大开发的空间架构：以新欧亚大陆桥为依托的西陇海兰新线经济带、以长江黄金水道为依托的长江上游经济带、以西南出海通道为依托的南（宁）贵（阳）昆（明）经济区。

（二）新疆发展的空间架构

西部开发规划中的西陇海兰新线经济带，在新疆境内即北疆铁路和312国道沿线，特别是乌鲁木齐至乌苏和克拉玛依的天山北坡经济带。实际从

20 世纪 80 年代第七个五年计划开始，新疆历次的五年计划中，都按照“依托天北、促北扶南、有序展开”的原则，把天山北坡经济带作为率先发展和辐射、带动全疆经济发展的重心区。

随着 20 世纪 90 年代末南疆铁路和 314 国道等的建成、塔里木油气田的开发，以及吐哈油田带动下东疆经济的发展，现已形成倒“Y”形的产业布局框架；今后随着精河—伊宁—霍尔果斯铁路、奎屯—克拉玛依—北屯铁路和其他交通干线的陆续建成，新疆的产业还将沿着新的点—轴有序地在更大的空间拓展。

三　城市群(城市圈、城市带)和城市经济区

（一）城市群、城市圈和城市带

早在上世纪 30 年代前后，有的欧美学者针对多个城市密集于某经济发达地区的状况，就曾提出过“城市集聚区”、“城市群”、“组合城市”等概念。50 年代末 60 年代初法国地理学家 J. 戈特曼发表了《大都市带：城市化的美国东北海岸》，被称为这个领域的里程碑式的著作。

我国学术界对城市群问题的研究尽管于上世纪 80 年代中期就已开始，但成为社会经济生活和媒体的热门话题，也就在近三五年。而且被冠以某某城市群或都市圈的，按其城市化率、城镇密集度等衡量，与欧美学者所设定的量化指标亦有不小的差距。之所以如此，和下述背景有关。

（1）“十五”时期，我国城市化步伐明显加快。这和各方面对我国城市化长时期滞后于工业化造成的诸多负面后果有广泛共识有关。

（2）随着社会主义市场经济的发展，市场机制作用的正常发挥，不时遇到种种“行政性障碍”，不仅各类市场主体深有感触，地方政府亦有同感。

（3）经济全球化使地域分工深入到产业、行业、产品内部，按价值链的不同环节展开，城市群（城市圈）被认为是构成参与国际竞争与合作的基本单元。我国已进入 WTO 的后过渡期，国内市场竞争国际化。无论从抢抓全球化带来的机遇，融入国际大市场，还是应对全球化的挑战，中小城市都更需要依托大城市、特大城市；大城市、特大城市在完善、提升城市

功能的同时有的亦需要相应扩容和功能扩散，“城市联盟”就成为广泛的普遍需求。其中明显含有体制、机制创新的因素，即以地方政府间的协议分工与合作，弥补市场机制的不完善或市场失灵。

（二）城市经济区

如果说城市群、城市圈、城市带是对城市地理景观客体的描述，基于其上的城市联盟则是运行主体间的合作行为，我们不妨以城市经济区为标识，来与前者相区别。如以上海为中心，南北两厢15个城市构成的长三角城市圈，而其合作组织是“长江三角洲城市经济协调会”。目前国内更多的是省（自治区）内的各种城市联盟，如广东省以广州、深圳为中心包括周边7个城市的珠三角经济区；湖北省以武汉为中心包括周边8个城市的经济区；辽宁省以沈阳为中心，包括周边6个城市的沈阳经济区，等等。新疆先后亦建有以乌鲁木齐市为中心的五地州（市）经济协作组织和七城市经济圈。这些城市联盟组织，通过统一规划、加强协调，在推进基础设施建设、城乡布局、市场体系、产业发展和环境保护与生态建设等方面的一体化都发挥了积极作用。但在协作中一旦利益协调受阻，亦易陷入议而不决或决而难行的困境。为了解决这方面的问题，正在多方面进行探索：一种思路是，上级政府的相关职能部门参与经济区的区域规划编制，以发挥规划的指导、协调和约束作用，如国家发展和改革委员会的相关职能部门已参入组织长江三角洲地区和京津冀都市圈区域规划的编制工作；另一类探索当属乌昌经济一体化，在组织架构上，其不仅仅依靠市、州长联席会，而且有统一的党委；不仅仅统一编制规划，还将逐步实行财政统一。这种紧密型的合作，将加快市、州经济一体化的步伐，实现优势要素的整合，发挥整体的累积效应，避免过度竞争与产业同构，显著提高区域综合竞争力，使处于全疆龙头地位的乌昌地区综合实力尽快增强，更有效地带动全疆经济发展。乌鲁木齐作为200万人口的特大城市，仅辖有8万人的一个郊县，而昌吉市现有人口不足40万，要带动总人口150万左右的广袤的农牧区，恰似“小马拉大车”。通过乌昌经济一体化，长短互补融合发展，有利于新疆核心增长极的更快壮大，有利于更好地统筹城乡协调发展，发挥城市带动农村、工业反哺农业的作用。

四 围绕四大功能，提升优化经济结构

（一）枢纽功能、创新功能、孵化功能、领航功能

乌鲁木齐作为自治区的首府，是新疆目前唯一的特大城市，地处新亚欧大陆桥中国段西桥头堡的区位，决定了乌鲁木齐市和乌昌地区居于引领全疆经济发展的龙头地位，这就要求其进一步完善枢纽、创新、孵化和领航四大功能。

（1）枢纽功能：使乌鲁木齐和乌昌地区成为新疆与内地，中国与中亚、西亚等周边国家，西来东去，东来西往的物流、客流、信息流、资金流便捷、畅通的枢纽，为建成现代国际商贸城奠定基础。

（2）创新功能：乌鲁木齐集中了新疆主要的高校、科研院所和各类人才，理应成为消化、吸收引进技术进行二次创新的基地；同时针对新疆资源开发和经济发展提出的课题，培育原创性科研开发的实力，成为全疆区域创新体系的核心，实现通过科学技术第一生产力引领全疆经济的发展。

（3）孵化功能：社会主义市场经济本质上是民本经济，需依靠劳动、知识、技术、管理和资本的活力竞相迸发、“一切创造社会财富的源泉充分涌现”。完善创业环境，从健全对中小企业的金融支持、技术支持和法律保障体系，到完善科技项目的风险投资机制，调动社会各方面创业、兴业的积极性。使乌鲁木齐和乌昌地区既成为全疆各类专门人才的培训、输送基地；更成为全疆孵化创业者、企业家的摇篮。

（4）领航功能：作为自治区首府的乌鲁木齐，除了区党委、政府把握指明全局战略发展方向外，还要通过发育完备的商品与要素市场及市场信息，为全疆市场主体导航；同时应重视总部经济的发展，使领航功能更加落实。一些起步于地、州、县的企业，随着规模做大，为了便于进入国内外大市场，拟将总部迁入乌鲁木齐，应积极欢迎；内地大公司为了在新疆各地、州拓展业务，将地区总部设在乌市，亦应同样欢迎。

（二）提升三产、做强二产、转化一产

乌鲁木齐第三产业增加值占地区生产总值的比重为61.6%（2004年），

已形成三、二、一的结构格局；今后三产比重还会继续有所提高，而需要更加着力的是优化三产内部结构，抓紧现代物流、金融、旅游等现代服务业的发展。新疆面积广袤，远离国家经济重心区，物流费用占商品价值的份额高，积极推进专业化、社会化的第三方物流的发展，提高物流效率，挖掘“第三利润源泉”，对提高新疆产品的市场竞争力至关重要。

“创旅游名城”是乌鲁木齐市的又一目标，为此，要和文化产业的发展紧密结合。因为城市的魅力最终取决于文化；从实质上看，旅游是对异质风光和异质文化的体验，而后者能更长时间的吸引游客的眼球，延长游客的逗留时间。旅游城市和城市旅游不尽相同，后者主要依靠专门的旅游景点，而前者是以具有浓郁地方特色、浸润深厚民族文化底蕴的整个城市风貌来吸引游客，二道桥民俗一条街、新疆国际大巴扎已发挥了这样的效应，如果今后有更多的建筑、更多的社区、更多街道、体现同样的文化理念，乌鲁木齐就可以既是旅游集散地，又是旅游目的地。

近年在消费结构升级、城市化快速推进和城乡大规模基础设施建设等多重因素作用下，我国工业快速增长，具有明显的重化工化特征。而乌鲁木齐市工业总产值中，重工业份额超过 80%，石化、冶金等行业又占大头。研究表明：一个地区的主导产业如果和某一时段国家高增长行业的吻合度高，该地区的“比例转移”就为正值，有更大的增长空间；从长远看，成功应对能源紧缺是保持国家经济持续快速增长的关键之一；而新疆从石油、天然气到煤炭以至风能等多种能源都非常丰富，又邻近石油资源丰富的中亚、西亚，对保证国家能源安全有特殊重要的价值，和新疆在地缘政治中的重要区位将使新疆今后的发展，特别是重化工工业的发展具有更有利的战略机遇。重化工工业资源、能源消耗高、污染较大，所以这些行业的规模扩张都应寓于技术升级和结构调整之中，采用新技术、发展市场急需的短缺品种，淘汰落后工艺和产品，降低物耗和污染排放，实行园区集聚配置、发展循环经济，形成特色鲜明的产业集群，提供市场急需的短缺品种。在重视资源型产业发展的同时，亦要注意培育先进制造业，这事关地区经济发展的长远后劲；事实上，新疆特变电工股份有限公司等企业，已在这方面趟出了一条成功之路。根据制造业服务化的发展趋势，有条件的企业都有必要从加工制作向研发和品牌营销两端延伸，以应对制造业通常面临的围绕价值链重构的“大洗牌”。

转化一产，有两层含义：一是推进传统农牧业向市场化、现代化农牧业转变；这包括发展农产品加工企业、延伸产业链，支持农村经纪人队伍的发展，培育农民新型合作组织，推动城市连锁超市下乡等举措，构建农产品和农村流通体系；逐步完善农业技术推广、农产品质量标准认证、检测等现代农业技术支撑体系。二是城市发展城郊型农业，除发挥其提供蔬菜副食的作用，还要重视发挥它的生态功能和旅游功能，为城郊农民增收开辟新路。

参考文献

[1] 胡序威等:《中国沿海城镇密集地区空间集聚与扩散研究》，科学出版社 2000 年版。

[2] 陈栋生：《西部大开发与可持续发展》，经济管理出版社 2001 年版。

[3] 焦广辉:《新疆区域经济与投资环境研究》，新疆人民出版社 2005 年版。

(2005 年 8 月 22 日在乌鲁木齐市“乌昌区域经济一体化论坛”上的报告要点，原载《新疆财经》2005 年第 5 期)

环北部湾区域合作与中国区域经济新格局

今年是中国第十一个五年规划的开局之年，区域协调发展在国家发展规划纲要中受到高度重视。《纲要》既明确了区域协调发展的科学内涵与衡量标准，更提出了区域发展总体战略与健全区域协调互动机制的方向；概括地说，可以“三个四”来表达：

第一个四：明确四大广域政策覆盖区，实施坚持推进西部大开发、振兴东北地区等老工业基地，促进中部地区崛起，鼓励东部地区率先发展，东中西良性互动的区域发展总体战略；

第二个四：从人与自然和谐相处、实现可持续发展出发，根据资源环境承载力、现有开发密度与发展潜力，将国土划分为优化开发、重点开发、限制开发和禁止开发四类不同主体功能的地区；

第三个四：通过健全市场机制、合作机制、互助机制与扶持机制，构建区际良性互动的系统机制。

突破行政区划和行政区域的囿限，以致跨境发展区域经济合作，无论从国内、国际两个层面看，都已成为当今时代的潮流。

改革开放以来，沿海地区一直处于率先发展的地位，珠江三角洲、长江三角洲和京津冀鲁三地区更发挥了拉动整个国家经济快速增长“三驾马车”的作用；而区域经济合作，在这三个地区的崛起中都发挥了重要的积极作用。现在，当“十一五”规划起步之时，高兴地看到我国沿海北、南两端的辽东湾和北部湾不约而同地扬起了合作开发、加快发展的旗帜；经过“十一五”和再长一些时间的努力，我国沿海产业带将真正形成，不仅“三驾马车”更加强劲有力，环北部湾（中国段）、辽东湾和海峡西岸经济区将成长为新增长极，在使东部地区实现“两个率先”的同时，更有力地带动广大中西部地区的发展。

打开地图、聚焦南中国，广西自治区的区位优势凸显。朝南看，它地处中国与东盟的结合部，处于我国开发南海，发展对东南亚、南亚经贸合作的前沿；朝北看，它处于东、中、西三大经济地带的结合部，是大西南以及湘、鄂、豫等中原腹地走出国门最近捷的大通道。而上述区位优势的集聚地，正是以南（宁）北（海）钦（州）防（城港）等沿海城市为主体的北部湾广西经济区，经过多年建设，北部湾广西经济区的第二、第三产业和农业已达到相当水平，港口的总吞吐能力已超过三千万吨，其他如公路、铁路、供电、供水等基础设施亦日趋完善，既具备了大规模开发的条件，又拥有丰富的土地资源、岸线资源和海洋资源，发展空间与潜力巨大，广袤经济腹地和东南亚、南亚的市场潜力，正等待发掘。以北部湾广西经济区为依托，推进环北部湾各方的合作，将不仅为中国沿海地区的发展打造出新的增长极，同时亦将为中国—东盟自由贸易区打造出新的增长极。

为此宏图的实现，我愿贡献几点浅见。

一 循序渐进、互利共赢

环北部湾经济合作具区内省际国际合作重叠的特点，有序推进、易获实效，首先是南北钦防四市合作要初见成效，再扩大到粤西、海南，进而扩大到越南等有关国家；从合作领域看，同样是一个逐步扩展的过程，既然是环湾合作，首先要从港口资源的整合突破，再扩展到其他基础设施的共建共享，以及产业的分工协作。总之，要在相互了解各自关切的基础上，找准共同关注的切入点，寻求合作的突破口；以合作的实效，提高合作的吸引力，增强合作的凝聚力逐步拓展合作领域，充实合作内容。

二 软硬虚实并举

区域经济合作的载体通常是项目，而“硬实的”合作项目之所以能达成，往往又源于共同或相近的合作理念，完善的合作机制和协商规则；只有不断地提升对区域合作的认识，扩大共识、完善机制，区域合作才能与时俱进、常青不衰。

三　近联远交、坚持开放性的区域合作

环北部湾两国四方，资源丰富、发展潜力巨大，而使潜力转化为“显力”所需的资金、技术、人才等，无论各方几乎都是需求远大于供给；故此在重视“近联”的同时，同样要重视“远交”，使近联远交有机结合，提高合作成效；而现有诸多合作机制，为此提供了有利条件。从国际视野看，环北部湾区域合作，属于中国—东盟自由贸易区框架下的中越次区域经济合作；从国内看，环北部湾中国段桂、粤、琼三省区若干市（地）的合作，亦可视为泛珠三角9+2合作框架下的次区域合作；充分利用上一层次合作框架已达成的共识、协议，在本地区进一步深化和具体落实，有利于提高合作效率，避免架屋叠床。

四　坚持政府搭桥铺路，市场主体唱戏，各类市场中介组织、社会组织广泛参与；使企业战略联盟成为区域合作的坚实基石

现在，区域合作大旗既已在南国古丝绸之路始发港飘扬，环北部湾区域合作大业破浪前进，定可计日程功！

［在“环北部湾经济合作论坛”（2006年7月26日南宁）上的演讲稿］

虎跃龙腾八桂兴

——论建设西江亿吨“黄金水道”

地区经济的发展，通常起步于增长极的集聚与培育，生产要素突破空间均衡向增长极集聚，不仅通过规模效应等大幅度提高资源与要素的利用效率，同时逐步形成经济中心的辐射、带动功能；若干增长极核的次第崛起，将逐渐形成增长带（产业带、城镇带），标志着由“点”状发展向点—轴式“带”状发展过渡。西部大开发战略启动时，国家在“十五”计划中就明确提出要“依托亚欧大陆桥、长江水道、西南出海通道等交通干线及中心城市，以线串点、以点带面”①；“十一五”规划开局之年，广西自治区决策层，根据重点突破的战略理念，明确加快北部湾（广西）经济区的发展，特别是2008年初，国家批准实施《广西北部湾经济区发展规划》，标志着其上升至国家战略层级，带动了广西全局的发展；2006—2008年广西地区生产总值同比增幅连续3年超过两位数（13.6%、14.9%和12.8%）②。在继续坚定不移落实北部湾经济区发展规划的同时，亦要看到该经济区发展的直接辐射面主要集中在南宁、北海、钦州、防城港和崇左、玉林五六万平方公里的区域；对广大桂东、桂西和桂北广袤地区的辐射带动作用往往随运距延长而递减。作为珠江上游的西江由西而东横贯广西，且南北两侧支流众多，其在广西境内的集雨汇水面积，占自治区国土面积的86%；秦汉以来，就为广西世代民众提供了舟楫之便；新中国成立以来，通过航道整治、修建船闸等，西江水系（广西段）港口生产性泊位已达600

① 《中华人民共和国国民经济和社会发展第十个五年规划纲要》，人民出版社2001年版。

② 《中国统计摘要》（2008）、《2008年广西国民经济和社会发展统计公报》。

多个，年吞吐能力3700多万吨；2007年按6个主要港口[①]统计，共完成货物吞吐量3566万吨，较新中国成立初期增长了80倍，但仍具有巨大潜力。自治区党委、政府立足广西发展的全局，根据西江航运的潜力和西江流域经济社会发展的迫切需求，提出打造西江亿吨黄金水道，不仅对推动广西全区经济社会全面协调可持续发展具有战略意义，同时亦将惠及粤、滇、黔相邻各省。

一 "T"字形开发轴将带动自治区全面协调发展。有力推进"两个差距"的缩小，保证广西建设全面小康社会目标圆满实现

如果将南北钦防，视为南北纵轴，西江、浔江、郁江等航运干线视为东西向横轴，两者交汇于自治区首府南宁市，构成"T"字形主开发轴，并经由黔江、红水河、柳江、蒙江、桂江、贺江等通道辐射桂西、桂北和桂东，几乎可以覆盖全区14个地级市和大部分县、县级市，通过全面协调发展，使至今仍然存在的"两个差距"，逐步缩小收敛。一是广西经济社会发展水平、城乡居民收入等方面与全国平均值和发达地区的差距。按2007年统计数据，人均地区生产总值、城镇居民家庭人均可支配收入、农村居民家庭人均纯收入，广西比全国平均值分别低34.5%、27.5%和12.1%[②]。二是广西自治区内部城乡之间、各县域单位（县、县级市、市辖区）之间发展水平与收入的差距。2007年广西县域人均地区生产总值8819元，只相当于全区人均地区生产总值的71.1%，全区88个县域单位人均地区生产总值低于全区平均值的有68个[③]。县域经济相对发达的区域主要集中在玉林和南北钦防，而桂西、桂北的山区县，无论按人均财政收入、农民人均纯收

① 6个主要港口为：贵港港、梧州港和南宁港，已列入全国主要内河港口；柳州港、来宾港和崇左港，已列入区域性重要港口。

② 根据《中国统计摘要》（2008）数据计算。

③ 引自广西县域经济发展工作领导小组办公室：《增强县域活力发展渐入佳境》（参见《全国县域经济科学发展理论研讨会交流材料》2008年7月6日）。

入衡量，有的还不到较发达地区的一半。通过建设可通航千吨级船舶以上的西江航道，形成“一干线三通道”① 的主骨架，以及桂江、蒙江、贺江等支流航道，可带动流域经济的普遍开发。如果说，北部湾经济区的开放开发，对广西是“虎跃”；西江亿吨航道的打造和西江流域经济的发展，可谓“龙腾”与两翼齐飞；虎跃龙腾将使广西揭开全面协调可持续发展的新篇章，使惠及八桂大地五千万民众的全面小康社会目标的实现更有保证。

二　“T”字形开发轴，形成江海联动，使北部湾对外开放前沿的构建和内陆腹地纵深的拓展紧相呼应、良性互动

使广西地处华南、西南、东盟三大经济圈结合部的区位优势得到充分发挥，使广西在西部大开发中能更好地承担、发挥战略高地的重任。西江内河航运扩能至亿吨规模，将和现有或在建的黎湛、洛湛、南昆、湘桂、黔桂、南广、贵广等铁路，高速公路、民航和海运一起，构建起干支畅通、江海直达、水陆空联运的立体综合运输网络体系，通过互补、叠加效应，将西南出海大通道提升到全新的水平，更好地服务“三南”（西南、华南、中南）、沟通东中西，面向东南亚；为泛珠江三角（9+2）、泛北部湾等国内外区域合作框架运作，提供更坚实、更强大的通道支撑。

三　西江亿吨黄金水道，是推进桂粤两省区更紧密合作的大纽带，是产业东靠西移的大走廊

要素突破行政区划囿限，跨地区流动和产业转移，是促进区域协调发

① “一干线”指贵港、桂平以下，可通航2000吨级的航道。“三通道”即北通道：通过柳江、黔江达柳州；中通道：通过红水河抵来宾；南通道：通过左江、右江可分别抵达崇左、百色，均可通航千吨级船舶。

展的重要途径；既是经济发达地区“腾笼换鸟”、产业升级的必然，亦是相对欠发达地区资源开发、经济发展的迫切需要，是桂粤两省区经济技术合作互利双赢的共同选择；在应对国际金融危机蔓延冲击之时，充分发挥内河航运成本低廉、运量大，有利于大运量型企业沿河布点的优势，以广西资源、能源双丰、劳动力供给充裕、人工成本相对低廉、产业配套条件正日趋完善，特别是能便捷进入国内外两大市场的地缘优势，共克时艰。扩能后的西江主、支航道，将成为珠三角地区劳动密集型、资源密集型企业空间转移的最佳区位选择。2008 年 11 月桂粤两省区已签订了《共同加快建设西江黄金水道协议》，在此基础上，进一步研究、签署利用西江黄金水道、推进产业转移的两省区协议，是顺应民心、扩大区域合作成果的明智之举。

西江航道扩能至亿吨，是西江流域（广西段）经济开发的切入点与突破口，与航道疏浚整治、船闸与泊位修建等水运规划的同时，有必要进一步编制沿江产业发展与布局规划，沿江产业园区（包括承接转移企业的园区）建设规划，编制现代物流体系规划，尽可能做到不同运输方式的“无缝衔接”，降低流通费用；编制沿江城镇体系和新农村发展规划，做到以港兴市、以市促港、港市联动；科学、集约地利用沿江岸线资源，兼顾港口泊位、临港工业布局、城镇建设、休闲旅游和生态景观维护等多方面的用地需求，使西江航道成为沿江城市的靓丽风景线和标志性景观。当前，国家和省、区层面“十二五”发展规划前期研究已经启动，将已有的《广西北部湾经济区发展规划》与西江流域（广西）经济区发展规划，有机整合，统一纳入国家战略，对广西、对西部大开发的深入推进，都具有深远的战略意义；建议吁请全国政协组织专题调研和座谈协商，使结合广西民族地区区情，学习实践科学发展观形成的上述构思设想，在“十二五”规划期实现。

（原载《当代广西》2009 年第 9 期）

沿边战略和呼伦贝尔的崛起

20世纪80年代，我国实施沿海发展战略，使沿海地区特别是广东、福建两省的经济持续10余年实现了两位数的高速增长，成功地抓住了世界特别是亚太地区产业结构调整的机遇，推进了我国产业结构的升级递进，增强了国家综合实力和国际竞争力。与此同时，沿海地区与内陆边疆地区发展的差距明显扩大。区域间如何协调发展，成为社会各方面关注的热点问题。党中央根据国际环境的新变化和90年代我国经济发展的总目标，及时推出沿边发展战略，在空间布局上，采取“四沿”（沿海、沿江、沿路、沿边）发展，有机结合，四面开窗（口），八面来风，使我国宏观布局战略和区域经济政策体系更臻完善。

沿边发展战略的提出，与近年来国际形势的变化特别是苏联的剧变紧密相连，也是充分利用这一变化提供的难得机遇的迫切需要。从地缘政治看，它是我国与周边国家按照和平共处五项原则，发展睦邻友好关系的需要，与我国对周边国家的外交政策内外配合，相辅相成。从对外经济关系看，它是克服80年代我国外经外贸过分向少数国家和地区倾斜，易受制于人，实现外贸市场多元化、外经伙伴多边化的需要。因此，沿边发展战略使我国在复杂多变的国际风云中，能冲破阴霾，顶住压力，纵横捭阖，游刃有余。

沿边发展战略，为绵延21000多公里的广大内陆边疆地区开辟了经济振兴之路，为实现区域间的协调发展、进一步增强民族团结与强边固防奠定了坚实的经济基础。

呼伦贝尔盟位于我国最北端，面积25.3万平方公里，超过英国的国土面积，相当于山东、江苏两省面积之和；与俄罗斯、蒙古国相邻，边境线长达1685.5公里，拥有丰富的土地资源、生物资源、水资源和多种矿产资源。改革开放之前，作为战备前沿，国家投入少，自身积累能力低，经济增长缓慢，长期停留在半原始的农牧业经济水平上。1988年年初，国务院批准呼盟为改革开放试验区，实质上即超前试行沿边发展战略。四年多来，呼盟经济取得突破进展。1991 年，工农业总产值 48.6 亿元，比 1987 年增长 41%；粮食总产量 12.5 亿公斤，增长 54%；边境贸易易货额增长 30 多倍，人均占有粮食达到 500 公斤，人均国民生产总值 1725 元，均超过全国平均水平。呼盟的实践，为实施沿边发展战略、通贸兴边积累了丰富经验。

一 外经外贸启动

尽管呼盟与苏、蒙相邻，但在 1988 年以前，地方外贸部门仅能履行代理国家外贸公司的收购职能。1988 年后，利用国家赋予的边贸权，独立自主开展对外贸易，及时抓住与苏联大贸大幅度下滑，对方市场商品匮乏，利用国内长线压库产品的丰富货源，以有利的比价换回了国内市场急需的化肥、钢材和废钢铁等。四年来，呼盟边境易货贸易实际过货额达 4.5 亿瑞士法郎，除征收关税 4000 万元外，地方实现利税 1 亿元，成为地方财政收入的重要来源。1991 年上半年，呼盟边境易货贸易签约额达 11.7 亿瑞士法郎，实际过货 1.2 亿瑞士法郎，分别比去年同期增加 326% 和 76%，为保持与发展我国在苏联和蒙古国的传统市场作出了重要贡献。

为了抓住机遇进入苏联和蒙古国市场，呼盟采取了下述方针和做法。第一，边境有边，边贸无边。针对近年苏联的剧变，他们从实际出发，不囿于边境的固有概念，在积极发展与之紧邻的俄罗斯赤塔州和蒙古国东方省经贸的同时，放开手脚进入俄罗斯核心地区和苏联各共和国，以至东欧各国。目前，他们已拥有广布于上述国家和地区的稳定贸易伙伴 400 多家。第二，广泛推行委托代理制，国家批准呼盟拥有边贸权和对外经济技术合作权的公司仅 4 家。显然，单靠这 4 家公司打开外经外贸的局面是困难的。为了吸引商业、供销、粮食和工业及各类开发公司一齐投入外经外贸领域，他们从一开始就采取“一顶帽子大家戴”的办法，不仅给盟内工商企业以边贸代理权，也欢迎盟外企业代理边贸业务。截至今年上半年，在呼盟注册的边贸代理企业已达 676 户，初步形成了进入苏联和蒙古国市场的浩荡劲旅。第三，旅贸结合。近年来，呼盟组织的中俄旅游迅速兴起，满洲里—赤塔等近十条旅游线先后开通，接待国外旅游者 2.4 万人次。今年头 5 个月跨国旅游急剧增加，进出境旅客达 1.7 万人次，不仅创收 1054 万元，而且直接带动了互市贸易，还为中俄双方相互寻找贸易伙伴、培植商业信誉，发挥了开路、铺垫作用。为了绕开俄方现汇支付的困难，一种以商品支付旅游费用的“付货旅游”也应运而生，客源已扩展到波罗的海三国。第四，外贸与对外经济技术合作双轮驱动。为了避免外贸“雨来散”的风险，持久地占据俄罗斯和蒙古国市场，利用其优势资源，与我优势互补，需在边境贸易基础上，及时推进双边、多边的全面经济技术合作，从中俄合资各在对方建厂、中方派出技术人员，劳务人员承包建筑工程、承包蔬菜种植，租赁商场、开办中国商品专柜，开办旅馆、饭馆，从事房地产经营直至形成“唐人街”。同时，以租赁或合资方式引进俄方的大型施工机具、大型农业机械参加呼盟的土地开发、农业开发。利用俄方丰富的废钢铁与廉价的电力，就地炼钢轧材再返销国内，建设输油管道购入俄方廉价原油发展呼盟的石油炼制与石化工业等统筹国内外市场的大型项目，也在积极洽谈中。

二　北开南联，东进西出，南北联手，协力推进

从 1988 年开始进行边贸起，呼盟决策层就明确提出：要把发挥自身陆地边境和满洲里等口岸优势寓于为全国服务之中，以“南联”兄弟省市推动“北开”，举全国之力敲开苏联各国和蒙古国市场的大门，以“北开”增强“南联”的吸引力。目前，呼盟已与 26 个省、市、自治区建立了多层次、多形式的贸易与经济技术合作关系，签订合作项目 368 项，引入资金 2.1 亿元，引进设备 316 台（套），引进技术 152 项，引进人才 676 人，易货贸易货源的 2/3 来自兄弟省市。

三　流通先行，市场导向，产业联动

根据现代市场经济的要求，呼盟扭转“重生产、轻流通”的传统观念，坚持流通先行，开拓市场，以市场拉动生产，为生产导航。为了克服原流通体制下内外贸易隔绝，商业、粮食、供销、物资人为分割的弊端，他们以流通体制改革为整个经济体制改革的突破口。在宏观层面上，建立流通

委员会，对内外贸和商业、粮食、供销、物资实行统一管理、调控。在微观层面上，按“自主经营、自负盈亏、一业为主、多种经营”的原则，重塑流通产业的微观基础。并通过发展企业集团，打破工、农、科、贸的相互隔绝，形成能按国际惯例驰骋于国内外市场的科工贸、农工贸一体的企业集团。现在，已经组成和正在组建中的有服装、乳品、农垦和绿色食品等 19 家企业集团。

呼盟土地广袤，为农牧业和林业发展提供了优越条件。过去，受生产技术水平限制，粗放经营，劳动生产率和商品率低下。同时，在过去单一面向国内市场的内循环时期，由于地处国内市场的边隅和国内运输网的末梢，农畜产品和林产品加工工业这一主体工业的优势得不到发挥，工农业产品在市场竞争中多处于不利地位。对外开放及两个市场和两种资源的可资利用，使呼伦贝尔的区位评价由劣转优。为适应这一变化，呼盟工农业生产正按国内外市场导向，抓紧产业结构、产品结构、作物结构、品种结构的调整。在当前狠抓适应性调整的同时，战略性调整也正在谋划与开始实施。

四　远近结合，优化投资环境

利用当前有利时机，呼盟在充分调动人力、物力、财力全面推进各项经济文化建设的同时，着重抓完善投资环境。横贯呼盟的滨洲铁路东联国内铁路网，西与独联体西伯利亚大铁路相接，现有通过能力 1500 万吨，复线建设和站区改造工程完成后，通过能力将可倍增。从滨洲线的海拉尔、牙克石出发，南北双向延伸的铁路支线有 6 条。东起绥芬河南迄满洲里的 301 国道即将竣工，南起北京经呼盟扎兰屯市，北抵鄂伦春旗的 111 国道也即将开工。海拉尔机场扩建后已开通至北京、呼和浩特的航班，待二期扩建后，可升降大型客机，将恢复国际航空港，开通至赤塔等城市的国际航班。海拉尔的万门程控电话年内即可开通 8 个旗和局的长途电话，并可进入直拨网。汇流河电站 2×5 万千瓦的扩建工程年内完工并网，依托伊敏丰富褐煤资源的矿区电站一期工程（2×50 万千瓦）正抓紧施工，投产后可保证充足的电力供应。满洲里是我国最大的铁路口岸，货物换装能力 500

万吨/年，经过改造后将提高到700万吨/年，连同黑山头、阿日哈沙特、室韦、额布都格和胡列也吐5个口岸，过货能力达1000万吨。国家近期内将增批二卡等3个口岸，届时将形成“九口通商”的格局。

今年，国务院批准满洲里为进一步对外开放城市后，盟、市两级享有相当于省级经济管理权限，投资者享有减免进出口关税、所得税、免征投资方向税等优惠政策。位于中俄边境占地20.9万平方米的互市贸易区，今年8月已竣工启用。占地6.4平方公里的满洲里市边境经济合作区，也已破土。国内外商贾纷至沓来，已签订总额50亿元的意向性投资，到位资金逾5亿元。目前，沿边境5旗市建设1600多公里的沿边开放带，沿铁路干线以工业为主体的产业带，以上述两带为中心带动以农业、牧业、林业和水资源、矿产资源、旅游资源为主体的6个区域开发总体规划业已拟就。

邓小平同志南方谈话如强劲东风，正鼓舞着呼伦贝尔260万人民为实现美好的前景，大胆开拓，奋勇进取。

（1991年8月28日在呼伦贝尔盟旗市委书记、旗市长会议上的发言要点。原载《实践》1992年第10期）

第四编

中部地区经济

从经济总体布局看中部地区经济发展

这次有机会参加华中地区发展战略讨论会，向三省一市的同志，向到会的代表们学习很高兴。党的十二大闭幕后，各省、市、自治区先后开展了本省（市、区）发展战略的研究、讨论，在此基础上，跨省（市、区）的大的地区性发展战略的讨论会，如上海经济区、东北经济区和西部地区的发展战略讨论会也相继召开，现在召开华中地区的会议，使人们听到了中部的声音，在东、中、西部各省深入研究的基础上，一部和谐悦耳的交响乐就能更好地谱成，下面围绕全国经济总体布局和地区经济研究的问题，谈点粗浅看法，就教于同志们。

一　总体布局的战略决策

党的十二大文件，规定了到本世纪末我国经济建设的战略目标、战略重点和战略步骤。为了完成这一宏伟任务，进行产业政策和布局对策两方面的研究很重要，1985 年，我向有关部门提交了一份有关经济布局与区域经济对策的“万言书”，简要地说就是八句话六十四字：

三级梯度，三大地带。东靠西移，有序展开。

因地制宜，扬长避短。东西对话，横向运动。

中心开花，极核先抓。墨渍扩散，辐射联系。

产业走廊，纵横交错。点线面网，运转灵活。

这纯粹是一家之言，可能很不全面。有的同志持异议，提出了“西部地区跳跃发展论”、“中部突破，两翼展开论”，等等。

“三级梯度、三大地带”是我国现有经济分布的总态势，是客观存在，它既有自然条件的深刻影响，也是南宋以来特别是 19 世纪中叶以来长期历史发展的结果。既然是“总”态势，就不否认在每一地带内也存在经济发展不平衡的问题，也不否认中部、西部某些地区经济发展水平超过东部地带某些地区的事实。布弈对阵，首先要有棋盘；同样的道理，要搞好全国生产力的总体布局，很需要有科学的经济地带和经济区域的划分。

讲三级梯度，揭示三大地带存在经济技术发展水平的地带性“梯度差”，目的不是保持、强化梯度差，而是提醒人们要善于利用梯度差的经济势能，逐步改变，缩小梯度差。

经济布局的目标，服从于国民经济发展的总目标，一是到本世纪末要完成翻两番的任务，二是要使人民生活达到小康水平，三是在世界新技术革命的形势下，要使我国经济技术水平与发达国家的差距有所缩小。再者，经济布局又要受到国家和地区一系列条件（经济的、技术的、自然的）的制约。布局战略的抉择是在各种约束条件下为完成布局的目标，为达到目标函数的一种现实选择；而不是在既无目标要求，又置约束条件于不顾的“最理想”方案的勾勒。它不是“最优的”，也不是“有百利无一弊”的，相反可能是有某种副作用的，但总的来说，利远远大于弊。我建议的64字布局对策，某种意义上讲可以说是倾斜性区域对策，有某种副作用，预先说清楚，就可以采取相应的政策措施，减少或消除副作用。如同医生下药治病的同时，还开点保肝药一样。

“东靠西移，逐步展开”，是就今后布局演变推移的大趋势而言，既然是“大”趋势，它就不排斥空间上的某些跨越，更不是机械地等一片完全建好，再动手建另一片，和作物间作一样，时间上会有所交叉，但绝不能齐头并进、万箭齐发，1958年以后这方面的教训够多了，今后不能再重复了。

顺带说一下，不发达地区跳跃发展论的主张者，有一个重要论据，就是《第三次浪潮》的作者托夫勒所谓的“在跃向未来第三次浪潮的赛跑中，穷国和富国站在同一条起跑线”。有的同志把这句话中的“国”改为地区，即在新技术革命中经济发达地区和不发达地区处于同一条起跑线。确实，不发达国家（地区）由于有发达国家（地区）的经验可资借鉴，前者走过的弯路后者不必重走；有发达国家（地区）的先进技术可以引进，不必一切从头做起，因而有可能用短得多的时间走完发达国家（地区）过去用很长时间所经历的历程，在善于利用内外条件的情形下，还有可能跳跃，即后来居上。产业革命后，德国、法国、美国先后超过英国，美国、日本先后超过英国、德国、法国，均是佐证，但从中得不出像托夫勒及其移植者那样的结论。相反，从过去我国三十多年的建设史，特别是60年代中期在经济不发达地区（农业未过关，人民温饱问题未解决，内外交通运输条件困难，传统工业薄弱，协作配套条件差等）进行大规模建设，而且是以高技术产业为中心的实践教训看，结论恰好相反。过去花掉的学费已够多了，完全无必要再花一笔学费来验证托夫勒的断言。

二　中部地带的四大战略展开

中部地带在实现2000年的战略目标中，具有举足轻重的地位，它包括黑、吉、蒙、晋、皖、赣、陕、湘、鄂、豫和川东、川中，面积占全国的34.3%，人口占全国的47.9%，1983年工农业总产值占全国的38.5%。在今后的十几年或更长时间，将围绕四个中心进行重大战略展开。一是能源的开发建设（北煤南水）；二是大力开发本区富有的金属和非金属矿藏，进一步发展相应的原材料工业；三是改造传统产业，发展新兴产业；四是开发农牧渔业资源，建立具有全国意义的农牧渔业基地。

中部地带内部又可分为三片。一是黑、吉和内蒙古东部，二是陕、晋、蒙中和豫西，三是湘、鄂、豫和皖、赣，华中地区除了煤炭逊于北部两片外，其他条件都不亚于或者超过北部两片，所以华中地区是中部地带的重要地区。四大战略展开同样适用于华中地区。

三　地区经济研究的几个问题

（一）地区经济发展的三重任务

地区经济的发展有三重任务：一是完成国家总体布局的要求和任务，发挥本地区在全国劳动地域分工中应该发挥的作用；二是保证地区经济繁荣，人民生活改善，地区财力逐步增长，经营环境和投资环境日趋改善；三是保持环境生态的动态平衡与良性循环。三者归根结底说是一致的，但在一时一事上又确有矛盾。第一项、第二项任务主要反映全局与局部的关系，在价格不合理的情况下，两者有时矛盾还相当尖锐；第三项与前两项主要反映长远和近期利益的关系。

（二）地区经济的三个同心圆结构

首先是地区的支柱产业（苏联称之为地区专业化部门），它是地区经济发展的核心与重点，是综合利用区内各种有利条件形成的具有经济优势的部门，主要承担全国总体布局和劳动地域分工中该地区应承担的任务，因而区际商品率最高（包括出口）。

其次是围绕支柱产业的产前服务、协作配套和产后深度加工、资源综合利用等发展的各种关联产业。

再次是为前两类部门以及人民生活服务的基础结构设施和服务业。

以上三类部门的有机结合、合理匹配就可以组成高效率的地区经济综合体，全面完成地区经济发展的三重任务。

根据财政税收体制进一步改革的趋势看，税收将划分为中央税、地方税、中央地方共享税，并相应划分各项财政的支出范围。地区面向全国的支柱产业，如“七五”《建议》中指出的中部地带的能源、原材料基地的建设和跨省、区的重大基础结构设施建设（如交通运输干线、高压输变电、大型通信工程），将由国家预算内投资安排；而关联产业中的一般项目和地方性基础结构设施（包括城市公用设施），将由地方财政支出安排；多数老企业的更新改造或扩建，则主要依靠企业自身积累的发展基金来解决。

围绕国家投资的重点项目，根据三个同心圆的地区经济结构的一般模式，因地制宜绘制出一幅具有特色又切实可行的地区经济综合发展的蓝图，按照时序经济原理，因时制宜分步骤地合理安排地方财政的投资方向，诱导企业发展资金的投向，吸收区外、国外资金，逐步实现地区经济的综合发展与全面繁荣，以“用财之道”为基础，加快“生财”的效率（一是提高资金产出率，二是加快资金周转速度）和“聚财”的磁力强度（主要靠改善经营环境和投资环境，广辟集资渠道），从而全面完成地区经济发展的三重任务，我以为这是地区经济研究最现实、最紧迫的任务。

拉杂说这些，错误不当之处请同志们批评指正。谢谢大家！

（1986 年 1 月 10 日在武汉“华中地区经济社会发展战略讨论会”上的发言要点，原载《武汉经济研究》1986 年第 2 期）

中部五省跨世纪发展的定位与目标

一 中部五省的重要战略地位

国家《“九五”计划和2010年远景目标纲要》提出在未来的十余年，在既有经济布局的基础上，以中心城市和交通要道为依托，逐步形成七个跨省区市的大经济区。豫、鄂、湘、赣、皖组成的“中部五省地区”即其中之一。从区位地缘、资源禀赋、产业结构特征、现有经济发展水平，特别是在全国劳动地域分工中承担的职能看，中部五省具有很大的相似性，大体属于同质性经济区。

（一）农业较发达，都是农业大省

中部五省耕地面积2000万公顷，约占全国的1/5（21.07%），却提供了全国农林牧渔业总产值的1/4（24.34%），提供了全国棉花产量的41.9%，油料产量的39.8%，肉类产量的28.7%，粮食产量的27.7%，烟叶产量的21%，拥有江汉平原、洞庭湖平原、鄱阳湖平原、黄淮平原和南阳盆地等著名农业基地，国家在中部重点投资建设的商品粮基地县和棉花基地县，分别占全国总数的近1/3和近1/2。豫、湘、皖、鄂、赣的粮食产量在全国各省区市中分别居第3、第5、第7、第9和第12位，每年净调出商品粮数百万吨，中部五省和东北黑、吉两省可以说分别是我国关内外最大的商品粮调出基地。豫、鄂、皖、湘、赣棉花产量，在各省区中分居第2、第4、第8、第9和第10位，是除新疆外，内地最大的棉花调出基地，每年还有大量油料、肉类等农林牧渔产品调出区外和出口。

（二）资源丰富，是我国原材料、水能的重要生产与输出基地

中部五省不仅光热和水资源丰富，为大农业的发展提供了较好的条件，

而且矿产和水能资源丰富，已探明储量的有80多种，就中铜的保有储量占全国的1/2，铝土矿占全国近2/3，磷矿约占2/5，此外，如湖南的锑、钨、铋，湖北的岩盐、石膏，江西的金、银、铀等矿藏都在全国占有重要地位；在此基础上，已形成颇具规模的黑色与有色冶金、化工和建筑材料生产基地，每年净调出数百万吨钢材，数千万吨水泥和数以千万箱计的平板玻璃和化工原料，有色金属产品等重要原料。

长江中游水力发电超过全国的1/4，同时邻近晋陕煤炭基地，是“调煤就水”发展火电站的理想区位，电力大量输往长江下游地区，今后随着长江三峡、黄河小浪底等大型水利枢纽和与之匹配的火电站群的投入运转，中部五省在全国能源供应和国家电网中的地位将进一步提高。

（三）处于全国水陆运输网的中枢，吸引四面、辐射八方

京广、京九、焦柳等南北大通道和长江干流航道、新亚欧大陆桥东段的陇海铁路、浙赣铁路等东西大通道交会于区内，使中部五省居全国水陆交通网的中枢，武汉是内陆最大的国际水陆空综合交通枢纽，郑州拥有亚洲最大的铁路编组站，它和株洲同是我国铁路主要的路网编组站和客运中转站，沿江自下而上有芜湖、九江、岳阳、宜都等一批铁水陆运港口，成为我国客流、物流的主要集散地和中转换装中心，每年完成的客运量、货运量分别占全国的1/4和1/5，中部五省虽不沿海，但沿江各地通过江海联运，北部通过大陆桥可便捷地进入国际市场。

从区际地缘关系看，中部五省南邻珠江三角洲和闽南金三角，东接长江三角洲，北近环渤海经济区，都是国内经济发达地区；西侧经过长江和陇海—兰新铁路分别与大西南、大西北相通。既便于南东北三面承接高梯度地区的增长传递，又便于向广大西部地区辐射、发挥承东启西、连接南北、吸引四面、辐射八方的特有作用。

（四）人口多，经济总量达到相当规模，人均水平低

中部五省国土面积87万平方公里，以占全国9%的国土，承载着全国1/4以上的人口，从GDP反映的经济总规模看，河南、湖北都在各省区市的前10位（分别居第6、第10位），湘、皖、赣三省分别居第11、第14和

第18位。由于都是人口大省，人口密度较高（每平方公里平均360人），人均资源相对不足，加之58%的劳动力仍滞留在第一产业，农业剩余劳动力达27%—30%，比全国平均水平高6个百分点。上述因素导致中部五省反映经济社会发展水平的一系列人均指标处于各省区市的中下游，甚至下游，以人均GDP而言，鄂、湘、皖、豫、赣分别为第15、第18、第19、第21和第23位，大体比全国平均水平低30%；中部五省都是农业大省，但按每一农业劳动力提供的农林牧渔业产值计算，比全国平均水平约低15%，除湖北居各省区市的第12位，赣、皖、湘、豫四省分别居第16、第17、第18和第20位；农民人均纯收入和职工平均工资，中部五省均低于全国平均水平；河南、江西的职工平均工资居各省区市的第27位和第28位；社会发展指标，以每千人的医生数量和医院床位数为例，除湖北省居第15位，其他四省都在20位以后，中部五省经济总量与人均水平的强烈反差和形成这一反差的深层原因，可以说，正是长期制约整个国家发展的诸多矛盾和不利因素的缩影。以邓小平理论为指导，直面上述矛盾，抓住机遇，充分发挥有利条件，化解不利条件，克服制约因素，走出一条快速高效发展、人均经济社会发展指标稳步提升的路子，不仅将加快中部五省的崛起，对全国现代化民富国强目标的实现，亦具有重要意义。

（五）腹心地带，国脉所系

中部五省河网湖泊密布，长江、黄河、淮河横贯东西，主要支流汉江、赣江、湘、资、沅、澧等纵贯南北，洞庭、鄱阳、巢湖、江汉湖群镶嵌大江南北，襟江带湖、江湖交汇，既带来了水源、航运、灌溉、养殖之利，也不时发生洪涝灾害。中部五省居长江、黄河中游，淮河、珠江上中游，一旦出现险情，不仅直接祸及中部3亿人口，也殃及下游江、浙、沪、鲁、闽、粤六省市，影响全国近半数的人口；加之处于全国水陆运输网的中枢，北煤南运、西电东送、西油南输、南水北调（中线）的必经之地，真乃国脉会聚，八方安危系于一身。

中部五省重要的战略地位，决定了其经济社会发展，对整个国家持续、快速、健康发展目标的实现，对防治重大自然灾害，保证大江大河大湖的长久安润，保持政治和社会稳定、国泰民安，对直面重点、难点问题，深化改革都具有重大作用。在新世纪即将来临之际，新的机遇和挑战，不是弱化而是进一步凸显了中部五省在国家未来发展中举足轻重的地位，加快中部五省发展步伐，尽快改变中部五省目前经济社会发展水平与其战略地位颇不相称的现状，是支撑、保证国家第二步、第三步战略目标实现的需要；是沿海地区对外开放向内陆延伸、拓展，全方位参与国际经济合作与竞争的需要；亦是振兴中西部经济，拓展生产力布局，实现区域经济协调发展的需要；是深化改革、保持稳定、实现可持续发展的需要。

二　面临的机遇与挑战

（一）国家未来发展总体目标对中部五省的要求

在全面分析国内外环境和条件的基础上，国家《“九五”计划和2010年远景目标纲要》明确指出，今后继续重点加强包括农业、水利、能源、原材料、交通和邮电通信等基础设施和产业；择优扶持振兴机械、电子、石油化工、汽车、建筑和建材工业。以中部五省资源禀赋、结构现状，与上述国家重点加强与扶持的产业对照，可以看到除电子行业外，其他产业、行业，中部五省都具有程度不等的比较优势，或拥有规模庞大的资产存量，具有可供挖掘的潜在优势。特别是在农业、原材料工业（包括黑色冶金、有色冶金、某些化工原料、建筑材料和非金属矿产等）和机械工业中的若干行业，中部五省产业构成中的长项、强项和国家重点加强与扶持的对象与今后快速增长部门的高吻合度，意味着：（1）中部五省今后继续承担着以粮棉油等大宗农产品、一系列原材料和能源供应全国，支撑整个国民经济快速发展的重任。以粮食为例，2000年全国总产量计划为5亿吨，比1995年增产3500万吨；2010年全国总产量预测为5.8亿吨，比1995年增产1.2亿吨，上述粮食增产任务中，约需中部五省承担40%。（2）重点工程集中，投资强度大，投资拉动显著。事实上，从三峡、小浪底等巨型工程动工以来，巨额投资对中部五省经济发展的拉动作用，已初显端倪，今后随着新疆原油经由洛阳入川的输送管道工程，与三峡匹配的火电站群，为提高南北向、东西向大通道通过能力而启动的一系列交通工程，包括现有铁路改造、铁路客运专线、高速铁路、高速公路的建设，以及宁西（南京—西安）铁路、沿江铁路、包（头）襄（樊）、洛（阳）湛（江）铁路等新线的建设，南水北调（中线）工程的启动，投资拉动作用必将更为显著。(3) 资源性产品价格的理顺，将提高中部五省产业的经济效益，增强自我积累与发展能力。随着上游产品价格形成机制的进一步市场化，和国家理顺资源性产品价格的决心，中部五省在发挥国家农业和原材料基地作用的同时，不仅发展业绩在各种价值计量指标上能得到如实的反映，更重要的是能改善中部五省在国内外市场交换中的地位，使合理的经济利益有所保证，显著提高自我积累与发展的能力。(4) 在需求弹性大、未来快速增长的行业中，中部五省有一定的优势。伴随我国经济增长进入新阶段，一系列与新兴需求关联度强、需求弹性大、适应经济市场化、社会化发展的产业与行业，将以远高于国民经济平均增长率的高速增长。据有关方面预测，机械工业的年增长率将达到 13%—14%，汽车工业增长率将达到 15%，建筑业、建材工业、交通运输和仓储业等将超过 10%，而这些部门正是中部五省具有相当实力或发展潜力的长项。

（二）区域经济格局变化的走势与中部五省未来的发展

70 年代末以来，经过近 20 年的高速发展，沿海地区一方面物质技术基础更加雄厚，继续保持强劲发展势头；另一方面，随着资本的逐年叠加投入，也导致要素成本上升，资源与环境约束加剧，资本投入产出率下降趋势已率先从一些劳动密集型、资源加工型行业显现出来。这正是近年外资进入中西部比重逐年提高的重要原因。就东南沿海等高梯度地区而言，经过近 20 年的资本积聚与积累、技术的引进、消化与创新，极化效应开始由强转弱，辐射扩散效应相对趋强，为了利用内陆丰富的资源和低廉的要素，开拓内陆市场，沿海地区向西部资金、技术转移，逐年增加；“销区产”成为近年经济布局调整中引人注目的一道风景线。而中部五省，特别是武汉、郑州、九江、黄石、岳阳、宜昌等港口城市，以及京九沿线某些热点地区，首得其惠。这一是因为中部五省紧邻珠江三角洲、长江三角洲、环渤海等高梯度地区；二是因为中部五省与上述地区已拥有方便近捷的交通通信联系和久远的商务交往；三是因为中部五省特别是前述大中城市近十几年来软硬投资环境的改善，对外来资金、技术的吸纳能力增强，使其能获得满意的回报。中部五省的劳动力、土地等投入要素的价格远低于东部，和西部地区相比较，区域开发前期追加投资，中部五省远低于西部；“双低”优势，使中部五省在世纪之交，有望成为中、外投资汇聚的热点地区。

从资金、技术转移的走势看，经京广线、京九线由南向北；经长江航道、陇海、浙赣铁路等由东向西，日趋明朗；国家把沿江产业带，京广、陇海铁路产业带，作为全国经济布局的主轴线；把京九沿线老革命根据地作为扶贫重点，更为上述要素转移、增长传递提供了有利的政策环境。顾后瞻前，综观我国区域经济格局之演变，如若说，八九十年代以沿海地区率先崛起为标志；那么，在世纪之交至下世纪头十几年，正是中部崛起之时，这样到下世纪 20 年代前后，西部开始崛起也就有望，历时半个多世纪，中国经济布局经过赓续相连的三次大拓展，待到 21 世纪中叶达到第三步战略目标，现代化宏图大业实现之时，广袤中国的区域经济协调发展目标，就可同时实现。

三　发展的定位

（一）总体目标

力争在 2000 年或稍长一点时间，在人均 GDP 等人均产出和收入指标上，达到全国平均水平；在 2010 年超过全国平均水平；到 2020 年大体接近当时沿海地区的平均水平，进入国内发达地区的行列。从“九五”算起，再经过四五个五年计划时期的努力，中部五省要实现由农业大省向农业强省、资源大省向工业强省、人口大省向经济强省的跨越，使中部五省地区成为内陆经济实力最雄厚、具有相当国际竞争力的大经济区；成为以农业及农产品加工业、原材料、机械工业和汽车工业为支柱，在高新技术的若干领域居国内领先地位的综合经济基地；承接沿海地区增长传递、接续沿海地区高速增长，成为推进国家第三步战略实现的主动力之一；担起顶托内地发展，振兴中西部经济战略支点和突破口的重任。

（二）功能定位

在国家产业结构中承担的功能方面，围绕面向全国的农业、原材料、机械工业和汽车工业四大基地建设，根据市场导向，发挥比较优势、构建竞争优势，培植优势产业和名品、精品，形成具有高竞争力和地区特色的区域经济，跟踪世界科技最新发展。在有基础的一些高新领域，抢占制高点、实现产业化、形成带动区域产业结构不断升级的先导，使五个人口大省先后进入经济强省的行列。

强化科教兴农，推进农业综合开发，改造中低产田，发展高产、优质、高效农业，面向国内外大市场，推进农业市场化、产业化、现代化，提高农业劳动生产率和比较收益，在以数量、品种更多、质量更优的农、林、牧、副、渔产品满足国民经济和人民生活需求的同时，使中部五省农民的实际收入有较快的提高，实现由农业大省向农业强省的跨越。

原材料工业，转变增长方式，在优化结构增加品种、提高质量、降低消耗、实现资源综合利用的前提下，根据市场需求，扩张规模、延伸加工、强化配套，提高综合生产能力，使中部五省原材料工业在技术水平、企业组织结构与规模、经济效益、市场竞争力上都跃上新台阶。

机械工业，通过“三改一加强”，资产重组，盘活存量，抓住多项巨型工程带来的投资需求旺盛的机遇，围绕发电与输变电设备、矿山设备、冶炼设备、石油钻采设备、化工设备、农用机械和机车、车辆、船舶等中部五省现有实力较雄厚的产品系列。组建企业集团，依靠引进技术和自主开发，扩大国内市场占有率，积极开拓国际市场，使中部五省出口商品结构有显著的改善和提高。

汽车工业，以东风、江铃等集团为核心，以产权为纽带，形成具有自主开发整车产品、规模达到40万辆以上的大型集团，以提高市场竞争力。区内几十家汽车零部件企业，通过协作分工，改组成技术高起点、专业化、大批量的“小巨人”，提高国内市场占有率，积极开拓海外市场。

中部五省要充分利用沿江（路）近海，地处国家水陆运输网枢纽的地缘优势，发挥承东启西，连接南北，沟通内陆与海外市场的作用，使中部五省，首先是武汉、郑州、长沙、合肥、南昌等中心城市，成为广大内陆市场与沿海市场与海外市场交汇对接的中枢，成为振兴中西部地区经济的战略支点；使中部五省的崛起，成为加快中西部发展，缩小地区发展差距，实现区域协调发展目标的突破口。

四 对策刍议

（一）把握市场的新态势，及时调整发展思路

在社会主义市场经济条件下，区域的发展是在市场竞争中实现的，换句话说，市场竞争的结局决定了区域发展的成败和绩效。为此，要随时把握市场和市场竞争的新态势，以此作为调整地区发展方略、方案的出发点。近年，国内市场态势发生重大变化，简要地说有以下四方面：一是国内市场总需求平衡，由过去短缺经济下的卖方市场向买方市场转化，不仅绝大多数工业品如此，许多农产品亦是这样；二是供求结构严重错位，生产结构调整滞后于需求结构的升级与调整，错位空隙多被进口商品进占；三是国内市场竞争国际化；四是市场形态由80年代的完全竞争向半垄断竞争转化。

过去讲发展，往往是上基建或技改项目，增加生产能力。在世纪之交谈发展，离不开两点：一是通过多种途径提高自己产品的竞争力、市场占有率；二是针对潜在的市场需求，开发新产品，开拓新市场。离开这两点，盲目上项目，不仅谈不上发展，还很可能导致积压浪费资金。发展是硬道理，但发展的思路却千万不能“硬化”。这次经济结构调整，和以往几次调整不同，是一种提高升级型的调整，政府的引导作用固然重要，但关键在企业，企业是调整的主体。

（二）市场主体的形成、壮大，是地区经济活力的根本

1. 东、中、西三大地带的根本差距在市场主体。在多年的调查中，我有这样一种感觉，在东部舞台上，企业、企业家在利益的驱动下忙忙碌碌；而在中、西部经济舞台上，更多地看到的是党政官员在辛劳。在东部，一个市场机遇、赚钱的机会刚露面，官员还未发现，企业和企业家已把钱赚到口袋里了；而在中、西部却往往相反。为了缩小东、中、西部的差距，加大投资力度，采取适当的政策倾斜都是需要的，但是最根本的是加快市场主体的培育和壮大。

2. 市场主体应是交易的结果。市场主体如何形成？一种办法是依据“红头文件”，依靠“有形之手”控制、塑造而成；另一种办法是通过市场交易而形成。“四自”（自主经营、自负盈亏、自我发展、自我约束）是市场主体的本性。孕育、分娩过程完全依靠“他动”的市场主体，内在地与其本性相悖。依靠资本市场、产权市场交易自动形成的市场主体。容易真正做到“四自”。湖北省武汉市资本重组和营运经验，受到全国的瞩目，必然推动中部地区更多“四自”主体的形成、壮大。

3. 为市场主体形成、壮大创造更宽松的环境。中部五省农业人口超过80%。农户及其联合体也是市场主体，其发育、壮大对中部经济振兴具有重要作用。据《经济日报》刊发的资料，1996 年，东部农民每年人均收入2500 元，负担是 100 元；中部农民每年人均收入 1700 元，而负担为 140 多元。从绝对量看，中部地区农民每年比收入高的东部地区农民还多交 40 多元，负担占收入的比例为 8%，比东部（3. 94%）高 1 倍，据在基层工作的同志讲，有的地方比上述统计数还高。在目前生产力水平下，农民的高负担和城市企业的“三乱”负担，严重阻碍着生产者的资本积累和亿万市场主体的形成。无产者投身社会主义革命，革命成功后并不愿意永远“无产”下去，而是希望、要求变为资产者，不仅有“生活资料”之“产”，而且要有生财的“资本”之产。马克思有重建“个人所有制”之说，中国自己的大圣人孟轲更早就有“无恒产者无恒心”之语。亿万大众（而不是十几万、几十万的少部分人）有资产，产权人格化，资本社会化，是中国市场经济，也是地区经济全面持久繁荣的基石。为此，宜按轻徭薄赋、民富为先的原则，为亿万大众财富的积累提供宽松的环境。

4. 今天与明天。过了今天，才能迎来明天。当我们研讨面向 21 世纪的中部发展前景时，不能不看到眼下中部五省的一些地区，正处于增长阶段转折和经济体制转轨的双重阵痛之中，“双停”企业是阵痛集中点，且有继续增加之势。中部五省农业剩余劳动力的数量，在全国仅次于四川，这股洪流加上城镇下岗职工洪流双汇，如无统筹的“泄洪渠道”安排，对社会经济的稳定将产生难料的影响。除了现有的“再就业工程”，政府采取以工代赈方式，组织一些国土整治、环境整治与美化等基础设施性工程，恐不失为一策。再者就是把劳务输出放在更重要的地位。劳务输出对于欠发达地区来说，既是缓解就业压力的出路，更关系到未来的发展，21 世纪这些地区的企业家中一定会有今天在外打工的同志。

（三）要注重中部五省的联合协作

区域合作是克服增长障碍，实现生产力合理布局的有效途径。我国空间跨度最大、层次高、合作时间长的区域合作组织是西南和广西“六省区市七方经济协调会”。中部五省和“六省七方”同为我国的大经济区，但各有其自身特点。一是中部五省经济区大体属同质性经济区，区域合作虽然也有“要素互补型”，而更多的是属“优势聚合型”；二是全方位开放性。西南云贵川最近的出海大通道，就是广西北部湾，其他别无选择。而中部五省中任何一个省，都处于吸引四面、辐射八方的地位。例如豫北以郑州为中心的城市群的发展，和陇海、兰新欧亚第二大陆桥密不可分；湘南、赣南积极接受粤闽发达地区的辐射，开展“互补型”的协作，等等。针对上述特点，中部五省区域合作宜“不求全、只求到位”，即合作的领域、地域不追求“全覆盖”（可以是五省的有关地区、有关部门），“到位”是指协作的内容要找准共振点，抓住各省共同关心的问题，通过合作，产生“协同利益”，使各方都能“利益共沾”。

（1997 年 11 月 20 日在“面向 21 世纪的中部发展战略研讨会（武汉）”上的发言要点，原载《学习与实践》1998 年第 5 期）

调整经济结构，加速煤炭能源基地建设

——山西省经济结构现状与远景的探讨

能源是实现四个现代化的重要物质基础，今后整个国民经济要有一个大发展，关键之一在于能源开发的增长。在当前和今后相当长的时期内，煤炭仍是我国一次能源的主力，山西是我国的煤乡，山西煤炭能源基地的建设理所当然地受到了各方面的关注。为了尽快地、顺利地建成山西能基地既需要对山西现有经济结构抓紧调整；又需要畅通省内外物资交流，加强省际之间经济的广泛分工协作；妥善解决管理体制和经济政策方面存在的问题，兼顾中央与地方、国家与民众的利益；真正做到让山西支援全国、全国支援山西。下面根据最近粗浅的调查，谈点不成熟的意见和看法，以就教于同志们。

一　经济结构的现状与主要问题

新中国成立前，山西省是阎锡山长期割据的独立王国，工业基础非常薄弱。1949 年工农业总产值中，工业只占 14. 7% 。经过近 30 年的建设，现在山西已成为我国主要的重工业基地之一。煤炭工业在全国居首位，煤炭年产量已突破 1 亿吨，占全国 1/6。30 年开采原煤 13 亿吨，调出 8 亿多吨，为社会主义建设作出了重大贡献。国防工业、机械制造工业和冶金工业也具有相当规模。30 年来，山西工农业基本建设投资 160. 9 亿元，其中投入重工业 135 亿元，占 84. 5% ；农业 15. 9 亿元，占 10% ；轻工业 10 亿元，占 5. 5% 。农、轻、重的产值比例，新中国成立初是：85. 3% : 7. 7% : 7% ；1978 年是：25% : 21. 3% : 53. 7% 。非生产性投资 30. 8 亿元（其中住宅 12. 3

亿元）占基本建设投资总额的14.5%（其中住宅占5.8%），由于投资结构中重工业过重，农业、轻工业过轻，非生产性设施和交通运输投资不足，造成农、轻、重，生产与运输，“骨头”与“肉”之间严重失调，吃、穿、用、住、行普遍紧张，失调和紧张的程度超过全国许多地区。

1. 农业基础太弱，远不能适应工业发展和人口增长的需要：目前全省非农业人口近400万，比新中国成立初期增加2.7倍，而30年来，粮食总产量只增加1.6倍。近22年来（1956—1978年）粮食总产量的增长幅度（55.5%），甚至低于总人口的增长幅度（56%）。使按人口计算的粮食产量，由1956年的556斤，下降为1978年的554斤，目前每年需调进十几亿斤粮食，占全省非农业人口粮食年供应量的1/3。各种经济作物，林牧产品的产需缺口更大。商品油的30%、商品棉的30%、商品糖料的78%、商品原料烟叶的91.6%都要靠省外调进。

城乡居民农产品的消费水平很低，1978年农村社员平均口粮376斤，比1956年下降12斤，还有不少社队的口粮不足三百斤。城市居民和干部每月的粮食定量26—28斤，大部分是玉米和高粱。按城市人口计算的农副产品产量或收购量，肉类每人一年为15斤，蛋类6.9斤，植物油4.9斤，奶类1.4斤；蔬菜按每人每日计算仅0.43斤。这就使得厂矿、职工和社员个人，不得不到邻省大量采购农产品。据调查，1978年阳泉市各厂矿和社队从河北购进1800多万斤面粉，万荣县的职工、社员、从河南、陕西购回粮食1200万斤，晋城县1978年5月23日抽查，一天之内就有近1200人乘火车从河南购进粮食5.7万多斤。农业基础过于薄弱，农产品严重匮乏，由上可见一斑。

2. 轻工业落后，远不能满足城乡市场的需要。山西轻工业原料的70%来自农业，农业落后，特别是近十几年来棉花、油料、糖料、麻类、烟叶等主要经济作物总产量大幅度下降，严重限制了轻工业的发展。轻工业投资少，只占整个工业投资的6.9%，投资效果又差。如60年代中期动工的锦纶原料——已内酰铵车间和70年代初期动工的山西维尼纶厂等，时过十年，已经花掉的投资早已成倍地突破设计预算，有的至今未建成；有的建成至今不能正常生产。以农产品为原料的轻工业受原料限制增长缓慢，以工业品为原料的轻工业，投资花了，长期不见效，造成轻工产品越来越不能满足城乡市场的需要，现在全省有40%的轻工产品要靠省外调进。轻工业落后，不仅表现在数量不足，更表现在质量、品种、规格上。纺织工业中纺织、印染和后处理三个环节头大尾小，坯布、素绸大量调出，色布、花绸大量调进。有的轻工产品，自产的质次价高，大量积压，又大量由省外调进。如胶鞋1978年省内销售量525万双，省内自产500万双，似乎相差无几；但规格，品种质量满足不了消费者的需要，不得不从省外调进249万双，年末库存量高达694万双。其他如缝纫机、自行车、收音机、保温瓶等都有类似情况。

3. “骨头”和“肉”严重失调：第一个五年计划时期山西省基本建设投资中，生产性建设和非生产性建设的比例是76.6%∶23.3%（其中住宅建设为10.7%）当时非生产性建设的比重，就比全国（28.2%）低。从第二个五年计划时期开始，非生产性投资的比例大幅度下降，第三个五年计划时期最低降到8.6%（其中住宅建设2.8%）条条（行业主管部门）只管抓生产，生活扔给当地，地方市政建设投资又严重不足，使城市和工矿区住宅建设、市内交通、给排水、环境保护和文教卫生，商业服务网点等方面积下大量欠账。据太原、大同等四城市调查现在每人平均住房面积仅3.04平方米，低于全国水平（3.6平方米），甚之低于这四个城市解放初期的水平。1978年全省城市人口比1957年增加61%，而商业网点却减少了39%，饮食、服务业网点减少43%。上述四城市平均计算每1.2万人才有一个饭馆，9万人一个理发店，25万多人一个澡堂。

矿区情况更加突出。如大同矿务局四老沟矿，按正式户口计算，每人平均住房面积2.84平方米，按实有职工和家属计算，每人平均住房面积才1.9平方米。这个长达十华里，2.7万多居民的矿区，只有三个粮店、两个饭馆、两个半蔬菜供应点。商店营业面积、仓储和运输能力严重不足，柜台内外都是人挤人，有时半个月无菜供应，矿工只能靠盐水下饭。商品无仓库存放，造成损失后转嫁给消费者，使矿区的蔬菜、瓜果价格比市场贵两三倍。矿工们感叹地说：“说起来，我们一月挣百十元，花起来，一元才顶五角”。全矿四所中小学，每名师生平均教室面积才0.83平方米，五年级以下不得不实行半日制，即使这样，还有部分适龄儿童失学，仅大同矿务局职工子弟中就有四千名儿童无法上学。

4. 交通运输发展滞后，流通渠道不畅：山西省经济的一个突出特点是物资大进大出。每年五六千万吨的煤炭，各种矿产品和土特产品调出，大量的粮食和轻工业品调入。而目前南北同蒲、京包、石太和太焦等干线的通过能力都已饱和；围绕上述干线的省内铁路支线又极少，导致煤炭大量积压，少则五六百万吨，多则近千万吨。特别是地方小窑煤不少成为死角煤，每吨五六元（只相当于外销价的1/4），当地还卖不出去，有的甚至自燃或用来填坑，使煤炭资源丰富的经济优势得不到充分实现。一些偏僻山区盛产的干鲜水果、药材和各种土特产品，由于交通不便，商业供销网点不足与“官商”作风，不能及时收购外运，不得不就地低价处理，甚至腐烂，严重影响了农村多种经营的发展。省内不足的粮食、日用轻工业品往往不能及时运进，每到抢运煤炭的季节，一切货物给煤炭让路，有时弄得市场上连食盐也脱销。

5. 积累率过高，基本建设战线过长，重点不当，结构松散，投资效果差：近27年，山西国民收入分配中，积累率超过40%的有六年，1959年最高达到过52.8%，1978年为40.2%，比全国同期平均值分别高10个和2个百分点，全省农村人民公社总收入分配中，积累的比例也高于全国平均水平，1977年为8.5%，比全国同期高2个百分点，该年社员分配占总收入46.1%，比全国同期低5.3个百分点。如果把兴办五小工业和农田水利工程筹集资金时向职工、社员和集体所有制单位摊派的借款、平调的劳动力考虑在内，实际的积累率远远超过上述统计数字。积累率过高，既挤了消费，又使积累的规模超过了追加生产资料与生活资料提供的可能，降低了积累与投资的效果。除此之外，基建战线过长，同时铺开的摊子过多，和投资方向、结构与重点中的问题，也严重影响了投资效果。

据1979年山西省普查资料，全省10万元以上的在建项目还有1400个，全部建成还需投资28亿元，按近年投资水平计算，即使今后不再新开项目，还需要五六年时间才能建成。1979年计划内在建项目的三大材料满足率，钢材88%，水泥81%，木材40%，大量预算外的项目还未考虑在内。基建规模超过财力、物力的可能，不仅使工程停停打打，长期不能建成投产，也造成基建挤生产维修、挤市场供应和人民生活。

从投资方向与结构看，在“以钢为纲”的指导思想下，没有始终把煤炭作为重点。30 年来，各工业部门投资中，冶金工业占第一位（21%），特别是第三个和第四个五年计划时期内，冶金工业与国防工业的投资都大大超过煤炭工业（12%）；这两个部门投资的合计，第三个五年计划时期内占工业投资的 45.2%，第四个五年计划时期占 40%。冶金军工、机械等重工业部门的建设各听命于本主管部门的安排，自成系统既不能很好为煤炭工业的发展服务，又没有很好为农业、轻工业和人民生活服务。造成这方面大量的需求无法满足，与此同时军工、机械等部门的生产能力又大量闲置。

投资方向上的另一问题是，重新建，轻更新改造，在第一个五年计划时期 156 项工程之一的太原化工厂，我们看到，老厂区三个车间的基础下沉，墙壁断裂；1/3 厂房支柱的钢筋已经裸露，许多管道腐蚀，“跑，冒、滴、漏”严重，没有抓紧维修改造，却把资金挤去新建己内酰铵等新系统。老的拖垮，新的又长期不能投产，造产“两头失踏”。

近 30 年来，山西投资规模相当可观，在各省（市）中，比较居前列，但投资效果差。1978 年全民所有制工业企业的资金利润率不到 12%，比全国水平低一半；每百元固定资产创造的产值 70 元，比全国平均水平 116 元低 40%；每百元工业产值提供的利润 11.8 元比全国平均水平 15.5 元，低 24%；工业全员劳动生产率 8096 元比全国平均水平 11085 元低 27%。

近 30 年来，从总产值的增长速度看并不慢，工农业总产值年平均增长 8.3%，工业产值年增长 14.6%，农业产值年增长 3.8%，由于高积累、低效果，在生产增长的同时人民生活提高缓慢、与全国平均水平的差距越来越大。1952 年，全省居民平均消费水平比全国低 6.2%，1978 年比全国低 17.7%；其中职工平均消费水平，1952 年比全国低 6%，1978 年比全国低 11.4%；农民平均消费水平 1952 年比全国高 6%，1978 年比全国低 21.4%。

这样低的货币购买力，还不能充分实现。据大同市调查，每投放 100 元现金，通过商品和非商品回笼的才 70 元。1978 年全省职工与农民个人消费总额 35 亿元，在省内市场实现的不到 82%，净流出省外的货币 1.6 亿元，占同年货币流通总量的 1/4。从 1950—1978 年全省累计流出省外现金达 21.8 亿元。省、地、县三级财政都有赤字。以省财政看，30 年中有 12 年出现赤字，1974 年以来省财政年年出现赤字，1976 年最高达到 6.2 亿元，1978 年 1.4 亿元。三中全会和五届人大二次会议以后，半年多来经济结构与比例关系的调整已有所成效，为了保证山西能源基地的顺利建成，今后调整任务还很艰巨。

二 经济结构调整的方向与步骤

山西省煤炭资源和发展煤炭工业的条件居全国之冠。（1）远景储量9000亿吨，探明储量2000亿吨，后者占全国1/3，目前可供设计用的精查储量达123亿吨，占全国的40%。（2）煤种齐全，煤质好，煤层埋藏浅，一般只三四百米，地质构造比较简单，投资省、成本低、见效快。每吨原煤生产能力的投资大矿70元，小矿40元，比全国平均水平低将近一半。新建年产百万吨的矿井，一般投产两三年的便可达到设计能力。六七年后便可收回全部投资。老矿扩建和地方小窑煤的投资更省，吨煤投资只需15元左右，每吨煤炭的开发成本，大矿平均13元左右，比全国平均水平低18%。(3）煤炭开采历史悠久，发展煤炭工业有相当的技术力量。(4）山西地理位置比较适中，便于向外输煤送电，这些都是把山西建成一个以煤炭工业为中心的强大能源基地的有利条件。

山西铜、铝和铁矿资源也相当丰富，铝土矿探明储量3亿多吨铜矿金属储量达3万吨，铁矿探明储量28亿吨，石膏、硫铁矿、芒硝、池盐等化工原料和石灰石、黏土矿、玄武岩、珍珠岩等非金属矿藏也很丰富。

从远景看，围绕煤炭开发这个中心，同时发展电力工业，适当发展冶金、化学、建筑材料工业，使山西建设成为一个强大的能源基地和综合发展的工业基地，确实有其独特的条件。当前面临的问题是，首先要扭转山西农业、轻工业和交通运输严重滞后的状况，把地方财政经济和省内外物资交流搞活，保证能源基地的建设，有步骤地发展为农业、轻工业服务的重工业，逐步向适合山西具体条件的合理经济结构过渡，为此要认真研究解决以下几方面的问题。

1. 怎样从山西农业自然资源的实际出发，全面贯彻农、林、牧、副、渔并举的方针，扎扎实实地把农业搞上去。山西省15.6万平方公里的土地中，平川不到1/3，70%是丘陵、沟壑、山地。现有草坡4800万亩，林牧业的发展有广阔的天地，但长时间以来，只抓“以粮为纲”，丢掉“全面发展”，忽视了“因地制宜”，硬是要在跑水、跑土、跑肥的陡坡地上种粮食，使林、牧业和多种经济作物受到了严重的损害。全省5800多万亩耕地中，3/4以上是旱地，长时期以来忽视投资少的旱作增产措施的推广，与此同时又不计技术经济效果地大搞农田水利基本建设，既使国家投资没有取得应有的增产效果，又浪费了大量民力，严重挫伤了群众的积极性。农业总产值中牧业的比重由1965年的13%下降到1978年的11%，林业的比重由3.4%下降为2.8%，全省森林覆盖率不足10%，各种经济作物和传统土特产品，除蚕茧恢复到历史最好水平外，其余都大幅度下降：1978年与1965年相比棉花总产量下降了35.6%，还没有恢复到1952年的水平；油料下降了7.8%，还没有恢复到1950年水平；甜菜下降了31.1%，还没有恢复到1958年的水平；麻类下降了28.1%；麻类、烟叶现在的年产量都低于1949年的水平。粮食总产量中，杂粮的比重1965年为60%，1978年提高到70.9%，同期小麦的比重由32.4%下降为19.1%，小麦总产量1965年为30亿斤，1978年下降为25.7亿斤。这些说明粮食总产量的增加有相当一部分是靠挤经济作物和林牧业，靠玉米、高粱挤细粮来实现的。农业合理结构的破坏，一是使经济作物、林、牧产品的产需缺口更为扩大。50年代，甚至到60年代，山西都是棉花、油料、麻类的调出省，近年来却成了调入省。二是严重影响了农民和集体经济的收入与再生产能力。1978年全省8万多个基本核算单位中，有1/4的人均年收入不足40元，最低的平鲁等县才20元左右，每一农业人口平均的农副产品交售收入46元，比60年代初期减少20元；每一劳动日的分值比高级合作社时还低；每个生产大队平均的积累才7800元，比全国平均水平低2200元，不少穷队甚至缺乏维持简单再生产的能力。后果更为严重的是破坏了自然界的生态平衡，导致旱情加剧，部分地区地下水位大幅度下降，水土流失和风沙灾害恶性发展。仅晋西北地区一年冲刷流入黄河的泥沙就达3.8亿吨。生态平衡的破坏，使得各种农作物的产量长期低而不稳。如粮食平均亩产，30年来一向徘徊在一百几十斤到二百几十斤，1975年是全省平均粮食亩产最高的一年，也仅279斤，以后三年，年年下降，对林彪、“四人帮”的干扰破坏和学大寨运动中极“左”路线，给山西农业经济和自然基础破坏的严重性，要有足够的估计。

山西陡坡退耕还林还牧已经议论几年了，而“越垦越穷，越穷越垦”的恶性循环一直未能扭转，不能不说直接与粮食高征购有关。山西粮食征购“一定五年不变”的任务是17.5亿斤，近十年除1972年外，年年实际征购量都超过20亿斤，1975年最高达到过30.5亿斤，1976—1977两年都是278亿斤，1978年、1979年也在22亿斤左右，群众反映：嘴上讲的、文件上写的是“以粮为纲，全面发展”，粮食征购指标一下来，还得“以粮为纲，全面砍光”。按照能源基地建设的初步设想估算，到1985年非农业人口商品粮的需要量将在现有基础上增加1/4到1/3。今后山西省农业如何发展，不外两条路子：一是继续保持和提高粮食征购量，这样做粮食近期供应缺口不至于急剧扩大，而“越垦越穷”的恶性循环也难以摆脱，甚至会进一步加剧，最后导致粮食和经济作物、林牧产品两头落空。另一条路子是为了今后进两步，现在先退一步。按照中央关于“粮食征购指标继续稳定在1971—1975年‘一定五年’的基础上”、“杂粮地区口粮在三百斤以下的，一律免购”等规定。把高征购指标降下来，使“人”和“地”都有一个休养生息的机会，有步骤地把宜林宜牧山区，首先是晋西北水土流失严重地区的陡坡地和瘠地退耕还林、还牧，有的可经由草田轮作过渡，实行牧草、灌木、乔木并举。根据不同情况，因地制宜地发展水源涵养林、风沙防护林、用材林、各种经济林。木本油料、果园、桑园以及各种畜牧、家禽养殖场和养蜂场，恢复发展各种传统土特产品的生产。在此基础上，进一步发展各种农林牧产品的加工工业，逐步向农工联合体过渡。右玉县由风起沙滚的“不毛之地”变成郁郁葱葱的“塞上绿洲”的经验是很值得重视与推广的。

与此同时，在晋中、临汾、运城、上党、忻定、雁北六大盆地和山区零星河滩地、缓坡地，集中力量建设旱涝保收的高产稳产田，分别建立商品粮、商品棉等基地，在现有和今后规划建设的城市与矿区，建立农副食品供应基地，使粮、棉、油、麻、丝、糖、菜、烟、果、药、杂各得其所，农林牧副渔五业兴旺。

怎样才叫把山西的农业搞上去了呢？是不是非要实现粮食、棉花等农产品自给，才叫把山西农产搞上去了呢？我以为不能这样看，在山西这个大量外调能源，发展农耕业的自然条件又比较差的省，果真这样做了经济效果也未必好。所谓把山西农业搞上去，是要从山西本省的自然条件出发，运用“比较成本”和“完全劳动消耗最低”的分析方法，选择那些具有经济优势或者与外地相对差幅较小，以及产品不宜远距离运输的农业部门和农作物，优先发展，争取这些产品不仅能自给，甚至可以外调和出口；而那些省内生产经济性确实很差的农产品则依靠省外调进；真正按农业地域分工、社会大生产的布局思想，确定山西农业发展的远景目标，安排省内农业经济结构。

为此，需要抓紧对全省的土壤、地貌、气候、水文等进行普查，借以有科学根据的进行农业经济区划，作为农业生产布局的科学基础；不顾自然条件，不计经济效果的农业布局，导致亩产不足20斤的棉田，占全省棉田总面积的1/5；亩产不足500斤的甜菜地占全省甜菜面积9%；这些都需按照“因地制宜，适当集中”的原则根据农业区划逐步予以调整。农业区划也是确定各种农用工业和农产品加工工业的布局及其产品方向的重要科学依据；这样才能使农用工业真正经济有效地为农业生产服务，满足各地对化学肥料、农药、农业机械和技术服务等方面不同的需要，扭转目前施肥、喷农药不问作物种类、土壤性质、地形特点，谈化肥则多半是低肥效的碳铵；谈农药则多半是高残毒的硫、磷、氯的化合物；谈农业机械化，则多半是少数几个型号的拖拉机，等等。

2. 怎样把山西的轻工业搞上去？曾听到几种不同意见。一种意见认为，要按省内轻工产品的需要量接长这条短腿；另一种认为山西轻工业底子差，产品质量低、成本高、投资效果差，干脆靠煤炭与外省交换轻工产品就行了；第三种意见认为，山西的轻工业，应有所为有所不为，重点发展那些具有经济优势的轻工行业，而不求行行俱全。确实，就整个轻工业看，山西的技术基础比较差，棉纺、制糖、卷烟等部门的原料基础也很薄弱。但有的行业，如酿酒、制醋的历史悠久，产品在国内外市场享有盛誉；有的行业如陶瓷所需的原料——黏土、硬质高岭土与煤炭共生，藏量丰富，分布很广。今后随着煤炭化学与电力的发展，农业多种经营的恢复与发展，将为化纤、塑料、肥皂、合成洗涤剂、丝织和食品工业等提供大量的工业原料与农业原料，使山西轻工业的原料基础大大改观。为了扶植山西的轻工业，提高投资比重是必要的，但当务之急在于整顿现有企业，加强经营管理、提高技术水平、改进产品质量，增加花色品种，抓紧老企业的设备更新改造。扭转目前一方面大量由省外调进轻工产品，省内自产的又大量积压，使自产的轻工产品在消费者心目中，真正建立起信誉。同时通过填平补齐，调整行业内部各环节的不平衡，逐步扭转低档商品多，中、高档商品少，粗加工产品调出，精加工产品调进的状况。山西省重工业多，对男女劳动力的使用不平衡，城市待业人员中一多半是妇女，发展集体所有制的轻工业，以及商业、服务行业是扩大就业面的一条重要出路。目前山西二轻系统的工业产值占整个轻工产值的一半以上，30 年来上缴税金利润 15 亿元，而同期投资仅 2900 万元，改变这种只要税利，不管其他的"竭泽而渔"的做法，大力扶植集体所有制企业的发展，是把山西轻工业搞上去不可忽视的重要方面。积极引进先进技术和经营管理经验，是能否把山西轻工业搞上去的关键。除了从国外引进必要的技术和设备外，更多的要注意从国内工业比较先进的地区"引进技术"，"引进管理"。这条路子，不用外汇，容易办，见效快，方式可以多种多样。从合资经营、补偿贸易、生产技术协作到引进设备工艺技术或聘请技术专家与管理专家、老技工（包括已退休的）来山西进行技术服务、咨询等。

3. 怎样发挥重工业的潜力？为能源基地建设、为农业、轻工业市场服好务？山西重工业门类比较齐全，设备能力相当可观，只要克服重点不当，彼此脱节，各个自成系统，结构松散和管理混乱等弱点，围绕煤炭开采和综合利用这个中心，积极为农业、轻工业和市场服务，加以调整、改组和整顿，生产潜力就能发挥，经济效果就可显著提高。

煤炭洗选加工、电力、煤炭化学和建筑材料等直接与煤炭开采和综合利用相连的部门，今后要加快发展。目前山西洗煤的能力只相当于原煤产量的百分之五六，每年调出的五六千万吨煤炭，绝大部分是原煤外运，一年浪费几百万吨的运力。今后除大同矿侏罗纪低灰分优质动力煤以外，其他煤种，应逐步做到在产地拣矸、筛分洗选后再外运。随着煤炭开采机械化的提高，粉煤比例增加，为充分有效地利用粉煤，可以建立电站，也可以建立发展粉煤成型加工行业，生产煤砖、煤球、高炉喷吹专用煤粉等煤制品，这样既节约了运力，又增加了煤矿的盈利；也有利于热能利用效率的提高。山西现有发电设备的装机容量 207 万千瓦，1978 年发电量 106 亿度，仅占全国的4.1%，满足省内需要还差20亿度电量、30万千瓦的装机，今后有大量的洗中煤、煤泥、粉煤和煤矸石可以在坑口或矿区就地就近建立大型火电站，向外输出电力减轻铁路运输的压力。如1985年前新增600万千瓦的装机，就可以减少近两千万吨的运量。建材工业是山西重工业中的一个薄弱环节，目前供需矛盾已相当突出，随着能源基地建设和补还住宅、市政建设等欠账，建材需要量将迅速激增，而省内原料条件很好，不仅有丰富的石灰石、石膏、石棉、珍珠岩等天然资源，还有煤矸石、电厂粉煤灰和各种工业矿渣可利用。因此，砖、瓦、水泥、各种新型轻质建材和预制件也都大有发展前途，为使煤炭资源得到全面综合利用、煤炭化学工业和以化工产品为原料的轻工业，都应有所发展。首先要集中力量把洪洞焦化厂等一批动工已近十年的大型项目抓紧建成并正常生产；把从西德引进的30万吨化肥厂的厂址有科学根据地确定下来，组织专门班子尽快消化，掌握这套以煤炭为原料的化肥生产新流程。

山西机械工业的设备能力名列全国第五六位，拥有各种金属切削机床8.2万多台，其中军工企业为1.8万多台。由于绝大多数为全能厂，产品单一、技术落后、经济技术指标差，长线产品“吃不饱”，急需的短线缺门产品“吃不了”。不少处于停产半停产状况，随着基建战线进一步压缩，矛盾越加显露，只有打破军工民用和各种行政隶属系统的界限，按专业化协作原则进行彻底改组，使每个企业在分工协作体系中有明确的定位和稳定的产品方向与服务对象，真正转向为煤、电能源基地的建设，为农业、轻工业和市场服务，为各部门老企业、老设备更新改造服务，才能广开门路，克服暂时困难，增加生产，增加财政收入。对重点企业重点产品要有计划地培养扶植，积极试制新产品，把国家急需的缺门产品搞上去，并争取进入国际市场，既为国家创外汇，又有利于促进全省机械工业技术水平的提高和产品更新换代。山西冶金工业30年来投资30亿元，至今矿石原料没有解决，太钢的原料绝大部分依靠进口矿和外地矿；1958年以后，近百个中小钢铁厂同时“遍地开花”，时过二十多年至今没有一个矿石采选过关、各生产环节协调、产品对路的中型钢铁厂，急需择优淘劣，突出重点加以调整。从长远看山西有丰富的廉价电能，钢铁生产应着重在品种、规格上做文章，除满足农用、民用建筑需要的小型钢材外，要大力提高优质钢、合金钢的比例。

4. 怎样疏通渠道，把省内外物资交流搞活？山西经济结构的调整和能源基地建设能否顺利实现，首要的一环在于能否把交通运输搞上去。只有保证省内外物资交流渠道畅通。山西煤炭资源丰富的经济优势才能充分发挥。目前山西铁路外运能力近 1 亿吨（其中外运煤炭 6000 万吨左右），1985 年要达到1.5 亿万吨（其中外运煤炭1 亿吨），需对京包线（大同—北京段）、石太线、太焦线，南北同蒲和京原五条干线以及接运的石德线、胶济线、陇海线（郑州以东）等抓紧技术改造，实现电气化或修复线；新建侯西线（侯马—禹门口段）和长邯线（长治—涉县段）等新线。最近中日政府谈判，日方将提供长期低息贷款修建石臼所、扩建秦皇岛两港口，修建兖州至石臼所的铁路和通砣线、京广线（南段）的复线，这些线路和港口的建成，将有利于晋煤的外运和出口。可以设想，如果山西现在积存的近千万吨煤炭，能运到华东、中南，使这些工业和农业基础较好但燃料动力严重短缺地区的工厂“吃饱”开足，从这些地区运回轻工业品和农副产品，对双方经济的发展都将起很大的推动作用。在干线改造的同时，还要注意有步骤地进行省内支线与煤矿专用线和公路建设，使目前许多地方煤矿和小煤窑的“死角煤”和各种土特产品能在支援国家四化中发挥作用，对活跃城乡物资交流，支持农村多种经营的发展，增加社队收入，改变沿线地区的经济面貌更有深远影响。

在物资交流中，除了抓紧交通运输建设，使山西与外地余缺物资的调剂，能货畅其流；还有一个“价值补偿”问题，在煤炭价格长期偏低的情形下，30 年来通过价格渠道，累计转出的国民收入估计达 90 多亿元，相当于目前全省一年半的国民收入总额，这对山西财政经济状况不能不说带来了很不利的影响。今后不仅外调煤炭增加，还有大量电力外输，怎样保证煤、电外调越多，山西经济能越富裕，而不至于出现如有些同志担心的“越挖越穷”和“烧了山西的煤、占了山西的地、喝了山西的水，电力送出后，留下一堆灰”，这是关系山西能源基地能否顺利建成和山西经济面貌能否较快改观必须研究的一项重大经济政策。可否考虑：（1）国家每年分配山西外调煤、电的任务，要和调入山西农副产品、轻工业品的数量挂起钩来，有取有予、“水涨船高”。（2）在保证完成国家煤炭调出任务的前提下，山西可以和其他地区签订协议与长期换货协定，按协议价格互通有无。(3)在完成以上两项任务后，再增产的煤炭，山西可以按自由价格与外省互通有无。(4) 按煤炭年产量的一定比例，给山西适当的外贸自主权，外汇收入和外贸利润留给地方。

三 抓紧能源基地建设的各项组织准备与技术准备

(一) 煤炭工业管理体制的改革

目前山西煤炭的开发，是按行政隶属关系分别管理，省级就有煤炭管理局、地方煤炭管理局、社队企业局，分别管辖中央国营统配矿，地方矿和社队小煤窑以及军办矿、劳改矿。从省、地、市、县公社甚至大队都设有煤炭管理部门，行政管理机关，重床叠架，相互掣肘，给煤炭资源和各种共生矿伴生矿的综合开发、综合利用与全面规划、生产的统一调度指挥等带来很大困难，不能适应能源基地建设的需要。应积极创造条件，组建全省煤炭及共生矿的联合开发公司，按不同煤田下设分公司，对不便于实行现代化开采的煤田边缘部位，由分公司采用经济合同的方式，发包给社队、军队和劳改系统，在分公司的技术指导下，按统一规划进行开采，这对保护矿产资源，提高资源回采率，提高小煤窑的技术水平和安全生产都有好处。公司与分公司作为经济组织按章向各级地方缴纳所得税、资源税、土地税等。地方利用税收为主的财政收入，贷款给专门经济组织，统一负责矿区民用住宅和各项市政建设的建筑和经营管理。

其他工业部门，结合工业改组，亦应逐步分别组建企业性的专业公司或联合公司，对同一行业实行统一规划、统一经营管理。

(二) 抓紧地质勘探工作

山西煤炭资源丰富，但勘探程度低，现有 2000 亿吨探明储量中，达到精查的储量仅 427 亿吨，扣除已利用和暂难利用的储量后，可供设计新建井的精查储量仅 123.4 亿吨。估计为第七个五年计划时期以前新井建设提供精查储量，尚需完成 174 万米进尺的勘探工作量。弄清地下水资源的任务更为繁重。这些都需及早安排，促使能源基地的规划和建设能放在科学可靠的地质资料基础上。

（三）安排好能源基地的布局

关键是处理好三个关系。一是新井建设和老井挖潜的关系，1974—1977 年，山西统配矿系统没有新建一个井，也没有一个新井投产，五年内产量却净增了近两千万吨，全部是靠“老矿挖潜”。采掘工业与加工工业有一个重要区别，就是受自然资源的制约，如果矿井原设计开采年限是合理的，又没有新增储量，在老矿老井搞“挖潜翻番”，不合理地加大开发强度，虽能解燃眉之急，却使矿井提早衰老、报废，算总账是得不偿失的。二是安排好各大煤田的开发顺序与规模。山西几大煤田的煤种与开发条件是不一的。大同、宁武煤田主要是动力煤；阳泉和晋东南沁水煤田主要是无烟煤；西山、霍西、乡宁、河东是炼焦煤。从全国煤种的产需平衡看，主要是动力煤不足，无烟煤更缺，大量的炼焦煤现在都拿来作动力煤使用了。按照以销定产、先易后难的原则，近期开发重点似应摆布在几个无烟煤和动力煤田上，而这些煤田恰恰是交通运输条件和原有基础较好投资能较快见效的地区。三是处理好大、中、小的关系。山西省 65% 的县有煤炭资源，含煤面积占全省土地面积 1/3 以上；加上国家对煤炭需要的急迫和财力限制。这些因素的综合作用，客观上决定了在矿井建设的规模、技术水平以至所有制形式上，要采取多元结构。山西现有 2700 多个小煤窑，产量占全省 1/5，在满足国家对煤炭的急需上作出了贡献，但也存在浪费、破坏资源严重，原煤大量积压等一系列问题。今后如何发挥积极作用，避免消极影响，有两点是应该考虑的：（1）除承担地销煤的小煤矿外，在开发布局上要坚持“运输先行”，修一线，开一串，有条不紊，逐步扩展，避免“四面出击”、“遍地开花”，表面上热热闹闹，实效却很差的做法。（2）小煤矿同样要有正规设计实行科学开采，再不能继续把“小”与“滥采滥挖”“打乱仗”画等号。

（四）开展区域规划

在安排好“大布局”的同时，对“小布局”亦需通盘考虑。30 年来由于工交和农田水利建设等占地，山西耕地面积净减少1147万亩，加上人口增长，人均耕地由解放初的48亩下降到2.4亩，工农业用水的矛盾和环境污染也很突出。在能源基地建设中，为了尽量缩小这些消极影响，单靠各企业分头选厂定址是不行的，必须开展区域规划、城镇规划，按照周总理提出的“工农结合、城乡结合、有利生产、方便生活”的原则对围绕大煤田、大电站等出现的新工矿城镇进行统一规划，全面安排合理布局主体项目与配套项目、“骨头”与“肉”、城镇与城郊农副食基地、生产与“三废”治理工程，妥善解决相互矛盾，综合利用化害为利。

（五）加强科研文教事业，调动科技人员的积极性，提高职工的文化技术水平

现代化能源基地能否建成，科学技术和人才培养是关键。由于历史原因，山西科技人员比例很低。全省工交系统（军工、铁道除外）72万职工中，科技人员6400多人，才占0.8%，且一半以上是外省同志。由于种种原因，近年陆续有人调离，还有不少人也想调出，怎样使现有科技人员安下心来，为能源基地建设贡献才智；除了改善他们的工作条件、生活待遇外，更重要的是要肃清林彪、“四人帮”极“左”路线的流毒和各种地方、山头气息、充分相信、依靠知识分子，做到“能者在其位”、“能者有其权”。现有高等院校和科研机构的整顿、充实，新建必要的科研文教单位，大力培养各类专业技术和经营管理人才，加强职工培训工作，提高他们的文化技术水平，都须及早认真安排；特别是煤矿工人，现在大部分只有小学文化程度，还有文盲、半文盲，远不能适应煤炭开采机械化和现代化能源基地建设的需要。山西现有几十台进口的综采设备，有一部分“趴窝”，运转的年产量还没有达到设计水平的一半，充分说明孤立地只抓“设备投资”，不重视员工培训等“人才开发投资”，投资效果是难以充分发挥的。

通过山西经济结构的调查研究，进一步体会到，经济结构同生产目的、发展目标、产业政策和比例关系是密切相连的。生产目的、发展目标和产业政策，制约决定了经济结构的基本模式；经济结构的模式又决定了各种具体比例关系，如此环环相扣；这在整个国民经济的综合平衡和地区经济综合平衡中都是相同的。但是地区经济综合平衡又有其特点，既不可能也不应该按本地区对最终产品的需要，作为综合平衡的出发点（这样做，无异于构筑一个封闭的自然经济“孤立国”）而必须从本地具有经济优势的部门和国家对该部门产品的需要量出发，进行地区平衡——这是地区经济综合平衡的一个重要目标，但不是唯一目标。除此以外，还要在充分考虑区际物资和资金调出（入）的基础上，保证计划时期，按人口平均的消费基金和吃、穿、用、住、行等主要方面有所提高改善，以及生态环境的维护。归纳而言，一个地区（省、地市、县）经济社会发展同时有三重任务：一是完成全国劳动地域分工对本地区的要求，保证优势部门产品对全国的供应；二是保证本地区经济增长，人民生活水平不断提高；三是维护地域生态环境。三重任务兼顾了全局与局部、长远与近期、经济增长与民生改善，是地区经济健全发展的完整目标体系。

（1979 年冬对山西经济结构调查后写的报告，原载《山西能源基地经济资料》1980 年第 1 期）

制度创新是加快中西部发展的主动力

一 传统体制束缚是中西部工业化相对滞后的深层原因

1978年以来，广大中西部地区工业化和区域经济的发展进入了新时期。20年来，中西部地区无论在工业和国民经济增长速度、工业和经济总量的扩张，以及工业与经济结构的调整、升级上，都取得了历史上从未有过的重大成就。但是，和发展更快的东部地区相比较，不仅工业与经济增长的速度较慢，经济增长的质量和竞争力与东部地区更有明显的差距。和改革开放初期相比，中西部地区在全国工业与国民经济中所占份额呈下降趋势。

造成上述地区发展差距的原因，除了自然条件、区位地缘、历史基础和国家宏观政策以外，按经济增长函数等方法分析，它直接导源于：投入资本增幅较低、存量资产和增量投入产出的效率较低、市场开拓力与经济外向度低、引进区外、国外资金规模有限，在资金与人才严重短缺下，大量资金、人才外溢，所有制结构调整滞后，乡镇企业等非国有、非公有制经济发展缓慢等等①。而制约上述诸因素的更深层原因，正在于体制与制度环境的差异；无论在突破传统经济制度与体制束缚的力度方面，还是创建符合社会主义市场经济要求的新经济制度与体制迈出的步伐方面，中西部较之东部地区都存在明显的差距。

1949年以前，广大中西部地区的工业占全国不足1/3，除武汉、重庆两大城市近代工业有相当规模，长沙、衡阳、南昌、九江、昆明、贵阳、西

① 参见陈栋生等《西部经济崛起之路》，上海远东出版社1996年版；魏后凯等《中国地区发展——经济增长、制度变迁与地区差异》，经济管理出版社1997年版。

安、兰州等城市有若干近代工厂外，其余广大地区都处于前工业化社会，有的甚至处于与世隔绝或半隔绝的封闭状态。截至改革开放之初，中西部地区的工业资产存量，可以说绝大部分是“一五”和“三线建设”时期，在高度集中的计划经济体制下，依靠国家投资浇铸而成。它在为中西部地区奠定相当规模的物质技术基础的同时，亦把一个国有国营比例更高的单一公有制和更加完备、更为严格的集权计划经济体制嵌入了自然经济、半自然经济的土壤之中。这种“二元经济”在近乎隔绝的状态下平行运行于中西部地区；但两种“存在”所决定的“观念意识”——计划经济体制下从工厂到地方政府一切行动等待自上而下的指令拨动，一切依靠自上而下的拨款调物的“等、靠、要”和内陆地区小生产的封闭保守，经年累月地重复“昨天的故事”的墨守成规，却息息相通、相互缠绕。

传统体制的坚壳，传统观念的束缚，使改革开放在中西部启动时，遇到了远比东部地区为甚的“显性障碍”和“隐性障碍”。在东部特别是东南沿海地区，对传统体制和规则的突破，首先是依靠逐步壮大的各种非国有、非公有的经济成分，从四面包抄，对其进行“边际演变”开始的。而内陆传统文化的积淀和民间资本积累规模的有限，使中部，特别是西部地区有能力、有意愿进行“边际演变”的动力与动力源远弱于东部地区。中西部与东部体制转轨和制度创新差异的效应，到80年代中期，开始在区际发展差距上显露出来。关注地区差距扩大问题的呼声，不仅成为当时许多传媒报道的热点，也是一年一度“两会”代表发言的重点之一。开初，主导的意见是：国家政策的天平不要过分东倾，要增加对中西部的政策投入和资金投入。但就在要求增加国家投入的同时，在系列梯度落差，特别是制度环境落差的势能下，中西部特别是西部地区的人才、资金正大量地“一江春水向东流”。这使有识之士看到：国家增加资金与政策投入固然重要，而更重要的是深化改革，优化中西部的体制与制度环境。由计划经济向市场经济转轨，在我国是渐进式推进的。从市场的品种结构看，是先放开日用消费品等下游产品，由下上溯，逐步放开投资类产品；先放开商品市场，再逐步放开要素市场。从市场的空间结构看，是先放开基层市场，尔后发展到地方市场、区域市场，逐步形成国内统一大市场，并与国际市场接轨。如果说在地方—区域市场发育阶段，市场竞争已开始搅动“一池秋水”，甚至由于基层政府的地方保护主义，先后出现了“××（羊毛、蚕茧、烟叶……）大战”。但总的看，当时中西部多数工厂还能依托地方市场，继续吃着“太平饭”。一俟国内大市场形成、众多外商独资、合资企业进入大市场，掀起狂风巨浪，在传统体制下运行惯了的中西部地区的工厂，不少患上了“市场不适应症”，个别地区、某些行业甚至陷入“灭顶之灾”。我国最早出现竞争性市场结构的家电等耐用消费品行业是最明显的例证。80 年代，除西藏以外的西部各省（区）都先后上了自行车、收音机、录音机、洗衣机、冰箱和电视机生产线，总产量也曾达到一定规模，而进入 90 年代，在激烈竞争中，市场先后丢失，产量大幅度下降，有的则被淘汰出局。竞争的“教鞭”，使人们看到市场经济下，区域经济发展和传统体制迥然有异的新内涵：其一，区域经济发展的实际绩效，很大程度上取决于地区经济的竞争力和通过竞争在统一大市场中占取的份额；其二，市场竞争的胜负，很大程度上取决于是否勇于创新，包括技术创新、管理创新、经营创新等，而上述诸多创新的前提是制度创新；中外区域经济发展的历史与现实表明：创新是一个地区不断进步、兴旺繁荣的不竭动力。

当中西部带着竞争中的酸甜苦辣，面对商战的挫折，与东部继续拉大的发展差距，思考原因与对策时，传来了邓小平同志铿锵有力的声音：“从根本上改革束缚生产力发展的经济体制，建立起充满生机和活力的社会主义经济体制，这是改革，所以改革也是解放生产力”。随后召开的党的十四大确定我国经济改革的目标是建立社会主义市场经济体制；十四届三中全会《关于建立社会主义市场经济体制若干问题的决定》，进一步勾画了新经济体制的基本框架。1997 年，党的十五大，继承、发展邓小平理论，在公有制实现形式多样化，非公有制经济是社会主义市场经济的重要组成部分，资本与技术等生产要素参与收益分配上作出了理论的新突破，勾画了跨世纪发展的宏伟蓝图。沿着党中央指引的方向，在 80 年代改革既有成就的基础上，一个以国企改革为中心、以构建社会主义市场经济基本框架为目标的制度创新在中西部地区扎扎实实展开。

二　调整所有制结构，重构微观基础，培育多种所有制的市场主体

中西部地区工业的主体，绝大部分是新中国成立后在计划经济体制下新建的，改革开放之初，工业中国有经济的比重就高于其他地区。1980 年中西部按工业总产值计算，国有工业比重超过 80% 的就有 9 个省（区）（黑龙江、贵州、云南、西藏、甘肃、陕西、青海、宁夏和新疆），最高的甘肃省达 92.2%，几乎是国有经济的一统天下。80 年代随着市场取向改革的推进，东南沿海各省非国有、非公有制经济迅速崛起之时，中西部的非国有和非公有制经济虽也开始萌动，但强度远弱于东部。1992 年当全国非国有工业在工业总产值已占到 51.9%，东部江苏、浙江两省非国有工业已占到 71.8% 和 74.1% 时，中部与西部非国有工业的份额仅占 43% 和 33.29%，青海、西藏甚至不足 20%。从 1982—1992 年间，全国非国有工业的份额上升了 26.21 个百分点，东部地区上升了近 30 个百分点，而中、西部地区仅分别上升了 23.25 个和 17.89 个百分点。

中西部非国有、非公有制经济发展相对缓慢，源于多种主、客观原因的综合作用。历史上，中西部多数地区特别是农村商品经济不发达，商品意识淡薄，民间资本积累有限，以及人才、技术、信息等要素的供给约束，乡镇工业的发展远落后于东部。1991 年当东部地区农村集体、个体和私营工业产值占农村社会总产值的比重已超过一半（53.65%）时，中部与西部地区的同类指标值仅分别为 30.35% 和 23.71%。

80 年代中西部不少地区电力、交通、通信等基础设施的瓶颈约束还很突出，投资环境尚处于逐步改善之中，和国家实施的沿海率先突破、梯次向内地推进的对外开放战略，使当时进入中西部地区的国外与港澳台投资还很有限。“六五”期间（1981—1985 年）中部和西部利用外资（含港澳台投资）仅分别占全国的 5.69% 和 3.79%，“七五”计划期间（1986—1990 年），略有提高，分别为 8.36% 和 6.69%，外资在中西部全社会固定资产投资中所占份额，“六五”、“七五”时期不足 1%，“八五”时期有所提高，也不足 5%。

所有制结构调整相对迟缓，对中西部的工业与经济增长率，对中西部既有的以原材料、采掘工业为主的资源导向型结构向市场导向型结构调整转化，都带来明显的影响。对近20年的工业增长率分析，三大地带如按国有工业、非国有工业分别考察其增长率，相互差距不大，甚至在某些时段，中部与西部的增长率超过东部（如1994—1995年期间，中部、西部国有工业、非国有工业各自的增长率都超过东部；1984—1995年、1987—1988年、1989—1960年期间西部国有工业的增长率都超过东部国有工业)。但从全部工业看，中西部工业的增长率多数时期则低于东部，究其原因正在于增长率远高于国有工业的非国有工业，在中西部工业中的份额提高得缓慢。

中西部非国有、非公有制经济发展相对缓慢的状况，在党的十四大以后开始转变，特别是在党的十五大以后，中西部各省（区、直辖市）党委、政府都及时作出了关于大力发展非国有、非公有制经济的专门决定，使所有制结构调整的步伐大大加快。尽管目前中西部工业中非国有、非公有制的比重还低于东部和全国平均值，但增长幅度很快。1992—1997年的五年间，中部地区非国有工业的份额提高了25.45个百分点，已超过全国平均值（19.63个百分点)；西部非国有工业的份额提高了15.99个百分点，已接近全国平均值。目前中西部19个省（区、市）工业所有制结构，大体有三种类型：第一类是非国有工业在工业总量中已超过75%，与东部地区许多省的同类指标值相近。属于此类型的有安徽、湖北和湖南3省。但3省非国有经济中占大头的是集体所有制经济，城乡个体和私营工业、外商投资企业发展上，与东部还有较大差距，有待赶上；再者，集体所有制经济亦面临制度创新的任务，亟须通过股份合作制等方式解决政企不分、产权不明晰等问题。第二类是非国有工业在工业总量中超过50%、不足75%的。属此类型的有山西、内蒙古、江西、河南、重庆和四川六省（区、市)。第三类是，非国有工业在工业总量中不足一半的，有黑龙江、吉林、贵州，云南、西藏、陕西、甘肃、青海、宁夏和新疆十个省（区)，其中新疆、青海两省（区）非国有工业的比重尚不足30%，所有制结构继续调整的任务还相当艰巨。

近20年中西部地区所有制结构调整的历史经验表明：

第一，所有制结构调整是中西部制度创新和经济振兴的突破口。中西部地区的人口占全国总人口近60%，而工业产值仅占全国的1/3强（1997年数据约占34.6%），这表明中西部处于更不发达的社会主义初级阶段，从中西部这个最大的实际出发，一切有利于生产力发展的所有制和经济形式都应鼓励、支持。近几年中西部所有制结构调整步伐最快的皖、鄂、湘等省，其工业和省域经济近年的增长率，不仅在中西部，在全国亦居前列。十五大以后，陕西省大力促进非公有制经济发展，仅1998年上半年城乡个体工业和私营企业新增注册资金就分别比上年同期增长18.6%和62.8%，实现工业总产值90亿元，比上年同期增长11%，对全省工业增长率的贡献度高达60%，充分表明所有制结构调整是中西部工业制度创新的突破口，经济振兴的启动器。十五大报告在论述公有制主体地位、国有经济主导作用时，特别强调“这是就全国而言，有的地方、有的产业可以有所差别”。中西部特别是西部地区的一些省（区）的工业在全国工业总量中所占份额不足1%，不涉及国民经济命脉与控制力，在所有制结构上，理应更加放开，以便通过更加宽松的制度环境，弥补其他方面的不足，为来自各个国家、国内各地区、各种所有制的投资者，提供有吸引力的回报预期，加快中西部所有制结构调整和工业化的步伐。

第二，所有制结构调整和国有经济战略布局调整相结合。中西部国有工业资产存量庞大，经营效益差，个别地区与行业，相当一部分国有企业早已是资不抵债的“空壳”。这和国有经济现有布局战线过长，覆盖几乎所有工业行业和不同规模的工业企业密切相关。既不利于地区经济发展，也不利于国有经济主导作用的发挥。改革的方向一是“抓大放小”，因地制宜、因厂而异，分别采取改组、联合、兼并、股份合作制、租赁、注资承包经营、托管和出售等形式，放活大批小型企业；二是根据行业和领域的不同性质，确定国有经济布局重点的定位，国有资本从不具有对经济全局控制力的一般竞争性行业与领域，大部或全部退出：而将国有资本集中布局于关系国民经济命脉的重要行业与关键领域，以及具有社会公益性的公共产品部分，提高国有资本的质量与控制力，达到名“退”实“进”的目的。

现有国有企业改革，无论大型或中小型，但凡涉及所有制变更的，都须严格依照法定程序与国家有关规定执行，准确评估资产、公开交易、杜绝“黑箱”操作，使国有资产、债权人和职工合法权益受到保护。在此前提下，具体改革形式、出售价格，需视出售企业的情况，当地产权交易市场的供求状况而定。

1992年四川省宜宾县采取“改、转、租、包、卖、破、并、分、嫁(接)”等方式，对国有企业和产权模糊的集体企业、乡镇企业进行产权改革；随后河南省漯河市从产权人格化入手进行国企改革，实现了“资产连心、经营贴心”，均取得了明显的效果。

第三，所有制结构调整和进一步扩大开放相结合。作为欠发达的中西部地区，除依靠内部调整外，通过进一步扩大对国外、区外的开放，引进资金、技术，是加快所有制结构调整的重要途径。陕西省以丰富的煤炭资源换回国外“德士古水煤浆技术”建成了大型化肥厂；通过出让渭河电厂部分股权，换回28亿多元资金，筹建其他新厂；通过让出一块市场，引进“康佳”，促进陕西彩电业迈上新台阶；通过出让铜川铝厂的部分存量资产，换回资金扩建新厂。这种以资源换技术、以产权换资金、以市场换项目、以存量换增量的办法，既调整了所有制结构，又盘活了存量资产，促进了产业结构的调整升级，可谓一举多得。

中西部地区有丰富的资源和劳动力、广阔的潜在市场，随着国家在基础设施建设安排上重点向中西部倾斜，投资环境已经并将继续明显改善。加上国家实施鼓励国内外投资者到中西部地区投资，引导东部地区某些已经或正在丧失比较优势的产业向中西部转移的政策，组织东西部对口支援，有关方面又先后推出《乡镇企业东西部合作示范工程》、《光彩事业》等予以支援。中西部地区只要发挥诸多要素价格相对低廉和颇具潜能的庞大存量资产的有利条件，用好、用足国家的相关政策，完全可以巧借外力加快所有制结构与经济结构双调整的步伐。

三　积极推进现代企业制度建设，通过国有资产重组，提高国有工业整体素质

作为中西部地区经济命脉的国有工业企业改革，十一届三中全会以后启动。首先从政府对企业放权让利、调整国家与企业间的责权利关系起步，

继而推行多种形式的承包经营责任制。当时重庆、成都、武汉作为国家第一批城市综合改革试点的城市，曾为全国企业改革提供过宝贵经验。1992年党的十四大以后，中西部的国企改革进入机制转换、制度创新的新阶段。截至1996年年底，中西部地区由国家和省（区、市）两级主持的现代企业制度试点企业制度试点企业已近千家。据初步调查，效果很好和较好的约占40%。进入90年代中期，中西部国有企业既面临来自东部地区的企业，又面临区内乡镇企业、私营企业和三资企业的挑战，亏损面继续扩大，亏损额不断增加。现实告诉人们：要求把每个国有企业都搞好、搞活，既无可能，亦不符合客观规律。按照十四届五中全会“着眼于搞好整个国有经济”的精神，走联合、兼并、破产之路，通过国有企业的存量资产流动、重组，向优强企业集聚，既盘活了大批闲置或沉没中的国有资产，又催育了一批大型企业集团。联合、兼并大体有三种类型：一类是中西部各省（区、市）内部的强强联合和优强企业兼并其他企业。前者如重庆市嘉陵、建设两大企业，以及一批生产摩托车零部件的企业，于1997年10月15日联合组建成“中国嘉陵建设摩托车集团”，总资产达100亿元，拥有年产400万辆摩托车的生产能力，成为该行业的五强之一。后者如武汉市纺织业的重组，该市原有90多户纺织企业，多数严重亏损或经营困难，后由拥有“冰川”名牌的服装企业一一兼并，几年间发展为集防寒服、西服、针织等系列服装，从原料到成品，跨工、商、外贸的大型企业，成为武汉纺织行业的三大集团之一。再一类是，中西部各省市的优强企业，到省、市以外实行跨地区、跨所有制的兼并。如以生产火腿肠闻名的河南双汇集团，先后兼并了大庆、绵阳等6个市的7家“休克”中的肉联厂、食品厂，既盘活了5亿多元的存量资产，又使被兼并企业原有的原料肉供应腹地和目标市场进入双汇旗下，1997年集团销售收入比上年增长23%，达到30亿元。再如拥有深受农民欢迎的“新－2型”收割机的新疆联合机械集团有限责任公司，为实现“背依天山、逐鹿中原、走向全国”的市场战略，在中原地区兼并有关企业，形成拥有8个分厂、20多个零部件厂、130家协作配套厂的“集团军”，实现同类产品全国市场占有率70%。上述两类联合兼并，紧紧围绕培育、壮大地区支柱产业、优势产业，实现“造舰创牌”的目标。和前两类不同的第三类是请省、市以外的优强企业兼并本地的危困企业。

如武汉市通过转让股权（55%以上）等方式，先后由海尔集团兼并了本市希岛公司；深圳宝安集团兼并了本市马应龙药业公司；海南赛格公司兼并了武汉双虎涂料公司；无锡小天鹅兼并武汉洗衣机厂等，通过海尔等外地优强企业品牌、资金、技术等的注入，被兼并企业先后走出了困境，有的还开发出技术含量较高的新产品。截至1997年6月，武汉共有332对企业实现兼并，盘活存量资产10.2亿元，使银行4.8亿元的不良债权转为良性，消化亏损企业315户，安置下岗职工7.7万人。武汉作为中西部的缩影，以其改革成效说明了，结合地区产业结构的调整升级与企业组织结构的优化，对国有企业实施战略性重组，是把中西部国企改革向纵深推进的必由之路。

根据近20年中西部国企改革的历史经验和市场经济对微观基础的客观要求，今后，企业改革需要着重注意解决好下述问题：

（一）公司制改组要规范，经营机制要真转换

经过多年探索，党的十四届三中全会确定建立现代企业制度是国企改革的方向。这是因为以公司制为主体形式的现代企业制度产权清晰、权益责任明确，在股份制的资本组织形式中，出资者和受托载体（公司）之间形成严密的产权约束制衡机制，并通过规范的公司治理结构，实现科学管理，克服传统企业制度的诸多弊端，使企业真正成为法人实体和市场主体，成为能与市场相契合的微观基础。中西部众多企业按照《公司法》的要求，进行规范化改制，实现了机制转换，取得了明显效果，长虹集团等一大批企业，就是突出的代表。但也有不少企业，牌子换了，“三会”（股东会、董事会、监事会）也建立了，但董事长、总经理仍沿袭党政干部的管理任免体制，“行政脐带”不断，政企难以分开；有的在设立新“三会”的同时，继续保留传统体制中的一些机构，相互掣肘；更有甚者，利用改名换牌，逃废债务和欠税，则与通过改制转换企业经营机制完全背道而驰。

（二）积极探索公有制的多种实现形式

投资主体多元化，是现代公司制突出的特点与优点。现在中西部国有企业改制中，采取国有独资公司的偏多，其覆盖领域远超出《公司法》规定的“生产特殊产品……或者属于特定行业”的范围，不利于政企分开、机制转换等改制目标的实现。今后宜结合企业技术改造、扩大规模，广泛吸收社会各方面的资金，朝多元化投资主体和混合所有制方向发展。

“公有制实现形式可以而且应当多样化，要努力寻找能够极大促进生产力发展的公布制实现形式”是十五大理论上的一个重要突破。陕西咸阳偏转线圈厂改制中对公有制多种实现形式的“寻找”，令人启迪。该厂是90年代初靠负债建设起家的中型工厂，近年来靠产权结构多元化，实行一厂三制（国有、民有、“三资”）发展成偏转线圈生产规模全国第一、世界第二，拥有25家子公司、集科工贸于一体的“四跨”大集团，1997年产值达10亿元，人均创利税12万多元；改制中特别引人注目的是，职工不仅拥有1/5的“偏转线圈”股权，而且在集团内由职工投资组成民营性质的《咸阳偏转投资发展公司》，使职工既是劳动者，又持有资本，职工再不仅仅是企业名义上的主人。

（三）企业改制同改组、改造、加强管理相结合，改制同脱困相结合

对尚未纳入现代企业制度试点的多数企业，当务之急是学习、推广邯钢经验，加强企业管理，特别是质量管理和财务、成本管理，加强技术开发和技术改造。从近期实现脱困目标入手，同时为企业转制建立现代企业制度准备条件。河南舞阳钢铁厂、贵州水城钢铁公司、重庆特钢都曾是亏损大户，学习贯彻邯钢经验后不长的时间内，面貌改观，有的还步入“全国扭亏典型”的行列，这些经验值得推广。

（四）建立专项基金，卸下历史包袱

企业过度负债、企业办社会和富余人员过多，是影响国有企业正常运营和改制的几大难点；而中西部，特别是原三线建设地区、民族边疆地区这些由旧体制和“历史性错误”遗留下来的包袱，较之东部地区国有企业更为沉重，无论从企业脱困和改制看，这是迟早要支付的改革成本，而且早支付比迟支付好。目前，除了某些行业的“拨改贷”转为国家资本金，进入优化资本结构试点的城市享受核销部分银行呆坏账准备金以外，广大面上，政策援助的力度亟待加强。为避免两级财政陡增难以承受的负担,可否比照大城市通过批租土地（使用权）收入，弥补城建资金不

足的办法，将中西部各省（区、市）的部分矿产资源划转到地方政府（县、县级市以上一级政府），地方政府以这部分国有资本的“所有者权益”，形成专项基金，支持中西部国有企业卸下历史包袱，尽可能不背进新世纪。

四 大力发展非公有制经济

全国人大会议通过的修宪，明确规定“个体经济、私营经济等非公有制经济，是社会主义市场经济的重要组成部分”。无论从根本大法对个体经济、私营经济的定位，和中西部社会生产力发展水平看，大力发展非公有制经济，对加快中西部发展、增加供给、进一步繁荣城乡市场，扩大税源、增加财政收入，特别是拓宽就业面，为下岗职工创造再就业机会，具有不可替代的重要作用，在地、县一级经济中，非公有制经济，更居突出地位。促进非公有制经济发展，重在切实做到宪法规定的“保护”和“引导”两大方面，对不同所有制经济，做到一视同仁。

（一）“保护个体经济、私营经济的合法的权利和利益”

1. 以注册制取代审批制，依法核准市场准入。除国家法律有特殊规定的领域以外，均应视为非公有制经济准入的行业与领域；依照法定程序注册核准。对本地和异地的非公有制企业的一视同仁。通过政策引导，吸引更多的东部非公有制企业进入中西部。

2. 地方政府依法为非公有制经济提供产权保护，切实制止“三乱”（乱收费、乱罚款、乱摊派），尊重、保护非公有制经济的知识产权和各项自主经营权。对非公有制企业依法抵制侵权的行为提供法律保护。

3. 为非公有制工业企业，在土地使用、厂房购（租）、融资渠道、大项目的立项、自营进出口、对外合资、出国考察、股份制改造、公司上市、发行债券、高级管理人才与技术专家的延揽，以及这些人员的城市户口、职称评定等方面，创造适宜的政策环境，构建有效的操作制度。例如贵阳市组建会员制的私营企业贷款担保中心，由市财政出资几百万元，加上自愿入会的私营企业交纳的保证金，形成担保基金，存入商业银行，就可按

“存一贷三”的比例，向银行申请贷款。再如不少城市结合市区扩建，开辟专门的私营工业小区，修建标准厂房出售或租赁，都是消除妨碍非公有制经济发展“梗阻”的行之有效的办法。

4. 鼓励非公有制企业参与国有工业资产的重组。支持具有一定实力的非公有制企业兼并、收购、租赁或承包经营国营中小型企业。以优惠政策，引导非公有制企业录用国有企业下岗职工。

（二）“对个体经济、私营经济实行引导、监督和管理”

1. 把非公有制经济发展纳入中西部各级地方的经济和社会发展规划之中。及时向个体、私营企业发布有关经济信息，对非公有制经济进行信息与政策引导。对大城市和经济基础较好的地区，鼓励非公有制经济，提高产品的技术含量，发展高新技术产业。支持科研院所分流的技术专家进入非公有制企业；鼓励科研人员创办民营科技企业，从事科技成果的产业化，以及技术开发、技术转让、技术咨询等科技服务型企业。

2. 对非公有制企业的监督、管理严格依法行政。各监管职能部门要加强协调，克服政出多门，寓监管于服务之中，形成促进非公有制经济发展的合力。

3. 对民间资本积累很有限的不发达地区和贫困地区，宜从搞活流通入手，充分发展非公有制经济的商贸、餐饮、建筑装修、运输和多种服务业，为非公有制的发展积累资本。

4. 对非公有制经济各类人才的培训提供有效支持，提高经营者素质和企业管理水平。把对个体、私营业主的思想政治教育、法制教育、职业道德教育和他们的自律结合起来，充分发挥工商联、个体劳动者协会和私营企业家协会的作用。

五　转变政府职能，为多种经济成分平等竞争共同发展创建良好的环境

明确界定政府和市场主体的行为边界，实行政企分开，是建立区域经济高效运行机制的前提。近20年，特别是十四大、十五大以来，中西部各

级政府在职能转换上作出了很大努力，但和社会主义市场经济的要求还有不小的距离。为加快中西部工业化、现代化的步伐，须尽快实现下述转变：

（一）由直接管理企业转向创建良好的区域发展环境

结合地方政府的机构改革，解除政府与所属企业的行政隶属关系，包括基层政府和乡镇、街道集体企业的行政隶属关系。使中西部的国有企业、集体企业成为无行政主管，能够自主经营、自负盈亏的合格市场主体。

地方政府由过去按隶属原则直接管理所属企业，转向按属地原则，面向多种所有制、多种经济成分的所有市场主体，履行社会经济管理职能，着力于构建良好的区域经济发展环境，具体包括规划、实施基础设施的建设，培育、发展商品与要素市场体系，维护市场秩序和社会信用，创造平等竞争的市场环境，逐步形成全覆盖的社会保障体系，维护安全稳定的社会环境，保护地区自然资源和生态环境，对区域经济实施中观调控等，真正做到政府搭台、市场主体唱戏。

（二）由直接插手国有企业的生产经营转向监管国有资本的运营

政府和国有企业行政隶属关系解除后，地方政府对国有资本全资、控股、参股企业的国有资本的保值、增值负有监管责任。根据武汉市等地的改革经验，按照政府社会经济管理职能和国有资本所有者职能分开，国有资本监管和国有资本运营分开的原则，大体可采取“地方国有资产管理委员会—国有资产经营公司（或称控股公司、投资公司）—企业”的国有资本监管、运营体系。国有资产经营公司，作为国有资本所有者的代表，对国有资本控股、参股企业行使出资者的职权；上对国有资产管理委员会，负责国有资本的优化配置与有效运营，承担国有资本保值、增值的责任。地方政府的预（决）算，应将公共预（决）算和国有资本经营的预（决）算分列，定期向同级人民代表大会报告，接受人民代表和民众的质询、监督与审议，体现人民是有国有资本的终极主人。

（原载《中国工业经济》1999 年第 6 期）

从中部崛起看新乡跨越式发展

一 四年翻一番跨越式发展

新乡市2003年地区生产总值380.77亿元，2007年达到777.9亿元，这表明近四年新乡的经济总量翻了一番多，无论以怎样的标准来衡量，都称得上是跨越式发展。

今后呢？从发展的愿景看，有两个方面：一是继续保持近四年来发展的良好势头；二是全面贯彻2007年年底中央经济工作会议和温总理《政府工作报告》中“五个更加”、“四个坚持”（稳中求进、好字优先、改革开放、以人为本）等指导方针和原则，充分体现这些方针原则所传达的众多信息和提示。

二 准确把握发展走势、乘风顺势而上

如何谋划一方经济的发展，细说起来一大篇；简要的就两句：“抬头看天，低头看地”。“天”就是国内外经济科技发展的大趋势，“地”就是吃透自己的市情、县情。过去四年新乡市跨越式的发展，正是地方决策层审时度势，牢牢抓住了中部地区崛起的大走势、大机遇，举全市之力乘势而上的结果。

众所周知，促进中部地区崛起的政策，在四大广域政策覆盖区中，是最后推出的。有关东部沿海地区率先改革开放的政策，从20世纪80年代初一直延续到90年代初浦东新区的开放开发；实施西部大开发战略，是中央第三代领导集体在世纪之交推出的重大决策；振兴东北等老工业基地是党的十六大报告提出的又一重大战略决策。当以上三大板块相应政策出台后，

中部地区客观上成为了区域政策的低凹地，中部六省的政界、企业家和学者在各种论坛、研讨会上发出呼吁、表达诉求，这对《关于促进中部地区崛起的若干意见》终于在2006年4月15日出台，发挥了作用；但按“贡献度”来说，各界的呼吁最多不超过四成；真正推动《意见》在2006年出台，最根本的是整个国家经济社会发展的大走势、大需求。

第一，粮食安全。十届人大一次会议选出的新一届政府，对中国粮食安全（广义讲是各种农产品的供给）作出了符合客观实际的重估。

第二，制造业的大发展，包括海外、境外制造业向大陆的转移，能源、原材料需求连年大幅攀高，供应瓶颈已现端倪；未雨绸缪，加强能源原材料产业已成为保持国民经济持续快速发展的重要一环。

第三，重振装备制造业，大力发展高新技术产业。前者关系到中国能否实现从“制造业大国”到“制造业强国”的跨越；后者是进入知识经济时代，后进国家推进工业化不可忽视的一环。

中部6省在上述几方面或具有资源丰厚的条件，或已具备相当优势，或有较大的发展潜力。基于上述认识，可以说，中部地区崛起是时代的呼唤!《意见》对中部发展“三基地、一枢纽”（全国重要的粮食生产基地、能源原材料基地、现代装备制造与高新技术产业基地、连接东西纵贯南北的综合交通运输枢纽）的定位，“穴”位点得非常准，既呼应了国民经济发展的大需求，又抓住了中部既有优势的发挥和潜力的发掘。

近几年新乡迈上了跨越式发展之路，正是紧紧抓住了历史的机遇，扣准了上述定位，借中部崛起的东风，乘风升云端。

三　中部地区投资的热土:新乡

有关2007年经济社会发展的数据已陆续公布，选择“城镇固定资产投资同比增幅”这个指标，很能说明问题。全国的增幅是25.8%，中部是33.3%，东部是19.9%，西部是28.2%；中部的增幅既高于全国平均值，亦高于东部、西部，河南省2011年的增幅是35.6%，超过中部6个省的平均值；而新乡市的增幅（36.9%）又高于河南省的平均值。

市场经济条件下，上述指标的地区差异，表明了投资主体对投资区位的市场评价和区位选择。中部地区正是在近几年成为了中外投资家青睐的热土。2007 年河南省实际利用外资 30.62 亿美元，同比增长幅高达 60%，同年，新乡实际利用外资 1.5 亿美元，利用市外资金近 100 亿元，这些绝非偶然；从要素供给和要素价格看，东部地区特别是产业高密集区的土地、环境等已难以为继，要素价格节节攀高（准确地说是以往人为压低的要素价格扭曲正在得到纠正）；中部地区要素供给充裕、价格低廉的优势凸显；再者中部地区人口众多，巨大的潜在市场在近些年支农、惠农政策下，随着农民收入较快增长正逐步显性化，当然也和“十五”以来大规模的基础设施建设和产业配套条件逐步改善等紧密相关。

四　从比较优势到竞争优势

《新乡投资指南》提到的区位、资源、科技人才、电力和成本五方面的优势，都非常实事求是；更可贵的是地方党委、政府，通过一系列的工作，基于比较优势，培育形成了自己以下明显的竞争优势：

一是坚持引资、项目两手抓的双带动战略，坚持招商引资和培育、利用本地以民营经济为主的社会资本；坚持扩大增量和激活存量的两个有机结合。

二是搭建配套条件完备的园区平台，促进企业集群布局，为今后循环经济发展与产业链的连接，作了好的铺垫。

三是不断完善软、硬投资环境。新乡不仅有数以百计的科研机构，为企业提供就近的智力支持，更有科技学院、职业技术学院等教育机构，满足企业对技师、技工的人才需求。除了“知本”市场化供应外，风险投资的平台亦在搭建之中。有关财税与金融方面的各项优惠举措也很到位。正是凭借完善的软、硬投资环境的一系列举措，新乡市 2006 年 9 月被商务部确定为首批“全国加工贸易梯度转移重点城市”；随后又先后荣获“外商眼中的河南最佳投资城市”、“世界投资中国——中小城市魅力奖”和“中部最佳投资城市”，正可谓实至名归。

五 双环地缘经济

《中华人民共和国国民经济和社会发展第十一个五年规划纲要》指出“要把城市群作为推进城镇化的主体形态”，以省会郑州为中心的中原城市群构建早已启动，新乡市被定位为中原城市群核心区城市，这方面已有详尽规划，不用我再赘言，我想新乡在推进经济社会发展时，除充分利用“南向”和中原城市群各兄弟城市的分工协作关系外，同时亦要重视和中原经济协作区各兄弟城市的协作关系，新乡西邻的晋城、长治、近邻鹤壁都是“煤乡”；东邻濮阳是“油城”；北邻的安阳、邯郸和邢台是“钢都”，多系以能源、原材料为主的城市和地区，与新乡市的结构差异较大，给新乡提供了许多“互补性”合作的机遇。

六 最宝贵的“资源”——全民创业的浓厚氛围

新乡市有的资料中谦称自己是“资源匮乏的城市”，如单就天赋的能源、矿产资源而言，新乡和焦作、濮阳相比较，或可如斯说。2012 年 3 月 22 日在长垣县半天的参观学习，使我深感和以往到温（州）、台（州）地区类似的气息：干部人人想干番事业，百姓个个想创业。市场经济本质上说即民本经济，全民创业的氛围和环境，实乃最珍贵的地方资源。正是以此为依托，在小浪底水库解决水患、黄河安澜的大环境出现后，长垣能从外出打工的“劳务经济”及时转轨为“回归经济”，并在不太长的时间里，形成了起重机械、医疗器械与卫生材料、防腐工程、建筑承包、绿色食品和苗木花卉等一系列有竞争力的优势产业，并组建布局有序而各有特色的产业园区。新乡市长垣的实践生动地证实了老子《道德经》中“有无相生”的深邃哲理；现代的资源观和资源利用观正应是“珍视有限（各种不可再生资源）”、“发掘无限（创业精神、创新精神等）”、“以无限点化有限，收点石成金之效”。

七 逐鹿中原当争雄

新乡历史悠久，古乃兵家必争之地，在昔日政治家、军事家眼中，“得中原者得天下”；历史的这一页已永久翻过，在今天市场经济下，从内销市场的占有看，“得中原者得天下”我看仍然适用。深圳和珠三角地区，经过近30年的快速发展，现在已经到了结构的战略性调整、拓展阶段，这既是自身发展的内在需要，亦是辐射、带动和服务全国的社会责任；逐鹿中原，是企业充分发挥“规模与范围效应”拓展市场与资本新空间的需要；是应对深圳和珠三角本地“四个难以为继”约束加剧与要素价格高企的需要；是“腾笼换鸟”加快产业转型升级步伐的需要等；而内地广阔市场的加快升温、投资环境与配套条件的日趋完善，意味着双赢、共赢时代已经到来。《新乡市情说明会暨项目签约仪式》一次签下超百亿元的大单，就是有力的佐证，在此我代表中国区域经济学会向签约双方表示热烈祝贺，希望签约后，双方进一步了解各自的关切，特别是核心关切，尽快进入“蜜月期”，早生贵子结硕果。

经过实地考察、多维论证和深入思考，我们有充分的理由相信：新乡这颗中原明珠未来一定更加璀璨。

（2008年3月6日在《中原崛起与创新新乡发展论坛》上的演讲要点，原载《中原崛起与创新新乡发展论坛集锦》，知识产权出版社2008年版）

第五篇

东部地区经济

海南生产力布局战略研究

海南升格建省以后，将成为我国面积最大的特区，在3.4万平方公里的广阔疆域内，科学地确定空间开发的总体框架，合理安排生产力布局的有序展开，是保证用二十多年或稍长的时间，赶上东南亚较发达国家和地区，实现兴岛富民战略目标中的一个重要课题。

一 海南各类资源和现有生产力的分布

海南经济社会发展目标，岛内各地区的自然地理和人文地理条件，生产力分布的现状和市场方向，是选择全岛开发建设布局总框架的依据。

（一）资源及其分布

海南岛资源丰富，尤以热带作物资源、金属和非金属矿藏、旅游资源和海洋资源为最。在宝岛周围的莺歌海、北部湾和琼东南盆地，以及陆上福山地区，都具有石油和天然气良好的构造，其中莺歌海盆地天然气初步探明的储量已达1000万立方米左右。

海南省是我国最大的湿热带地区。全岛5086万亩土地面积中，宜于橡胶种植的土地1217万亩，占全岛土地面积的1/5以上，主要集中在岛东琼海、万宁一带，岛西北儋县周围和岛南保亭周围；宜于椰子、咖啡、可可、胡椒、香茅、腰果、油棕、香料等热带作物发展的土地近200万亩。同时盛产柑橘、菠萝、荔枝、香蕉、龙眼等热带水果和益智、砂仁、巴戟、槟榔等南药。宜于粮食和甘蔗、麻类、茶叶等经济作物栽培的土地1524万亩，现有甘蔗播种面积已达150万亩，远景有条件发展到200多万亩，主产地集中在岛北的琼山、澄迈、临高，岛西的昌江、东方、乐东。宜林土地1337万亩，集中于中部的五指山和黎母岭；宜牧地和可供淡水养殖的水面分别为466万亩和205万亩。截至1987年底，已开发利用的土地2600万亩，还有近千万亩的土地，在提供灌溉等条件后，即可开发利用，其分布主要集中在岛西的昌江、东方和乐东一带，次为文昌县东北部。

矿产资源目前已知的约50种，储量丰富、具有开发价值的主要有铁矿、钛矿、钴矿、锆英石、石灰岩、石英砂、花岗岩、大理石、天然气和石油等。石碌铁矿储量3.7亿吨，矿石平均品位51%，为我国少有的富铁矿床。钛矿储量约占全国总探明储量的67%。钴矿储量，按金属量计约1.3万吨，品位达0.32%，居全国前列，锆英石储量140万吨，海南钴矿和锆英石储量均占全国总储量的60%。就矿产资源的分布看，铁矿、石灰岩、石英岩、白云岩、铜、钴、金和莺歌海天然气与北部湾油田，主要集中在岛西及其邻近海域；钛矿、锆英石主要集中于东部的琼海、万宁和南部的陵水一带；南部除钛矿、锆英石外，还有少量的铅锌矿和磷矿蕴藏。岛北部，除福山地区正在勘探的石油外，主要为沸石和硅藻土。中部五指山地区，由于地质勘查工作薄弱，至今矿产资源不明。岛内有低热值的褐煤储量20多亿吨，由于利用技术未能解决，目前年开发量仅两万吨，高热煤炭资源至今未发现，全岛所需煤炭，几乎全部依靠大陆运进。

海南岛四面环海，海岸线长1528公里，大小港湾68个，其中主要渔港24个，近海渔场面积6.5万平方公里，环岛湾域中，鱼、虾、贝、参、蟹类达800多种，目前最大的渔业企业是位于岛西马井镇的南海水产公司。浅海滩涂面积38.5万亩，大部分可发展海水养殖业。全岛盐田面积4645公顷，莺歌海、东方、榆亚三大盐场分别位于海水含盐浓度高（2.5%—3.5%）、日照长的岛西南部。

海南岛和美国夏威夷处于同一纬度，气候宜人，风景优美，全岛大小旅游点50多个，特别是位于南部的牙龙湾海滨浴场，五指山黎村苗寨、尖峰岭热带原始林和南湾猴岛等，被国外专家评议为可开发成有国际吸引力的旅游地。

（二）现有生产力分布的态势和特征

经过三十多年的开发建设，海南岛的经济已具有一定的基础。1986年全岛社会生产总值、国民生产总值、工农业总产值和工业总产值已分别达到73亿元、47.65亿元、43.19亿元和17.67亿元。社会生产力的集聚，使海口市已初步形成经济中心；农业生产方面，已形成橡胶等各种热带作物的专业化商品基地。但从全岛生产力分布的总态势看，生产力布局的集聚度低，呈均衡星散式布局。全岛19个市、县，除海口、昌江和儋县工业产值超过1亿元以外，其他各市、县工业产值仅几千万元，结构相互雷同，大部分为企业规模很小的农产品初步加工工业和采掘工业。均衡星散式布局导致城镇化发育程度不足。1986年全岛城镇仅39个，城镇非农业人口占总人口的比例仅12.4%，除海口、昌江和三亚三市（县）城镇非农业人口比重超过20%以外，大多数县城镇非农业人口的比重仅占5%—31.7%，87.6%的人口与劳动力仍滞留在农村和农业领域，制约了社会劳动生产率的提高。按1986年资料计算，全岛每个劳动者创造的国民收入为1438元，比全国平均水平低5.3%，全岛人均国民收入655元，比全国年均水平低11.5%。

长期以来行政指令和条块分割的管理体制，人为地阻隔了生产诸要素按照经济规律自由流动、实现地域优化组合，肢解了生产力布局的内在关联，妨碍了区域经济中心和各种经济网络的形成与发展。截至目前，全岛发电总装机容量35.68万千瓦中，尚未联网的就有19.43万千瓦，超过了总容量的一半；公路中三条纵向干线已经贯通，而横向之间的交通联系，尚未全部联网，一些县、乡之间还有多条断头公路没有接通。

二 海南生产力布局的模式和建设步骤

适应海南充分利用外资，面向国际市场，发展外向型经济的需要，在充分利用现有基础的前提下，海南生产力配置的总框架与格局必须有重大的突破与改变。从长远看，应以建立各区段具有不同功能的环岛产业带为主干，沿海地区与内陆腹地相结合，形成各具特色的五个经济圈域为目标。环岛产业带，以海港、航空港为依托，以港口城市为枢纽，岛外，与国际和大陆市场有方便的海运和空运联系；岛内，以环岛高速公路为纽带，以公路网连接沿海与腹地。

海南现有的基础决定了上述布局目标，只能分期分批实现，采取全面规划，从沿海开始，分片分段开发，点—线—面逐步展开的方式。首先抓“点”，着力培养增长极，特别是全岛最主要的增长极——海口市；其次是三亚、那大、洋浦、八所和文城等区域性增长极，以上述增长极为核心，带动五个经济区的发展，同时逐步形成环岛产业带。

经济不发达地区能否有效借助外部资金、技术、人才等的输入，启动地区经济发展，关键一环是引入要素的配置方式。采用均衡配置格局，各项引入要素配置分散化，转化利用效率必然低下，甚至最后泯灭。而采取首先培植增长极，将外部引入的和岛内现有的生产要素实行集中配置，一则可以提高吸收、利用、转化外部输入要素的效率；二则便于集中财力较快地建立齐备的基础设施、发达的第三产业，迅速形成良好的投资环境；三则通过产业的集聚作用形成“极化效应”，提高境外客商和内联企业等投资主体的投资收益，进一步增强吸引外部输入的魅力。

如何选择增长极？海南的岛域地理特长和长远发展的外向目标，决定了必须从港口城市的有港口依托的城市中筛选。海南岛现有大、小港口14个，年吞吐能力800万吨左右，现有和正在建设中规模较大的港口有海口、八所、三亚、洋浦、马村、清澜和乌场7个。结合现有产业基础和腹地范围，海口市有条件作为全岛的一极增长极，同时发挥北就经济区增长极的作用三亚市可作为南部经济区的增长极；文城镇紧邻清澜港，可作为东部经济区的增长极那镇以洋浦深水港为依托，可作为西北部经济区增长极；八所可作为西南部经济区的增长极。

为使沿海各增长极和港口之间，生产要素能够顺畅流动，充分发挥相互促进和互补的作用，大宗物资可以依靠海运和八所至三亚的西环铁路，客运和鲜活等时效要求高的物流，则需要依靠公路。目前环岛的东西干线绝大部分为三级、四级公路，难以满足今后发展的要求，近期可按双车道无动于封闭式汽车专用路建设，运期发展成高速公路，成为联结环岛产业带的主要纽带，形成以三纵四横①为山脚架覆盖全岛联结沿海与腹地的公路网。现有西环铁路近期有无必要延伸至那大和海品，需在测算今后物流流向、流量和品种的基础上，与公路进行对比选择。

① “三纵”批南北走向的海（口）榆（林）港东干线、西干线和中干线；“四横”指东西走向的四条公路干线，即澄迈—黄竹、那大—琼中—万宁、邦溪—通什—三亚和东方—乐东—天涯。

增长极理论的运用，在国外成败参半，其关键在于能否处理好增长极和周围腹地的关系。孤立地发展增长极，将导致增长极和腹地经济的两极化，最终也使增长极发展的活力衰退。为了避免上述后果，应着力发创设条件，使增长极和腹地的发展有机结合，形成经济区域，形成增长极—县城—镇（包括现有农场的场部）直至农村聚落的健全城镇体系，建立与之对应层次不等的第三产业体系，使产品、资金、技术生产要素突破城乡和行政区域的界限，顺畅流动，优化组合，形成贯通城乡的产业链。这样既便于增长极“扩散效应”的发挥，带动腹地发展；又能迅速催化农村商品经济的发展，使乡镇企业和农垦企业，冲破社区经济的狭小市场范围，跨越“三就”（就地取材、就地生产、就地销售）阶段，直接进入国内外市场，在更广阔的区域范围内，组成“种植、养殖、采掘、采伐—加工—流通”一条龙，既利于获得生产建设中的规模效益，又具有市场开拓的能力。以橡胶木的利用为例，海南有大量已失去割胶价值的老龄橡树，现在伐后多作燃料，如果农村就地进行化学处理和制材（技术上要求伐后24小时以内对橡木进行化学处理），以板材供应城市加工制作家具等木制品，就可以进入国内外市场。总之，丰富的热带作物、瓜果、药材和矿藏资源，只有和城市、港口结合起来，进行开发、加工，才有可能使资源优势转化为商品优势，成为海南外向型经济发展的后盾。

海南全岛有河流154条，其中集水面积超过500平方公里的有13条。海口、洋浦、那大、八所、文城、加积、三亚等增长极和港口，分别是南渡江、北门江、昌化江和万泉河的入海口或下游。以增长极和其腹地组成的经济区，大体与流域经济相吻合，在经济开发中，应根据上游（山地）、中游（丘陵、台地）、下游（平原）和相应的土地类型合理安排产业布局，特别是农业布局，按流域统一规划土地和水资源的利用，协调上、中、下游的经济利益，保护和改善环境生态，实现经济效益与环境生态效益的统一。

三 各经济区的发展方向

（一）北部经济区（或称海口经济圈）

包括海口、琼山、澄迈、定安、屯昌五市县。海口市现有人口30万，是全岛的政治、经济、文化中心，交通、通信和市政建设已有初步基础，集中了全岛现有加工制造业的36.5%。海南建省以后，行政上海口市作为省会，经济上肩负带动全岛腾飞的重任。与全岛外向型经济发展的目标相适应，海口市应朝着百万人口规模的国际性大城市的方向发展，具有与国际和大陆各大城市通畅的通信联系和发达的空运与海运，成为全岛贸易、金融、信息网络的中枢，科学技术和文化教育的中心。

近期（1988—1990年）工作的重点，一是抓紧能源、通信、工业区开发等基础设施的建设，加快马村发电厂扩建工程的进度，缓解能源紧缺的矛盾，使现有工业生产能力得到充分发挥。二是通过外引内联和深化企业改革，使现有工业企业的技术装备和生产经营状况显著改观，扭转相当一部分企业常年亏损的局面，增强自身资金的积累能力。三是将府城镇并入海口市，按照多元组团式原则，重新修订城市总体规划。现有市区作为中心组团，除省、市级党政机关外，将成为贸易、金融、信息等第三产业和国外与大陆驻琼机构、各种开发公司总部的集聚之地，成为全岛各种要素市场的中心，除小型精密无污染工业，其他工业宜配置在别的组团，预留出今后开辟出口加工区、科技工业园区的用地，组团之间应建立绿化带，使海口市在经济科技繁荣的同时，永葆热带风光的魅力。

中期（1991—1995年）通过现有企业的技术改造和外引内联，围绕轻纺、食品、橡胶制品、机械电子等主要行业，培植一批具有市场竞争力的企业和拳头产品；围绕有活力的企业与拳头产品，在海口经济圈以至全岛范围内，组建一批企业集团，对目前“小而全”低水平重复生产的企业组织结构进行彻底改组。同时积极着手组建高技术产业密集小区，培植高技术产业的发展。除借鉴深圳与中国科学院等国内外科研机构合作兴办“科技工业园区”的经验外，还可考虑到用我国三线企业调整改组的时机，以优惠的条件吸引一批进山钻洞太深而要迁出的三线企业搬迁来琼，争取用较短的时间和较小的代价奠定海南高技术产业的初步基础。

远期（1996 年以后）逐步使海口市成为第三产业发达、高技术产业占有相当比重，能有效推动全岛产业结构和技术结构不断升级，参与国际市场角逐，带动全岛经济腾飞的国际性城市。

琼山、澄迈、定安、屯昌各县，除根据自身条件，充分利用海口市的“扩散效应”，使现有种植、养殖和畜牧业提高到一个新水平以外，应积极发展城郊型农业，逐步提高出口创汇农业的比重。各县工业的发展，应尽量与海口市的工商企业形成生产—营销的产业链或联合体。这些县均居南渡江上、中游地区，沿江两岸不应配置污染型工业，以免对海口市生活水源与环境生态造成危害。

（二）南部经济区（或称三亚经济圈）

包括三亚、通什两市，陵水、保亭、乐东三县。是海南岛旅游资源最集中的地区，既有“不是夏威夷、胜似夏威夷”的牙龙湾、大东海等一批海水清澈、沙白如玉的海滨浴场，又有别具风韵的黎村苗寨等，旅游业将成为本区的主要产业。远景以发展为国际性旅游区和临空型高技术产业区为目标。区内工农业与服务业的发展，都应围绕旅游业这个中心，工业发展要从加强食品、旅游工艺品等行业抓起，矿产资源的开发，一律运往岛内其他地区加工，严禁发展任何污染型工业，工厂厂址的选择和环保措施要求从严，以维护整个旅游区的环境景观为准，各种建筑应力求与自然景观协调，相映成趣。农业在提高现有传统农业的同时，积极发展精细农业，利用常年高温的气候条件，发展商品化的种子产业，发展为旅游业服务和同时面向国际、国内市场的反季节瓜菜和花卉等。

近期首先要落实三亚凤凰国际机场的建设，抓好整个旅游区的总体规划，以便分片批租招标，吸引外资和内联资金开发。为保证旅游业大发展后的用水，需及早研究宁远河大龙等水库的建设问题。

1986 年全岛的游客才 23.7 万人次，其中国外和港澳游客 4.96 万人次，创汇 950 万美元。从这个起点出发，在今后十几年内，如何使旅游客源和创汇收入分步实现十倍、几十倍的增长，使旅游业迅速成长为本区的主要产业和全岛的支柱产业之一，需要从多方面考虑。

1. 连“点”成“线”。以牙龙湾为中心，首先要与本区和全岛内各著名旅游点，连接成旅游线；进一步要和北京、广州、桂林、杭州等国内旅游热点和香港与国外旅游热点，连接成旅游线，以扩大客源。

2. 旅游客源和功能多元化。旅游客源要从近期以国内游客为主，发展到中期以港澳台胞和国外游客为主，远期要从邻近的东南亚、日本等更多地扩展到高纬度寒温带的欧美各国。旅游功能要从目前以短期观光游览为主，发展到包括游览观光、度假休养或疗养、体育训练、学术会议、政治会谈等功能的旅游基地、休养基地、冬季体训和水上运动基地、会议中心和娱乐中心等。

远期利用三亚国际航空港的条件，可逐步发展产品以“短、小、轻、薄”为特色的临空型产业（如仪器、仪表工业等）和生物工程等高技术研究。目前区内大专院校仅有师范专科学校一所。为实现上述目标，从现在起就要抓紧当地教育和科研事业的发展，引进人才，形成一定的基础，同时发挥冬季避寒盛地的优势，聘请国内外著名学者专家为客座教授和研究员，开展合作研究。

（三）东部经济区（或称文城经济圈）

包括文昌、琼海、万宁三县和琼中县的绝大部分，是全岛农业发展条件较好，人口密度和人口文化素质较高的地区。也是全岛侨眷最集中的地区。

近期除提高热作生产水平，发展相应的农产品加工工业，提高对椰子等加工的综合利用水平以外，要利用广阔的滩涂，发展经济收益高的珍珠、石花菜、麒麟菜、石斑鱼等多种养殖业与相应的加工业，特别要发挥几十万侨眷与港澳台和国外广泛联系的有利条件，从大力发展“三来一补”入手，积累资金，引进技术与设备，发展满足岛内市场需要和出口的食品、轻工、建筑装饰材料，高级家具等工业。

中期要形成造纸、水产加工两个规模较大的工业中心，一是利用丰富的林产与甘蔗渣资源和万泉河的水源在琼海建设年产十万吨的造纸厂，同时相应发展纸制品与包装业；但要十分注意防止环境污染；二是利用清澜港的条件，建设岛东的大型水产加工基地。区内钛矿资源，宜采取就地开采，集中选矿。以钛精矿的形式运往洋浦，以便利用后者电解食盐联产的氯气，生产海绵钛和钛锭。

远期的发展重点要转以出口导向为主，跻身于东南亚地区国际分工的行列。

（四）西北部经济区（或称那大经济圈）

包括临高、儋县、白沙三县和琼中县的一部分；洋浦港位于区内，水深（－22 米）避风，是海南各港口中最具有发展前景的良港，港区邻近又有大片可供配置大型工业的场地，利用北部湾的石油，莺歌海的天然气、食盐，以石油炼制和电解食盐为基础，可形成包括合成氨、尿素、甲醇及其下游产品的综合性化学工业基地；还可以利用岛东调入的钛精矿、岛南调入的磷矿，发展海绵钛、钛白粉和磷酸铵等的生产。现有南海水产公司通过扩建可以形成岛西最大的水产加工与综合利用基地。远期可建立“出口加工区”，利用国外资金与技术发展精细化工。

那大镇是区内最大的城镇，现有人口近 4 万，镇西 7 公里为我国热作研究与教学中心——华南热带作物学院和华南热带作物科学研究院。在现有基础上加强科学、文教和信息、咨询事业。发展健全的第三产业体系，使之成为西北部经济区的经济文化中心，对支持洋浦工业区的建设将发挥重要作用。中期洋浦将成为本区新的经济中心。

（五）西南部经济区（或称八所经济圈）

包括东方、昌江两县和乐东县的一部分，是全岛矿藏资源最集中的地区。铁矿和盐资源虽早已开发，但长期以来均以原料外运，其他资源迄今未能充分利用。以八所港为依托，本区有条件发展成以钢铁和建筑材料为主导的工业密集区。

随着海南开发的展开，岛内钢铁、建材的需求增长很快，目前石碌铁矿每年运往大陆的成品矿达 380 万吨左右，利用回空船帕返运焦炭，在海南建立一定规模的钢铁工业是必要的，初期可按 35 万吨铁—钢—材联合企业考虑。水泥和平板玻璃都是不宜长途运输的产品，前者岛内供不应求，后

各经济区国民生产总值现状与远景预测

	1986年实际		远景预测					
			1990年		1995年		2005年	
	万元	占全岛份额（%）	亿元	占全岛份额（%）	亿元	占全岛份额（%）	亿元	占全岛份额（%）
海南合计	476520	100.00	85.00	100.00	202	100.00	655	100.00
Ⅰ北部经济区	141394	29.67	27.20	32.00	68.68	34.00	229.25	35.00
Ⅱ南部经济区	84125	17.66	13.60	16.00	34.34	17.00	111.35	17.00
Ⅲ东部经济区	115666	24.28	21.25	25.00	40.40	20.00	104.80	16.00
Ⅳ西北部经济区	87553	18.37	13.60	16.00	36.36	18.00	131.00	20.00
Ⅴ西南部经济区	47782	10.02	9.35	11.00	22.22	11.00	78.60	1200

者还是空白，利用区内丰富的石灰石和石英砂等资源，可以建设大型水泥厂和平板玻璃厂，初期建设规模可分别按年产30万吨和100万标准箱考虑，根据市场需求今后再逐步扩大。

综上所述，海口市和北部经济区是启动海南经济腾飞的引擎，南部旅游区是助推器，东部和西北、西南部如同两翼。东部以轻型工业结构为特色，在近中期发展中能较快地显示其作用；西北和西南部以重型工业结构为主，对全岛中长期的经济增长具有举足轻重的作用。

四　生产力布局的形成与调控机制

海南建省后作为全国最大、最特的经济特区，不仅生产力配置的空间格局将发生重大变化，而且生产力布局的形成与调控机制，也将与传统体制有根本的不同。在旧体制下，生产力布局的形成与调整，完全依靠国家指令性计划的项目安排和投资分配来实现，在新体制下，国有企业将成为自主经营、自负盈亏、自担风险的经济法人，外资、内联企业、私营经济、个体经济和各种混合所有制经济的发展，呈现投资主体多元化和布局决策分散化。各投资主体从追求自身最大利益出发，根据各地的投资环境和要素市场的价格，对资金投向和企业的区位进行选择。为此，要催化要素市场的发育，建立保证市场健康运转的正常规则，铲除生产要素在地域之间、城乡之间自由流动的各种人为障碍，保证生产要素能按照市场导向自动流向投资报酬率最高的地区，使各种产业能在区位成本最低处就位。依靠市场竞争和兼并，去劣存优，有助于打破目前各市、县产业和行业结构雷同，小规模低水平上重复生产，星散式配置的旧格局，有助于调整资金存量的空间配置，实现资金增量和存量的有效结合与资源的高效率配置。与此同时，也要看到市场机制对保证生产力布局必须考虑的社会目标、长远效益和防止外部不经济性（如环境污染、生态破坏等）上的局限性。这就要求政府从兼顾经济目标与社会目标、近期与长远效益出发，运用经济手段、法律手段和必要的行政手段，调节要素市场，影响区位成本，诱导各投资主体的区位选择，使投资主体的利益追求与布局目标同向化。

（一）制定海南岛国土资源开发利用和生产力布局总体规划

从 1986 年 3 月起，中日两国专家合作围绕编制海南岛综合开发计划，对全岛的经济地理和人文地理状况进行过大量的调查研究，积累了系统的原始资料，提供了初步分析意见。根据中央关于海南岛进一步对外开放加快经济开发建设的指示精神和海南经济社会发展战略研究，充分利用中日两国专家合作的研究成果，有条件在不太长的时间内制定出海南全岛和五个经济区域的国土开发利用和生产力布局规划，全岛城镇体系发展规划的草案，同时修订海口、三亚等市的城市总体规划。这些规划虽不具有指令性，但可以作为诱导各投资主体资金投向，运用经济杠杆调节生产力布局的基本依据。

在目前要素市场发育极不健全、价格严重扭曲情况下草拟的上述各项规划只能是粗线条、有弹性的。随着要素市场体系的发育，价格扭曲逐步消除，区位成本逐步明朗化，再对上述规划修订充实，进一步编制城市分区规划和详细规划，作为土地批租、招标转让使用权的依据。并根据国内外市场变化和投资主体投资意向的信息反馈，随时调整修订。

（二）加强土地管理和开放地产市场

加强土地管理，保证土地按照国土规划和城市规划确定的用途使用，是保证生产力布局活而不乱的关键。政府应建立精干、高效的土地管理机构，作为国有土地产权的代表，统一管理城市国有土地，对规划发展非农产业的农村集体所有土地，政府进行统一征用。禁止用地者直接向村、乡征用或购买使用权，以便控制土地使用方向和产业布局。

根据开发步骤，土地主管部门通过定向议标、招标、竞投、公开拍卖等方式向境外客商、内联企业和岛内企业等投资主体出让土地使用权，使用期限50年，如需续用还可延长。按照布局规划，对不同地区、地段的土地制定差别标价是政府诱导资金投向和生产力布局的重要手段。对于和规划目标同向、对启动地区经济发展具有明显效果的项目，地价从优。中标获得土地使用权的用地者，在领取土地使用证书以后的规定期限内，应提交规划设计图纸等技术资料，由城市规划和环境保护等主管部门审批，以保证不与城市发展目标和社会公共利益相悖。

土地使用权的拥有者，在规定期限内，有权对经营开发过的土地进行再转让、出租或抵押，从而形成二级地产市场，不同地区地市场价格的浮动，灵敏地反映了土地供需状况和地区投资环境的差异，是政府调整规划和调节地产市场的重要信息渠道。政府可以通过调节批租土地使用权的数量和标价，甚至返购部分经开发的地产，调控地产市场，为布局目标的实现服务。同时对土地使用权再转让或出租后，受让人或承租人的土地用途是否与规划目标相符，进行监督。

（三）环境诱导

根据深圳等经济特区的经验，今后海南基础设施建设投资中利用外资的比重将高于其他经济特区的初创时期。但是为了形成吸引境外客商和内联企业的起码投资环境，利用国家投资、中国人民银行总行的开发性贷款和海南自身的财政资金，建设必要的基础设施在近、中期发展中仍占重要地位。合理配置基础设施，集中财力较快创立投资环境良好的“小气候”，是诱导外资和内联企业资金投向，实现“成片开发，开发一片，收益一片，滚动展开”布局战略的重要手段。对于规划大规模开发的洋浦、八所—石碌等工业区，采取与外资、内资联合率先兴办关联衍生作用大的骨干企业（如石油化工厂、钢铁厂），形成投资磁力，对于吸引境外客商和内联企业发展相关产业，加快产业密集区的形成，也将发挥有效作用。各市、县在实施建设布局规划时，同样应集中自身的财力、先创造“小气候”，吸引外资与内联资金，分片开发、逐步展开。

（四）优惠诱导

为了实现布局规划，各级政府除地价以外，还可以广泛运用财政、金融杠杆，如减免税收、低息或贴息贷款、提供投资补贴，和以优惠价格出售或出租厂房等一系列优惠措施吸引境外客商和内联企业对实现地区布局规划目标，带动地区经济发展有明显作用的项目投资。

（五）随着市场机制对生产力布局调节作用的发挥，各市县等地域之间经济发展水平的差距，在一段时间内将会拉大

这种地域之间发展水平差距的拉大，是不发达地区经济起飞中不可逾越的阶段，是提高资源配置和利用总体效率必然的伴生现象。在要素市场充分发育，要素在地域、城乡之间顺畅流动有充分保证的前提下，当全岛经济发展到一定水平，各增长极的产业集聚达到较高程度后，地价和劳动力成本随之上升，将推动生产力向外围和腹地扩散，形成逐步缩小地域发展差距的自动机制。

对于目前占全岛人口 1/6 尚处于贫困状况的农户，在扶贫措施上要从以往的“济穷”向“治穷”的方向转移，而更根本的出路是疏通劳务输出的渠道。根据岛内外劳动力市场的供需状况，引导贫困地区的劳动力流向劳动力需求旺盛的地区“借地生财”，政府通过有关社会团体和劳动力市场，在就业介绍、技能培训等方面提供帮助，推动劳动力合规律地流动。近期看，可以加快脱贫步伐；长远看，有利于全岛人口配置格局适应生产力配置格局的变化和同步调整；对于冲破封闭、半封闭山寨自然经济的长期束缚，荡涤阻碍商品经济发展的社会文化积淀和陋习，提高人口和劳动力素质，适应海南外向型市场经济发展的需要，更有深远意义。

（原载刘国光主编《海南经济发展战略》，经济管理出版社 1988 年版）

第六篇

城镇化、城市经济、县域经济

全面落实科学发展观
走中国特色城镇化道路

一　工业化、城镇化形影相伴

党的十七大报告提出工业化、信息化、城镇化、市场化、国际化，这“五化”加上发展现代农业、建设社会主义新农村，实质上就是我们为实现全面建成小康社会，进而基本实现现代化的具体内容。“五化”紧密相连，互联互动，特别是工业化和城镇化，可谓形影相伴，其根本缘由在于，近代工业、现代工业的技术经济特征，要求集聚、“扎堆”簇生，才能保证其外部经济性的实现，并通过紧密的产业关联创造出一系列集聚效应；而城镇正是最适合工业和所有现代产业（除工业外，还包括现代服务业，以及设施农业等现代农业）空间配置的要求。城镇化滞后于工业化，表明还有相当一部分工业企业布局过散，还在“村村点火、处处冒烟”，不仅丧失了集聚效益，制约着这部分工业企业做强做大，更严重的是造成环境污染的大面积蔓延，又难以经济有效地治理。城镇化超前于工业化表明，工业、现代产业发展创造的就业岗位，不足以充分吸纳城市既有的劳动力，更无力向因城市扩张而被征地的失地农民提供足够的就业岗位，造成一部分劳动力处于失业、半失业的状态。拉美一些国家大城市中贫民窟正是这样形成的。用“化地”（农用地转建设用地）和“化人”（人口城镇化）是否同步来判断城市化与工业化是否同步，似乎比简单地以工业化率、城市化率两个数字的对比来判断要科学。截至 2007 年年底，我国城市已达 655 个，比 1978 年增加 462 个，人口城市化率 44.9%，其中有十多个百分点，是在城市劳动就业，但在许多方面远未享有市民待遇的农民工，逐步使其市民化，是今后城镇化进程中的应有之义。十七届三中全会关于“放宽中小城市落户条件，使在城镇稳定就业和居住的农民有序转变为城镇居民”[1]为填平城乡鸿沟，破解城乡分割指明了切入点。

二　走中国特色城镇化道路

根据我国人口众多、农业和农村人口还占大多数、人均耕地少等国情，借鉴国外城市化进程中正、反两方面的经验，要走出一条中国特色的城镇化道路，就要求全面把握科学发展观的深刻内涵，紧密结合国情、省情、市情，积极稳妥地推进城镇化，实现城镇经济社会又好又快地发展。

根据经济全球化步伐加快和城镇化自身的规律，城市群（带、圈）已成为推进城镇化的主体形态。从一个地区看，城市化的推进，既包括现有城市规模扩大，也包括新城市的涌现；无论那种，通常都沿着交通干线，以线连点，形成城市群（带、圈）。高速公路、城际铁路网的扩展，推动了城市群的发展和规模拓展，便集聚与分工效益倍增。以江西省为例，推动了城市群的发展和规模拓展，使集聚与分工效益倍增，以江西省为例，早在20世纪上半叶，随着浙赣铁路的修通，横贯江西省东西的城市带已自发地逐步滋生，经过新中国成立后多年的发展，现在东起上饶西迄萍乡的8个城市已经连点成带，并与湖南省的长株潭都市圈紧密相连；到上世纪90年代，开始是昌九工业走廊的建设，以后随着京九铁路的建成，纵贯江西省南北的产业带、城市带的发展也随之起步；最近环鄱阳湖生态经济区的提出，将出现环湖轴线；这3条轴线已串联起全省21个市（县级市）中的19个；充实、提升这三条城镇带，是江西省今后十余年推进城镇化的重点所在。在城市群（带、圈）中像南昌、九江、赣州这样的龙头城市，为了发挥带动、辐射作用，除了“强工”以外，要重视生产性服务业和科技的发展、朝以高科技和现代服务业为主导的高端现代产业体系的方向迈进；其他城市，现阶段要突出“特色优势产业”，首先着力“做强”，特别是培育拥有自主知识产权的知名品牌和具有核心竞争力的优强企业；名牌产品和城市的名景、名人一样，都是进入国内外大市场最抢眼的城市名片。

城市和城市群，既要有实力，也要有竞争力与活力。活力的强弱，首先取决于龙头城市的城市功能的完善程度，简要地说，要完善龙头城市的枢纽功能，以降低交易成本，发挥好要素聚散、组合的作用；要完善龙头城市的孵化、创新功能，优化创业环境、创新氛围，提升要素能级，成为带动周边地区产业升级、引领周边地区从资源驱动、规模驱动的发展模式向科技驱动、创新驱动转变的创新源；要完善龙头城市的领航功能，除了政府系统的政策信息，更要有商品市场、要素市场的经济信息和科技信息，为企业家、创业者导航，发挥好辐射、带动其他城市和周边区域发展的作用。

城市的发展和运转，有 4 个关键环节：一是高起点地规划城市；二是高质量地建设城市；三是高效能地管理城市；四是高水平地经营城市。科学发展观应贯穿所有环节，体现在全过程。

三 产业立(兴)市是城市发展的第一要义

科学发展观第一要义是发展，推进城镇化，做强做大既有城市，是以经济建设为中心的发展。只有产业发展、产业集聚，才能为既有城市劳动力提供就业机会，才可能吸纳新的城市人口；只有产业有效益地发展，才能提供越来越多的利税，支撑产业规模进一步扩大，支撑各项城市建设的发展。总之，有业才有人，人聚终成市。所以说，“产业立市”，是积极稳妥推进城镇化、做强做大现有城市的必然要求。脱离产业的培育壮大，孤立推进城镇化，无异于唱“空城计”。

“产业立市”，一是壮大经济实力；二是完善城市功能、培育发展活力。

城市经济实力集中体现在产业竞争力和城市的综合承载力。产业竞争力的培育和城市发展准确定位、科学谋划密切相关。简要地说，即“抬头看天（国内外经济大走势，市场需求）”，“低头看地（本市市情）”，“环顾左右（邻近地区和城市）”，依托比较优势，培育竞争优势，顺（借）势而上。

对于企业、居民，他们所在的城市，如同生存之舟，他们从城市能否得到满意的公共服务，就在于城市的综合承载力。为此，应当认真落实 2011 年通过的《中华人民共和国城乡规划法》第二十九条的规定：“城市的建设和发展，应当优先安排基础设施以及公共服务设施的建设……统筹兼顾进城务工人员的生活和周边农村经济社会发展、村民生产与生活的需要”[3]。不断提高城市综合承载力，支撑产业和人口向城市集聚。

四　城市以民为本

科学发展观核心是以人为本，发展再重要，是手段而非目的，发展的终极目的是不断提高民众的福祉，实现人的全面发展。这就要求城市建设、发展的每一个环节，从规划、建设、运行和管理四个环节都要全面体现以人为本，城市发展中的每项举措都是为了市民，同时依靠市民，成果由市民共享。具体地说，对市民构建宜居环境；对投资家、创业者和包括进城务工农民在内的员工构建宜业环境；对青年学子构建宜学环境；对旅客构建心旷神怡、流连忘返的宜游环境，使城市建设发展真正落实到为了人民。对“四宜”可以用指标体系度量，但更直接的是倾听市民之声。请不同群体的市民，就“四宜”给政府打分，看市长们在报告中反复说到的转变政府职能，建立服务型政府的承诺，到底落实兑现了多少。为了应对日趋严峻的国际金融危机，国务院出台了扩大内需、促进经济继续平稳较快增长的十项举措，加快城市民生工程，提高低收入群体的收入水平就是重要的应对之策。随着美欧金融经济形势进一步的恶化以及珠三角、江浙一带加工出口劳动密集型产品的企业停产、半停产，在那里打工的江西民工不少陆续返乡，政府应多策并举应对返乡潮，对有创业能力的，从小额贷款等多方面支持其创业；对准备继续外出打工的，抓紧这段“空隙”时间，组织技能培训，提高其再就业能力……这已是当务之急。

五　城市的全面协调可持续发展

科学发展观基本要求是全面协调可持续，全面协调要求推进城镇化和城市发展中，要经济建设、政治建设、文化建设、社会建设和生态文明建设一齐抓，相对而言，前两者受到普遍重视，而后三个领域则亟待加强，文化是城市的灵魂，是市民和谐相处、团结奋斗的精神支撑和动力之源，亦是城市软实力之所在，要以文化公益事业和文化产业双轮驱动，满足市民日益增长的多元精神文化需求。社会建设与市民福祉息息相关，北京去年在市委内成立了社会工委、市政府下成立社会办，最近推出了“五大体系建设”，即公共服务体系，社区管理体系（在街道办事处下面不仅有居民委员会，还设立了各种社会服务站），社会组织及其管理体系，社会工作运行体系（包括不同群体，特别是弱势群体利益诉求表达机制、矛盾调处机制等）和社会领域党的工作体系，使社会建设落到实处，这些可供江西等省、市参考借鉴。

进入新世纪，南昌市在跨越式发展中，睿智地实现了地区生产总值近四年翻一番，更可贵的是实现了“产业兴市”和生态立市的完美结合。在经济规模倍增的同时，空气质量优良率提高了10个百分点；在城市建设中，对山水本底，依山就势，顺水而为，现代建筑群巧嵌于上，相互辉映，成就了“湖在城中，城在湖中”的生态城市[4]。再次证明了城市生态建设的真谛在尊重自然、师法自然，力求城市建设、城市建筑与大自然共谐共处，相映生辉。

城市能否实现可持续发展的要求，首要的是落实好“先规划后建设”的原则。城市规划应充分体现公共政策，特别是不同时期党中央、国务院有关公共政策的重点指向。落实好《国家“十二五”规划纲要》指出的：“规划城市规模与布局，要符合当地水土资源、环境容量、地质构造等自然承载力，并与当地经济发展、就业空间、基础设施和公共服务供给能力相适应”，坚持“循序渐进、节约土地、集约发展、合理布局”的原则。

我国人均耕地1.4亩，不到世界各国平均值的40%，而江西省的人均耕地大约只相当于全国平均值的一半；在江西城镇化和城市建设中节约利用、集约利用土地，尽量少占耕地，就具有更加突出的意义。工业企业、物流企业等应最大限度地向各类园区集聚，同时运用多种调控手段，提高入区企业单位面积的投入强度、产出强度，降低污染排放，尽可能循环利用，这已成为各类城市实现可持续发展，当前务必狠抓的关键举措。全国54个国家级经济技术开发区，中部9个国家级经济技术开发区，每平方公里园区产出的工业增加值分别为6.68亿元和8.51亿元，每平方公里园区提供的税收分别为1.66亿元和1.52亿元；而江西省所有开发区同样指标的平均值仅分别为3.91亿元和6430万元，其中重点开发区同样指标的平均值分别为5.34亿元和9360万元，改进、提高的潜力巨大。

六　城市发展和城市管理中的统筹兼顾

科学发展的根本方法是统筹兼顾。党的十六届三中全会提出了统筹城乡、区域发展等“五个统筹”；十七大报告又提出了新的“五个统筹”[5]，这些都是就国家层面而言。从城市层面看，我以为可从以下三个角度考虑：

（一）“空间维”

首先，统筹市区规划与市域规划，即城区和乡村社会主义新农村建设的统筹兼顾，落实十七届三中全会关于“统筹工业化、城镇化、农业现代化建设，加快建立健全以工促农、以城带乡长效机制”[6]。具体地说，就是要构建“五个统筹”的体制、机制，一是统筹城乡规划和土地利用；二是统筹城乡产业发展，有条件的，争取打造串联城乡一条龙的产业链、价值链；三是统筹城乡基础设施建设，逐步实现城乡公共服务均等化；四是统筹城乡劳动力就业，构建城乡统一的人力资源市场；五是统筹城乡社会管理。

其次，城市不同功能区，如优化开发的老城区、重点开发的新城区和从大范围生态环境维护需要严格控制开发的区域（如限制开发区、水源地和世界文化自然遗产等强制性保护地区）之间的统筹兼顾。

再次，地面建筑和城市地下空间开发利用的统筹兼顾，坚持“先地下、后地面”，避免马路刚修好就挖，挖了再填，填好又挖，等等。这些都要求有一个充分吸纳专家和市民意见的城市总体规划和相应的近期建设地段的控制性详细规划和相关专项规划。

（二）“时间维”

就是城市的今天（当前的发展）和昨天、明（后）天的统筹兼顾。今天是昨天的延续。赣鄱大地，人杰地灵，历史文化遗产众多，在城市建设中，如何让现代牵手历史，让现代文明与历史风韵交相辉映，让历史的记忆浇灌城市人文精神、熔铸城市之魂；当前的发展，除了当年或近期可以明示的显绩，还应有为下一届政府、为未来更大发展作铺垫的“潜绩”、“潜力”和发展后劲，此乃今天与明天的统筹兼顾。

（三）“群体维”

市场经济体制使从国家到城市的利益格局发生了大变化，利益主体多元化，不同主体之间有不同甚至相互矛盾的利益诉求，只有统筹兼顾，城市和谐社会建设才具备基础。城市社区或若干相邻社区，应共建“公共空间”，这个“公共空间”平时是市民交流的平台，出现突发事件时，则是民众避难互济的场所。

总之，全面贯彻落实科学发展观，沿着中国特色城镇化道路前进，赣鄱大地必将涌现一个又一个繁荣的城市、安全的城市、平安的城市、绿色的城市、和谐的城市、文明的城市。

参考文献

[1]《中国共产党第十七次全国代表大会文件汇编》，人民出版社 2007 年版。

[2]《中共中央关于推进农村改革发展若干重大问题的决定》，人民出版社 2008 年版。

[3]《中华人民共和国国民经济和社会发展第十一个五年规划纲要》，人民出版社 2006 年版。

[4] 刘耀彬：《城市化与资源环境相互关系的理论与实证研究》，中国财政经济出版社 2007 年版。

[5]《中华人民共和国城乡规划法》，中国民主法制出版社 2007 年版。

（2008 年 11 月 16 日在“城市发展 · 南昌论坛”上的发言要点，原载《当代财经》2009 年第 2 期）

对建设资源节约、环境友好型城市的几点思考

节约资源、保护环境是立足我国国情的两项基本国策。我国的资源蕴藏量和国土面积分别居世界各国的第四位与第三位，从总量上看，“地大物博”是称得上的，但从人均指标看却恰恰相反。从人均国土面积看，我国为0.8公顷/人，只及世界人均值的29%；人均耕地0.11公顷/人，只及世界人均值的40%；人均淡水资源仅为世界人均占有量的1/4；按45种主要矿产计算的人均矿产资源占有量不到世界人均占有量的一半，具体就石油、天然气、铁矿、铜矿、铝土矿而言，我国的人均资源占有量，只分别相当于世界年均值的11%、4.5%、42%、18%和7.3%。由于我国人口众多，人均环境容量也远低于世界平均值；与此同时，我国按国内生产总值、按工业增加值计算的单位产出的资源占用量和消耗量、污染物排放量却远高于发达国家。显然，目前这种高投入、高消耗、高排放的经济增长方式，是难以为继的。

为了可持续地发展，走节约发展、清洁发展之路，就是理所当然、势所必然的选择。人均资源占有量低，能耗、物耗高，这“一低一高”使我国发展经济所需的许多重要矿产的对外依存度不断攀高。据有关部门预测，到2020年，我国石油的对外依存度将达到52%，锰、铜、铅、锌的进口依存度将分别达到38%、82%、52%和69%。同时，在矿产进口谈判中我方未掌握话语权，进口价格年年攀升（如进口铁矿石价格2005年比上年上涨19%，2006年继续同比上涨30%左右）。进口原料上涨导致的工业成本上升，降低了我国工业品在国际市场上的竞争力；在国际政治风云变幻的大背景下，一系列重要矿产品大量依靠进口更关系到国家经济安全。故此，节约发展、清洁发展也就成为落实科学发展观的主要内容和必然要求。节约资源、保护环境工作的开展，需从国家、城市和区域、企业与社区三个层面同时推进，城市居于重要的承上启下的地位。城市一方面要贯彻国家

的两项基本国策，落实上级政府在节约资源、保护环境方面的任务与要求；同时要结合本市市情，制定规划，将节约和环保同城市社会发展各相关方面紧密结合，融入到城市发展、城市建设和城市管理的日常工作中，组织全市的企业、行政事业单位与全体市民具体实施。

统筹系统规划的重要性源于资源节约与环保工作的广覆盖、高渗透与大跨度的特点。首先要抓好城市规划这个“龙头”，以前瞻的眼光，科学确定城市规模与总体布局，使其与水土资源、环境容量、地质构造等自然承载力相匹配，充分体现“循序渐进、节约土地、集约发展、合理布局”的原则，同时加强规划管理，将国家有关节地、节能、节水等要求与重点推广的举措纳入控制性和修建性详细规划，真正发挥规划的引导、调控功能，绝不能听任中外开发商牵着鼻子走，造成重大甚至难以挽回的损害与浪费。从覆盖面看，它贯穿生产、建设、运输与流通，直至最终消费各环节；从节约对象看，它涉及土地、水、能源、各种原材料，等等；从工作环节看，包括宣传教育、法律法规和相关政策的制定与贯彻落实，技术支撑与技术服务体系的建设，各种有代表性的示范工程和相关的制度建设（如能效标识制度、节能降耗产品认证制度，高耗能、高耗水、高耗材工艺、技术与设备的强制性淘汰制度），等等。而上述节约、环保工作又需要与城市经济社会发展的相关任务紧密结合、互联互动，才能落实：

1. 和城市产业结构、工业结构的优化升级相结合，对耗能高、污染重的行业，加快落后产能的淘汰步伐，实现结构节能降耗、减少污染排放。

2. 和城市产业与企业技术结构升级相结合，淘汰落后工业窑炉，更新改造低效工业锅炉，充分利用工业余热余压，实现技术节能降耗、减少污染排放；培育节能服务产业，推广合同能源管理。

3. 和城市产业布局调整、发展产业集群、推进循环经济相结合，实现投入品的减量化、再利用与资源化。

4. 和合理控制投资增长、调整投资结构相结合，提高并严格执行项目在土地、环保、节能以及技术、安全等方面的准入标准，按规定完成环境影响评估和节能评估审批，从源头上把好节能降耗减排关口。

5. 和科教兴市战略相结合，推进产、学、研相结合，为资源节约、保护环境提供有力的技术支撑，抓紧与资源节约、保护环境相关的技术服务体系的建设，大力普及相关科技知识。

6. 和拓展就业领域、增加就业岗位相结合，发展、提升各种废旧物资的回收利用生产，实现产业化；形成“静脉”产业链。

7. 和倡导扶贫济困与发展社会慈善事业相结合，通过社区“爱心超市”等方式，使还有使用价值的废弃生活用品等循环利用，等等。

从一个时期看，上述方方面面不可能平推齐进，而应根据不同的市情，找准各自的切入点，力求重点突破；而根据城市产业结构和相应的资源消耗结构、污染排放物结构，那些投入量大、节约空间大、污染扰民危害重的方面，宜作为重点突破的切入口。不同的城市，有不同的突破口，创造不尽相同的经验、做法，相互交流，取长补短，就可能以最低的代价，将资源节约、保护环境的各种成功经验在中小城市普遍推广，使越来越多的城市走进资源节约型、环境友好型城市的行列。

（在“2006 年全国中小城市发展论坛”上的发言要点，原载《市长参考》2006 年第 8 期）

科学发展观与城市差别化战略

一 “走自己的路”

科学发展观是党中央从21世纪新阶段新任务新问题出发，总结国内外在发展上的经验教训，汲取人类文明的新成果，对社会主义现代化建设指导思想的新发展，是城乡全面建设小康社会的根本指针。落实科学发展观，必须和各地区、各城市的具体情况相结合，走自己的路。

“走自己的路”，是20世纪70年代末80年代初，邓小平在酝酿、构建中国特色社会主义理论时，反复强调的话。《邓小平文选》在第三卷有一篇文章的题名就叫“革命和建设都要走自己的路”；对国家如此，对一个城市、一个地区的建设和发展，何尝不是同样。

著名学者M. E. 波特教授有句名言：“战略，实质上就是选择差异化”，无差异、无差别，就谈不上战略的选择，对一个城市、一个地区都同样。

对一个城市（地区）发展战略的选择与制定，我曾概括为4句话：“顶天立地、三个循环、一个中心、四个文明”。“顶天”者，即综观国内外经济、科技发展走势；“立地”者，即深察本市（区）的市（区）情，在“天、地”相接中，如实地估量自身的优、劣势，看清面临的机遇与挑战，从发挥比优势、克服劣势出发，培育壮大竞争优势，绕过险滩，达到预定目标。

二 差别性战略的依据

如果把一个城市（地区）的经济社会发展看做一个系统，它不是孤立运转的，首先，它是以人工系统的形态，镶嵌在该城市（地区）的自然系统之中，并构成其中一环；人工系统与自然系统的和谐相处，是实现可持续发展的前提。其次，从时间序列看，当期经济社会发展横亘在过去与未来之间，是否善于“承前”、发掘历史积淀，有效保护利用历史文化资源，对当期以至未来经济社会发展有重要影响。再次，从横断面看，一个城市（地区）的经济发展，无不是国内外大市场经济系统中的一个小系统，竞争与合作及由此决定的系统间要素的流入（出），对城市（地区）经济社会发展具有重要影响；此乃“三个循环”。

各个城市（地区）市（区）情的差异包括它的自然背景、资源禀赋、区位地缘、历史积淀和经济、社会结构特点等，决定了不同城市（地区）“三个循环”的具体状况与特征，进而决定了各自差别化战略。国内外其他城市的好经验都值得学习，而学习仅仅是为了借鉴，为了更好、更稳妥地走自己的路，而绝非照抄照搬。

现代国家经济是高度分工协作的经济，和前资本主义时期“一袋马铃薯”的堆积聚合根本不同，它是由各具特色的区域经济、各有个性的城市经济耦合而成；以美国东北部大都市圈为例，华盛顿是政治之都、纽约是金融商贸之都、波士顿是科技文化之都……正如古代哲人所言：“同无妨异、异不害同”，正是各个城市（地区），根据各自不同的市（区）情，采取差别性发展，才得以五色交辉、相得益彰，共同支撑起这色彩斑斓的大千世界。

城市差别化战略，既是理所当然，更是势所必然，在市场经济和经济全球化的大背景下，竞争合作将贯穿城市发展的全过程。在激烈的国内外市场竞争中，一个城市，特别是经济科技实力处于中后位的城市，在发展重点、切入点和发展模式的选择上，就更要根据自身的资源禀赋、要素聚合等特点，扬长避短，从战略思路到技术选择有所创新，避免低水平的重复建设和结构趋同，预防恶性竞争，选择错位竞争，才有获胜和超越的可能；如同速度滑冰，居后者在同一路道亦步亦趋尾追前行者，而不另择新径，超越前行者是绝无可能的。

至于相互间的合作与交流，更要求城市差别化发展。2001 年，德国建筑学会会长汉派尔教授来华访问，事后他在对记者谈观感时讲道：“我驾车从北京外围驶向内城时，我不知道自己在哪里；我可能是在迈阿密、新加坡或者法兰克福，所有的高层建筑都是一样的，这不是一个好的未来。你们应该把握自己的传统特色，使你们的建筑充满个性，用现代的方法诠释传统。”其实，两千多年前中国古代哲人就点明了“和而不同”、“同则不继”的道理，只有“不同”，只有各个城市走个性化发展之路，相互间才有交流、合作的意愿与需求，汉派尔教授就建筑风格、城市格局，指出每个城市要“把握自己的传统特色、用现代的方法诠释传统”、“充满个性”，力避千城一面的要求，扩大到城市经济结构的布局、主导产业的选择等战略性抉择，同样适用。

自从中国工业化进入重化工为主的阶段以后，许多城市都选择了重化工工业，特别是现代制造业作为主导产业，西安市早在20世纪五六十年代就先后建设了“纺织城”、“电工城”、“航空城”等，通过新要素的注入，21世纪再展雄风自不待说。至于是否就以制造业作为西安发展的主导产业和“抓手”则需斟酌；从西安市的全局考察，其最显著的优势在于既是千年古都、历史文化名城，又是智力密集的科教大市，基于这一特有优势，以研发与高科技产业和包括旅游业等在内的大文化产业为两大“抓手”，带动全市经济社会的协调发展，以深厚的历史人文积淀，支撑当代；以当代科技唤醒历史；让历史辉煌和科技之光交相辉映，共铸西安特有的魅力。许多制造业的“大脑”（总部和研发部门）在西安，而身躯可在关中城市群和产业带的广域中伸展。

历史表明，工业化、城市化、现代化是摆脱贫困、由不发达迈入发达的必由之路，历史同样表明，如何工业化、城市化、现代化，各个城市，都要根据自身的市情，走自己的路，这样的城市才有魅力，才可能屹立于世界城市之林。

三　崭新创意　任重道远

党的十六大以来，党中央新一届领导集体先后提出了科学发展观、构建社会主义和谐社会等一系列重大的战略方针。西安市的决策层，全面深刻领会上述方针，融会贯通地提出了国际化、市场化、人文化、生态化的发展理念，让当代牵手历史、走向世界、创建未来，并以白皮书的形式向世人报告西安的希望与未来，是千年古都西安的 21 世纪宣言，无论从内容到形式都颇具创意。在如何贯彻落实科学发展观上，紧密结合千年古都的实际，体现了个性与特色。建议《西安国际化、市场化、人文化、生态化发展报告》以后每年修订再版一次：一是记述上一年推进“四化”发展的成就与问题；二是不断与时俱进充实完善“四化”发展报告的内容。

（2005 年 3 月 29 日在西安“科学发展观与城市发展理论研讨会”上的发言要点，原载《西京论坛》2005 年第 3 期）

对城镇化的几点思考

——以河南等省为例

2010年城市发展论坛在郑州召开，意味深长！在郑州、在中原大地上，从二里头遗址、平粮台古城遗址，直至郑州商城、殷墟、洛邑王城，我们可追溯到中国城市之原，凭借历史的启示，评判当前与今后中国城镇化之路，特别是河南省、中原经济区的城镇化之路。

一　在继续积极稳妥推进城镇化中，把提高城镇化质量与效益放在更重要的位置

2009年我国城镇化率达到46.6%，和人均GDP大致相当（三四千美元）的东南亚国家相比较，还低15个百分点左右，只相当于20世纪五六十年代的日本、70年代韩国的水平，继续积极稳妥推进城镇化，是我国社会主义现代化建设事业的内在迫切需要与强劲动力；首先，推进城镇化是扩大内需的关键和重点所在。静态分析，最大的内需在城镇；动态考察，培育、发掘内需的最大潜力也在推进城镇化，提高城市人口在总人口中的占比，它既有利于居民消费潜力向现实消费需求的转化，更能有力推进消费结构升级，根据近期数据，城镇化率每提高1个百分点，可带动居民消费总额增长1.2个百分点，进而带动国内生产总值增长0.4个百分点。其次推进城镇化，加快农村富余劳动力转出的步伐，是提高社会劳动生产率，减少农民，扩大继续务农人员人均资源占有规模，扩大农产经营规模，加快现代化农业发展的需要。再次，推进城镇化，有利于服务业的发展，有

利于增加就业岗位。

2009年河南省第三产业在地区生产总值中的占比仅29.1%，比同类指标的全国平均值低13.5个百分点，同年河南省的城镇化率比全国平均值低8.9个百分点，充分表明城镇化水平和第三产业发展的正相关性；发达国家的经济数据表明，第三产业是吸纳就业的主渠道，推进城镇化，加快服务业发展是避免"有增长、无就业"的必由之路。

1978—2008年的30年间，我国城镇化率提高了27.76个百分点，每年平均提高0.925个百分点，远高于前28年（1949年到1978年）的年平均0.379个百分点。今后按城市化率年平均增长1个百分点估算，到2030年时将达到65%—66%，亦即届时总人口中2/3居住在城市。

当我们讲到46.6%时，准确地说是按城市常住人口统计的城镇化率，而按户籍人口计算的城镇化率，要比常住人口城镇化率低十几个百分点。按现有统计方法，1.5亿—2亿的不拥有城市户籍的外来务工经商者，统计在城市人口中，但在社会公共服务方面，他们和他们的家属迄今并未像拥有城市户籍者那样享有同样的城市文明。据社会学家的调查，现在城市外来务工者，六七成是上世纪80年代以后出生的，和他们的父辈，强烈的农村情结、进城务工仅仅为了弥补务农入不敷出，或挣钱回家盖房完全不同，更多地希望尽快融入城市，过上市民生活，实现自我价值。使上述人口中的绝大部分市民化，是今后城镇化的重任。

2009年河南省的城镇化率为37.7%；省内的黄淮四市（商丘、信阳、周口、驻马店）仅31.5%①，今后有必要加快城镇化步伐。"十五"期间，河南省城镇化率5年提高了7.2个百分点，年平均1.44个百分点，"十一五"前四年河南城镇化率提高了7.3个百分点，年均提高1.82个百分点，说明在工业化和现代服务业、现代农业快速发展的同时，适当加快城镇化步伐是可能的。要重视提高常住人口城镇化率、更要重视户籍人口城镇化率，尽快缩小两者的差距。

考虑到河南省有2000万人在户籍地以外务工经商的省情②，在贯彻今年中央一号文件有关"促进符合条件的农业转移人口在城镇落户并享有与

---

① 《河南省情概览》（2010），河南省委办公厅编。

② 同上。

当地城镇居民同等的权益”时，宜采取多路径协调推进：

一是帮助外出务工者在就业城市转为市民，如广东省的大中城市，正采用“积分制入户办法”，深圳市从2006年到2009年，4年用此法，从外来务工者中“招调入户”1.1万余人。帮扶的重点是通过培训提高外出务工者的技能，特别是针对接收地短缺的工种，有针对性地培训，更易满足“招调入户”的条件。

二是“引凤还巢”：地方政府对外出务工经商者中有所积累（资本、技术……）打算创业者，施以政策引导与优惠，回乡创业。按信阳市的数据，一位回乡创业者，可以为当地创造十几个到百余个就业岗位[①]，有力推动中小城市和小城镇的发展，就近实现“农转非”。

“十一五”以来，东部沿海地区产业向内地转移步伐加快，2010年8月31日国务院颁发了《关于中西部地区承接产业转移的指导意见》，中部地区各市、县，特别是类似河南黄淮地区，工业基础薄弱的市（县），需及时抓住用好这一历史机遇，从市（县）域要素禀赋与区位特点出发，依托本地现有产业基础和劳动力、资源等，有针对性地承接产业转移，采取园区集中布局，资源集约、循环利用，将园区作为城区的有机组成部分，实现工业化、城镇化协调共进；这是河南省等中部地区“十二五”期间加快工业化、城镇化步伐的必由之路。

提高城镇化的水平与质量，要求将科学发展、和谐发展和可持续发展（绿色发展、低碳发展等）贯穿于城市规划、城市建设、城市运营与管理的各个环节。

坚持“产业立市”，依靠科技支撑、技术创新和体制机制创新，与时俱进力推经济结构优化升级，把产业发展方式转变和城市发展转型，密切结合，当做一篇文章作。

科学发展观的核心是以人为本，城市科学发展的真谛是让城市现在和未来的市民生活更美好；所以，“宜居、宜业”应是城市建设与发展的首要目标，如果安居乐业都做不到，什么“中心城市”、“国际大都市”等目标，难免流于奢谈。

---

① 林宪斋、喻新安等主编：《河南城市发展报告》（2010）。

二　坚持大中小城市与小城镇协调发展，统筹城乡发展，以城带乡，是中国特色城镇化道路两大要义

面对经济全球化的深入发展，城市群（圈、带）往往成为参与国际经济竞争与合作的空间单元；近年高速铁路、城际铁路与通讯网络的大发展，更为城市群（圈、带）提供了强大的物质技术基础；城市群既通过同城效应提供了众多城市聚合的规模与范围效益，又通过深化城市间的分工，提供了协作互补效益。城市群通常由规模不等的城市、城镇组成。从城镇规模结构看，改革开放前30年，发展重点在特大城市、大城市，这在当时适应了尽快培育、壮大增长极的需要；今后，不足百万人和一二百万人的大城市，规模扩张还很需要，但超千万人和近千万人的超大城市“摊大饼”式的平面扩张，城市边界无限向外扩张，蚕食农地、绿地等，似应止步；中小城市和小城镇，特别是快速交通沿线的节点站，和处于特大城市一小时、两小时交通圈内的中小城市与小城镇，会逐步成为城镇化的重点，成为接纳新市民的主要载体，又可帮助缓解特大城市中心城区人口和交通拥堵的压力。

城市群的发展以处于中心地位的特大城市、大城市为依托；中心城市的经济实力、竞争力和枢纽、孵化、创新、领航和辐射带动功能的完善程度，对整个城市群的发展具有决定性的影响，处于城市群以至整个经济区核心增长极的地位。

郑州市、郑汴新区要发挥作为河南省以至中原经济区核心增长极的作用，有三个“急需”：一是急需强化创新功能，从加强引进消化吸收再创新、集成创新能力入手，逐步培育原始创新能力；成为引领河南省和中原经济区从资源驱动、规模驱动的发展模式向科技驱动、创新驱动的创新源；二是急需从自身基础与特点出发，就如何抢占若干战略性新兴产业制高点，及早谋划，以发挥对全省和中原经济区的领航功能；三是急需加快现代物流、金融服务、信息服务、商务服务等现代服务业的发展，提升传统商贸服务业，发展新业态，推进品牌化、网络化经营，逐步形成以服务经济为

主的经济结构，才能发挥好核心增长极，降低交易成本，促进要素聚散、组合的枢纽功能。城市群内各城市的交通、通信、供电、给排水、污水处理等基础设施，应按一体化原则建设，朝网络化方向发展。竞争性产业，按照市场导向、地方政府协调引导，行业协会等积极参与下，分工协作，合理布局，错位发展、互补发展。

河南省人口分布，有几个值得关注的特点：5 个 800 万人口以上的地级市，都在东南部，即黄淮四市（商丘、信阳、周口、驻马店）和南阳；河南省 26 个百万人口以上的大县（县级市），19 个在上述地区①，这些市、县的人均地区生产总值、城镇居民人均可支配收入、农民人均纯收入和城镇化率等指标值多数低于全省平均值。在重视省会、郑汴新区对其辐射带动的同时，亦要重视邻近的省外大城市、特大城市的辐射、带动，通过“农超对接”（既包括郑州市的超市，也包括武汉、西安、合肥等市的超市）等多种途径，进入大市场，以农业市场化为农业规模化、现代化开路，使这些县（县级市）的城关逐步发展为中、小城市，有序地培育一大批有品牌特色的中心镇、中心村，使这些中心镇（村）既是城镇体系之末，又是农村社区之首，集中配置有义务教育、卫生保健等公共服务机构与设施，以及相应的服务业。我以为上述结合中原特点的城镇化之路，应是河南省探索在保证农业和粮食稳定增产的前提下“三化”（工业化、城镇化、农业现代化）协调科学发展道路的应有之义。

（2010 年 9 月 17 日在“城市发展 · 郑州论坛”上的发言要点，原载《当代财经》2010 年第 12 期）

① 林宪斋、喻新安等主编：《河南城市发展报告（2010）》。

成都市的功能定位与发展对策

市场经济条件下，城市和地区经济是一个开放性系统，内部条件或外部环境的变化，都将对系统的发展产生重大影响。3 月 14 日，八届全国人大五次会议通过了重庆设立直辖市的议案，在大会闭幕不到一个月，成都市立即召开这次研讨会，探讨川渝分治后，成都市在新格局中新的功能定位和新的使命，进一步调整、完善成都经济发展战略，充分显示了成都市决策层对外部环境变化的“快速反应”和战略眼光。

成都应是四川和大西南先导产业的中心城市功能定位，是确定城市发展方向的前提。1993 年国务院批准的《西南和华南部分省区区域规划纲要》,从成都所处的大经济区域背景，指出要“充分发挥成都市作为西南地区科技中心、商贸中心、金融中心和交通通信枢纽的作用”。上述定位对于扭转传统体制下把特大城市仅仅当作单一工业基地，窒息中心城市多功能有重要意义，“八五”时期成都经济社会发展的业绩也充分证明“三中心、两枢纽”的定位，对推动成都各项基础设施建设，对完善投资环境和市场体系的发育，对促进全市和带动全省与西南地区的发展，都起到了积极作用。川渝分治，不会也不应改变成都市“三中心、两枢纽”的功能定位，相反，要求提高、强化五个功能。以市场经济目光予以审视，即使在重庆成为直辖市以前，成都也不是大西南和长江上游唯一具有五功能的中心城市，而是和重庆、昆明、贵阳等大城市一起发挥五功能的作用。各大城市在发挥五大功能中，既有分工互补的一面，也有竞争替代的一面。在有序和无不必要行政干预的前提下，上述竞争，对推进各城市功能的强化，特别是提高服务质量、服务效率，降低交易费用，有显著作用。

成都市功能定位应否包含作为四川省重要工业基地特别是先导产业中心的内容，这个原本就存在的问题，在川渝分治后更凸显出来。对此我持肯定态度，理由是:

1. 分治前，四川是全国第一个人口大省、第一农业大省；分治后，位序略有后移，但人口大省、农业大省的特点未变，未来五年、十五年甚至更长时间的中心任务，简要地说就是搞工业化。分治前，牵引四川省工业化，靠的是成都、重庆“双引擎”；分治后，涪陵、万县、黔江、永川等地区靠重庆牵引，其中还包括成百万移民，千余家企业的搬迁，任务繁重，牵引全川工业化的重任自然落在成都市肩上。

2. 居于区域经济梯次顶峰的中心城市的功能，与所在区域经济发展阶段密切相关。如果所在区域经济已进入工业化后期或后工业化社会，其中心城市可以五功能（科技、商贸、金融中心，交通、通信枢纽）甚至两功能（金融、交通），第二产业不占重要地位，甚至“中空化”，发达国家这样的大城市不乏其例。但处于工业化中期或向工业化中期迈进的我国绝大多数省（自治区）的中心城市，它们既要培育、发挥五功能，也绝不能丢弃工业基地，特别是先导产业中心的定位。

3. 在即将跨入新世纪的时刻搞工业化，就不能不面临补“老课”，学“新课”的双重任务。以四川省而言，搞工业化一方面还得从开发矿产资源、能源、发展原材料工业、农产品加工业、机械装备制造业等传统工业做起，以追补发达国家在本世纪初甚至上世纪早已完成的“作业”。与此同时，还需迎头赶上，发展高新技术产业，争取在这些领域，占有一二席之地。我国工业化的双重任务，也要求大城市（特别是省会城市）不能丢弃工业基地特别是先导产业中心的功能。这和发达国家高新技术产业基地多在大城市的远郊、在连接几个大城市的高速公路的侧翼，也是迥然有异的。

4. 实现“九五”和2010年的奋斗目标“关键是实行两个具有全局意义的根本性转变”，特别是工业增长从粗放型向集约型转变，已到刻不容缓之时。在完成工业增长转型中，包括成都市在内的所有省会城市，都责无旁贷地负有先行领航和示范带动作用。

强调成都市的在四川省，在大西南工业基地特别是先导产业中心的作用，是补充，而非取代“三中心、两枢纽”的定位。相反，无论在宣传和操作上“三中心、两枢纽”的旗帜要举得更高、工作做得更好。这是因为在招商引资中，它颇具魅力；再则，对于重大基础设施项目进入国家计划，对于商品与要素市场发育中，争取国家政策支持，《西南和华南部分省区区域规划纲要》都是“直通车”和文件依据。

二 国内市场和市场竞争的新态势

把握市场和市场竞争的态势，是理清发展思路，找准目标的前提。改革开放十几年，特别是“八五”时期经济快速增长成果的累积，使近年来市场总态势发生了根本性变化，长期以来的短缺经济、卖方市场正向买方市场转变，工业产品产销率下降、库存积压增加；市场主体成长慢于行政性分权引起的盲目重复建设，导致相当多的一般产品的生产能力过剩、设备闲置、能力放空；与此同时，众多对品质、品牌更高要求的市场需求，国货无法满足，洋货趁机而入。总供求上的买方市场和供求结构错位，是当前市场态势的主要特征。

与市场总态势相伴，市场竞争也出现了新态势。一是国内市场竞争国际化，随着进一步对外开放，国内市场贸易规制与国际市场逐渐接轨，进口关税总水平下降，国际商业竞争，再也不限于国货出口到国际市场，而是洋货来到家门口与国货争夺市场；二是 80 年代千家万户间的“完全竞争”，正向“半垄断竞争”转化：某些大类商品，居于前几位、十几位的大公司的市场占有率达到市场总额的 40%—60% 甚至更多。

在上述市场和市场竞争形势下，一个大城市，没有几个确具竞争优势的产业，没有一大批市场占有率较高的拳头产品，严格意义上说，就无“立市之本”。直面市场竞争的新态势，根据经济增长、对外开放新阶段国内外市场需求的新走势，及时进行产业结构、产品结构、技术结构和企业组织结构的调整，就成为推进城市和区域经济发展的唯一选择。

这次结构调整，和 80 年代初期扭转轻、重工业失调，80 年代中后期扭转“两基”（基础设施、基础产业）落后于加工制造业有所不同。从调整的内容看，前两次主要是拉长“短线”，这次是“升级提高”；从调整的特性看，前两次的目标是实现产业间的协调适应，这次则是争夺既有市场、开拓新市场；从结构调整的主体看，前两次各级政府事实上扮演了主角，这次，政府固然在规划指导、政策支持方面仍肩负重任，但市场争夺、开拓能否得手，归根结底在企业，取决于企业间从制度创新、技术创新到营销策略整体实力的较量。

三 因应对策与措施建议

（一）结构调整的重点在第一、第二、第三次产业内部

1996 年成都市国内生产总值已达到 890 亿元（现价），GDP 中三次产业的比例为 13. 5: 44. 4: 42. 1，我推测今后若干年，第一次产业所占份额的下降幅度和二、三次产业上升的幅度，也就三五个百分点，调整的重点在三次产业内部，在于提高各次产业的科技含量与集约度，在于增长质量和效益的提高。

以第一产业而言，重在发展“两高一优”，实行种、养加一条龙，贸工农一体化，在传统弱势农业向市场化、产业化、现代化强势农业转化中，成都应是全省的示范基地，为人均耕地不足一亩的四川实现粮食等主要农产品增长幅度超过人口增长幅度发挥带动、支撑作用。

第二产业要有所为有所不为，从现有产业基础和科技资源的比较优势出发，使有限资源向电子信息、医药、食品和某些机械制造行业倾斜，培育拳头产品，形成确具竞争优势的支柱产业。在成都工业战线有必要提出奋创“蓉货精品”的目标，持之以恒，抓出成效。成渝、川渝之间工业结构既有的差异与特色，宜保持发展，做到“和而不同”，不宜补缺拉短，搞成两套雷同的体系。

目前成都第三产业的比重已超过上海（1994 年，数据为 40%），平均 58 人就拥有一个商业网点，说明今后的发展不在“量”，而在“质”，也即在提高传统第三产业的同时，要着力发展现代第三产业，在完善商品市场的同时，要着重各要素市场的培育；在商贸领域要发展配送中心、直达供货、代理制、连锁店等现代流通组织形式，提高流通效率，降低蓉货、川货进入国内大市场的交易费用。通过加强与重庆、北海、防城、云南等沿江、沿海城市与口岸的合作，在海外发展代理商等措施，克服内陆城市进出口方面的制约因素，坚持市场多元化，从不同国际市场特点的调查分析

做起，“一把钥匙打开一扇国门”，有针对性地使蓉货、川货更大规模地进入国际市场。

（二）放小壮大，加快国有企业改革的步伐

通过出售、租赁、股份合作、承包经营等多种形式，放开搞活大量国有小型企业，实质上是发掘社会资源、吸引民间资金直接进入产业开发，加速市场多元主体形成，又可提供新的就业岗位，为下岗人员再就业提供机会，同时使地方政府能集中一定资源，支付大型企业的改革成本，为“壮大”提供支持。

国有大型企业改革，除了等待试点的经验推广之外，恐怕还有他途。现在停产、半停产的企业，有的由于设备、技术老化，无技改资金：有的老产品市场饱和，自身既无技术又无资金开发新产品；有的企业产品、市场也有需求，只因经营管理不善特别是营销乏术，在国内外无营销网络而陷入困境，等等。按照“缺什么补什么”以现有存量为依托，与拥有资金、技术、营销网络、知名品牌的持有者等，进行交易，围绕市场需求，形成新的生产力。这样就可把盘活存量资产，和实施国有经济的战略改组，和产业结构、产品结构、企业组织结构的调整，和加快市场主体的形式结合起来，毕其功于一役。因果换位，市场主体在市场交易中通过市场选择形成，其四自（自主经营、自负盈亏、自我发展、自我约束）能力恐强于有形之手捏造出的主体。

（三）释放科技潜能，是“科教兴市”、保持后劲的根本

成都拥有20多所高等院校，121个独立科研院所，专业科技人员44万人，人才荟萃、成果累累，堪称科技大市。如何依托科技、人才资源，抢占市场竞争的制高点，实现“工业强市”，迫切要求科研体制改革和机制转换，使巨大的科技潜能转化为现实生产力。许多调研资料表明，我国科研成果转化率之所以低，原因之一在于成果达不到企业所要求的技术“工程化”、成果“商品化”的程度，而其根源又在科研和企业两张皮的体制分割。在稳定“基础学科研究”的前提下，将应用基础、应用开发领域，彻底放开，推动企业和院校联合办所，鼓励工程技术人员进入企业，使企业

更快成为技术开发主体，为民营科技企业兴办提供良好的外部环境（如建立“孵化器”，风险投资贷款基金等）。会议期间，匆忙拜访了成都迈普电器有限公司，留下了深刻印象，得到多方面的启迪。一位毕业于成都电子科大的硕士，以自己发明的“高速多通道调制解调器”为依托，1993 年自办企业，使成果商品化、产业化，在 20 多个省、市金融系统得到广泛采用，不仅起到了“进口替代”作用，产品功能还优于进口产品，截至 1996 年，一个数十人的公司，累计实现产值 1.2 亿元，向国家纳税千余万元。眼下，人们正在大谈规模经济，确实，像电子产品的一些关键元器件，像钢铁、乙烯这样重要的原材料，生产企业必须达到一定的经济规模；但更多的产品，关键不在企业规模，而在有“创意”，依托创新意识、创新产品，兴办的“小巨人”，“头脑”发达，对市场“嗅觉”灵敏，反应灵活，其零部件可以外购，加工可以委托，“四肢”短小精悍。在当前庞大资产存量“趴窝”之时，“小巨人”可以起到“四两拨千斤”的功效。

市场经济的繁荣，说到底在于市场主体，千万户有活力的市场主体崛起之时，也就是成都经济社会跨世纪发展再创新辉煌之日。

（在“成都市经济社会发展战略研讨会（1997 年 4 月）”上的发言重点，原载《工业技术经济》1997 年第 5 期）

彩云之南新春城

——建设现代新昆明的思考

经济全球化和国内外区域经济一体化的进展，使昆明由以往边陲省会城市，而今成为“9+2”泛珠三角区域联盟和“10+1”中国—东盟自由贸易区的交会点，成为中国连接东南亚、南亚大通道的主枢纽，将昆明建设成为面向东南亚、南亚的现代化国际城市，是顺应国内外发展走势的战略选择。

今年是“十一五”规划开局之年，坚持实施推进西部大开发，是国家《十一五规划纲要》提出的区域发展总体战略的重要内容。从大西南开放开发来看，云南与广西是突出的两个亮点，滇桂两省（区）同处中国与东盟的接合部，同为发展对东南亚、南亚经贸投资合作的前沿；如果说广西的区位优势聚焦于环北部湾的南北钦防4市；那么云南的区位优势则聚焦于昆明，准确地说是大昆明（即以昆明为中心，含玉溪市、楚雄市、曲靖麒麟区、陆良县等在内的滇中城市群）。一个城市（地区）长远发展的战略谋划，我简单概括为“顶天立地”，“顶天”者，即以宽广的眼界，综览国内外经济、科技发展走势，“立地”者，即以全球眼光，深察本市（区）的市（区）情，在“天、地”相接中看清自身的优、劣势，和来自外部环境的机遇与挑战，趋利避害、扬长避短（或克短），从发挥比较优势出发、培养竞争优势入手，谋篇布局，使城市综合实力、竞争力提升到新水平。

打开昆明名片，首先是云南省的省会，云南政治、经济与文化的中心，这是出自行政区划和国内地理的视角；而在全球大视野下，昆明正是中国以至东亚大陆连接东南亚、南亚国际大通道的主枢纽所在，综合多视角下昆明的定位，将其发展目标定为面向东南亚、南亚的现代化区域性国际城市，是既符合实际，又具前瞻性的。

作为现代化区域性国际城市，理所当然地应当是经济繁荣、文化发达、环境优美、特色突出；问题是应该沿着怎样的路径，采用什么模式，构建起繁荣的经济、发达的文化、优美的环境和鲜明的特色。我以为应该从昆明的城市定位所要求的功能出发，结合昆明比较优势与潜质的发掘，不断提升与完善和城市定位相匹配的功能，具体地说，即枢纽、创新、孵化和领航四大功能。

一是枢纽功能。使昆明不仅成为沟通云南与内地，更是连接“三区”（东亚、东南亚、南亚）、沟通“两洋”（太平洋、印度洋）国际大通道的主枢纽，成为推进中国与东盟十国与南亚各国南来北往的物流、客流、信息流、资金流便捷畅通运转的基地与中枢。

二是创新功能。昆明市集中了云南主要的高校、科研院所和各类专门人才，理应成为消化、吸收引进技术并进行二次创新的基地；同时，针对云南多气候带、多物种等资源开发的特点和地域性课题，培育原创性科研开发的实力，成为云南区域创新体系的核心；通过产学研的结合，使昆明和整个云南越来越多的企业成为技术创新的主体；使昆明的创新源成为推进全市、全省产业结构优化升级、经济增长方式根本转变的有力技术支撑，实现通过科学技术第一生产力引领全省经济社会的发展。

三是孵化功能。社会主义市场经济本质上是民本经济，有赖“一切劳动、知识、技术、管理和资本的活力竞相迸发”、“一切创造社会财富的源泉充分涌现”。完善创业环境，从健全对中小企业的金融支持、技术支持和法律保障体系，到完善创业风险投资机制、构建促进科技成果产业化的多层次资本市场体系。使昆明既是云南各类专门人才的培训、输送基地，更是全省孵化创业者、企业家的摇篮。早在 2003 年昆明就出台了《关于进一步鼓励和支持非公有制经济发展的意见》，为非公有制经济参与国企、集体企业改革，进入城市基础设施和市政公用事业建设等领域，拓展了发展空间，非公有制经济实现的增加值在全市地区生产总值中的份额已由 1997 年的 25% 飙升到 2004 年的 45.5%；在建设现代新昆明中，大力发展民营经济，应是始终坚持的方针。

四是领航功能。作为云南省会的昆明，除了省委、省政府把握指明全局战略发展方向外，还要通过发育完备的商品市场、要素市场，形成与发布市场信息，为全省的本土企业和来滇的国内外客商导航。作为国际大通道主枢纽的昆明，应把发展“总部经济”作为题中之义；这包括吸引来华投资经商的东南亚、南亚的公司在昆明设立地区总部；也包括在云南投资经商和利用大通道到中南半岛各国投资的粤商、浙商、沪商等公司的地区总部；当然更包括起步于云南各地、州、县随着经营规模扩大，力图进入国内外大市场的本土企业，欢迎他们将公司总部迁入昆明。

围绕四大功能的完善，在产业发展上，简要地说，即做强二产、加快提升三产、转化一产。

第一，在继续贯彻工业强市战略的同时，大力加快服务业的发展。“十五”中期，昆明市选择了工业强市战略，制定了《昆明市推进新型工业化工业强市重点产业发展规划纲要》，这对刚进入工业化中期阶段的云南和全省近半数的大中企业集中于昆明的实情，是一个符合实际的历史选择；几年来，通过改革、改制、改组、改造相结合，成效明显，工业总产值早在2004年就突破了千亿元，工业经济效益和企业活力显著上升，无论在国有还是民营企业中，都涌现出了一批优强企业和企业集团。今后面对更加广阔的市场，更加激烈的竞争，原有优势明显的行业（如卷烟、医药等）如何保持并扩大优势；面临挑战的行业（如冶金等）采取怎样的对策，化险为夷；加强自主创新，强化品牌培育，降低能耗、物耗、发展循环经济、减少污染物排放、建设资源节约与环境友好型城市，以及结合主城区“退二进三”的结构调整，工业向郊县转移，带动县区工业发展，形成各具特色的产业集群等；将是今后继续贯彻工业强市战略应予重点考虑的问题。

这次国家《十一五规划纲要》，将加快发展服务业独立成篇，并明确指出：“大城市要把发展服务业放在优先位置，有条件的要逐步形成服务经济为主的产业结构”。我想这两句话对扮演国际大通道主枢纽的昆明完全适用；特别是大力发展各种生产性服务业。首先是构建以通信、航空为先导，铁路、公路为骨干，辅以水运和管道运输等多种运输方式和信息网络组成的综合运输传导体系，相应发展现代物流业，培育专业化物流企业，发展信息服务业和金融服务业。围绕大通道主枢纽的功能与总部经济，大力发展法律服务、投资与资产管理服务、经济鉴证类服务、咨询服务、专业工业设计、广告、会展等各种商务服务业；积极承接服务外包，培育服务贸易出口。

第二，把旅游业和文化产业提升到新水平。昆明既是国家首批历史文化名城，又是中国优秀旅游城市，无论旅游和文化产业的发展，在中西部各省会与首府城市中一直位居前列；随着中国—东盟自由贸易区建设的推进、“9+2”泛珠三角区域合作的展开，为昆明旅游业和文化产业的更大发展，开拓了更为广阔的空间，而两者的渗透互动，有可能成为双赢共进的有效途径。从本质上说，旅游是对异质风光、异质文化的摄取与体验，而后者能更长时间地吸引游客的眼球与身心，从这个意义上可以说，城市（区域）魅力最终取决于文化。和依靠兴建形形色色人工景点，打造旅游城市不同，发展城市旅游，是以具有浓郁地方特色、浸润深厚民族文化底蕴的整个城市建设、城市建筑和特异的城市风貌、市民生活风情来吸引游客。这样昆明就可以既是国人到东南亚等国出境游和东南亚各国入境游客的集散地，同时又成为过往游客乐而忘返的旅游目的地。

发展水平有限的文化产业，和深厚多彩的民族文化底蕴的巨大反差，是许多省、市以至全国存在的共同问题，究其原因，恐和传统文化发掘、培育时与市场脱节，与高新技术脱节，与现代服务业相脱节有关，变三脱节为三融合，文化的产业化就大有希望，杨丽萍女士的《云南映象》即将进入国际文化市场，张艺谋先生的《印象丽江》等得到了广泛好评，使人们看到了希望的曙光就在眼前。作为民族文化大省省会的昆明，在文化产业化这篇大文章中，承担扛鼎之作，是理所当然，势所必然。

第三，“接二连三”提升一产。建设现代新昆明中的“三农”问题，要以稳定增加农民收入为中心，以建设社会主义新农村为目标，提升、转化一产，就中有两层含义：一是推进传统农牧业向市场化、现代化农牧业转变；这包括发展农产品加工企业，延伸产业链，支持农村经纪人队伍的壮大，培育新型农民合作组织，推动城市连锁超市下乡、构建农产品与农村流通体系，破解农民买卖“两难”，建立、完善农业技术推广、农产品质量标准认证、检测等现代农业技术支持体系等等。二是城郊型农业，除发挥为城市提供蔬菜副食等作用外，要更加重视发挥其旅游功能和生态功能，把旅游业发展与新农村建设结合起来，使农村的基本公共服务水平逐步趋近市区。概而言之，传统农业就是要通过向第二、第三产业延伸，通过

“接二（产）连三（产）”融合发展完成向现代农业的转化，建设富裕、文明新农村。

（2006 年 8 月 5 日在“21 世纪中国观察·昆明论坛”上的主题演讲要点，原载《中国经贸导例》2006 年第 19 期）

论县域经济

县域经济是国民经济的基层环节，处于安民、富民的第一线。目前全国2/3的县和县级市的人均GDP只相当于全国平均值的1/3或不足1/3。统筹城乡经济社会发展，构建城乡联动网络，壮大县域经济，是全面建设小康社会的重要环节。

区域经济是经济发展中的空间单元，一国的国民经济正是由多种类型的区域经济耦合而成。区域经济按其形成的直接缘由可粗分为两类：一类是跨行政区域的经济区域，如长江三角洲、珠江三角洲和环渤海地区等；另一类是“行政区域经济”，如省域、市域、县域，省、市、县既是行政管理层次，而其行政辖区内的经济活动，即构成省域经济、市域经济、县域经济。

郡县制在我国历史悠久，萌芽于周、发轫于春秋、发展于战国、定制于秦。县作为行政管理和行政区划的基层层次，处于安民、富民的第一线，“郡县治、天下安”这一古训至今仍然适用。如果说城市经济特别是大中城市经济是国家经济的支柱，那么县域经济则是国民经济的基石。

我国现有县和县级市2000多个，县域国土占全国国土总面积的94%，县域人口占全国总人口的73%，县和县级市人均GDP只相当于全国平均值的70%左右，其中有2/3的县和县级市的人均GDP只相当于全国平均值的1/3或不足1/3，以致县域人口占全国总人口七成多，而县域消费品零售总额占全国消费品零售总额则不足四成（2001年为37.4%，2002年降至36.7%）。在新世纪头20年要实现全面建设小康社会的战略目标，壮大县域经济就自然成为重要的一环。建设惠及十几亿人口的更高水平的小康社会，重点和难点都在农村，这可以说是举国上下的共识，而除了正在快速城镇化的城市郊区农村以外，绝大部分的农村都在县域经济范围之内，要扭转城乡二元经济结构，缩小工农差别、城乡差别，把县域经济作为重要环节亦就理所当然、势所必然。

受自然地理、历史基础和社会人文诸多条件的影响，我国县域经济的发展很不平衡，既有大尺度的地带性差异（如东部沿海地带的江苏、浙江、山东、广东、福建五省多数县域经济的规模与水平远高于中、西部地区，在“第二届全国县域经济基本竞争力百强县”中，上述5省占74个，而西部12个省市自治区仅占两个）；也有中、小尺度的中心—边缘差异，中心指大、中城市和交通枢纽、交通干线等，与中心距离近或有便捷联系的县域经济一般较发达，反之则欠发达。按人均GDP等人均指标比较，发达的和不发达的县域之间，差距在十几倍甚至几十倍；这表明县域之间不仅经济指标上有量的差异，亦表明它们的经济社会处于不同的发展阶段。各县域今后发展的目标是共同的（全面建设小康社会），而由于足下的始点不一，今后“千里之行”的谋划自然有别。全国县域经济基本竞争力评价中心按竞争力将全国2000多个县（含县级市）分为十档，我从结构特征和发展阶段，将其粗分为四种类型。

第一类是第二、第三次产业已占主导地位的县域。主导地位不仅指第二、第三产业增加值在该类县域GDP中占大头，亦指第二、第三产业的就业者在县域就业岗位中占大头。这类县还有一个共同特点是，不仅本县劳动力就业相当充分，往往还吸纳了大量县外的流动劳动力。它们中有的已是国内、省内某类制造业或某类工业制品的生产基地，有的是国内、省内某类商品流通的大市场。在世纪之交，特别是我国加入WTO以后，加快了融入全球经济的步伐，这不仅表现在进出口贸易规模的快速扩张，更重要的是县域内越来越多的企业进入了大型跨国公司的价值链之中，这对今后县域内高新技术产业的发展和以高新技术改造传统产业具有深远的影响。

第二类是农业强县。这里讲的强县，不是按传统眼光仅以粮食总产量多、单产高来衡量，而是指市场农业的发育程度，主要表现在：一是面向市场农业结构有重大调整，畜牧、水产养殖、瓜果、蔬菜、花卉等在农业结构中已占大头，有的培育出具有地方特色的名优特新农产品；二是农副产品等进入市场前已在县域内初步加工或深加工，提高了农产品的附加值；三是县域农产品已突破地方市场进入到大中城市市场和国际市场。农业产业化和农产品产加销产业链的发展，推进了传统农业向现代农业的转化，农业生产的科技含量提高，采用标准化生产、市场化营销，实施品牌战略，使农业由弱势低效转变为强势高效产业。

第三类即通常所说的农业大县、工业小县、财政穷县。这类县不仅第二、三产业发展缓慢，比重低，而且农业内部的结构调整不理想，粮食生产仍占大头，经济作物、多种养殖业等发展缓慢；属于粮食主产区内的县，优质、专用的粮食品种结构调整步伐不快，以致农民收入增长缓慢，地方财政拮据。中、西部地区相当一部分县都处于这种状态。

第四类为农业弱县。这类县不仅第二、第三产业薄弱，农业生产水平也很低，有的自然条件恶劣，生态系统脆弱、灾害频繁；有的地处偏僻山区，与外部联系困难，增加了对外交流的交易成本，农民增收困难，有的年份收入不升反降，县内至今还有数以万计的贫困人口，地方财政常年靠补贴，因果恶性循环使其长期走不出贫困的泥潭。

上述4类县域中的前两类，特别是第一类县域，在过去20多年，基本完成了群众性原始积累，并在多年的商海实战中涌现出一批优秀企业家；在政企互动中，地方政府基本完成了向服务型高效率的转变，这些构成了推进县域经济持续快速发展的内源推动力。今后只要与时俱进，坚持制度、技术双创新，坚持走新型工业化道路，就不仅可以提前实现全面小康，而且可以率先基本实现现代化。

困难的是后两类县域，在今后日趋激烈的市场竞争大背景下，如何跨出走向全面小康的步子。我以为从大思路上需注意以下四个方面：

第一，统筹城乡经济社会发展，规划县域经济，构建城乡联动网络。规划县域经济时，对“十六大”提出的“统筹城乡经济社会发展”需从两方面贯彻：一是必须把县域放在所在区域中，特别是与区域中心城市和邻近的大中城市的关联中，对县域发展进行定位。“九五”以来，我国大中城市经济快速发展，在经济总量快速扩张的同时，都伴随着产业结构的优化升级和城区扩大、主城区“腾笼换鸟”“退二进三”，这些为邻近县的发展提供了众多机遇。更全面地看，城市每年千百亿元的投资规模，人口集聚、收入提高，都为邻近县提供了众多的“市场”；而县域发展中短缺的资本、人才等要素，亦不难从城市中寻得。二是在县域经济发展中，要把县城（城关）、建制镇这些“点”和广大农村“面”上的发展统筹考虑规划。如果说大中城市是增长源、创新源，作为城乡交会点的县城城关和建制镇等则是中继站。城市带动农村、城乡联动发展正是通过各项基础设施之上的多种网络（信息网、流通网络等）功能实现的。处于不同地缘环境的县域要善于根据区位，准确定位。如处于陆地边境的各县，只要抓好边境贸易，就可吸引国内外商贾云集，形成大市场，进而发展进出口加工区，带动全县经济起飞。

第二，工业发展最好从农产品加工尤其是本县有特色的农畜瓜果和土特产品的加工起步。如果群众掌握某种传统工艺，亦可以发展制造业，但不能“小而全”，尽可能要与大中城市的优强企业联手，从为它们提供零部件、元器件或初步加工起步。在布局上，从一开始就要绕过“村村点火，处处冒烟”的阶段，采取工业园区簇群布局。有矿产资源，可发展采掘业，但要坚持“宁可少些，但要好些”，坚持有一定的技术起点，绝不能再走小煤窑浪费资源、污染环境、工伤事故不断的血迹斑斑之路。

第三，把劳务输出作为战略产业。加上“战略”两字，意在突出劳务输出不仅仅能增加当年农民的现金收入，还有更深远的意义。欠发达和贫困县要走上工业化、现代化之路，有两项“基础工程”：一是各项“硬基础设施”，如铁路、公路、广播电视通信网络等，这几年西部大开发、加快中西部发展，在中央政府支持下，“硬基础设施”建设已取得明显进展。还有一项“软基础设施”，这包括县域文化、市场经济意识、工业文明、信用文明、企业家队伍的培育等，这些主要靠自力更生，而劳务输出正是推进县域软基础设施建设的有效途径。我强调战略产业还有第二层含义，即地方政府要为劳务输出进行全程服务，包括劳务需求信息的收集、发布，劳务供求的对接，有针对性的技能培训，维护农民工的合法权益等，以降低农民外出务工的成本与风险，提高收效。对于人多地少经济不发达的人口大县，应将劳务输出和人力资本开发作为壮大县域经济的战略举措。

第四，服务型的县、乡（镇）政府。在壮大县域经济中，地方政府有重要作用，而其实效又在于政府是否完成了职能转换，在多大程度上告别了“衙门”习气，实现了向廉洁、务实、高效的服务型政府转变。例如为了适应城市和出口对优质安全农产品的市场需求，亟须建立健全农产品质量保证体系、监督检测检验体系、认证体系、执法体系、技术支撑和市场信息体系，这些是一家一户农民无能为力的，只能靠政府组织实现。再如中央政府已经出台并将继续出台财政支农的相关政策，加大国家财政对农业基本建设、农村基础设施以及义务教育、卫生防疫保健等社会发展项目的投入和对农业的直接补贴，其贯彻落实，无不通过基层政府，政府是否廉洁、务实、高效，决定了上述政策的效应和农民从中得到多少实惠。

（原载《市长参考》2003 年第 10 期）